同济大学“十二五”规划教材

高等学校交通信息工程系列教材

交通信息技术

（第2版）

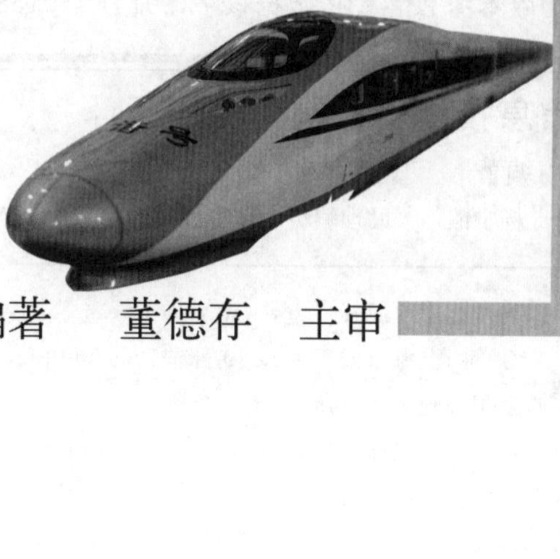

欧冬秀　编著　　董德存　主审

同济大学出版社
TONGJI UNIVERSITY PRESS

内容简介

本书是在2007年同济大学出版社出版的《交通信息技术》一书的基础上改版，按照高等学校交通工程专业、交通信息工程及控制专业本科的教学内容编写的。本书全面系统地介绍了交通领域的信息技术的基本概念、基础理论、应用技术等，并将交通工程和信息技术的基本内容紧密地融合为一体，以交通工程为应用背景，全面介绍各相关信息技术的处理和应用方法。本书在改版后，将交通信息传输技术和交通信息传输网络两部分合并为一章，新增了交通诱导技术，使得全书的内容具备了按照智能交通系统应用的分层体系即采集、处理、传输、控制、诱导、管理的特点。

本书适用于高等学校交通工程类专业作为本科教材，或者交通信息工程与控制学科研究生教学参考书，也可以供从事智能交通系统研究和开发应用的工程技术人员作为参考书。

图书在版编目(CIP)数据

交通信息技术/欧冬秀编著. --2版. --上海：同济大学出版社，2014.3(2021.1重印)

ISBN 978-7-5608-5410-6

Ⅰ. ①交… Ⅱ. ①欧… Ⅲ. ①交通信息系统—高等学校—教材 Ⅳ. ①U495

中国版本图书馆CIP数据核字(2014)第015874号

交通信息技术(第2版)

欧冬秀 编著 董德存 主审

责任编辑 杨宁霞 助理编辑 陆克丽霞 责任校对 徐春莲 封面设计 陈益平

出版发行 同济大学出版社 www.tongjipress.com.cn

(地址：上海市四平路1239号 邮编：200092 电话：021-65985622)

经 销 全国各地新华书店

印 刷 启东市人民印刷有限公司

开 本 787mm×1092mm 1/16

印 张 17.5

印 数 5801—6900

字 数 436000

版 次 2014年3月第2版 2021年1月第5次印刷

书 号 ISBN 978-7-5608-5410-6

定 价 38.00元

序

自20世纪80年代开始，美国、欧洲和日本等发达国家相继提出智能交通系统(ITS)的概念，并投入巨资开发研究各种智能交通产品。实践证明，在实现部分智能化交通的地区取得了相当良好的效果，不仅推动了国民经济的发展，促进了文化交流活动，而且改善了环境指标，提高了人民生活质量。随后，国际上成立了智能交通协会，相继制定各项国际标准，进一步推广智能交通系统在世界各国的应用，成为21世纪的新兴产业之一。由于它有着巨大的社会和经济效益，因此，受到各国政府和企业界的关注和重视。我国从20世纪90年代初开始关注国际上ITS的发展，各地相继研究开发各种智能交通产品，并在许多高等学校也陆续建立与智能交通相关的学科专业培养ITS人才。

智能交通系统是综合诸多学科领域的高科技成果，它涉及计算机、信息通信、智能控制、现代管理等先进技术的综合运用。它开创出一条促使交通现代化、智能化的道路，有效地缓解束缚社会经济进一步发展的瓶颈，根本上改变了交通紧张落后的面貌，同时，也推动了交通科技水平的提高。

从本质上讲，智能交通系统就是信息技术在交通领域的应用，它将交通工程与信息技术有效地结合起来，开创成一门新的交叉学科，我们称它为交通信息工程。因此，交通信息工程专业成为培养智能交通系统人才的主体，各层次(专科、本科、硕士、博士)的毕业生都能在各级交通部门和企业找到发挥专业知识和技能的岗位。特别是我国具有庞大的交通体系，包括铁路、公路、水运和城市交通(公交、地铁)等正处于快速发展时期，急需交通信息工程的专业人才。

从2005年开始，在同济大学出版社的大力支持下成立了高等学校交通信息工程系列教材编委会，逐年出版本专业的专业基础课和专业课教材，本书正是交通信息工程专业系列教材之一，它不仅适用于交通信息工程本科专业，并且本专业的专科生和研究生也可以参考使用。

本书较为系统全面地引入了各种交通信息技术的核心内容，包括交通信息采集和检测、交通信息处理、交通信息传输、交通控制、交通诱导以及交通信息平台等先进技术。作者通过对大量参考资料的加工和整理，提炼出最基本和最重要的内容介绍给读者，使读者能集诸多先进技术于一体，对交通信息工程在ITS中的具体应用有全面清晰的了解。

本书强调理论联系实际的原则，各章节中的有关技术内容均有实例作为参考对照，进一步提高了本书的可读性，对从事交通工程设计和科研的在职人员提高能力水平也有帮助，因此，本书也可以给各交通相关单位作为培训教材使用。

经过作者多年来的教学实践，结合从事多项科研的成果和经验，作者在本书改版中进一步精选内容，尽量反映当前先进实用的技术水平，并兼顾到篇幅，舍弃某些属于工程方面的内容，同时，在原理上分析清楚，具体应用也到位。

总之，本书是目前交通信息工程专业中值得推荐的优秀教材，本人作为高等学校交通信息工程系列教材编委，愿意推荐给广大读者。

同济大学　张树京

2013 年 9 月

前　言

本书是在《交通信息技术》教材(同济大学出版社,2007)的基础上改版。经过几年来的教学实践和用书反馈情况,我们结合智能交通应用技术的发展,在改版中不仅对交通信息采集、处理、控制技术等内容进行补充,还突出了交通诱导与交通信息平台技术,同时,在章节编排上也进行了重大调整。因此,本版不仅更适用于交通信息工程专业本科的教学,而且也适用于从事智能交通系统工程设计和科研人员的培训自学教材。

ITS(Intelligent Transportation System)是以信息技术将人、车、路和环境紧密协调、和谐统一,而建立起的大范围内、全方位发挥作用的实时、准确、高效的运输管理系统。智能交通系统由一系列用于运输网络管理的先进技术,以及为出行者提供多种服务功能的系统所组成。智能交通的基础是信息、通信和集成三大核心要素,而信息的采集、处理、传输、控制和服务利用是ITS的核心。

智能交通系统是由多个子系统所组成,如先进的交通管理系统、电子收费系统、先进的公共交通系统等,而每个子系统又包含许多模块。以先进的交通管理系统为例,它主要由4部分组成,即交通信息采集子系统、交通信息处理子系统、交通信息传输子系统和交通信息发布子系统。智能交通系统本身涉及信息采集、传输、处理、加工、利用和发布以及采取控制措施等各项技术手段,这些技术手段都是以信息为纽带联系在一起,通过对信息的处理加工和优化算法,采取优化控制方案和管理措施,并通过传输技术将控制命令传递到各种控制终端,实现对交通流的控制。又如交通信息诱导以交通信息平台所掌握的交通信息为基础,使用信息服务系统和交通流诱导核心技术,因此它必须与交通管理系统的信息加工和处理技术联系在一起。

交通信息技术是智能交通系统的核心技术,本书主要介绍交通信息的采集、处理、传输、控制、诱导、信息平台等技术,各技术结合在交通领域内的具体应用,特别注重其实用性。其主要内容如下:

第1章是绪论,着重介绍智能交通系统的组成和交通信息的分类。

第2章是交通信息采集技术,在分析了固定式交通信息检测如环形线圈采集技术、视频采集技术、微波采集技术和红外线采集技术工作原理的基础上,着重介绍各种采集技术的主要特征及应用范围;然后针对应用越来越广泛的移动式交通信息检测技术,如基于浮动车、手机、电子标签、车牌识别等方式的特点和应用进行介绍。

第3章是交通信息处理技术,着重介绍数据预处理技术、交通状态判别与预测技术、模式识别技术和信息融合处理技术。数据预处理技术主要介绍基础故障数据的预处理,包括异常数据和缺失数据的处理方法;针对浮动车数据首要步骤是地图匹配,然后分析对采集的交通参数进行自动交通状态判别、自动事件检测以及行程时间预测等方法;交通流及行程时间预测主要采用交叉口排队模型、统计归纳模型和分析推理模型进行城市道路行程时间预测和快速路行程时间预测;模式识别技术在交通中的应用主要介绍车牌识别和车型识别;信息融合技术则是将多传感器采集的交通信息融合到一起,介绍包括卡尔曼滤波、贝叶斯估计和神经网络等融合方法。

第4章是交通信息传输技术及传输网络，首先在交通信息传输需求的基础上采取合适的信息接入方式、现场通信技术；然后介绍用于交通网络中的数字信息传输技术及传输网络；无线信息传输技术及传输网络；光纤信息传输技术及传输网络。

第5章是交通控制技术，主要介绍城市道路交通控制技术、公交优先控制、轨道交通运行控制技术。城市道路交通控制包括交叉口信号控制和快速路交通控制，公交优先控制则是在公交车辆检测的基础上实现被动优先控制、主动优先控制及实时优先控制策略，轨道交通运行控制技术主要介绍了区间闭塞控制、速度防护控制以及车站联锁控制技术。

第6章是交通诱导技术，首先介绍诱导系统的分类、诱导信息内容和诱导手段；然后详细介绍了包括路边固定信息发布、个性化信息发布以及动态信息发布图形化等信息发布技术；同时对动态交通诱导中的关键技术，如GPS定位技术以及动态路径寻优进行介绍，最后介绍道路交通和停车两个诱导系统。

第7章是交通信息平台技术，首先以智能交通共用信息平台引出交通信息平台体系结构、平台的应用；接着介绍信息平台的基础技术——数据库技术，包括数据库系统的组成及其在智能交通中的应用模式；然后介绍平台支撑技术——交通地理信息系统GIS-T，在地理信息系统GIS的基础上，结合交通的具体应用，阐述交通地理系统的应用以及交通地理信息模型的数据模型。

第8章是交通信息技术应用案例，以电子收发系统和智能公交系统为应用案例，针对不同的应用需求对各类交通信息技术的灵活应用。

本书在编写过程中自始至终得到张树京教授的悉心指导；同济大学交通运输工程学院黄承明、朱健老师结合他的教学经验和在全国各大城市的智能交通系统示范工程实施经验给我们提供了许多宝贵建议和科研成果资料，在此，对他们的无私奉献表示衷心的感谢！

本书按照交通信息工程专业本科教学计划的安排，属于专业基础课程教材或教学参考用书，其中第8章可以作为选讲内容。本书针对交通信息工程专业的特点偏重于技术应用方面，在阐述技术原理方面除了必要的数学分析外，尽量减少繁琐的数学推导，以便突出基本概念。

本书得到国家自然科学基金项目(61074139)及同济大学"十二五"规划教材出版基金资助，在编写过程中得到同济大学各级领导，特别是同济大学出版社的大力支持，我们深表谢意。由于水平有限，如有疏漏或不足之处，敬请读者批评指正。

编著者　欧冬秀

2013年8月于同济大学

目　录

1 绪论

1.1 智能交通系统(ITS)

随着社会经济的发展,城市现代化水平的提高,交通拥挤、交通安全、环境污染、能源短缺等问题已经成为世界各国面临的共同问题。无论是发达国家,还是发展中国家,都毫无例外地承受着不断加剧的交通问题的困扰。

据统计和预测,美国在1991年50个主要城市由于交通阻塞造成的经济损失达440亿美元,20世纪90年代初,全国每年因交通阻塞而造成的延误达20亿车时,到2005年,预计超过110亿车时,即增加4倍还多,到2020年全国因交通问题而造成的损失每年将超过1500亿美元。欧共体国家由于交通堵塞造成的经济损失每年达5亿欧元。在日本,许多大城市和高速公路驾车速度不到15km/h,1992年,东京因交通拥挤造成的损失约为8.11亿日元,全国每年因交通阻塞而造成的时间损失达50亿人时。北京因交通堵塞造成经济损失每年达800亿元,上海每天达1100万元。交通需求日益增加,供需矛盾日益突出,对人类生存环境的危害也日益严重,大量的生命被车祸摧残。

为了解决交通阻塞问题,人们曾采取了各种手段,概括起来,主要有加强交通规划、采用先进的交通技术、实现现代化管理。这些手段或受到投资及其他资源的制约,或受见效期短等局限,特别是,在城市建成区难以靠大量拆迁来增建、拓建道路交通设施。发达国家的公路网早已建成,不可能再靠多修路来解决问题。同时,人们越来越多地从保护环境、节约能源、谋求社会可持续发展的角度来考虑问题。为此,在摸索缓解交通困境的几十年中,随着计算机技术、通信技术、信息技术的飞速发展,将人、车、路综合起来,用系统工程的观点进行思考,并把先进的计算机、通信、控制技术运用于交通运输的智能交通系统(Intelligence Transportation System,ITS)就很自然地诞生了。

智能交通系统在世界各地迅速推进,已成为现代交通的重要标志。然而,对于这个专用名词,国际上至今没有一个明确的定义。虽然各国关于ITS概念的理解各有差异,但共同点是主要的,我们可以归纳地说:智能交通系统是人们将先进的信息技术、数据通信技术、电子控制技术、传感器技术以及计算机处理技术等有效地综合运用于整个交通运输系统,从而建立起的一种在大范围内、全方位发挥作用的实时、准确、高效安全的综合运输管理系统。其目的是使人、车、路密切地配合、和谐地统一,极大地提高交通运输效率、保障交通安全、改善环境质量和提高能源利用率。

智能交通运输的信息化进程,将成为本世纪现代综合交通运输系统的发展方向,同时也顺应经济全球化、信息化的发展趋势。ITS是综合多个学科领域应用的系统工程,一方面将推动各相关技术的研究,另一方面将推动相关产业的发展和壮大,因此,备受专家学者和企业界的关注。

1.1.1 国内外ITS的发展

目前，世界上发达国家的ITS项目很多，ITS又正处于开发试验阶段，其功能和规模不断发展扩大，应用场合也不尽相同。下面着重介绍ITS三大基地的发展应用情况。

1. 日本ITS的应用

1）先进的导航系统

为了给驾驶员提供便利，使驾驶员在驾驶中可以采取最佳的行动、分散交通流，通过可进行双向通信的导航系统或信息提供装置，将经由路径的堵塞信息、所需时间、交通管制信息、停车场的满空信息等及时提供给驾驶员。此外，旅行者也可事先在家中、办公室等地获得同样的信息，以便制定合适的旅行计划。并且，旅行者还可通过车载机或在停车场、服务区、一般道路上的车站等地以双向通信的方式获得目的地的信息以及其他信息。

2）自动收费系统

为了解决收费道路收费站的堵塞，以及通过实现电子货币收费，为驾驶员提供更多的便利和减少管理费用，在收费道路的收费站实施无须停车的自动收费。

3）辅助安全驾驶系统

为了防患于未然，通过车辆及道路的各种传感器收集道路和周围车辆的状况等驾驶环境信息，通过车载机、道路信息提供装置等实时地将这些信息提供给驾驶员，并进行危险警告。此外，通过在车辆上设置自动控制功能，判断自身车辆及周围车辆的位置、动向、障碍物等信息，危险时自动地实施速度控制、驾驶控制等辅助驾驶动作，为驾驶员的驾驶提供帮助。随着辅助驾驶功能的完善，把握驾驶环境状况，最终实现自动驾驶。这类系统对智障人士和老年人驾车尤其重要。

4）交通管理优化系统

为了提高交通的安全性、舒适性及改善环境，不仅限于堵塞和环境显著恶化的地区，而且要在道路网络全体范围内实现最优信号控制。为了实现主动的交通管理，通过车载机及信息提供装置实施对驾驶员的经由路径诱导。为了防止由交通事故引发的二次损失，在尽早发现交通事故、实施相应的交通管制的同时，通过车载机或其他信息装置向驾驶员提供交通管制信息。

5）紧急救援系统

为了维持适应各地区的自然、社会条件的安全、通畅、舒适的道路环境，准确掌握道路状况，实施作业时间的判断、作业车辆配置的最优化。在发生灾害时，掌握道路设施及周围的受灾情况，实施道路修复车辆的高效配置、建立迅速且切实的修复体制。通过实现特殊车辆的通行许可申请及事务处理的电子化、通行许可路线的数据库化以及掌握通行车辆的实际通行路线、通行车辆的自动测重等手段进行特殊车辆的管理效率化。此外，为了谋求适应各地区自然条件的安全且顺畅的交通，通过车载机、信息提供装置等设备及时地将雨、雪、雾、风等天气状况及由此而实施的交通管制信息实时通知给驾驶员。

6）先进的公交车辆运营系统

将各公共交通部门的运营情况、拥挤情况、乘车费、停车场等信息发送至出发前的家庭、办公室的终端，或移动中的车载机、携带终端机，及设置在道路、终点站、公共汽车站、高速公路服务区等的信息提供装置上，以帮助公共交通利用者选择最佳的出行、换乘方式及出发时间，同时使各交通部门实现最佳调度。为了提高公共交通的安全、顺畅及便利性，实现运营的高效化，通过实时收集公共交通部门的运营状况、实施必要的优先通行措施、将收集到的信息作为基础数据提供给公共交通运营部门等手段，辅助公共交通部门进行运营管理。

7）高效的货车管理系统

为了提高运输效率、降低业务交通量、提高运输安全性，实时收集集装箱、观光车辆的运行状况，作为基础数据提供给运输者，为运行管理提供支援。此外，通过完善先进的自动化、系统化的物流中心，提供送货、归库等信息以提高物流运输效率。另外，通过使多台具有自动驾驶功能的商用车辆保持适当的车间距离，实施自动列队行驶。

8）辅助行人交通措施

通过使用便携式终端、磁、声音等各种设施和道路引导设备，保证老弱病残的旅行安全。此外，在行人横穿道路时可通过便携式终端延长绿灯时间，为行人提供帮助。作为车辆方面的对策，可通过检测出车辆前方的行人，警告驾驶员或采取自动刹车，以防止行人交通事故。

2. 美国 ITS 的应用

1）先进的交通管理系统（ATMS）

主要指先进的监测、控制和信息处理系统。该类系统向交通管理部门和驾驶员提供对道路交通流进行实时疏导、控制和对突发事件应急反应的功能。它包括城市集成交通控制系统、高速公路管理系统、应急管理系统、公共交通优先系统、不停车自动收费系统、交通公害减轻系统和需求管理系统等。

在道路、车辆和监控中心之间建立起通信联系。监控中心接收到各种交通信息（如车辆检测、车辆识别、交通需求、告警和救助信号）并经过迅速处理后，通过调整交通信号，向驾驶员和管理人员提供交通实时信息和最优路径诱导，从而使交通流始终处于最佳状态。

2）先进的旅行者信息系统（ATIS）

主要是对交通出行者提供及时的信息服务。在出行前通过办公室或家庭的计算机终端、咨询电话、咨询广播系统等，向出行者提供当前的交通和道路状况以及服务信息，以帮助出行者选择出行方式、出行时间和出行路线。在出行途中，通过车载信息单元或路边动态信息显示板，向出行者提供道路条件、交通状况、车辆运行情况、交通服务的实时信息，通过路径诱导系统对车辆定位和导航，使汽车始终行驶在最佳路线上，使出行者以最佳的出行方式和路线到达目的地。

3）先进的公共运输系统（APTS）

采用各种智能技术促进公共运输业的发展，它包括公共车辆定位系统、客运量自动检测系统、行驶信息服务系统、自动调度系统和电子车票系统等。如利用全球卫星定位系统和移动通信网络对公共车辆进行监控和调度，采用 IC 卡进行客运量检测和公交出行收费，通过个人计算机、闭路电视等向公众就出行时间和方式、路径及车次选择等提供咨询，在公交车辆上和公交车站通过电子站牌向候车者提供车辆的实时运行信息，改进服务，增强公共交通的吸引力。

4）商用车辆运营（CVO）系统

商用车辆运营（CVO）系统是专为运输企业（主要是经营大型货运卡车和远程客运汽车的企业）提高盈利而开发的智能型运营管理技术，目的在于提高商业车辆的运营效率和安全性。通过卫星、路边信号标杆等装置，以及车辆自动定位、车辆自动识别、车辆自动分类和动态称重等设备，实现电子通关，辅助企业的车辆调度中心对运营车辆进行调度管理。

5）先进的车辆控制(和安全)系统(AVCS 或 AVCSS)

先进的车辆控制(和安全)系统(AVCS 或 AVCSS)主要指智能汽车的研制。先进的车辆控制系统包括事故规避系统和监测调控系统等。智能汽车具有道路障碍自动识别、自动报警、自动转向、自动制动、自动保持安全车距、车速和巡航控制功能。安装在车身各部分的传感器、盲点监测器、微波雷达、激光雷达、摄像机等设施由计算机控制，在易发生危险的情况下，随时以声、光形式向司机提供车体周围必要信息，并可自动采取措施，从而有效地防止事故的发生。车内计算机中存储大量有关驾驶员个人和车辆各部分的信息参数，当监测到这些参数发生变化、超过某种安全极限值时就会向司机发出警报，并采取相应措施，以预防事故发生。

6）自动公路系统(AHS)

自动公路系统是更高级的智能车辆控制系统和智能道路系统的集成——汽车自动驾驶系统。由路面设施和车辆上的特殊装备组成。如路面设施是在车道中心按一定间隔距离埋设磁铁，车载装置是磁传感器、障碍物检测雷达、车道白线识别装置、电子导向仪、电子自控油门、电子刹车装置等。以电耦将汽车组成一组一组的列车运行，每辆车可随时加入或退出列车车队，当汽车在车队中行驶时为自动驾驶，保证汽车的行驶绝对安全高效。

7）先进的乡村运输系统(ARTS)

先进的乡村运输系统(ARTS)是根据乡镇运输的特殊需要，其他各类 ITS 系统在乡村环境下有选择性的运用。针对这种特殊要求，也有一些特殊技术的开发和研究，如紧急呼救和事故防止、不利道路和交通环境的实时警告、高效益成本比的通信和监测等。

比较上述分类可知，美国、日本从不同的角度对 ITS 的分类有些差异，ITS 的内容也稍有不同。如日本针对其社会老龄化现象更为突出，特别强调了保障行人安全，在"协助行人"领域部署了一系列研究和开发项目。但是，从整体来看，两国的 ITS 内容基本上是相同的。从世界范围看，除有些国家和地区(如欧洲)还突出综合运输智能化外，ITS 所涵盖的内容也大体相同。

3. 欧盟 ITS 的应用

欧盟 ITS 的研究是通过实施两项研究计划展开。

1）DRIVE 计划

该项计划是由欧共体在 1984 年提出的，目的是未来在此基础上加强对美国的竞争力。该计划大致分为

1984—1987 年　计划的前期研究工作；

1988—1991 年　进行 DRIVE-Ⅰ的研究；

1992—1994 年　进行 DRIVE-Ⅱ的研究；

1995—至今　　进行 DRIVE-Ⅲ的研究。

2）PROMET HEUS 计划

该计划注重于汽车的智能化，它与 DRIVE 计划是相互推动和发展的。其主要研究内容包括：

(1) 交通需求管理　以平衡交通需求量和提供高效服务为目的，包括用于收费道路的自动收费系统，交通阻塞的自动检测系统，车辆行使管理系统等。

(2) 提供车辆行使信息与交通信息　　用欧洲各国语言向驾驶员提供交通信息，交通管理机关提供道路交通动态信息，通过无线数据通信传递到车载多媒体计算机上，有效地引导汽车的行使路线。由车载多媒体计算机显示出实时交通状况地图，注明行使前方道路上的交通状况，交通阻塞信息。

(3) 综合性城市交通管理　　使用设置在道路上的各种传感(检测)器收集各种交通信息与交通环境信息，对城市交通进行综合控制并向驾驶员提供行驶信息，这项研究成果已在30座欧洲城市通过了实验验证。

(4) 综合性的公路(高速公路)交通管理　　以公路交通的安全、畅通、高效为目的。研究成果包括自动监视交通量、天气情况、路面状况、交通事故及交通突变时间等信息；由交通控制中心将这项信息作归纳整理，模拟出公路上的交通状况；并将公路上的交通状况信息传递给行使中的汽车驾驶员。传递信息的手段有可变信息标志、卫星数字式移动电话(由车载多媒体计算机接收)，在公路边设置公路交通专用调频广播发射装置(有车载收音机接收)，特别是使用卫星数字通信移动电话用于交通事故的紧急报警、提供紧急救护研究已通过实验验证。

(5) 驾驶操作辅助设施　　包括驾驶员状态监视装置(由能自动调整的微型摄像机拍摄驾驶员面部表情信息，并由此分析驾驶员的清醒状态，当驾驶员面部表情特别是眼珠变化异常时及时报警驾驶员注意)，防碰撞报警器(由车载雷达或超声波装置测定距障碍物的距离信息，危险状态时报警提示驾驶员注意)。车间距离报警装置及高速公路合流处车辆间操作协调等内容。

(6) 货车运行管理　　用卫星通讯系统实现货车与基地(公司)间的数据交换，并由此监控货物与车辆的位置，最大限度地提高运输效率。

(7) 公路客运管理　　公共汽车，长途客车的停站信息系统，旅行计划援助信息系统，长途客车的运行管理以及IC卡收费系统等是公共客运管理研究成果。

(8) 驾驶员辅助视认系统　　主要是红外摄像的夜视装置及防眩目装置的开发研究。

(9) 汽车动态监视系统　　道路附着系数检测报警装置及在易滑路面上改善车辆操纵特性的控制装置等。

(10) 遵守彻底保障装置　　用于车载摄像机测定汽车遵守车道标线情况，当汽车偏离车道是发出报警信号(但开启转向灯变换车道时该装置停止工作)，防止驾驶员行使中偏离车道标线。

(11) 能见度信息检测装置　　根据红外线照射在雨中、雾中发生散射的原理研制出测定驾驶员行使中能见度信息的装置，根据能见度信息与车速信息分析结果发出警报信号。

(12) 驾驶员驾驶状态监视装置　　用安装在驾驶室内的摄像机监视驾驶员的面部表情，在面布表情僵硬时发出报警信号。这一装置能够在车辆起动时取得驾驶员表情(特别是眼球)的基本数据，摄像机在行使中自动跟踪驾驶员的面部，确定驾驶员是否进入瞌睡状态。

(13) 防碰撞装置　　使用车载雷达、摄像机等设施检测出障碍物并发出报警信号，进而自动进行制动转向操纵回避障碍物，并能对遇到障碍物报警。尚需进一步研究的问题是自动超车装置的研制开发，包括自动选择适宜地点超车，并能自动在超车后驶回原车道。

(14) 车辆间的协调行驶　　使用微波实现前后车辆间的信息交换。主要装置包括行驶中的车辆间距报警，自动调节控制车辆之间的距离，对行驶前方的停驶车辆自动报警。这一装置是由测定设置在路边的标注确定车辆位置与车间距离参数的。

(15) 汽车的智能巡航控制　　在检测出车间距离信息基础上,根据测定的道路曲率、天气状况、道路附着系数、视认距离等道路环境信息,让后续行使的车辆确认前方发生事故。

(16) 紧急情况自动呼叫　　在这一装置主要是使用车载卫星数字式移动电话在发生事故等紧急情况下自动开启发出呼叫信息,控制中心接收到报警信号后自动开启设置在发生事故路段道路两边的标注发出闪光信号,让后续行使的车辆确认前方发生事故。

(17) 汽车行驶路线引导　　提供两种可选择的模式,一是由车载计算机存储道路交通网信息,供驾驶员选择行驶路线;二是根据交通控制中心的实时交通通信使用无线通信引导行使中车辆的行驶路线。

(18) 出行中的信息服务系统　　使用调频广播及移动式卫星电话,向出行中的车辆驾驶员传递旅行、交通信息、包括停车场的动态信息,提供停车信息服务。

4. 我国智能交通系统的研究规划

我国的学者在20世纪90年代初,开始关注国际上ITS的发展,在各级政府和企业的支持下开展了一系列的科学研究和工程实施践工作,如城市交通管理、高速公路监控系统、收费系统、安全保障系统及基础技术理论等方面取得许多科研成果,在ITS开发和应用方面取得了相当的进步。在中国智能交通系统研究报告中,确定了8个服务领域,34项服务,总共138个子系统。作为最终实现上述目标的第一步和基础研究支撑,国家科技部在"十五"期间建立了"十五"国家科技攻关重大专项"智能交通系统关键技术开发和示范工程",主要研究内容包括:

(1) 智能交通系统项目评价方法;

(2) 快速路系统通行能力;

(3) 基础交通信息采集与融合技术;

(4) 城市公共交通系统优化技术;

(5) 智能交通系统数据管理技术;

(6) 智能交通系统应用试点示范工程;

(7) 北京"科技奥运"智能交通系统技术;

(8) 跨省市和国道主干线电子(收费)支付系统;

(9) 具有我国自主知识产权的面向ITS领域的应用软件开发;

(10) 汽车安全辅助装置开发;

(11) 车载信息装置开发;

(12) 专用短程通信设备开发;

(13) 交通信息采集设备开发;

(14) 发展战略和标准规范;

(15) 智能交通系统体系框架支持系统开发和技术跟踪;

(16) 智能交通系统社会环境体系的建设。

纵观国内外ITS研究与实践发展史,由于国情、交通运输环境和发展重点等差异,ITS结构、功能划分及实现手段等有所不同。尽管如此,人们还非常关注和重视交通信息采集与处理的研究和实施,因为它是ITS的基础,是交通系统管理、交通控制和组织及交通信息服务的信息源。同时,交通信息的提取、融合及处理可以满足不同服务交通信息的需求,是城市信息化的重要组成部分。

1.1.2 交通信息源及分类

信息资源普遍存在，并且正在不断更新和开发。在交通运输领域内流通着可利用的信息，我们统称为交通信息（traffic information）。各种属性不同的信息均可用其特征来分类，因此首先要研究交通信息的来源、特征和分类方法。

交通信息的来源很多，但在交通系统中最主要的交通信息源来自三个方面，即道路、车辆和旅客（包括驾驶员），它们可称为直接的交通信息源。由于交通运输过程必须在一定的环境下，因此环境信息往往是相关的或间接的交通信息源，它们包括地形、地质、气象等自然环境因素，以及政治、经济、军事、人文、历史等社会因素，后者可视为软环境因素。下面将以ITS为例，来说明交通信息的特征和分类方法。首先是以交通信息源来分类，并描述其特征。

1）道路信息

作为交通运输的基础设施，道路是必须的，ITS来自道路的交通信息包括道路等级、路面状况、车道宽度、车道数目、道路坡度、弯道半径、立交类型、出入口等，这些信息来源于工程设计和维护管理部门。

2）车辆信息

车辆是交通运输的载体，在ITS中包括客车、货车及特种车辆，但主体是大小不同的客车。来自车辆的交通信息包括车型、车辆生产国和产家、出厂年份、行驶距离、车重、车内设备、检修等级等，这些信息来源于车辆生产厂家和用户那里。

3）乘客信息

乘客是信息主体，交通运输的目的就是要把乘客快速而安全地运送到目的地。乘客信息中最重要的是驾驶员信息，它包括驾驶员年龄、性别、国籍、教育程度、职业、驾驶年限、熟练程度、出行目的、健康状况以及生理心理特点等，这些信息当然只能来自于驾驶员本人。

4）自然环境信息

环境信息本身是个大系统，与交通相关的信息只是其中的一部分，例如，地形地貌、地质情况、自然灾害、季节气候、雨雪下降量、风速、气温、路面结冰、能见度、沿路人口分布及服务情况等，这些信息可以通过查阅各类资料后得到。

5）社会环境信息

与交通相关的社会环境信息包括各地区的交通政策和经济发展水平、社会治安情况、军事价值等，这些信息从政府部门获悉。

以上是从交通信息的来源进行分类，虽然它们具有各自不同的特征，但在建立先进的ITS中难以直接利用和控制。如果将交通信息分别用技术、经济和政治特征来进行分类就比较科学，尤其是其中对技术性交通信息的利用和控制，将可发挥明显的作用和效果。

在道路交通属于技术性的交通信息也很多，例如，道路编号及等级、出入口位置和距离、沿途服务区和休息点分布、双向车道数目、信号指示牌距离、占用车道时间和距离、关闭车道的频率和事故统计分析、车辆通过频率及时空分布、行车速度统计几超速频率分布、出行目的的统计等，这些数据资料与道路的通行能力和安全性能均有关，因此，不仅在设计施工中是至关重要的，而且在运营管理中也是不可缺少的。

细致观察一下，在上述技术性交通信息中一部分是属于静态数据，它们在设计施工后已经固定，难以调整和控制，另一部分是属于动态数据，它们不仅随着时间在不断变化，而且可以进行人工调节或自动调节和控制的。通常,可以利用它们来达到自动控制目的的那一部分动态数据称为智能交通信息,这是我们研究的重点,也是信息技术在ITS中应用的基础。动态信息主要指随时间变化的交通数据,如道路上的车流量、平均速度、拥堵状态、事故状态等,一般来源于各种路面检测器,如环形线圈、微波检测器、视频检测器、信标车辆等,或人工报告,如电话报警、交通巡逻报告等。静态信息主要指不随时间变化的道路现状数据,如道路的电子地图信息、检测器及各种交通管理、控制设备的安装和配置信息等。

目前,国内外正在研究先进的交通信号控制系统、车辆控制系统、自动导向系统、发生在施工区段的移动信号和锁闭系统等,这些都是利用了智能交通信息的结果,具有十分重要的应用价值。很显然,智能交通信息具有提高交通运输系统有效性和可靠性的双重功能,因此,按照信息特征来分类,交通信息又可分为有效交通信息和安全交通信息两大类,并且可以分别建立它们的智能交通信息系统,确定相应的指标体系,以实现现代交通系统的智能化。交通信息技术的目标就是要追求这两者的统一和优化,使智能信息在交通系统内部得到充分和完整的利用,并不断地更新,建立起更完整的多功能的统一的智能交通信息系统。可以说,交通信息技术是实现智能交通系统(ITS)的灵魂和核心,随着先进的交通信息技术不断改进和推广,交通运输系统的智能化程度也就不断提高。

1.2 智能交通系统中的信息技术

智能交通运输系统加强了道路、车辆、驾驶员及环境之间的联系。借助于系统的智能化,驾驶员对实时交通状况了如指掌,管理人员则对车辆的行驶状况一清二楚,因此,提高了道路的安全性、系统的工作效率以及环境质量等。世界上许多国家都非常重视对智能交通运输系统的研制。实施智能交通,将至少起到提高运输效率、减少对环境的影响、改进安全与可靠性及降低交通基础设施的管理成本等作用,因此,以信息通信技术为核心的智能交通运输系统的发展和应用将全方位地提高交通运输质量。

1.2.1 智能交通系统的特点

从系统整体的角度看,虽然智能交通是众多技术的综合体现,但智能交通涉及的这些技术并不只是简单的合成和堆砌,而是彼此间有着紧密的联系,充分发挥各类交通信息的融合和集成作用。概括起来,智能交通系统技术具有以下一些特点。

1) 技术的集成性

集成性可谓是ITS技术的最大特点。将先进的信息、控制、计算机技术和交通工程集成,形成了智能交通系统中各项特有的技术,如城市道路和高速公路智能交通控制技术、交通信息采集和融合技术、路径导航和交通信息服务技术、高速公路联网收费及不停车收费技术、智能车路技术等,这些技术加强人、车、路之间的联系,将各种设施单元(车载设备、路侧单元、控制中心)、交通管理部门和出行者集成到一起,为提高运输系统的运输效率和安全水平提供了基础和手段。

同时,ITS是由多各个系统构成的。但是无论是子系统本身,还是各子系统之间,均需采用系统工程的方法,对系统本身以及系统之间进行上述ITS技术和方案的整合,并实施各种交通方式之间以及整个运行系统的集成,从而实现信息共享和一体化的交通综合管理。

以交通管理和控制系统为例,系统本身涉及信息采集、信息传输、信息加工、信息利用和信息发布以及采取控制措施等各项技术手段，这些技术手段以信息为纽带联系在一起，通过对信息的处理加工和优化算法，提出优化控制方案和管理措施，并将指令传递到各种控制的终端，实现对交通流的控制。又如交通信息服务系统和交通控制系统之间，交通信息诱导必须以交通控制系统所掌握和分析的交通信息为基础，因此，信息服务系统的信息和交通流诱导核心技术，必须和交通管理系统的信息加工和处理技术联系在一块。这种子系统之间的技术集成不仅能够实现子系统之间的良好协作，而且还能降低系统的处理时间，节省系统的设施和费用。

2）技术的系统性

要将智能交通系统的各项技术集成到一块，形成一个有机和完整的系统，必须这些技术手段本身需符合系统的特定要求，才有助于实现系统功能。另外，系统的各项技术之间有良好的接口和兼容性，才能整合到一起真正实现系统的总体功能和目标，这就是智能交通系统技术系统性特征的要求。

3）技术的先进性

智能交通系统的技术基础是先进的信息、计算机、网络、控制等技术，如何将这些先进技术应用到传统的交通运输管理领域当中，形成现代的先进的运输管理技术，正是应用智能交通系统解决当前交通问题的关键，也是其应用和开发研究所要集中解决的问题。

4）技术的综合性

智能交通系统要将各种信息技术包括电子信息技术、自动控制技术、计算机网络技术等有效地综合地运用于整个交通运输管理体系，一方面，说明智能交通系统包含了大量的技术，另一方面，这些技术还必须被综合利用，而不能简单叠加，各项技术之间有很好的分工协作，才能实现一个大范围内、全方位发挥作用的、实时、准确、高效安全的交通运输综合管理和控制系统。甚至就系统当中的某一个子系统而言，也要综合运用各种相关技术，才能实现一定范围内的功能目标。仍以交通管理和控制子系统为例，信息的采集因其方式而异，要用到传感器、超声波或视频技术等；信息的传输则要依靠信息传输技术；信息的加工和处理则涉及到计算机技术，包括硬件中的网络和软件中的数据库技术；对交通的管理和控制要借助自动控制技术和网络传输实现系统生成的各种控制方案，以及借助各种信息发布技术发布各种信息。同时，也只有将这些技术加以综合利用，才能真正实现对交通流的实时的、智能化的控制。

5）各种技术的相互关系

从信息流程的角度看，ITS 系统涉及信息采集、信息处理、信息传输、交通管理与控制、信息发布和利用，所有的信息交互都是基于信息传输网络的基础上完成的。上述的这些联系构成了 ITS 的信息链，见图 1-1。表 1-1 列出了各环节相应的交通信息技术。

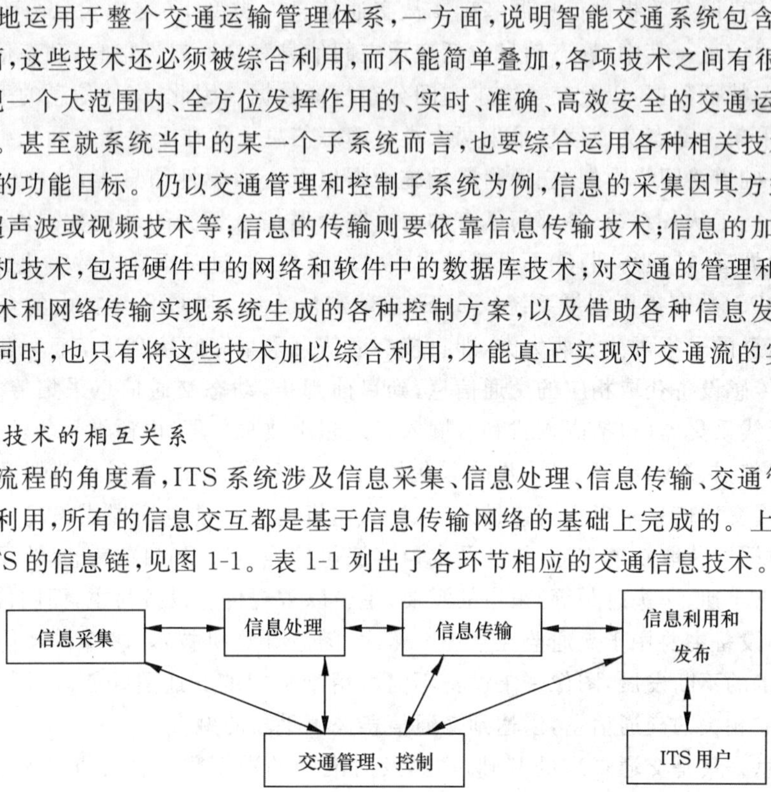

图 1-1　ITS 信息链

表 1-1　　　　　　　　　　　　　　　**ITS 中的信息技术**

数据处理环节	ITS 相关的信息技术	
	系统方面	车辆方面
信息采集	交通检测器、环境检测器、设施状态检测器	自动车辆控制 AVI
信息处理	数据压缩处理、信息融合处理、识别处理	数字地图、GPS
信息传输	光纤网络、移动通信网络、计算机网络、传感器网络	DSRC、移动通信
交通控制	城市交通控制、匝道控制、公交优先控制、轨道交通运行控制	车辆安全控制、自动车辆控制
信息管理	数据库、GIS、应急管理	车辆安全
信息利用	信息服务系统	路径诱导
信息发布	VMS 可变信息板、Internet	交通广播、车载台、智能手机

1.2.2　交通信息技术的主要内容

可以说，没有交通信息技术就没有 ITS 的发展，而信息技术在交通领域的应用又非常广泛。本节扼要介绍交通信息采集、交通信息处理、交通信息传输、交通控制、交通信息管理等方面的技术内容以及它们在智能交通系统(ITS)中的应用。

1. 交通信息采集技术

交通信息采集是 ITS 中重要环节之一，为交通管理、交通控制与预测、交通引导、交通指挥及交通信息服务等提供信息源基础。从交通信息的类型上，交通信息分为静态交通信息和动态交通信息。其中，静态信息包括交通空间信息和交通属性信息，动态信息是反映网络交通流状态特征数据，以及交通需求空间分布特征数据。因此，交通信息的采集可分为静态交通信息采集和动态交通信息采集两大类。静态信息采集在于建立交通基础信息空间数据库，包括基础道路网络数据、交通附属设施数据以及交通属性信息等，这些信息的采集主要有三种途径：①从各系统、各部门已有的与道路交通信息相关的地理数据库(包括空间与属性信息)中处理、转换得到；②不足或缺失信息的采集，通过基于地面数字化、智能化采集、RS(遥感)、DPS(数字摄影测量系统)、GPS(全球定位系统)和 GIS 等在内的众多技术的集成；③动态信息的采集可分为两大类，即直接交通信息采集和间接交通信息采集。直接信息采集是通过传感设备获取相应的交通信息，到目前为止，动态交通信息采集传感设备包括：环形线圈、无线采集器(包括嵌入式和非嵌入式)、超声波采集器、电磁波采集器、光子式采集器、图像式采集器、AVI 装置、动态图像采集器、移动式采集系统、速度传感器及环境信息采集器等。间接交通信息采集主要包括人工式(如司机通过移动电话提供路况信息等)、网络式(如通过数据网获取轨道交通、机场及港口客流信息等)等。到目前为止，为了满足常规交通信息(流量、车速、车头时距等)采集的需要，主要以常规传感设备为主，而图像采集设备为辅，图像采集设备主要用于交通监控管理。然而，随着计算机技术、多媒体通信技术及图像信息处理技术的不断发展，图像采集设备不但可用于常规的交通监控管理，同时，还可从图像信息中获取相关的交通信息，以达到交通信息采集手段的融合。

交通信息采集是交通管理的基础，详尽及时准确的数据将保证交通监控的有效可靠。根据对交通控制策略的分析，无论何种策略，如果要发挥作用，必须要有充足的信息源作为基础。从信息技术发展角度分析，信息是来自于多种媒体和媒介的。具体来说，交通管理的信息源技术平台是基于数据、视频和语音网络，因此需要一个多媒体的综合信息网络平台作为基础，而该平台上的信息所反映的功能可归属为：交通流、环境状况、设备状态三大类。

交通流信息采集是通过安装在路边的交通参数检测设备采集，环境干扰参数通过路边环境检测设备采集，分别经过初步处理后形成数字式数据通过通信系统送到监控中心计算机系统。具体划分如表 1-2 所示。

表 1-2　　采集信息分类

名称	数据	图像	语音
交通流	车辆存在、交通量、车速、车型、车头时距、车长比、排队长度、交通事件	正常运行、交通事件起因、交通事故位置	交通事故、援助内容
环境干扰	气温、气压、湿度、风速、风向、降水、能见度、路表温度湿度、路况(湿、冰、雪)、烟雾浓度	雨雪、烟雾、能见度	
设施状态	道路桥梁使用状态、隧道火情、主要机电设备使用状态和故障特征、部位	注：车长比为超过 7m 长的车辆数与总车辆数之比	

交通检测设备用来检测交通流量、车速、占有率、车头时距、车辆存在和排队长度等，国外常称它为车辆检测器。根据检测器原理的不同，主要包括超声波检测器、微波检测器、线圈检测器和视频检测器等几种。从检测器采集到的数据形式来看，又可分为视频检测器和非视频检测器。这两类检测器的用途是不同的。非视频检测器主要用于对路段上车速、车流量、车道占有率等数据的获取。非视频检测器的最大优势在于它不受天气和光线的影响。目前，在全国各省市的交通管理系统中，使用的比较多的非视频检测器是电感线圈检测器和微波检测器。

视频检测是一种结合视频图像和电脑化模式识别的技术，通过软件方法实现图像中跟踪移动车辆的数字化处理，产生所需的交通数据，它的优势在于检测点的变化只在监视器的图像上设定软件中虚拟检测器的位置就可完成，不因道路的维修而中断交通检测，但受天气和光线影响检测精度。表 1-3 列出了常用固定式交通检测技术的性能比较。

表 1-3　　常用交通检测技术性能比较

技术	性能	优点	缺点
微波检测	速度误差＜3% 流量误差＜1% 占有率＜5%	在恶劣气候下性能出色 可检测静止的车辆 可以侧向方式检测多车道 直接检测速度	侧向安装条件下，虽然能检测多车道，但误差比较大。正向安装精度比较高，但造价较高
可见光视频检测	速度误差＜8%～10% 流量误差＜1% 占有率＜5%	可为事故管理提供可视图像 可提供大量交通管理信息 单台摄像机和处理器可检测多车道	大型车辆能遮挡随行的小型车辆阴影、积水反射或昼夜转换可造成检测误差
感应线圈检测	速度误差＜3%(120km/h) ＜5%(150km/h) 流量误差＜1% 占有率＜5%	线圈电子放大器已标准化 技术成熟、易于掌握 计数非常精确	安装过程对可靠性和寿命影响很大 修理或安装需中断交通 影响路面寿命 易被重型车辆、路面修理等损坏

前面的各种交通参数检测技术均为固定式检测器，其优点是采集精度高，但存在安装和维护成本高、覆盖范围小，仅能检测固定位置的数据等不足。受人力、资金等因素的制约，即使是大城市，也都只在关键路段和主要交叉口安装了固定检测器，导致道路网巡航存在大量的信息“缺失”地带，使得交通管理者无法精准高效地进行交通控制和诱导。随着全球定位卫星 GPS 和无线移动通信技术的发展，利用浮动车、手机、电子标签等方式实时采集交通数据，已成为一种新兴的大有应用前景的交通信息采集方式。它的特点是建设周期短、投资少、覆盖范围广、数据精度高、实时性强等优点，同时与固定位置交通参数检测相比，移动式交通信息采集技术能直接采集路网中的平均行程时间、平均行程速度等更加能反映路网交通状态的交通参数。

2. 交通信息处理技术

交通信息的一个显著特征是它的随机性和空间性，因此，对它的研究和分析只能建立在广泛统计的基础上，应用各类统计分析方法来探索它的规律性。另外，交通信息多种多样，针对采集到的信息不同和每一个应用场合的不同，交通信息的处理方法则不一样。目前主要采用的技术包括：交通数据预处理技术、交通事件检测技术、预测及建模技术、模式识别技术、信息融合技术等，这些技术的综合应用在交通运输系统中起着重要的作用。

1）交通数据预处理

城市交通系统的有效管理离不开海量的交通数据，因此，交通数据的采集、处理以及应用是 ITS 的重要组成部分。国内外许多学者曾专注于交通数据的应用研究，建立更加精确、完善、实用的交通模型以便应用于 ITS 的各个环节。然而已经建立的智能交通综合管理系统表明数据的完好率并不高，缺失数据是交通管理系统中存在的突出问题，因此对采集数据进行预处理，保证交通模型中输入数据的完整性和有效性是一个非常关键的问题。

对交通数据进行预处理是保证交通信息采集精确度和可信度的基础，基础数据的不完整或存在异常，将给后续的数据处理造成困难或导致错误的结果。数据预处理包括数据稳健性处理和残缺数据预处理，前者指异常数据处理，后者主要指数据修补，即利用相关性较强的数据对缺失的数据进行修补。

异常交通数据指测量的客观条件不能解释为合理的明显偏离测量总体的个别测量值。异常值是虚假的、偶然出现的，带有随机性，并会直接影响数据总体的正确性，在交通参数检测中，出现异常值的主要原因是检测器本身故障、传输线路故障、以及出现概率极小但作用较强的偶发性干扰等。

出现可疑数据时，对于被怀疑为异常的数据，最好能分析出明确的理论或工程技术上的原因，然后决定取舍，剔出异常数据时一定要慎重，因为异常数据常是异常现象的反映，包括被测对象超出正常工作状态。在进行上述溯源分析之后，就可以用统计学方法对测试数据本身可靠性作出评价，并引用有关检验法将异常的离群数据剔除。用统计学方法处理可疑数据实质就是给定一个置信系数或置信概率，找出相应的置信区间，凡在置信区间以外的数据，就可定为异常数据并从测量值数列中剔除。

2）交通事件检测

道路上部分交通异常事件可以通过巡逻车、电话等人工方法通知交通管理中心，但大多数交通异常事件仍要采用各种道路事件自动检测（AID）算法来实现，AID 算法的基本原理是由交通异常事件导致的道路交通流变化，可以通过实时检测道路上不同位置的交通流参数变化值加以识别。当发生交通异常事件后交通流参数会发生突变(表现在占有率、流量、速度、密度等参数上),若变化程度超过了预先设置的阈值,判别为异常事件发生。

经过国内外专家们近40年的研究,开发了很多交通事件自动检测算法,如图1-2所示。这些方法有基于固定检测器和基于移动检测器两种类型。基于固定检测器的算法发展至今,大致可划分为四大类:比较法、交通理论模型法、统计预测算法、智能算法等。其中,以比较法中的California算法(简称加州算法)和交通理论模型中的麦克马斯特(McMaster)算法应用最广,智能算法是近年来发展较快的,它包括有神经网络算法和模糊逻辑算法。

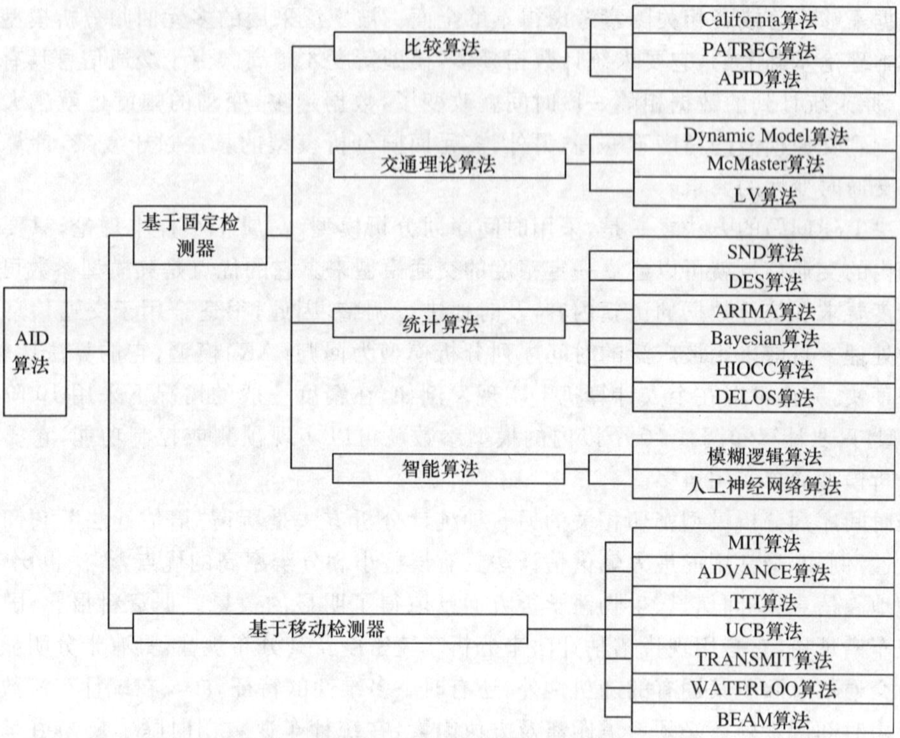

图1-2 常用的交通事件自动检测算法

以上这些算法均是根据检测到的交通参数进行交通事件检测,属于间接方法。随着计算机视觉技术的发展,图像识别的直接检测方法越来越成为未来的研究热点和发展趋势。图像处理法是以摄像机和计算机处理技术为基础对道路上的事件进行自动检测,它可以跟踪单个车辆或一个车队进行图像采集,通过处理图像信息即可获得流量、空间车速、空间占有率等参数,它不仅可以判断事故的发生,而且还可以预测事故,因而具有广泛的应用和发展前景。

3) 交通预测模型

动态交通信息的一个显著特征是它的随机性。因此,对它的研究和分析只能建立在广泛统计的基础上,应用统计分析方法来探索它的规律性,并建立各种交通预测模型。例如车流量统计就是一项十分庞大的工程,它对建立车流模型,设计路面通行能力,分析车流阻塞情况等问题的研究就十分重要。又如,车主出行调查也是一项十分复杂的工作,它包括出行目的、距离、时间等内容,变动和相关因素都多,因此,建立出行模型就非常复杂,但用多元统计分析仍然可以找到合适的出行模型，对设计和调查信号控制系统非常重要。再如，行车速度的统计是设定区间最高时速的依据，可以建立车速模型防止恶性事故的发生或使事故率降低。

目前的交通模型，包括上述车流模型、出行模型、车速模型等已有很多，用于交通流和行程时间预测的方法主要包括历史趋势方法、非参数回归模型、时间序列、贝叶斯分类估计、多元线性回归、神经网络、卡尔曼滤波、交通模拟和动态交通分配模型等。这些方法还在被不断地改进和创新。值得注意的是，有些模型的成功率比较低，误差比较大，究其原因无非是统计数据不够完善或者相关因素考虑得不够全面。被广泛采用的多元回归分析模型是建立在大样本理论基础上的，它要求统计数据越多，模型精度才越高。由于交通信息具有很强的时变性，原来统计到的数据相隔一段时间就改变了，数据越多，变动的幅度也就越大，因此，直接影响到交通模型的精度不够高，另外，多元回归分析模型的算法过于复杂，计算速度难以适应交通时变性的要求。

解决上述问题的方法之一是，采用时间序列分析模型，它属于小样本理论，只要采集到短时间内的交通信息就可以建立一定精度的交通模型来。它的优点是其模型参数可根据不同的精度要求和统计数据的更新内容，及时地进行调整，因此，很适合用于交通信息的控制和实时处理。目前采用最广泛的时间序列分析模型为回归(AR)模型，它的算法比较简单，运算速度快，完全可以在个人计算机上实现。例如，在精度一般的情况下采用10阶以下的AR模型，只要计算和调整10个以内的模型参数就可以实现预测或控制功能，它要比多元回归分析模型简单实用得多。

与时间序列分析模型密切相关的另一种统计分析方法是所谓"谱估计法"，它们之间具有等效性，例如，最常用的最大熵谱估计法具有误差小和分辨率高的优点，算法也比较简单，在处理地震信息、空间信息、生物医学等方面已取得了明显的效果。据资料报导，国内外正在研究车谱理论，它是用现代谱估计法来分析车流密度及其分布规律，具有十分明显的实用意义。交通信息除了其固有的随机性外，还有时空多维性的特征，亦及在统计车流数据时除了要考虑时间因素外还必须考虑距离及方位因素，在统计车速数据时除了要知道车速信息外还应知道车速的变化和滞留时间等，这就构成多维随机信号的时间过程，而且往往是非平稳的(即时变的)。目前处理多维，非平稳随机过程的新方法是利用小波理论，它已经在处理语言信息、图像信息、雷达信息等方面获得成功，解决了短波信号分辨率不高的问题，在精度和速度上均可以达到实用化的要求，因此应用于交通信息的统计分析处理一定会有新的突破，特别是在比较复杂的环境和条件下传统的统计分析方法往往难以奏效。

4) 模式识别

模式识别也是交通信息处理的一个重要内容。用随机数据的统计规律分时提取某些特征参数来代替统计分布本身，既可以减少运算量，提高运算速度，又不失去数据信息源的有效性。模糊控制不追求数据的统计特征，而是利用隶属度关系来区别和控制各类模糊信息，这是一种新的数据处理方法，目前在交通领域的应用越来越广。例如：交通量预测、交通状态识别、信号灯区域控制、交通事件自动检测、车型自动识别、车牌号自动识别等。

模式识别是指利用计算机或其他装置对物体、图像、图形、语音、字形等信息进行自动识别。模式识别诞生于20世纪20年代，随着后续计算机的出现及人工智能的兴起，模式识别在20世纪60年代初迅速发展成为一门学科。它所研究的理论和方法在很多科学和技术领域中得到了广泛的重视，推动了人工智能系统的发展，扩大了计算机应用的可能性。经过多年的研究和发展，模式识别技术已被广泛应用于人工智能、计算机工程、机器人学、神经生物学、医学、侦探学以及高能物理、考古学、地质勘探、宇航科学和武器技术等许多重要领域。如语音识别、语音翻译、人脸识别、指纹识别、手写体字符的识别、工业故障检测、精确制导等。模式识别技术的快速发展和应用大大促进了国民经济建设和国防科技现代化建设。模式识别可以分为基于统计学习理论的统计模式识别和基于语法的结构模式识别，前者的应用领域更为广泛。

5）信息（数据）融合

信息（数据）融合技术早在20世纪70年代初期，美国针对军用的多个独立的连续声呐信号进行融合，通过融合处理可以自动检测出敌方潜艇的位置，由此使得信息融合技术作为一门独立的技术首先在军事应用中受青睐，美国继续开发了几十个军用信息融合系统。受这些系统研制的需求和推动，关于多传感器信息融合基础理论和基础技术的研究也越来越受到重视，为从事信息融合技术的研究建立了基础。从信息融合理论方法角度，目前主要包括：卡尔曼滤波，神经网络，专家系统，模糊逻辑，贝叶斯方法，D-S证据推理等。

简单地说，数据融合又称信息融合，指利用计算机技术对按时序获得的若干传感器的观测信息在一定的准则下加以自动分析、综合，以完成所需的决策和估计任务的信息处理过程。按照这一定义，多传感器系统是信息融合的硬件基础，多源信息是信息融合的加工对象，协调优化和综合处理是信息融合的核心。

数据融合给交通信息加工和处理提供了一种很好的方法，它的最大优势在于能合理协调多源数据，充分综合有用信息，提高在多变环境中正确决策的能力。数据融合已从最早军事领域应用，发展成为一个热门研究方向，是多学科、多部门、多领域共同关心的高层次共性关键技术，逐步应用于工业、交通、金融等领域。

在交通领域，数据融合主要用于以下几个方面：

(1) 车辆定位与跟踪：通过多源数据获取的交通信息进行融合处理对车辆行驶轨迹加以识别，比如用GPS和DR航位推算组合进行车辆定位。

(2) 交通信息获取：对各种传感器（线圈、视频、超声波等）采集的交通参数进行时间、空间角度的融合，得到全面反映交通状况的实时信息。

(3) 路网交通状态识别：通过历史数据、实时数据的融合，通过交通状态指标量化来判断路网交通状态。

(4) 车辆诱导：根据对车辆行驶轨迹的确认，并以现有道路网络、现状路网交通流参数、未来路网交通流状态参数估计等作为必要的边界条件来实现实时的车辆诱导。

在智能交通管理中，数据融合被越来越广泛地应用，主要是因为有以下几方面因素：

(1) 单个交通检测器获取数据的局限性，无法全面掌握了整个路网的交通流信息。

(2) 可以通过数据融合技术在智能交通领域中的应用，提高在ITS中多个子系统之间（中心与中心之间）数据交换以及中心与设备之间数据交换的效率。

(3) 可以通过数据融合的远程控制和管理系统，提高整个交通运输管理系统的运营效率。

对于综合交通信息平台，数据融合技术可以理解为：对各种来源的交通数据（线圈检测、视频检测、超声波检测、交通控制参数、“一卡通”采集客流数据等）进行检测、互联、相关、估计以及组合等多层次多角度的处理过程，以便获得准确的交通参量、车辆状态和身份估计，对交通状态进行指标量化，作交通态势描述与评估，并将相关信息用于交通管理的决策支持。这一定义表明在平台内部，数据融合模块不仅要处理检测器的数据，还包括各种 ITS 系统传输的交通信息。

世界运输领域的专家和学者，都在不同程度上应用信息融合技术解决 ITS 中的实际问题，其应用情况见表 1-4。国内在高等院校等科研机构 ITS 领域研究中也不同程度地开展了对于信息融合的相关理论和方法的研究。主要对交通信息采集与融合的关键技术、交通信息采集与融合的相关标准与规范、交通信息采集与融合技术城市应用案例、交通信息采集与融合的企业产品研发及技术解决方案等进行了交流与探讨，为进一步开展交通共用信息平台开辟了崭新的思路并提供了理论基础。

表 1-4　　国外 ITS 领域信息融合技术应用情况

应用项目	国家(地区)	信息融合技术	应用目的
ADVANCE	美国芝加哥	卡尔曼滤波 神经网络 专家系统 模糊逻辑	预测未来交通状况 当前与历史交通状态模式匹配 识别非正常交通状态 量化交通状态
PROMETHEUS	欧洲	卡尔曼滤波 专家系统 神经网络	构建四维位置估计 分解驾驶任务 为驾驶子任务分配神经网
Brainmaker	美国德克萨斯 A&M	神经网络	当前与历史交通状态模式匹配
IGHLC	美国普林斯顿大学	卡尔曼滤波 贝叶斯方法 专家系统	车辆位置决策 解决交通不确定性 建立最劣情况决策模型
Pathfinder	美国洛杉矶	模糊逻辑	量化交通状态
TravTek	美国奥兰多	模糊逻辑	量化交通状态
DRIVE	欧洲	专家系统 神经网络	分解驾驶任务 为驾驶子任务分配神经网
PRODYN	法国	卡尔曼滤波 贝叶斯方法	估计交通变化规律 估计交通状态参数，如：排队
自动导航车辆应用	英国	D-S 证据推理	决定交通环境状态

3. 交通信息传输技术

由于交通信息采集点地理上的分布性、采集手段的多样性、交通信息需求的分散性及交通信息服务对象的随机性，因而交通信息往往是海量的、多源的、异构的和分布式地存在于各个系统中，在进行信息传输时，可根据信息的特征选取不同的传输技术。

交通信息传输也可以理解为数字通信技术在交通运输系统中的应用。从交通信息的采集到交通信息的显示、控制和利用，其总是和信息通信技术结合在一起，而其中交通信息的传输更为重要。如果交通信息传输过程中出现差错，将会带来严重的后果。

前面已经提到，所谓智能动态交通信息是指可利用和可控制的那一类交通信息，它是实现交通智能化的基础。为了实现实时的智能信息处理和控制，有必要提供既可靠又有效的传输途经，即由信息采集点（或信息源）到信息处理中心（或调度中心）及从信息处理中心到显示、控制或发布终端（或信息宿）的传输通路。例如为了实现车辆的流量控制，首先要将车辆信息及时地传输给信息处理中心，经过处理后作出的判决以限速、分流或行程时间等诱导信息反馈到信息采集点附近的显示终端，并以不同的显示信号提示给驾驶员，促使其采取措施，以防止交通阻塞或其他事故发生，这是半自动控制方式。如果车内装有能接收提示信号的控制设备，则可实现全自动的车辆速度控制，以适合非熟练驾驶员或残疾人的操作运行。

选择不同的传输通路及传输技术取决于交通信息的数量和特征、交通信息的环境。由道路传感器或监测器采集到的路面、车辆及其他相关信息通过各自不同的信道传输，因此它要求信道数量多，而传输速率并不需要很高的信息传输系统。根据道路交通信息的特征，即使是在实时控制系统中传输信息的速度也不算高。但在高速公路和高速铁路上行驶的车辆要求提供信息传输速率较高的控制系统，才能保证实时性的要求。比较困难的问题是交通信息的分布面广，而且很分散，有时甚至信息采集点是移动的，因此，需将它们集中起来组成一个功能强大而且使用灵活的交通信息传输系统，同时，根据信息传输的方法，可以大致将信息传输技术分为现场设备通信与信息接入、数字（基带）信息传输、无线信息传输、光网络传输这几大类。

1）终端设备通信与信息接入

交通信息的传输媒介在选取时一般可根据检测设备的特征和信息传输的需求而定。对于固定检测点，最初的传输媒介（传输线）主要采用双绞线。同时，为了减少投资费用，还采用租用电信运营商的电话线路。后来随着传输 CCTV 图像的需要，许多交通监控系统开始使用同轴电缆，因为同轴电缆较宽的带宽可以满足传输质量。随着光通信技术的成熟和成本降低，目前，光纤通信成为交通控制系统的主要传输媒介。对于车辆等移动体信息传输的需求，无线传输媒介（称为自由快速组网）为首选，使用的信息传输媒介包括区域无线广播网络、地面微波链路、蜂窝无线网络、分组无线网络和卫星系统。

终端设备的通信是指现场控制设备和执行设备的信息传输方式。目前交通终端信息采集、控制设备中广泛使用基于传统的串行通信总线的数据通信技术，近年来，随着通信总线技术的飞速发展，CAN 通信总线的数据通信技术也得以应用。目前串行通信接口标准主要有三个：EIA/TIA-232、EIA/TIA-422 和 EIA/TIA-485。这三个标准最初都是由美国电子工业协会（EIA）制定的。1988 年 4 月随着美国电信供应商协会（USTSA）与 EIA 的电信和信息技术组合并而形成了美国电信工业协会（TIA），上述三个标准后续版本改由 TIA 制定。EIA/TIA-232 定义了采用串行二进制数据交换方式的数据终端设备和数据电路终接设备之间的接口。该标准通常称作 RS-232，RS 是“推荐标准”的意思，尽管其后作了许多次修订，但其基本内容并未作大的修改，仍然以 RS-232 称呼。EIA/TIA-422 定义了平衡电压型数字接口电路电气特性，该标准经常称作 RS-422。它规定了上述接口电路中的双绞线和平衡线路驱动器以及接收器。EIA/TIA-485 定义了平衡数字多点系统中所用的发送器和接收器的电气特性，该标准经常称作 RS-485。在 RS-422 的基础上制定的 RS-485 标准，增加了多点、双向通信能力。CAN 总线即总线控制器局域网，是国际上应用最广泛的现场总线之一，最早 CAN 总线被设计形成汽车电子控制网络。CAN 总线是一种多主方式的串行通信总线，基本设计规范要求有高的位速率，高抗电磁干扰性，而且能够检测出产生的任何错误。当信号传输距离达到10km时CAN总线仍可提供高达5kbit/s的数据传输速率。作为一种技术先进、可靠性高、功能完善、成本合理的远程网络通信控制方式，CAN总线已被广泛应用到各个自动化控制系统中。从高速的网络到低价位的多路接线都可以使用CAN总线。

2）*数字信息传输技术及数字传输网络*

数字信息传输的崛起要归功于数字调制技术的发展。从开始时的二元调制（包括幅度键控ASK、频率键控FSK和相位键控PSK发展到多元调制技术，极大地提高了数字信号传输的频带利用率，而且改善了误码性能。特别是无线通信中采用的先进编码调制技术将编码技术与调制技术有机地融合一体，依靠卷积码的良好抗干扰特性，即使在信噪比极差的条件下仍能改善误码性能；同时它又保持了极高的频带利用率，目前这种数字调制技术已经实用化。

为了传输高速率的多路复用数字信号，必须提供高速电子器件和宽带传输信道。宽带传输信道的发展离不开光纤通信技术。自从1970年发明光导纤维以来，一直受到人们的重视，并且开辟了光电通信的新时代。由于它在传输信号时具有一系列优点，例如，频带宽、损耗低、串扰小、传输性能稳定等，因此对光纤通信技术的研究在世界各国掀起了高潮，传输速率越来越高，传输距离越来越长，特别适合于高速数据传输。在光纤通信中开始是采用短波长（0.85μm）光纤传输，后来向长波长（1.3μm）光纤发展，其原因是后者传输损耗更小，因而中继距离可以增长，有利于远距离传输。根据理论计算，理想的传输波长应该是1.55μm，此时传输损耗接近于零。另外，在光纤结构上从多模光纤向单模光纤发展，后者在传输容量方面要比前者大得多。如果以1980年为例，一对光纤的传输速率为44.7Mbit/s，可以传输672路电话和1路电视；到1991年，一对光纤就可以传输2 488Mbit/s速率，即容纳32 256路电话和48路电视信号，可见在10年内传输速率和传输容量方面的发展速度是惊人的。目前在光纤信道内传输的信息速率已经达到每秒千兆比特的数量级，甚至更高。

数字信息传输的最大优点是抗干扰性能强，这对交通信息传输来讲尤为重要。实际上，在交通信息传输通路内各种干扰依然是存在的，例如，各种电气设备的干扰、输电线路的干扰以及其他动力设备的干扰等。为了进一步提高传输的可靠性，可以采用各种先进的信息处理技术，例如，自适应滤波技术、噪声和脉冲干扰抵消技术、现代谱分解技术以及特征值提取技术等，它们对各类干扰的防止或削弱均有显著的效果。目前在数据传输系统中应用最广泛的还有信道编码（或称差错控制）技术和自适应均衡技术，它们已有商品出售，完全满足数据通信的要求，因此，在交通信息传输系统内传输可靠性的指标是可以达到的。

3）*无线信息传输技术及移动传输网络*

无线信道相对于有线信道来说，其最大优势就是无需敷设电缆就可以随时随地发送接收信息，但是无线电波的辐射和接收有其特殊性，必须在了解无线电波的传播特性以后，才能正确地选择无线接入、编码和调制技术。

在组成全球或全国的交通信息传输网络无线传输时最重要的是多址技术，亦即给每个信息采集点或控制显示终端部分都分配一个固定的地址号码，作为识别的标志，拥有信道资料的信息处理中心可以动态地分配和管理信道，以便及时灵活地沟通各种信息采集点或控制显示终端间的信息传输。信道分配可以按频率来划分，也可以按时间来划分，前者称为频分多址(FDMA),或者则称为时分多址(TDMA),最近又发展了具有扩频功能的码分多址(CDMA)技术。划分的频段越宽或者时隙越窄,则可以分配的地址容量就越大,这可根据交通信息网的规模和信息容量大小来设计确定。

除了多址方式,无线信息传输中的另一个关键技术是跳频和扩频技术。由于无线信道的开放性,为了保证信息传输的安全性,采用了跳频技术;另外,由于无线信道的干扰很大,所以,将信号的频谱扩展到高于信号本身频谱几百倍的频谱上,能够提高信号的抗干扰能力。

选择不同的传输技术取决于交通信息的数据量和特征。由传感器或检测器采集到的路面、车辆及其他相关信息通过各自不同的信道传输,因此,它要求信道数量多,而传输速率并不需要很高的信息传输系统。根据交通信息的特征,即使是在实时控制系统中传输信息的速度也不算高,但随着行车速度的提高(例如,高速铁路、磁悬浮列车等),需要传输信息的速度也相应地提高。另外,比较困难的问题是交通信息的分布面广而且很分散,有时甚至信息采集点是移动的,因此,要将它们集中起来组成一个功能强而且实用灵活的交通信息传输系统,则必须加强组网技术,组成灵活的信息传输网络。

随着CDMA、GSM/GPRS网络的发展和逐步成熟,网络容量不断地扩大,数据业务将在车路移动通信网络上有很大的应用前景,因此,可利用该网络的覆盖范围广、双向数据业务等优点作为交通车辆管理的数据传输手段,实施大范围道路交通的协调管理。

利用移动数字蜂窝网络实施交通管理,要把交通车辆看作是无线网络的移动数据终端,通过无线网络将自身采集的所有数据传送到所在区域内的分控中心或主控中心,分控中心或主控中心,对任意交通车辆发出相应指令并完成交通指挥、管理调度等任务,这样,可减少交通拥塞、防止交通事故的发生,使道路交通更畅通、便利。

GSM-R则是在欧盟铁路上专用的移动数字集群网络,基于900MHz频段的GSM标准,引入了话音广播呼叫、组呼叫、优先级、强插强拆功能寻址、位置寻址等功能。主要解决调度员(车站值班员)-司机间的运营通信、调车作业通信、车站和维修段的地区通信、旅客服务通信等,并为列车控制信息传输、远程遥测遥控信息、列车自动控制等车-地间信息传输提供通道。

车载自组织网络是今年兴起的服务于车车通信的无线传输网络,主要采用短程通信技术实现车辆与车辆之间或车辆与路侧设施之间的通信,进而实现系统控制、车辆安全等各方面的应用。

4) 光纤信息传输技术及光纤传输网络

对于城市道路或者高速公路的交通控制信息传输网络,通常,根据不同的区域和信息汇集层次,而分成不同的传输结构层次。对城市某区域路网或者一条高速公路而言,一般设置干线层、接入层和基础底层三层结构。干线层完成最上层控制中心之间的信息传输,接入层完成工程范围内各个区域之间(即各个信息汇集点之间)的信息传输,基础底层则完成各个外场设备向所属的信息汇集点的信息传输。在实际中根据工程规模的大小,传输网络结构层次可适当增减。

处于不同网络层次的设备等级、规模以及设备要求也各不相同。对于多层结构若能采用相同的通信制式,则有利于系统各个层次之间的良好兼容,方便系统维护和网络管理。对于干线层和接入层,通常采用光纤传输自愈环网结构;而对于基础底层,则根据工程特点和技术条件不尽相同。

外场终端设备光缆采用光纤调制解调器和终端组成单纤光环网(环路点对多点的连接),通过光环网将数据传输到控制中心或就近区域的节点站,再由上层网络传到监控中心。光环网传输可以将区域内的监控设备构成物理光纤环状结构,使用光缆资源少系统结构简单。在光纤调制解调器组成单纤光环网中,电气数据接口主要为串行接口,而在工业级光纤以太环网中,采用环间冗余技术,使网络获得高可靠性,系统符合 IEEE 802.3 所支持的局域网标准,并支持 TCP/IP 协议,可实现三网合一(语音、数据、图像同网传输)。

光传输方式由于其传输的抗干扰能力强、传输容量大、传输距离远等优点,被广泛应用于各种数据采集和系统控制网络。早期的数据光端机点对点或点对多点的传输方式,由于传输对数据汇集点的可靠性要求高,一旦汇集点设备故障,整个系统瘫痪,系统风险增加,且使用光缆资源多、系统结构复杂多样,改用光环网来传输信息就可以解决这些难题。

4. 交通控制技术

在交通运输领域内广泛采用的城市道路交通控制、快速路交通控制、公交优先控制、轨道交通列车运行控制,因此交通控制是交通信息技术应用的重要内容。

城市道路交通控制与快速路交通控制都属于道路交通控制,由于其道路特征不同,所以,控制方式也截然不同,如城市道路交通主要通过交叉口的信号灯来控制,而快速路交通控制则包括出入口匝道控制和主线控制。但是就其控制原理来说,则有许多相似之处。

从 19 世纪到现在,为了解决交通信号的协调控制问题,世界各国先后从线控到面控(区域控制)研制出很多交通信号控制系统。在这些信号控制系统中,具有典型代表的包括 20 世纪 60 年代英国的 TRANSYT 系统,20 世纪 70 年代澳大利亚的 SCATS 系统以及英国的 SCOOT 系统。20 世纪 80 年代以来,由于计算机技术与通信技术的飞速发展,交通信号的自适应控制系统就应运而生了。目前,国内外已应用的信号控制系统大多是以优化定周期方案、优化路口绿信号配比以及协调相关路口通行能力为基础的,它根据历史数据和自动检测到的车流量信息,通过设置的控制模型算法来选取适当的信号配比控制方案,故称为被动的控制策略。

交通信息控制是根据交通检测得到的交通信息,通过诸如改变信号灯配时等方案来维持交通流平顺通行的一种实时处理过程。交通控制系统包括许多不同的内容,如数据采集、数据分析、控制策略、控制技术以及信息给驾驶员的传送。大量实践表明,计算机和自动控制技术用于交通控制和管理可以大大提高现有路网的通行能力。

但是,由于交通控制系统有其自身的特性,如规模庞大、变化因素多、相互关系复杂,以及信息随机、不确定等。这使传统的分析和控制技术无法对交通控制进行比较精确的建模和预测。为了最大限度地满足交通控制需求,需要应用先进的信息技术,这就包括了智能控制、专家控制、模糊控制、神经网络控制等技术。通过应用这些新技术,使交通控制系统更加完善,实现智能化的交通控制。

随着网络技术的发展,交互式控制策略使信号控制由感控到诱导实现了真正的智能化,交通信号控制系统,它不仅可以检测到车流量等交通信息参数,调控路口绿信号配比,变化交通限行、禁行等指路标志,还可以根据系统联接的数据库完成与交通参与者之间的信息交换,向交通参与者显示道路交通信息、停车场信息,提供给交通参与者合理的行驶线路,以达到均衡道路交通负荷的主动的控制策略。例如,城市高速公路交通系统的出现,由此引起的区域交通信号灯控制与城市高速公路控制的集成控制系统；动态路线导航与交通网络系统的结合；多智能体在交通控制系统中的应用，以及一些辅助的交通策略，如收费控制、公共汽车/合用车优先控制、驾驶员信息系统等。

在机动车交通的冲击下，国内大城市的交通拥堵越来越严重，发展公共交通能使更多的出行者有效地利用有限的道路空间，缓解交通拥堵。公交优先策略显然是提高公交运行效率的关键技术。20 世纪 60 年代初，法国巴黎最先实行公共交通优先技术，其后在欧美等发达国家大城市也很快得以推广，经过几十年的应用实践，公共交通优先技术已形成了丰富的体系。广义的公交优先是指公交在“路权”使用上的优先，更是指公交在规划和经济政策上的优先。有数据表明，交叉口延误占公交整个行程时间的 10%～20%，大约占整个延误时间的 50%。因此，即使设置了 BRT 专用道，若不在交叉口为公交车辆提供优先通行条件，仍难以实现公交车辆的快速、可靠运行，所以公交优先的最重要部分也就是公交信号优先控制。

单个交叉口的公交信号优先中采用感应信号控制技术，通过检测公交车辆到达交叉口的时刻，采取绿灯延长、红灯早断、相位插入及组合方案等调整方法使得公交车快速通过路口。显然公交车辆检测技术的精度决定了优先控制性能的好坏。采用感应线圈、红外线、声波、无线射频、GPS 定位、专用短程无线通信等方式对公交车辆进行检测。

常规公交的信号优先一定程度上提升了公交的服务质量，但仍存在运量不够的现状，快速公交系统在一定程度上能大幅提升运能，快速公交系统（BRT）是利用改良型的公交车辆，运营在公共交通专用道路空间上，保持轨道交通特性且具备普通公交灵活性的一种便利、快速的公共交通方式。它整合了车辆、车站、线路、公交车道和公交智能系统等多个因素，形成具有强烈形象感和独特性的综合系统。与轨道交通相比，快速公交投资低、运营成本低、建设周期短，可以短期内成网，而且运营使用效果要比普通公交优良。同时，快速公交比轻轨系统建设周期短、灵活性高、见效快、经济性好。而且快速公交与轨道交通具有互补性，可以作为轨道交通的过渡，起到轨道交通客流培养的作用，远期可以加密补充轨道交通线网。快速公交系统主要有专用行车道、车站与枢纽、特色车辆、线路、收费系统、智能交通系统、服务系统七个部分组成。

轨道交通作为一种非常重要的公共交通方式，其列车运行控制则是核心部分。轨道/铁路交通控制系统的首要目标是保证行车安全，其次是提高行车效率。目前列车运行控制技术最关键的为区间闭塞控制、列车速度防护、车站联锁控制。其中闭塞控制有基于轨道电路的自动固定闭塞系统，其基本特征是用分段的轨道电路来构成固定的闭塞区间，它们是保证行车安全的基本点，至于两相随行列车之间有多少闭塞分区，这决策于显示制式或规定的速差值。由于固定闭塞系统是按最坏性能列车参数（载重量、制动率、经历坡道、最大允许速度等）来决定闭塞分区的长度，而它对于性能较好列车或较轻的列车就有效率上的牺牲，所以固定闭塞系统能保证运行安全，但在运行控制效率方面上有潜力可挖。20 世纪 60 年代提出无线移动闭塞系统，系统是以保证行车为首要目标，而又能使两随行列车之间有最小间距，此间距的大小取决于两列车的参数及经历当地的坡道和弯道来自动决定，所以它有智能性能。由于当时的环境及技术问题，只进行了实验工作，没有完成最终试验。20 世纪 80 年代，美国和加拿大提出了 ATCS、ARES 系统，德国有 LZB 系统，它们都进行现场试验工作，虽然它们的结构不同，双向通信方式不同等，但都具有移动闭塞性能，其中，尤以 20 世纪末欧盟研制开发的ETCS/ERTMS系统是目前比较完备构思的一种移动闭塞系统。鉴于任何一种移动闭塞系统都基于通信为基础，它们虽然不同名称，但现在全世界已经趋于共识，这类系统称为基于通信的列车控制(CBTC)系统。

为了保证行车安全，不论是移动闭塞还是固定闭塞，它们最重要的核心是列车超速防护系统(ATP)，它的主要功能有：①防止列车超过规定速度运行；②防止列车冒入禁止信号，避免发生撞车问题。ATP系统不仅用于地面大铁路，而且还用于地下铁道、城市轮道交通以及高速铁路等。ATP系统的结构有多种多样，但依其制动曲线形式又可分为两大类：一类是以闭塞分区为界限构成多台阶式制动曲线，或称为分级速度控制，它多数是以FAS为基础，它所需的变参数较少，所以结构较简单，容易实现。日本新干线、法国各高速铁路等应用的ATP系统都属于这类，但它的最大不足之处是没有充分发挥运行效率，尤其当列车进入车站范围表现得更为明显。第二类是基于一次控制的制动曲线方式，或称为速度-距离制动模式，因为它只以前方列车尾部停车为目标，所以这类制动曲线永远处于动态过程之中，即列车车载设备的中心控制计算机一直不停地反复进行运算，直到列车停车为止，它很类似于一个熟练的司机不停地思维判断，不停地操作。由于这种方法是基于列车的动态参数，所以它既能用于旅客列车，也能用于货物列车，即它能广泛应用于客货混用的铁路。CBTC系统一般用于城市轨道交通，例如地铁，磁悬浮列车等。

车站是铁路中客货运输的基地，它除了与区间相连的正线外，还有到发线、调车线等线路，列车在这些线路上的运行其控制方法与区间的控制方法截然不同。为了兼顾安全和效率，联锁控制应运而生。车站现场设备信号机、道岔相互锁闭，联锁关系遵循因果关联原则或相关进路原则。1927年基于布线逻辑的继电联锁控制系统问世，由不对称的重力式安全型继电电路实现联锁逻辑，进路选择后，继电联锁控制系统将自动完成道岔和信号机的安全控制，即使在故障状态下也能保证控制系统的安全性。随着电子技术的飞速发展，1978年由瑞典研制的世界上第一套计算机联锁控制系统成功应用，联锁逻辑由计算机负责判别，采用硬件冗余表决方式实现故障安全的计算机联锁控制，一般采用双重或三重不停顿故障重组技术来提高系统的可靠性和可用性。具有代表性的有瑞典的EBILOCK系列、德国的SIMIS系列、英国的SSI系列、法国的SELMIS系列、美国的VPI系列及日本的SMILE系列计算机联锁系统。

5. 交通诱导技术

交通诱导是正确引导道路使用者顺利到达目的地、实现交通流优化、避免交通阻塞、有效地管理现代交通的一种技术。它是一种主动式的交通控制方式，其最大特点是通过传递情报消息引导和控制交通参与者的交通行为，实现由于交通参与者的自动调控而达到交通运行状况的自动调控和路网交通流均衡的目的。交通诱导系统按照交通诱导信息显示的位置，可分为车内诱导系统和车外诱导系统；按照交通诱导信息作用于交通参与者的时间，可分为出行前诱导系统和出行中诱导系统。主要的交通诱导手段包括可变信息标志、声讯语音平台、短信平台、指路服务站、网站、个人移动终端(手机/PDA)、车载终端、交通广播台、微博等，由于各方式的受众群体不同，通常，一个城市综合交通信息系统会支持以上大多数的交通信息发布及诱导手段。

交通信息发布技术中应用最广、技术最为成熟的是路边固定可变信息标志技术，又称可变情报板。可变情报板结合道路形态特点、匝道控制、道路环境、交通行为安全原理布设在道路中，可发布实时道路状态、交通事件等动态信息以及宣传、通知等静态信息。近年来，针对用户的特征、所在位置、交通出行等特点，出现了广播数据业务、车载导航、移动终端动态交通图形化发布等个性化的交通发布技术，采用用户喜欢的方式发布出行过程中感兴趣的交通信息。

交通诱导系统中要应用车辆定位、地图匹配、路径优化、计算机和通信等技术，介绍动态交通诱导的两项关键技术是定位技术以及路径寻优技术。卫星定位技术依据 GPS 全球定位系统，通过卫星信号计算判断地面上物体的位置、移动速度和方向等数据信息，利用差分校正计算可大大提高定位精度。组合定位技术结合 GPS 定位和其他定位方法，提供可靠、高精度定位，如利用“GPS＋无线信标”组合进行定位。随着无线城市的建设，wifi 的发展覆盖越来越广，为室内高精度定位提供了可能，以信号强度为基础主要分为三角形算法和位置指纹识别算法两类。向用户车辆提供准确、可靠的最优行驶路径是城市道路网中心式动态交通诱导系统的终极目标。最优路径属于图论中最短路径的研究范畴，普通的最短路径问题已有各种成熟的解法，如 Dijkstra 算法、A^* 算法等均属于静态最优路径的搜索算法。而实时交通信息的动态变化对于路段的行程时间有着直接的影响，动态路径算法通过权值的动态性来体现，对时间作离散化处理，并假定单个时段内交通状态稳定、行程时间固定，对每个时段内的交通行驶方案按照静态诱导算法处理，直至到达目标。

城市交通诱导系统主要有分配动态交通流的道路交通诱导系统以及维护静态交通与动态交通平衡的停车诱导系统。城市道路交通流诱导系统是以动态交通分配理论为基础，实时分析复杂多变的路网交通状态，通过信息收集、加工处理、信息传递，综合运用 GPS 和 GIS 等技术，以各种诱导信息发布手段动态地向出行者提供实时交通信息和最优路径引导指令，达到均衡路网交通流的目的。城市道路交通诱导系统由动态采集交通信息并加工处理的动态交通信息平台、传送发布信息的交通通信系统、制定诱导策略方案的交通诱导控制中心以及外场发布的交通诱导信息系统组成。停车诱导系统是协调静态交通与动态交通的协调平衡的有效手段，以促进停车场及相邻道路的有效利用为目的，通过可变信息板、车载信息发布装置、互联网、手机平台等多种方式向驾驶员提供停车场的位置、使用状况、路线以及相关道路交通状况等信息，诱导驾驶员最有效地找到停车场的系统。

6. 交通信息平台技术

1) 智能交通共用信息平台

智能交通系统是一项巨大的综合性系统工程，实施 ITS 解决城市交通拥堵问题强调的是使 ITS 各个子系统协同运作，如只是依靠各个独立运行的子系统，则难以满足 ITS 管理目标。建设城市智能交通管理共用信息平台，可以实现信息共享、信息服务、辅助决策，使交通信息流在各个子系统之间相互共享与交换，从而实现各个子系统的协同运作。

由于智能交通系统的复杂性，现有的部分智能交通系统没有实现互通互连，往往各自为政，致使交通“信息孤岛”问题突出，信息资源分散且利用率不高，这已经成为很多城市发展智能交通系统的瓶颈。建设一体化的智能信息处理平台，对信息资源进行统一规划是可以实现信息资源的共享和各子系统协同工作的目的。所以，建立智能交通管理共用信息平台对各种数据进行统一规范地组织和存储，并提供给各交通子系统使用，可以对已采集的数据加以充分利用，实现信息资源的共享和融合。同时，它可适应新系统信息接入和应用加载，提高整个 ITS 系统的性能。

智能交通共用交通信息平台总体架构包括基础设施层、数据存储层、业务支撑层、业务应用层,各层之间由相应的组织管理体系、安全规范体系融合在一起,共同完成交通数据的统一采集,基于 GIS、GPS、交通单元、知识库、模型库的交通信息处理和存储,最终实现包括车辆导航、交通信息服务、路径优化等车辆服务,流量控制、路面控制、行车及停车诱导等智能控制服务,交通管理指挥、交通设施规划、交通流量预测、应急管理等决策支持功能。智能交通共用信息平台的基础技术很多,其中至关重要的有数据库技术、GIS-T 技术等。

2) 平台基础——数据库技术

城市交通信息服务系统离不开数据的采集、分析与处理,而针对数据的上述操作,必然需要数据库技术的支持。因此,数据库技术在当今的信息服务系统中占有重要的地位,它是信息处理的重要工具和组成部分,其理论和技术都已经达到相当成熟的阶段。但是,随着应用需求的不断提高,数据库技术也面临着许多挑战,也需要不断进步、不断发展。数据库技术用于特定的应用领域出现了工程数据库、统计数据库和空间数据库等。数据库技术和其他相关技术结合又形成了各种新型的数据库。例如,分布式数据库、并行数据库、演绎数据库、知识库、主动数据库、多媒体数据库、模糊数据库以及移动数据库等。

数据管理先后经历了手工、文件系统和数据库系统三个发展阶段。数据库系统是针对文件系统缺乏数据共享和基于数据的集中统一管理而提出来的,基于数据库系统的研究刚开始主要是集中式数据库管理系统,当时应用需求还是集中在单片机处理模式。随着网络通信技术,例如局域网和广域网技术的发展和成熟,公共数据网、各种局域网、广域网的建成,人们期望着符合现实需求、能处理分散地域、具备数据库特点、新型数据库系统出现,由此出现了分布式数据库系统。

分布式数据库系统是指在地理上(或物理上)分散而逻辑上集中的数据库系统,管理这样的数据库软件称为分布式数据库管理系统。而移动数据库是指移动计算环境中的分布式数据库,它是传统的分布式数据库系统的扩展,可以看作客户与固定服务器结点动态连接的分布式系统。

在数据库研究的历史中,传统的分布计算与分布式数据库的研究是基于有线网络和固定主机的,这时都采用了一些默认的隐含假设,例如,固定网络连接,对等通信代价、主机结点固定不变等。但进入 20 世纪 90 年代以来,随着移动通信技术和互联网技术的迅速发展,加之移动计算机的大量普及,使得许多计算结点可以在自由移动的过程中与网络连接,使上述假设条件不再成立。于是,"移动计算"和"移动数据库"的概念应运而生,并且正在成为国际数据库界一个新的研究发展方向。所谓移动数据库就是指移动计算环境中的分布式数据库,它也是分布式数据库技术的延伸和发展。

我国大多数城市均建立了交通管理基础数据库以及车辆、驾驶员、事故、违章数据库,可以说数据库技术几乎涉及到智能交通的所有子系统。作为 ITS 领域重要子系统之一的城市交通信息服务系统,已经渗入到我们的日常生活中,移动数据库技术的应用,使得移动数据的分析与处理,特别是具有友好服务界面的车载信息服务与诱导系统成为可能。

数据仓库是从数据库技术发展而来,它是为决策服务的数据组织和数据存储技术。数据仓库的信息源具有分布和异构的特点,主要信息可视为定义在各信息源上的实体化视图集合。数据仓库管理系统把实体化视图所对应的数据从信息源中提取出来,并存储到数据仓库中,使之成为物理存储的数据实体。因此,数据仓库应具有两方面功能:①从不同的信息源中提取数据，并由各种聚集操作（如分类、求和、记数等）加工转化后存入数据仓库中；②在数据仓库上处理用户的查询与决策分析请求，要尽量避免直接访问数据源。数据仓库中的数据是多维的，构成多维数据库，以便于从不同角度观察分析问题，数据仓库是面向主题的，因而适合于决策支持。

3）平台支撑——GIS-T 技术

GIS(Geographical Information System)即地理信息系统，是用来描述现实世界中地物在空间上的分布及其属性的一个信息系统。它利用计算机建立地理数据库，将地理环境的各种要素包括地理空间分布状况和所具有的属性资料进行数字存储，发展各种分析和处理功能，建立起一套有效的数据管理系统。系统通过对多要素的综合分析，可以方便迅速地获取信息，满足应用研究的需要，并能以图形和数字元两种方式来表示结果，因此，它是一个计算机化了的地理信息和数字分析处理系统。

由于交通信息与地理空间资料密切相关，而地理信息系统集成了计算机数据库技术和计算机图形处理技术，具有强大的数据管理和空间分析功能，因此交通运输也是地理信息系统的重点应用领域，两者结合便产生了交通地理信息系统 GIS-T，所以 GIS-T 就是收集、存储、管理、综合分析和处理空间信息和交通信息的信息系统，是 GIS 与多种交通信息分析和处理技术的集成，它将为交通各部门提供一个功能强大的空间信息服务和管理工具。

具体说来，它的应用体现在以下几个方面：电子地图的应用；公路网规划；道路设计和维护；运输企业运营管理；为智能运输系统提供数字化平台。

随着智能交通系统的进程不断推进，其规模不断扩大，城市信息化工程的进程不断深入，物流信息化迅速建立及公民对信息服务需求意识不断增强，为适应交通信息服务对象对交通信息综合运用的需求，智能交通系统应与“数字城市”相结合，应用“3S”（即 GIS、GPS、RS）等新的信息处理技术实现与交通信息的融合。GIS 具有存储各种数据以及进行交通运输空间分析与数据处理能力，可以满足交通运输部门进行规划、决策和管理的功能要求。ITS 系统中大量的数据涉及到与地理位置有关的信息，如事故的发生地等，这些需要与其地理位置联系起来。随着计算能力和无线通信技术的提高以及精确的空间数据的获取，GIS 已成为采集、整合、存储、管理、分析、表达和传播分散在交通运输部门有关信息的首选平台和实施 ITS 的核心技术。

GIS 技术在交通信息融合中占有重要的地位。在交通基础空间数据采集的过程中，会产生多种格式的数据，例如，ESRI Shp 文件、ARC INFO Coverage、MapInfo 表格等地理数据，各种格式的影像数据等多媒体数据，这些数据归为静态交通信息，可以 GIS 为信息融合平台，将各种不同格式、不同精度和不同分辨率的矢量数据转换至通用的数据格式，并实现与多种格式的影像数据的融合。不同传感器检测设备，以及 CCTV 等视频检测设备采集的动态交通信息，由于各检测器采集数据的误差存在，并且其数据的格式也多种多样，为了整体把握一个路段的交通流参数，必须对多个数据源联合分析处理，以避免单个信息源失效而导致的判断失误，因此，需要研究其相应的误差处理方法和数据转换，并对各检测器进行数据融合处理。动态交通信息传输至信息中心，通过信息融合技术进行处理、分类后还需与存储在 GIS 中的静态信息实现融合和应用。

GIS 技术延伸到交通运输领域为 GIS-T，它是实现“数字交通”和智能交通系统（ITS）的基石和脊梁。交通运输系统具有必然的地理特征，这也是 GIS 在这一领域具有的独特优势。因此，应用和开发GIS-T在这一领域的潜力，能够提高传统交通运输运用的生产率、增强有效性、快速响应能力、提高操作质量、降低费用消耗。GIS-T的发展经历了大致三个应用阶段；基于电子地图数据库的应用、导航系统的应用以及以交通需求行为为目标的应用。美国(NCHRP)计划，是以GIS-T应用价值、研究内容、应用需求及对交通产业的影响等为研究目标，包括定义GIS-T、GIS-T的结构、内外部系统的组成和关系、分析工具、标准问题、数据转换与维护、专家系统的使用以及系统输出，并设计基于GIS-T的交通部门的需求，包括事故分析、对特种货物运输进行线路选择和监控、高速公路的运营监控系统、规划与管理以及社会经济和环境影响评价等。目前，GIS-T的应用主要包括：道路电子地图的应用，GIS在道路CAD工种中的应用，GIS在交通规划中的应用，GIS在公交、机场管理和运营中的应用，3S集成在交通工程中的应用以及GIS在铁路系统中的应用等，这些应用为GIS在ITS中的研究奠定基础。GIS-T系统是一种集成系统，是以信息为中心的，把应用模型和软件系统协调统一的信息系统工程，它通过系统的用户界面、无缝数据库、嵌入式的分析机制、面向专业领域的GIS将多种信息(数据)融合与集中管理，以此建立多目标统一数据库。因此，信息、模型、应用及融合是GIS-T实现集成的内容和关键问题。目前主要从事下列几方面的研究：GIS-T的数据质量、GIS-T的线性参照数据模型、动态分段模型与算法、GIS-T与交通分析模型的集成以及GIS-T中的信息融合技术等。

2 交通信息采集技术

交通信息采集技术无论对交通规划、路网建设、交通管理，还是对智能交通系统的功能实现都非常重要，是交通发展规划和道路交通科学管理的重要基础和前提。

交通信息采集主要采集交通流信息，包括基本的断面交通参数，如交通量、车辆速度、车流密度和车辆占有率等，这些交通参数的采集可采用固定式的检测技术，包括环形线圈及地磁感应的磁感应交通参数检测，以及视频或激光雷达、毫米波、超声波、红外线方式统称为波频检测。随着后台计算机处理技术的发展，网络交通参数，如路段平均行程速度和行程时间等交通信息的采集越来越应用广泛，可以通过视频卡口车牌识别、浮动车、手机、电子标签等方式获得车辆在路网中的轨迹，进而结合路网基础数据，通过分析处理得到路网的交通流特征参数。这些交通参数为路口及区域交通信号控制系统、交通信息发布系统提供相应基础数据。

下面主要介绍几种应用较多的交通信息采集技术，包括固定式磁感应检测技术、视频检测技术、波频检测技术以及基于卫星、手机、电子标签的移动式交通信息采集技术。

2.1 固定式磁感应交通参数检测技术

2.1.1 基于环形感应线圈的交通参数检测

1. 环形感应线圈工作原理

环形线圈感应式检测技术是指由环形线圈作为检测传感器的一套能检测到车辆通过或存在于检测区域的技术。环形线圈感应式检测器通常由三个主要部分组成：环形线圈车辆传感器、传输馈线、检测处理单元，见图 2-1。多个环形线圈检测器检测到的交通信息通过控制单元后，经调制解调器传给远端的控制中心，这样组成一个完整的车辆检测系统，如图 2-2 所示。

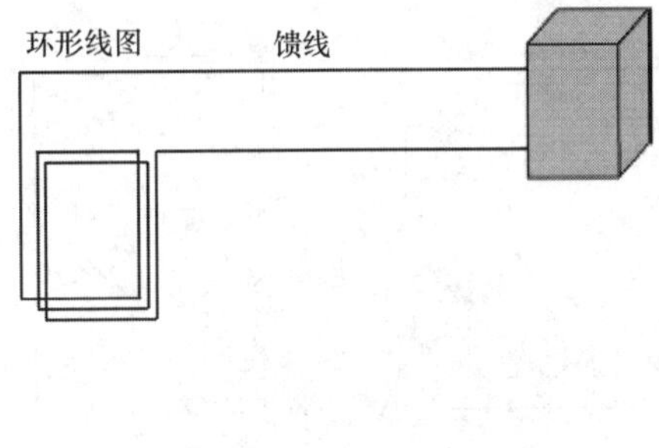

图 2-1 线圈检测系统示意图

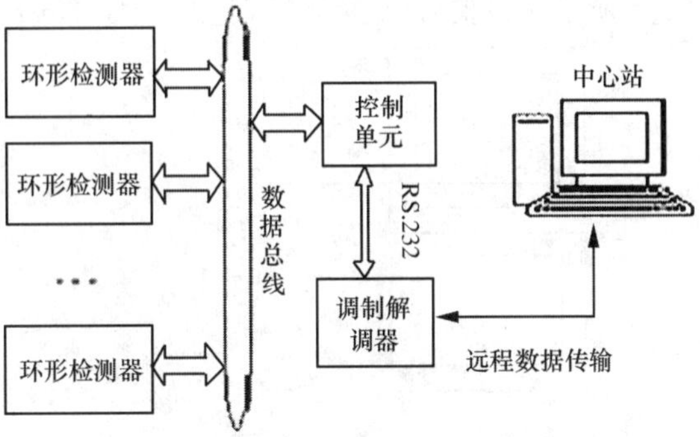

图 2-2 车辆检测系统组成框图

环形线圈车辆传感器一般是由几匝金属导线绕制而成的空心线圈(图 2-1),埋设于车道的路面下,通过馈线与检测处理单元相连。检测处理单元用高频信号驱动环形线圈,当车辆通过环形线圈时,引起环的电感量变化,并进而引起环的阻抗变化,从而导致信号幅度、相位、频率等变化。用检测电路检测其中某一个量的变化,就可以达到检测车辆的目的。其工作机理如下:

当环形线圈中有高频电流通过时,在环的周围就产生了交变电磁场。这时若有车辆从环形线圈上通过,由于车体一般是由铁磁材料构成的,这就改变了线圈周围空间的导磁率,起到使线圈的电感量增加的作用。另一方面,交变电磁场使车体内产生了感应电流,这种电流又称涡流,也会产生自己的磁场。根据楞次定律,感应电流产生的磁场,又起到使线圈的电感量减小的作用。由于集肤效应的存在,涡流在金属体中的贯穿深度与激励线圈的工作频率有关。因此涡流的大小和它对环形线圈的影响也将随着频率的变化而变化。

当频率 f 升高时电感部分的阻抗增大,就会使信号电压的大部分降在电感上,不利于读出电感电压的变化量。可以通过在线圈上加钢板的方法来测试工作频率对电感电压的影响,当线圈加上钢板后若线圈电感 L 增加,则电感部分的阻抗增加,且电感上电压增加;若 L 减小,则电感部分的阻抗减小,电压就会减小。通过测量电压的变化,就能反映出电感量的变化。当工作频率较低时($f<10\text{kHz}$),在线圈端面上加钢板时,这时介质的增磁作用略大于涡流的去磁作用,线圈的电感量略有增加。而当频率 f 比较高时($10\text{kHz}\leqslant f<400\text{kHz}$),在线圈端面上加钢板时,则以涡流的去磁作用为主,线圈的电感量明显减小。而当工作频率 $f\geqslant 400\text{kHz}$ 时由于线圈分布电容的影响,其等效阻抗迅速减小,对加上钢板的反映灵敏度也大大降低。也就是说,当工作频率在适当的范围内,给线圈端面加上钢板时,涡流的去磁作用要大于铁磁质的增磁作用,线圈的等效电感量明显减小。线圈上加钢板与车辆经过线圈的情况非常相似。事实上,环形线圈车辆检测器正是利用这一特性工作的。它的工作频率通常选择在几十 kHz 到 100kHz,以便有较高的灵敏度和较好的稳定性。

环形线圈(图 2-3)与被测车辆之间是通过电磁场耦合的。从电路的角度看,它们是通过互感相互影响的。一台车辆,不管它的形状多么复杂,当它通过环形线圈并处在一定位置时在车体中引起的涡流将是一定的,而涡流对环的影响也是一定的。这就是说,车辆可以被等效地看成是具有一定电路参数的电路,车辆与环形线圈之间存在着一定的互感。于是,我们将环形线圈看成是由电阻 R_h 和电感 L_h 串联组成的,将正在通过环的汽车看成是由电阻 R_C 和电感 L_C 串联组成的短路环,此短路环通过互感 M 与环形线圈相耦合,其等效电路如图 2-4 所示。设信号电压为 U_r,且 $U_r=U_m\sin\omega t$,由等效电路可得如下方程:

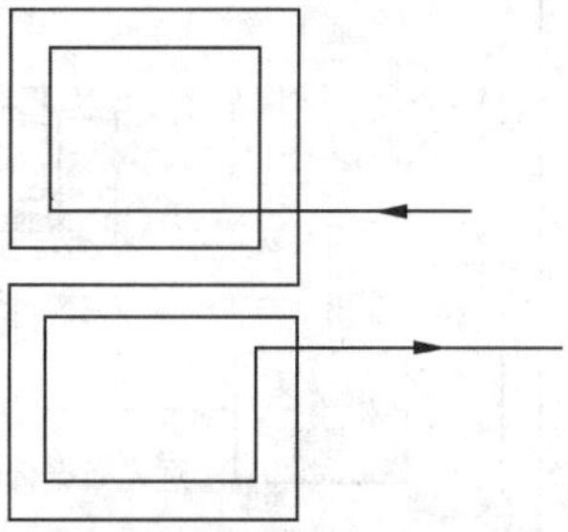

图 2-3　8 字形绕法线圈

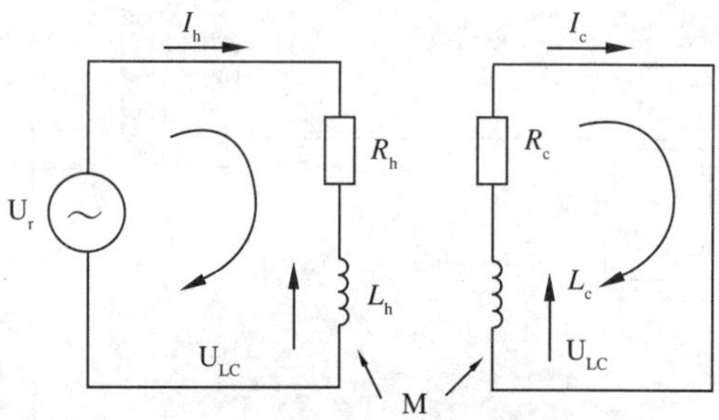

图 2-4　环形线圈车辆传感器的等效电路

$$\begin{cases} R_h I_h + j\omega L_h I_h - j\omega M I_C = U_r \\ -j\omega M I_h + R_C I_C + j\omega L_C I_C = 0 \end{cases} \tag{2-1}$$

由此可得环内电流为

$$I_h = \frac{U_r}{R_h + \frac{R_C(\omega M)^2}{R_C^2 + (\omega L_C)^2} + j\left[\omega L_h - \frac{(\omega M)^2 \omega L_C}{R_C^2 + (\omega L_C)^2}\right]} \tag{2-2}$$

式(2-2)的分母即为有车通过环形线圈时环的等效阻抗，其中实数部分为等效的损耗电阻，它是互感系数 M 的函数。显然，当车体与环之间的距离减小时，M 就增大，等效的损耗便增加，式(2-2)分母的虚数部分为等效电抗，其等效电感为

$$L_D = L_h(\mu) - \frac{\omega^2 M^2}{R_C^2 + (\omega L_C)^2} L_C \tag{2-3}$$

式中第一项 $L_h(\mu)$ 的变化幅度与车辆材料的导磁率有关，第二项与电涡流效应有关。负号表示电涡流效应是使线圈的等效电感量减小。若工作频率选择适当，当有车辆通过环形线圈时，式(2-3)第一项的变化量（增加量）将小于第二项，即式(2-3)的值将减小。式(2-3)的等效电感正是环形线圈车辆检测仪所要检测的参数。由此可看出，若车体带有铝等顺磁质材料时，式(2-3)的第一项变化不大，而第二项的变化相对会更加突出，使检测灵敏度更高。从式(2-3)还可以看出，等效电感的变化量还与互感系数 M 有关。很显然，车辆覆盖线圈的面积愈大，车辆的底盘愈低，则互感系数 M 越大，检测灵敏度也越高。

为了说明环形线圈的形状和埋设布局对其灵敏度的影响，首先应该了解环的磁场分布规律，即从载流导线入手。把载流导线看成是由许多电流元 IdL 连接而成的，载流导线在磁场中某点所产生的磁感应强度 B，就是由这导线的所有电流元在该点所产生的 dB 的叠加。电流元 IdL 与它所产生的磁感应强度 dB 之间的关系是由电磁学中的毕奥-萨伐尔定律说明的。

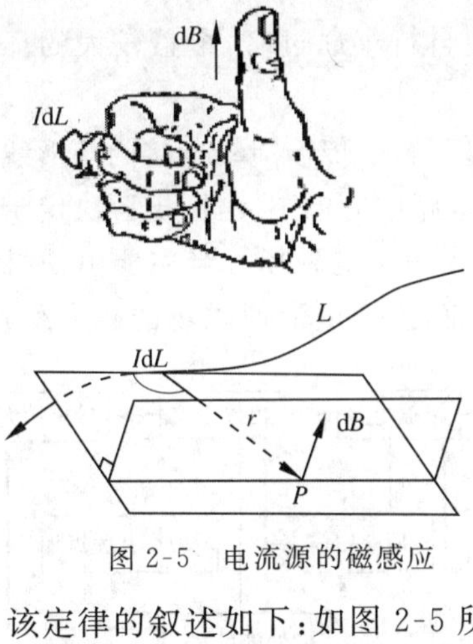

图 2-5　电流源的磁感应

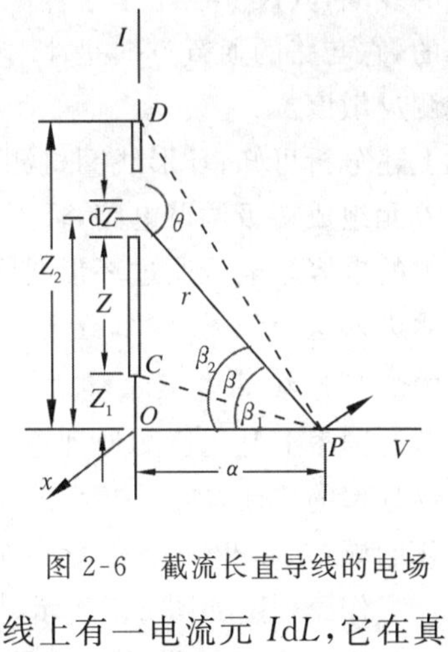

图 2-6　截流长直导线的电场

该定律的叙述如下：如图 2-5 所示，设在载流导线上有一电流元 IdL，它在真空中某点 P 的磁感应强度 dB 的大小与电流元的大小 IdL 成正比，与电流元 IdL 方向和由电流元到 P 点的矢径 r 的夹角的正弦成正比，并与电流元到 P 点的距离 r 平方成反比，即：

$$dB=\frac{\mu_0}{4\pi}\frac{IdL\sin\theta}{r^2} \tag{2-4}$$

式中 μ_0 叫做真空的磁导率(空气中的磁导率与之很接近)。写成矢量式为

$$d\boldsymbol{B}=\frac{\mu_0}{4\pi}\frac{Id\boldsymbol{L}\times\boldsymbol{r}}{r^2} \tag{2-5}$$

式(2-5)就是毕奥-萨伐尔定律。

经分析得,线圈中点处的磁感应强度比之其他点都弱一些,越靠近导线的地方,磁感应强度越大,而在线圈拐角处,磁感应强度为最大,上述分析是在单匝线圈稳定电流的情况下进行的,对于 N 匝线圈可根据叠加原理,其各点的磁感应强度应为单匝线圈时的 N 倍。在交流电流的情况下,虽然线圈的磁感应强度的大小和方向都是交变的,但在任何时刻,线圈平面不同点处的磁感应强度都是同向的,而且其相对大小仍然与稳定电流时的分析一致。另外,对高于线圈平面,且平行于线圈平面的任一平面内,对应上述各点的磁感应强度都按相同的比例减弱,但各点之间的相对大小仍然不变。

由于环形线圈的磁场并不是均匀分布的,当车体覆盖线圈上磁感应强度大的区域时,根据电磁感应定律车体内就会产生较高的感应电动势,进而产生较大的电涡流,这就会使环的电感量变化增大。这实质上是环与车之间的互感系数 M 增大了,因为在这种情况下,环的总磁通中有较大的部分与车体相耦合。从式(2-2)的分母可以看出,ΔL_h 与 M^2 成正比。当车体覆盖较大的环形线圈面积时也有相同的效果,因此,在埋设线圈时,要考虑使车辆通过时能覆盖较大的环域和尽可能通过线圈的拐角处。有时可以把线圈绕成菱形以提高检测灵敏度。

把线圈绕成 8 字形,绕法见图 2-3,可以使线圈中两个环的磁通互相叠加,增加了磁感应强度。另外,根据涡流检测的理论,涡流在金属体中的形成有一定的径向范围,它在对应激励线圈的外径处取得电流密度的最大值,而在小于和大于线圈外径的地方衰减很快,形成了一个导电的环带。这说明若车辆覆盖线圈的有效尺寸小于线圈的直径时,将不能形成最大的涡流。8 字形绕法减小了线圈的直径,有利于克服上述现象,缺点是施工比较麻烦。对于一般绕法的线圈,其尺寸以略小于被测车辆的宽度为宜。用于自行车检测的环形线圈,通常是长方形的,它与路的通行方向呈 45° 布设,这样可以使自行车通过时,覆盖较大的环面积以增加检测灵敏度。

通过上述分析可知,环形线圈检测器的基本工作原理是:由传输馈线连接的环形线圈与检测处理单元组成初级调谐电路,环形线圈就相当于此电路中的电感元件,电容决定于检测处理单元中的电容。电流通过环形线圈时,在其附近形成一个电磁场。当主要由铁材物质组成的车辆进入这个磁场时,车身金属中感应出涡流电流,涡流电流使磁场的磁力线减少,调谐电路中的环形线圈电感量随之降低,引起电路调谐的频率上升。检测处理单元就是通过对振荡频率的反馈电路的频率改变或者是相位偏移的响应,得出一个检测到车辆的输出信号。工作原理图如图 2-7 所示。

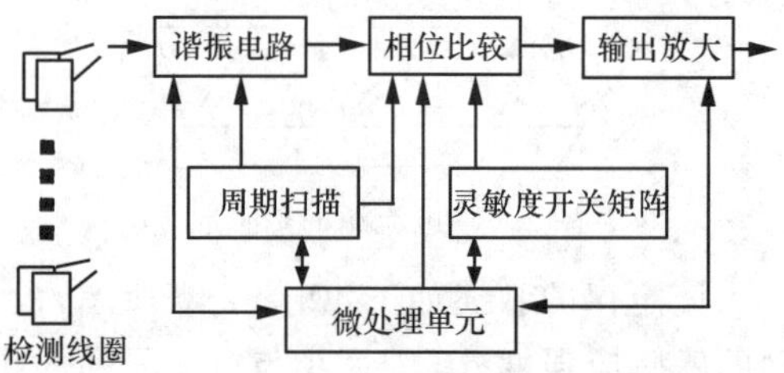

图 2-7　环形线圈工作原理图

相位比较器一方面提供输出信号,另一方面含有一个压控振荡器,微处理单元协调控制压控振荡器信号的频率变化,从而产生

脉冲信号，其宽度由振荡器的锁相电路决定，微处理器设置协调。在微处理器的参与下，输出电路先将脉冲信号进行放大，然后以频率、模拟量或数字输出。频率输出可以用来测车速、车辆存在、占有率，模拟量输出可以用来判别车辆类型，数字输出可以用于计数。输出信号的存在时间可以选择。微处理器可以根据不同的基准信号按需求产生交通参数，提供给不同的系统。

2. 环形线圈检测器的应用

环形线圈的检测处理单元可以分析线圈的输出信号，从而获得需要的交通参数，下面主要介绍其在车流量统计、车辆分类识别、车速估计三个方面的应用。

1）基于环形线圈的车流量和道路占有率统计

线圈应用的最初基本功能就是统计车流量。由于环形线圈能感应到车辆通过，那么在控制单元设置一个计数器就能统计车流量，即单位时间内通过的车辆数 f，单位为 pcu/h。占有率定义为单车道时间 t 内车辆在环形线圈检测器上的时间比例，单位为百分率。车流量以及道路占有率为线圈的两个基本输出参数。车流量 f 与道路占有率 O 的关系为

$$O=\frac{100\times f\times l}{t\times v} \tag{2-6}$$

式中 f——表示时间 t 的流量；

l——表示时间 t 内所有机动车辆的车身车度；

v——表示时间 t 内的平均速度。

2）基于环形线圈的车辆识别分类

要实现自动车辆识别分类，需要做的第一步是探测、摄取车辆的某些特征信息。在车辆的所有特征中，可以用来识别和区分车型的通常有车辆的外形（长、宽、高等）、车辆的轴重或轴距、车辆轴重及总重、车辆号牌、发动机排气量、车辆可以乘载的人员数或载重量等。在这些特征中只有部分可以用于自动车辆识别和分类，因为有的特征可以用仪器不停车探测、提取，有的则不然，如排气量、司乘人员数等。

车辆通过线圈时，线圈频率变化量的大小只与导体的几何形状、电导率、磁导率、线圈的尺寸参数、电源的频率，以及线圈到导体间的距离等有关。而这些参数中，线圈的尺寸参数、电源的频率都是不变量；车辆底部的材料基本相同，故电导率、磁导率也可认为是不变量。因此线圈频率变化量只与车辆底部的几何形状、车辆底盘高度、车速等有关。同时，车辆底部构造的形状（包括底盘的高低）和车又具有密切的关系，因此可利用车辆检测卡高速采集环形线圈频率变化的数据，运用模式识别方法（图 2-8）对车辆进行正确分类。

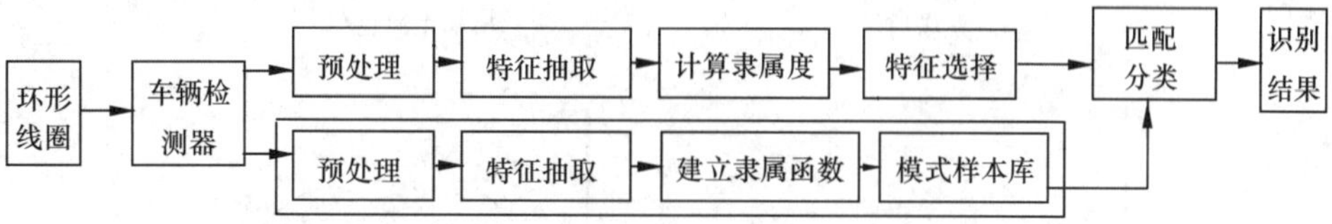

图 2-8　车型识别系统结构图

传统的模式识别方法（如统计、结构模式识别），对一个特征的使用都是不加区分地应用于所有的样本类，把各个特征输入匹配模块，进行匹配和分类。当出现匹配不符时，很难判

断出现问题的部位，因而修改算法和调整参数都存在一定的盲目性；人的经验作用无法发挥，只能通过大量的样本学习，不断地试验参数，以提高识别率。进行车型识别是一个具有不确定性条件的动态模式识别问题，其识别的难度是显而易见的，单靠传统的模式识别方法难以进行有效地分类。

模糊集思想改变了人们以往单纯地通过二值化逻辑描述某些信息特征的片面方式。因此，在模式识别中引入模糊数学方法后，用模糊技术来设计识别系统，可以更广泛、更深入地模拟人脑的思维过程，进而提高计算机的智力，提高系统的实用性和可靠性，并且在许多领域（如文字识别、图像分析与识别、语音识别与理解、遥测遥感等）已经取得了一定的成就。正是在这一新思路的指导下，采用模糊模式识别的方法来解决我国特有的车辆分类问题，它充分体现了人们在识别分类时，充分利用采集的数据和专业人员的经验。对于车型识别系统来说，一个重要方面就是识别速度的要求，系统必须在下一辆车到达前将刚通过的车识别出来，要在现有的硬件基础上做到这一点，使系统不能过于复杂，而对采集过来的数据进行降维（特征提取、选择）是降低系统复杂性的一个最为有效的方式之一。

在数据采集过程中，由于收集到的是已经经过离散化的频率值，原则上可以直接用采集回来的频率值作为特征进行分类，但存在以下问题：

（1）维数太高，以较短的小轿车来说，一般的小轿车长度在 4.5m 左右，采用的线圈长度为 2m，车速以 100km/h 计算，那么小轿车从开始进入到完全离开的时间大约为

$$t=[(2+4.5)/100]\times 3600=234\text{ms}$$

由于所采用的车检器的采样周期为 1ms，因此这段时间内车检器对频率曲线的采样点数为 234 点，维数至少为 200 以上。当其他更长的车通过或车速较慢时，采样点数将大大增加。

（2）同一车型通过时，由于车速不同其维数也不同，这就需要进行预处理（进行插值），增加了系统的复杂度。更何况不同类的车通过时其维数肯定不同，这就限制了对模式识别方法的选择。神经网络模式识别的输入维数是确定的，这就需要再进行某种变换，因此基本上只能采用统计模式识别方法。为此，需对曲线重新进行分析，提取特征值。图 2-9 为各类车辆的典型曲线。为节省篇幅，仅截取曲线有用部分，主要用来观察曲线的形状特征，从图中可以看出，不同的车型其曲线形状不一样。如桑塔纳车与大公共汽车的信号频率曲线差别较大，而桑塔纳车与微型面包车之间的差别则相对小一些。

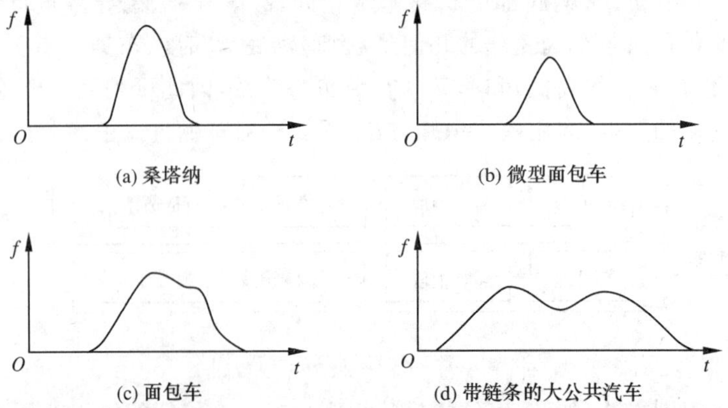

图 2-9　几种车辆的频率曲线

所以环形线圈用于车型识别主要存在以下问题:①我国的车辆种类较多,各类车辆之间没有明确的界限;②在车型识别时能利用的数据仅为车辆行驶时的感应曲线,车在行进过程中,动态情况下会有许多难以预料的干扰因素存在,如加速、减速都会使感应曲线局部发生畸变。针对这些问题,在特征提取时尽量从感应曲线的整体形状出发,尽可能地削弱局部畸变对识别结果的影响。通过这种方式得到的特征直观性也很强,一般可直接看出该特征是否具有可分性,也就可以省去利用可分性判据等数学手段对特征的选择过程。另一方面,由于车型分类主要用于高速公路收费,在收费标准中,车型是按照等级来分类的(表 2-1),所以完全可以从感应曲线的整体出发,进行特征提取识别。

对感应强度进行分析,可以发现每一类车其感应强度都有一个范围,而且感应强度中心点的值依次增加,也就是说车类越高其感应强度越大。因此,就可借鉴降半梯形分布、升半梯形分布、梯形分布等常用隶属函数来建立感应强度隶属函数,如图 2-10 所示,从而进行车型的模式识别。

表 2-1　收费公路车辆通行费收费标准

类别	车型及规格	
	客车	货车
第 1 类	≤7 座	≤2t
第 2 类	8～19 座	2～5t(含 5t)
第 3 类	20～39 座	5～10t(含 10t)
第 4 类	>40 座	10～15t(含 15t) 20 英尺集装箱车
第 5 类		>15t 40 英尺集装箱车

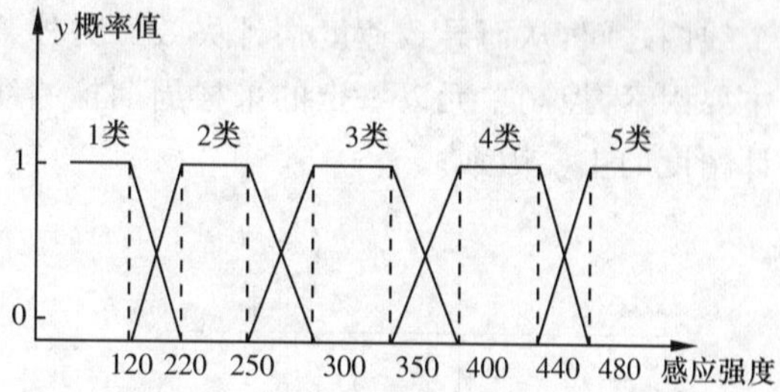

图 2-10　各类车辆感应强度示意图

3) 基于环形线圈的车速估计

单线圈也能用来估计速度,传统的单线圈速度估计方法为

$$v=l/(t_{\text{off}}-t_{\text{on}}) \tag{2-7}$$

式中　l——车长加线圈的总长度;

t_{on}——检测器检测到车辆进入的开始时间;

t_{off}——检测器检测到车辆离开的时间。

由于实际车辆的长度未知,一般只能采用平均值,这将导致速率估计存在较大的误差,比如长车的估计速度小于实际速度,而短车的估计速度却大于实际速度。

为了更好地进行速度估计,在车道上间隔一定距离安装两个线圈,如图 2-11 所示。相

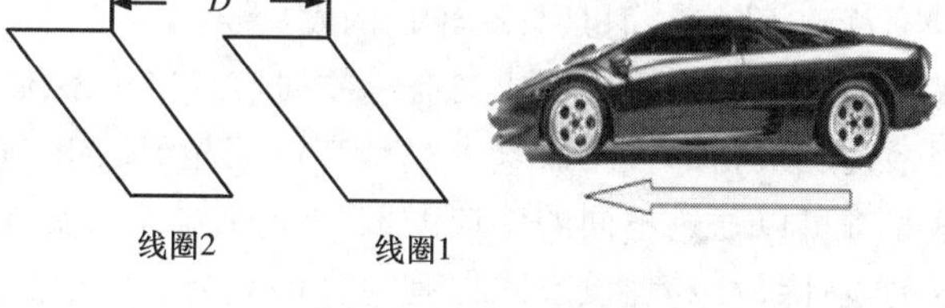

图 2-11　车辆越过双线圈示意图

关标准建议两线圈的间隔距离为 4.9m，但是为了提高速度估计的精度，可以加大线圈之间的间隔距离。

图 2-11 中车辆的通过速度为

$$v=D/(t_3-t_1) \tag{2-8}$$

式中 D——两个线圈的相隔距离；

t_1——车辆到达线圈 1 的时刻；

t_3——车辆到达线圈 2 的时刻。

为了提高速度估计的精度，可以充分利用车辆驶入线圈和离开线圈时间，如图 2-12 左图，得到下式：

$$v=\frac{1}{2}\left(\frac{D}{t_3-t_1}+\frac{D}{t_4-t_2}\right) \tag{2-9}$$

式中，t_2，t_4 分别为车辆驶离线圈 1 和线圈 2 的时刻。为了提高速度的估计精度，通常需要调整线圈之间的间距，当然间距越长，估计越精确，但太长的间距却会导致多辆车同时处于两个线圈之间，从而导致速度估计失效。另外，t_1，t_2，t_3，t_4 的检测精度是影响速度估计精度的主要因素，控制单元以一定的采样周期检测线圈的频率变化，所以，该周期也是影响速度估计精度的主要因素。

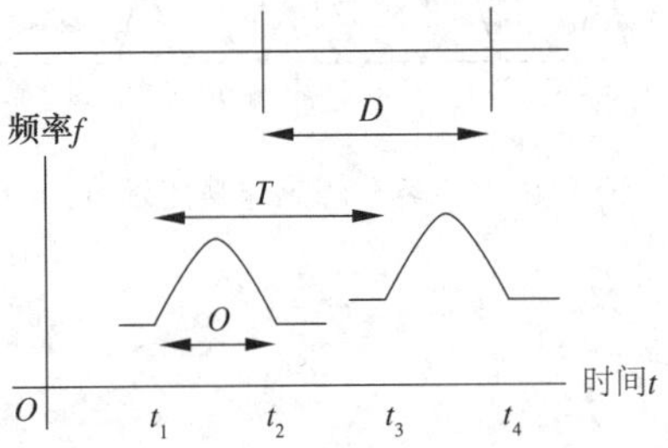

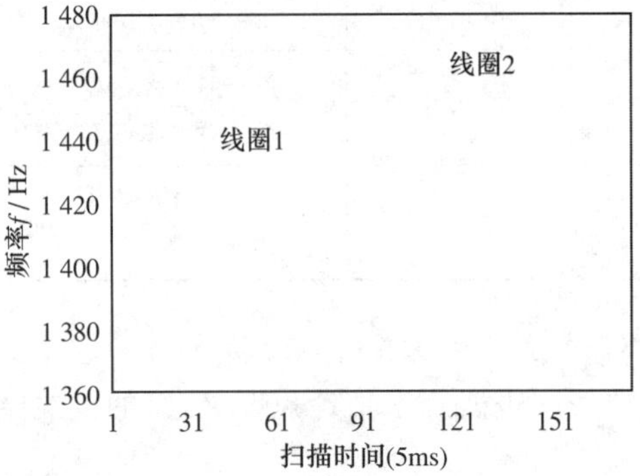

图 2-12　车辆通过导致的频率变化

3. 环形线圈检测器的特点

环形线圈感应式检测器设备自应用于交通信号控制系统以来，在世界范围内的大多数城市交通信号控制或信息采集系统中都采用这种检测技术。目前美国洛杉矶市 90%以上的交通流量检测设备使用的是环形线圈感应式检测设备。伦敦的交通信号控制系统也完全采用环形线圈感应式检测设备。在我国目前也以环形线圈感应式检测器设备为主要检测手段，这主要是因为环形线圈感应式检测器设备具有性能稳定可靠、灵敏度高、数据准确、对周围环境条件的要求也不苛刻等优点，而且具有较强的发展空间。

环形线圈感应式检测器设备主要应用于交通流数据信息采集系统、交通信号控制系统、交通诱导及停车管理系统。最初的检测需求大多是交通流量、流向、车速，车道占有率以及车长、排队长度等，这些都可以通过不同的感应线圈的设置方式来实现。为满足不同需求，在不同的系统中线圈的设计尺寸和埋设方式也有很大的差异，而通常各个系统所提及的设计尺寸和埋设方式大多是指导性的，是原则性的技术指标，最终的设计尺寸和埋设方式很大程度上需要有经验的交通工程师根据具体情况做出合理的设计。由于模糊理论的智能化应用，环形线圈感应式检测器可以在建立车辆分类信息库的基础上，在隧道自动控制、自动识别收费系统上有更广泛的应用前景。

2.1.2 基于地磁感应的交通参数检测

地磁车辆检测器(Geomagnetic Vehicle Detector，GVD)是基于磁阻传感器的车辆检测技术，地磁检测器是把一个具有高导磁率铁芯和线圈装在一个保护套内，里面填满了非导电的防水材料，形成一根磁棒。在路上垂直于交通流的方向开一个 0.2～0.6m 的孔，把磁棒埋在路面下，当车辆驶过这个线圈时通过线圈的磁通量发生变化，在线圈中产生一个电动势，这个电动势经过放大器放大后去推动继电器，发出一个车辆通过的信息。

地磁感应检测器主要是通过检测磁场的变化和干扰来判定有无车辆通过。磁力针可以检测到低于 1 高斯的磁场，地磁场所产生的磁场在数千米范围内是均匀分布的，而汽车(含铁物体)的存在会对磁场产生局部干扰。因此，当有汽车经过检测器时会使检测器周围的磁场发生扭曲，从而改变检测器中磁化向量的角度。通过数据传输信道将检测磁场变化的数据传输到接收器上，再以固定的格式传输到接收器中，并对数据进行分析处理，经过分析算法的分析检测后，就可以得出检测到的车辆信息，如图 2-13 所示，为检测器的工作原理。

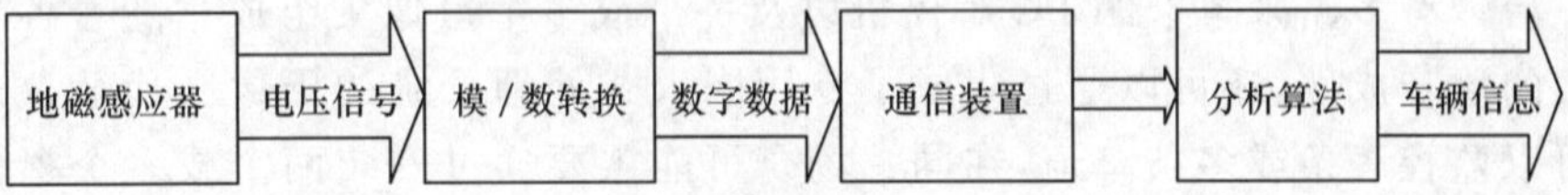

图 2-13　地磁检测器工作原理

检测器可以通过设置多个、排列方向不同的磁阻来检测到与磁场相关的 x 轴、y 轴和 z 轴的数据，其中 x 轴检测车辆行驶方向的磁场值，y 轴检测与车辆行驶方向相垂直的磁场值，z 轴检测与地平面相垂直方向的磁场值。当行驶车辆为小型车时 x 轴和 y 轴产生单峰类型的磁场波形，便于车辆模式辨识，所以我们只选择 x 轴和 y 轴。

图 2-14 给出一辆车经过地磁感应器时 x 轴和 y 轴的磁感应信号。可以看出，当有车经过时测量信号显示出一个明显的变化。当车辆非均匀经过感应器时(如在检测器上有停顿时)，单峰的波形显示出一个平滑的顶部，此时用阈值检测法仍然很有效。与其他类型检测器相比，地磁感应检测器的信号更加干净简洁，用阈值检测法就能给出很好的检测结果。当车辆经过磁棒时所获得的 x 轴和 y 轴的波形序列，波动开始表示车辆到达检测器时刻，波动结束为车辆离开检测器时刻，波动开始和结束之间的波形长度为车辆经过的时间。

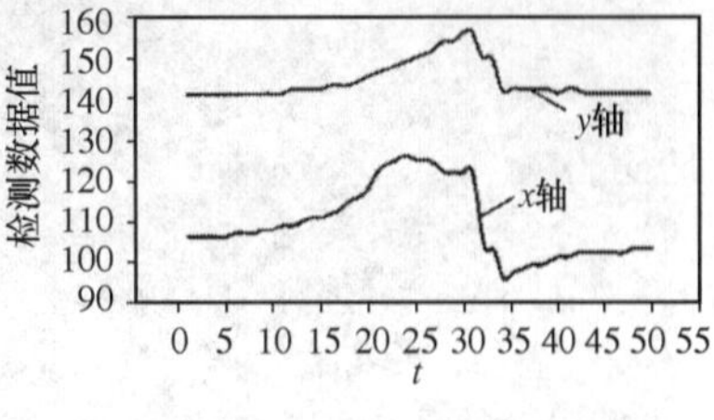

图 2-14　地磁检测器感应信号示意图

在利用地磁感应器检测交通流量参数时，可以检测以下交通参数：交通流量，包括定时间隔内的交通流量和累计交通流量；车辆速度，包括即时车辆速度、定时间隔内车辆平均速度以及累计车辆平均速度；时间占有率，包括定时间隔内的道路时间占有率以及累计道路时间占有率；车型，包括即时车辆车型和总车辆车型数据统计。

这种检测器具有尺寸小、安装方便、对非铁磁性物体无反应、可靠性高等特点，只能检测以相当车速通过的车辆，不适用于需要检测车辆停靠的地方。这种检测器具有安装容易、不易损坏、价格便宜等优点。缺点是对慢速车辆不能检测，有时会出现误检，且材料容易老化，灵敏度会逐年衰减。

2.2 固定式视频检测技术

对于交通管理人员，交通路口的电视图像是最直接的交通信息，同时也是最大的交通信息源。视频图像含有丰富的交通信息，随着人们对图像信息研究和应用的深入，人们可从视频图像中直观地获取现场的交通情况。

2.2.1 基于视频的交通参数检测方法

由于基于图像分析及计算机视觉为基础的大范围、全面地对车辆进行监测和识别的技术逐渐成熟，城市交通检测的发展也由交警直接人工观察交通现象和手动控制交通信号转化为视频检测为主的交通检测。视频检测方法能够完全实现利用视频自动跟踪车辆的手段，自动检测以交通流量为主的交通参数，自动地控制交通信号并对危险事件进行报警，从而对交通运行状态进行全面的分析和管理。

一般说来，交通视频的采集是通过安装在交通监控现场的光学摄像头来完成的。它可以由一台带有多路采集卡的 PC 监控机以及一个或多个摄像头组成。随着各项技术和研究方案的逐步成熟，还可以通过集成了专用嵌入式处理系统的摄像头代替。通常一个摄像头可以监控一条或多条车道，在同一场合可能需要通过安装两个或多个摄像头。根据交通监视需要和交通信息图像分析的具体要求，摄像头安装角度和方式也可能多种多样，如图2-15所示为交叉口视频检测的工作图，图2-16为在交通路口摄像头安装方式的一种示意图。

图 2-15　交通视频检测器工作图

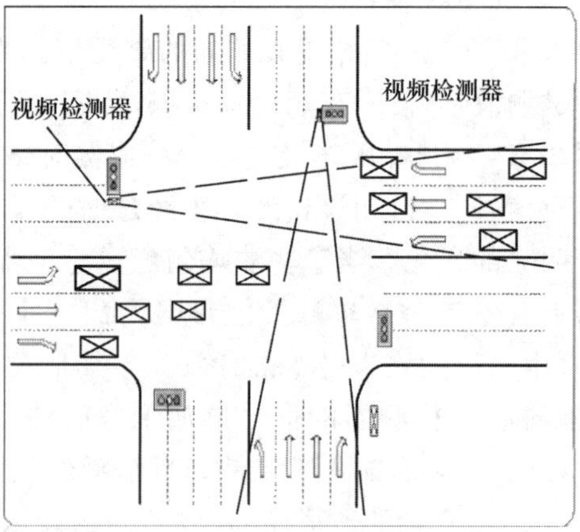

图 2-16　视频检测器安装方式示意图

交通视频的处理与分析从本质上来说，就是运用图像处理技术从视频图像序列中提取出感兴趣的交通信息或内容，一般是针对单帧图像或图像序列的颜色和亮度信息及其变化来进行的。就其一般过程来说，首先使用摄像机拍摄交通道路图像，在图像采集及数字化后应进行数字图像预处理，包括图像序列稳定、噪声滤波(如中值滤波)以排除随机扰动干扰和滤除噪声，使用边缘检测、轮廓提取、特征分析等算法对序列图像进行道路、物体、汽车或人与背景的分离。为了便于进一步的分析、传输及检索存档，可能需要运用基于内容或索引的方式表示视频数据，并进行面向内容或索引的图像编码。编码后的图像码流一方面运用计算机视觉及模式识别技术去进行车辆形状分析、车型分类或者车辆牌照的识别；另一方面进行交通运行状态参数的提取，包括车流量、车速、拥塞程度等。然后，将提取出的参数及信息传输到区域级交通监控中心，进行进一步分析，以实现对交通的有效监测和管理。为了使图像分析能顺利地进行，还可能需要对摄像机进行标定，求解摄像机的内部参数(如焦距等)及外部参数(如摄像机所处的方向和位置等)。其一般处理与分析过程如图 2-17 所示。

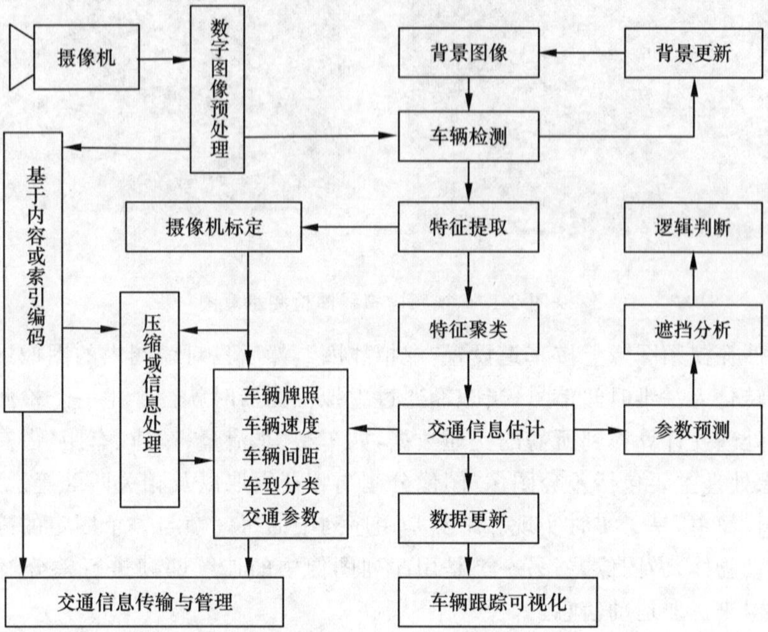

图 2-17　交通视频检测处理分析的一般过程

交通视频图像的处理和分析所研究的主要内容包括交通场景分析和交通事件检测，其中前者主要研究的是车辆、行人、路面、车道线等动静态交通对象的分割，交通灯状态检测、车辆跟踪等各种基本问题，其中研究的核心和重点问题在于静态车辆的检测和动态车辆的检测和跟踪；后者则在前者研究的基础上进一步进行交通语义分析，取得车牌、车流量、车速、车型、时间占有率、车流密度、转弯检测等交通流数据信息以及闯红灯、违章超速、违章逆行、违章越线、违章转弯、违章停车等交通违章行为信息，完成各种交通事件的检测，其中各种交通违章行为的检测以车辆牌照的快速有效识别为基础。

归纳起来，基于视频的交通参数检测方法有两类。

1. 虚拟线圈法

虚拟线圈法的工作原理类似于地埋式检测器，用户在图像上定义检测器位置，系统通过计算检测线变化强度来判断车辆的通过，从而计算交通参数(图 2-18)。

虚拟线圈是图像序列中由人工指定的一系列区域，这些区域可以覆盖整个图像，也可以局限于某个区块，就像在路口埋设检测器一样。虚拟线圈是在视频图像检测中用来代替物理检测线圈功能的一种方法。该区域的选取一般是依照道路的结构特征而定的，再结合图像清晰度等因素，通常会选取车道中央靠近摄像机的位置。虚拟线圈位置、大小一旦确定就可以用来检测车辆的类型。物理检测线圈是通过压力、磁感应等方式来检测是否有车辆经过而产生的特征曲线。虚拟线圈则是按照图像序列之间的关系，利用有关图像运动检测算法来提取目标车辆的特征曲线，根据特征曲线来判断车辆的类型。因此，虚拟线圈对物理线圈具有可替代性。

图 2-18 视频虚拟线圈检测示意图

通过软件在视频图像上按车道设置"虚拟线圈"，然后只对线圈内的图像进行处理，将二维图像信号转化为一维时间信号，当车辆通过虚拟检测器时就会产生一个检测信号，再经过软件数字化处理并计算得到所需的交通数据，如车型、车流量、车速、车距、占有率等。"虚拟线圈"内图像处理主要包括差分图像、图像分割与特征提取以及相关匹配等。差分图像检测运动目标比较简单，易于实时实现。一类是用序列中的每一帧与一个固定的静止参考帧(不存在任何运动物体)做图像差；另一类是用序列图像中的连续两帧进行差分，然后二值化该灰度差分图像来提取运动信息。

但是这种方法有很大的局限性。首先，它需要人工标定虚拟检测线，摄像头一旦换位置，就需要重新设定一次虚拟检测线，很不方便；其次，它只能检测通过虚拟检测线的车辆，而对图像其他区域的车辆一无所知，图像的大量信息丢失掉了。通过对运动体的检测与跟踪能获取更多的交通信息，这一类检测方法会更好。

2. 运动物体(车辆)检测与跟踪法

以运动物体(车辆)为目标，跟踪每个运动物体在视频图像序列中的位置，进而得到每个物体的运动速度和运动物体总数。运动目标检测与跟踪的流程有三个层次，分别是图像像素层、运动点团层、运动物体层。每个层次再细分，可以得到图 2-19 的几个步骤。

1）背景提取

背景提取是在视频图像序列中提取出背景，这里的背景就是场景中静止不动的景物。因为摄像机不动，因此图像中的每个像素点都有一个对应的背景值，在一段时间内这个值比较固定。背景提取的目标就是根据视频图像序列，找出图像中每一点的背景值。背景会随着时间的变化而发生变化，例如光照变化导致背景亮度、色度变化；运动物体停止运动成为背景的一部分；又如背景的一部分运动起来成为运动前景等。

背景初始化即在没有运动前景的任何信息的情况下提取背景图像，输入是视频图像序列，每帧图像都包括运动物体和静止景物，背景提取的方法分 3 种：①对原始彩色图像的背

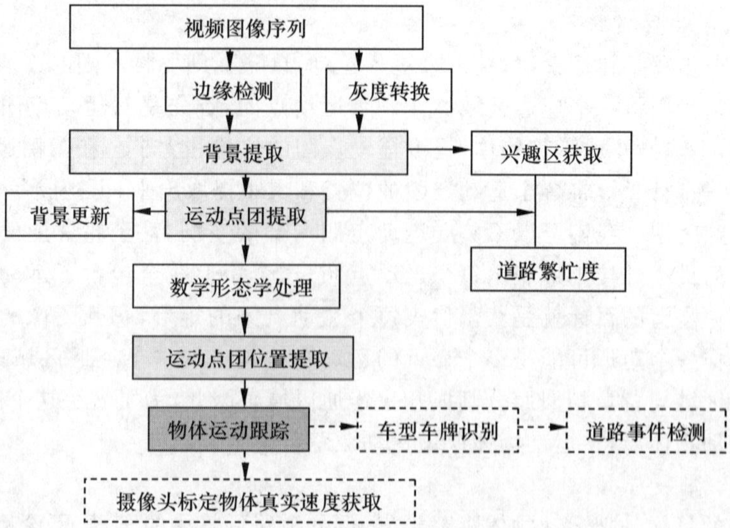

图 2-19 运动体检测和跟踪的步骤

景提取，处理对象是彩色图像序列；②在灰度图像的基础上进行背景提取，即先把彩色图像序列转换成灰度图像序列，再对灰度图像序列提取背景；③采取边缘图像的方法进行背景提取，因为前景、背景分离的最重要的信息是边缘信息，可先将视频图像序列转换成边缘图像序列，再对边缘图像序列提取背景。

2) 运动点团提取

运动点团提取也称背景去除或背景抑制，就是把每一帧的非背景部分提取出来，非背景部分就是运动前景。根据运动物体和场景中的静止背景在亮度、色度上的不同，将图像序列的每一帧图像与背景图像相差，然后二值化，就可以得到每一帧的运动点团。图像中的一个像素，如果它与背景图像对应像素的距离大于一个阈值，则认为它是前景，输出 1；否则为背景，输出 0。最后得到的二值图像就是运动点团图像。由于阴影的存在，背景差法会把阴影作为运动物体的一部分，而阴影会把不同的运动物体连成一片，降低运动目标检测的精确度，因此需要对阴影做特别处理，这里对阴影的处理方法不做详细介绍。

运动点团提取也包括基于彩色图像、灰度图像及边缘图像的运动点团提取方法。这里以彩色图像为例简单介绍一下提取方法。彩色图像的基于背景差的运动点团提取，根据前景与背景的颜色不同，将原始彩色图像序列的每一帧图像与彩色背景图像相差，然后将结果图像二值化。两帧彩色图像的差是指两帧中对应像素矢量的距离，矢量距离可以采用常用的欧氏距离来计算。两个彩色像素矢量的欧氏距离如下：

$$d=\sqrt{(x.r-\mu.r)^2+(x.g-\mu.g)^2+(x.b-\mu.b)^2} \tag{2-10}$$

式中，$x.r$、$x.g$、$x.b$ 分别表示像素矢量红、绿、蓝三种颜色分量的值；$\mu.r$、$\mu.g$、$\mu.b$ 分别表示背景像素矢量的红、绿、蓝三种颜色分量。

若阈值为 T_a，则如果图像像素与对应背景像素的欧氏距离不小于 T_a，其为前景；否则为背景。阈值 T_a 是前景与背景差别的量度，即前景与背景的距离至少相差 T_a。阈值太大，则像素有更大可能被判成为背景，前景被误判成背景的可能性大；阈值太小，则像素有更大可能被判成为前景，背景被误判成前景的可能性大。

3）运动点团位置提取

前面的两个步骤是在像素层，接下来进入运动点团层，即要将不同的连通区域的位置和大小提取出来。我们将一个连通区域称作一个运动点团，首先是对运动点团二值图像做数学形态学处理，去除微小的噪声物体，提取运动点团的位置和大小。在一幅运动点团二值图像中，有很多个连通区域，将各个运动点团的位置和大小提取出来，再构成一个链表，以供下一步作运动跟踪之用。我们可以不关心运动点团内部的空洞，甚至轮廓上的凹凸，因此，可以用连通区域的最小外接矩形表示每个运动点团，这个矩形完全包含了运动点团的位置和大小信息。这一步骤的目标就是获得代表每个运动点团的矩形，每帧图像的所有矩形构成一个链表。这样一个矩形可能是多个靠近的运动物体构成的一个连通区域；一个运动物体可能因为部分区域与背景相似而分割成几个连通区域。因此，为了解决这个问题，在运动点团上加一层运动物体层，在运动物体层做运动跟踪。

4）物体跟踪

这一步骤的目标是把运动物体跟踪出来，例如道路场景中的车辆，不论运动物体是否分裂成多个连通区域，或者运动物体只是一个连通区域的一部分。在道路场景中，车辆在经过与其某部分颜色接近的道路区域时，与背景作差就会导致一辆车分裂成多个连通区域，即一个运动物体分裂成多个运动点团。道路上的栏杆、灯柱、电线杆等会对经过它们的车辆造成遮挡，也会导致车辆分裂成多个连通区域。如果多辆车行使在一起，那么就会导致在图像中多个车辆成为一个连通区域，即多个运动物体合并成了一个运动点团。因此，我们需要在运动点团上再加一层，把运动物体跟踪出来。

从运动点团中得到运动物体，基本的思路是充分运用物体的运动信息，即除了运用当前帧的运动点团信息，还要利用之前帧的运动点团信息。在运动跟踪时先确定一帧图像中所有运动点团的位置，然后和前一帧图像中的运动点团位置关系判断是否为同一运动物体。卡尔曼滤波是去除时序信号噪声的有效方法，可运用到运动跟踪之中。

2.2.2 视频检测系统的结构和功能特点

下面以上海某单位生产的×××视频监测系统为例，着重介绍视频监测系统的构成、功能、特征等，其结构如图 2-20 所示。

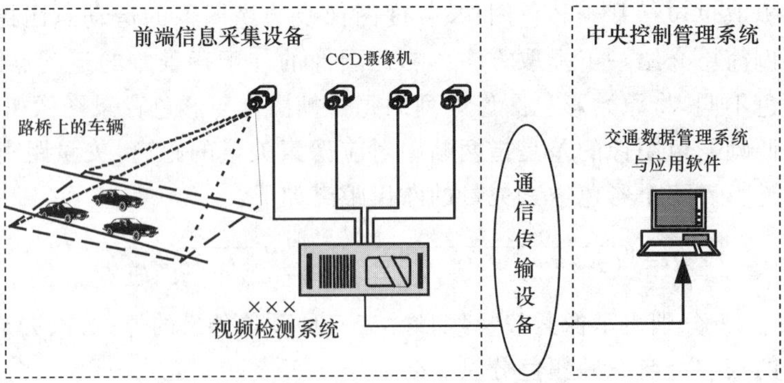

图 2-20　视频检测系统组成结构图

1）视频检测系统的结构

视频检测系统是基于图像处理技术的交通检测系统，它以虚拟的图像传感器代替传统的感应线圈。前端CCD摄像机捕捉多个交通监测点的图像，然后通过电缆传送给视频检测系统进行数字化处理。每个摄像机具有固定的焦距，摄像机可安装在灯柱上、高架电缆支架或桥梁上。

视频检测系统可以用于监视高速公路、高架公路或城市交叉路口的交通状况，并实时将采集到的交通信息送回控制中心的中央交通数据管理系统。当用于监视高架路/高速公路路段或路口的路况、采集交通信息时，视频检测系统的每个摄像机可以监视1至6个车道。1个视频检测系统可以同时监视多达4个不同的路段或行车方向。

视频检测系统的核心组成部分为视频图像处理模块。它完成该系统的图像及交通数据的处理工作。首先将摄像机采集到的视频信号数字化，然后检测在检测区内的车辆并跟踪被检车辆，处理实时交通信息。

视频检测系统是一种全自动内置式设备，一旦接通电源，它便可以自动检查是否有视频信号输入，并优化数字化过程。接通电源之后，还可以通过程序控制提取交通数据。

视频检测系统可以通过通信传输设备与中央控制中心里的交通数据管理系统连接，传输交通信息。系统操作员也可以透过交通数据管理系统对视频检测系统进行远程的控制和设置。交通数据管理系统主要用于集中存放和管理由各个检测点的视频检测系统采集到的交通信息和数据。它实际上是一个数据库系统，但它同时也将为用户提供交通数据的查询、分析和报表打印等功能。

为了充分利用已得到的实时交通信息，让其他功能子系统共享信息资源，该系统还可以提供软件接口模块和通信协议。其他子系统只要按照规定的通信协议编写自己的软件接口模块，便可以从交通数据管理系统获取所需的数据。

视频检测系统可实现道路交通流量、速度、密度、车辆类型等交通信息的自动采集、处理和传输。

2）视频检测系统的功能

视频检测系统可以提供三类交通信息，包括实时交通数据、统计性交通数据以及交通事故信息。就实时交通数据而言，它可以提取出诸如车速、车辆数量、车身长度以及车队长度等最为基本的数据。其他实时交通数据，例如，行车方向以及车辆按照车身长度等标准的分类等，也可以轻而易举地得到。它提供的统计性交通数据包括在某时间段内（由用户定义的时间段）的平均车速、车流量以及道路占用率等，并且可以为每条车道得出此类交通数据。此外，×××视频检测系统还能够得到与事故相关的交通事故信息，例如摄像机视野范围内停下来的车辆、阻塞状况或正在等候的车队长度等。

视频检测系统还能够直接探测在摄像机焦距范围内的交通异常状况，如交通拥挤、交通阻塞和交通事故等。该系统能保存异常状况发生前的12幅图像，如图2-21所示。每幅图像之间的时间间隔可由操作员通过交互式用户接口界面设定。

当视频检测系统检测到某个检测点有交通异常状况时，它将会发出报警信息。控制室的操作员获得报警信号后，可以将显示的视频输入信号切换到该检测点的有关摄像机，以便核实和验证异常交通的状况。

视频检测系统还提供一个广域事故探测（WAID）模块供用户选择，该模块采用人工智能的神经元网络技术探测摄像机焦距范围以外的交通事故，并将问题报警给控制中心。广域事故探测系统在探测率和控制误报警率方面均取得了满意的效果，它可达到98%以上的

图 2-21　交通事故发生前的路口图像

探测率和小于1%的误报警率。

3) 视频检测技术的特点

视频检测技术与其他检测技术相比,具有如下特点:

(1) 安装方便,不破坏路面,施工时基本不影响交通。

(2) 探测器设置方便、灵活。

(3) 可以实现大区域交通信息采集。

(4) 系统采用模块化、结构化设计,可扩展性好、系统运行效率高。

(5) 实时进行多车道的车流量、占有率、平均车速等信息的采集和统计。

(6) 实时进行机动车车型的采集、区分和统计。

(7) 实时进行各种交通异常状况的采集和报警,如拥堵、事故等。

(8) 实时进行各种车辆违章行为的采集,如超速、闯红灯、逆行、违章变线、违章停车、违章占用车道等。

(9) 在从视频交通数据抓取的图像中实时地自动检测和识别车牌号码;静态图像中的车辆及车辆行为采集与识别。

(10) 维护方便。

2.3　固定式波频交通参数检测技术

波频车辆检测器是以雷达、微波、超声波和红外线等对车辆发射电磁波而产生感应的检测器。

2.3.1 激光雷达检测

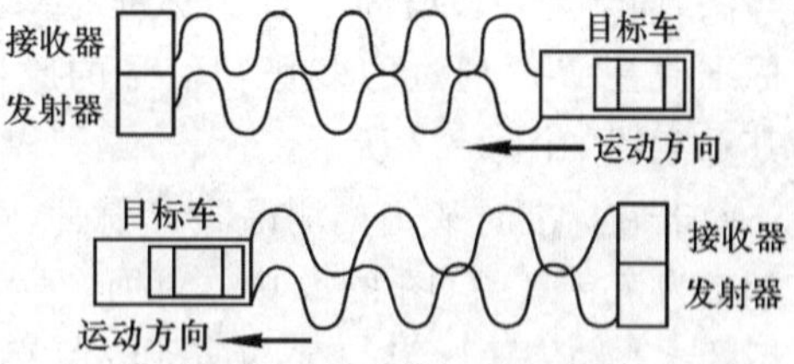

图 2-22 多普勒雷达的基本工作原理

雷达测速仪是根据多普勒效应的原理对行驶中的车辆进行测速的装置。无线电波是以波的形式传播的，当无线电波在行进的过程中碰到物体时无线电波会被反射，而且反射回来的波，其频率和振幅会随着所碰到的物体的移动状态而改变，只有当无线电波所碰到的物体是固定不动的，那么所反射回来的无线电波，其频率也不会改变。当物体朝着无线电发射的方向前进时，反射回来的无线电波会被压缩，因此该电波的频率会随之增加；反之，当物体朝着远离无线电波的方向行进时，其反射回来的无线电波的频率就会随之减少。多普勒雷达的基本工作原理如图 2-22 所示。

雷达测速仪所应用的测速原理就是把雷达波发射到一个移动的物体上，根据反射回来的与目标速度成比例的雷达信号，由测速仪内部的线圈将该信号进行处理后得到一个频率的变化，再通过数字信号处理(DSP)技术处理后，便可得到目标的速度数据。由于不论是驶近的车辆，还是远离的车辆都会产生频率的变化，因此都会测量到速度值。

当今国际上使用的雷达测速仪，其发射频率都是按国际航空通讯法令的规范，主要分为以下几种波段，美国 F. C. C.(联邦电讯委员会)所规定的警用频道为

(1) S 波段：2.445GHz；

(2) X 波段：10.525GHz；

(3) K 波段：24.150GHz；

(4) Ka 波段：33.40～36.00GHz。

我国目前生产的雷达测速仪主要采用 X 波段(10.525GHz)和 K 波段(24.150GHz)。

根据多普勒效应，当发射波的波速遇到运动物体返回时，其回波有下面的关系：

$$f'_0 = f_0 + \frac{2v}{c} \cdot f_0 \tag{2-11}$$

式中 f'_0——反射信号的频率；

f_0——微波源产生的发射频率；

v——运动物体的径向速度分量；

c——电磁波在空间的传播速度。

从式(2-11)中可以看出，接收到的反射信号频率 f'_0 是由两项组成的，第一项是由微波源产生的发射频率，第二项是由物体运动引起反射信号的多普勒频移。当运动物体驶近微波源时 v 为正；当运动物体远离微波源时 v 为负。式(2-11)将表示成如下形式：

$$f_d = f'_0 - f_0 = \frac{2v}{c} \cdot f_0 \tag{2-12}$$

式中，f_d 称为多普勒频移，又叫多普勒频率。由式(2-12)可求得：

$$v = \frac{c}{2f_0} \cdot f_d \tag{2-13}$$

由于 C 和 f_0 是已知量，显然运动物体的径向速度 v 与 f_d 成正比，即测得 f_d 就可求得目标运动物体的径向速度 v。

对于多普勒频率 f_d 的测量，一般是采用测频法，即给定一段时间 T 作为标准时基，测量在标准时基 T 内通过的多普勒信号的脉冲个数，其示意图如图 2-23 所示。

若在标准时基 T 内测得 N 个脉冲，则多普勒频率为 $f_d = N/T$(图 2-23 中 f_d 的信号为经整形后的多普勒信号)。将 $f_d = N/T$ 代入式(2-13)得：

$$v = \frac{c}{2f_0} \cdot \frac{N}{T} \tag{2-14}$$

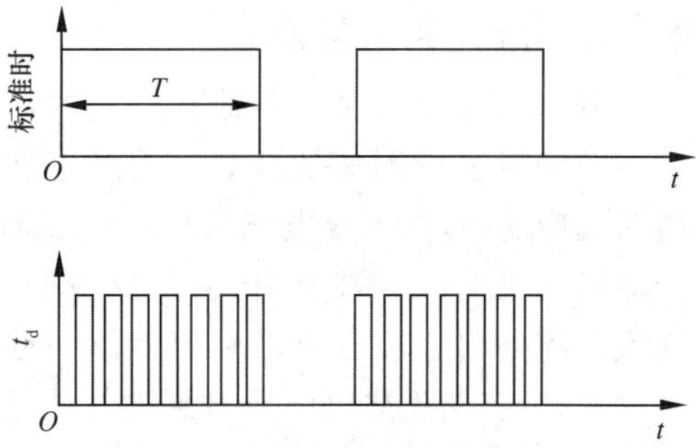

图 2-23　测频法测速示意图

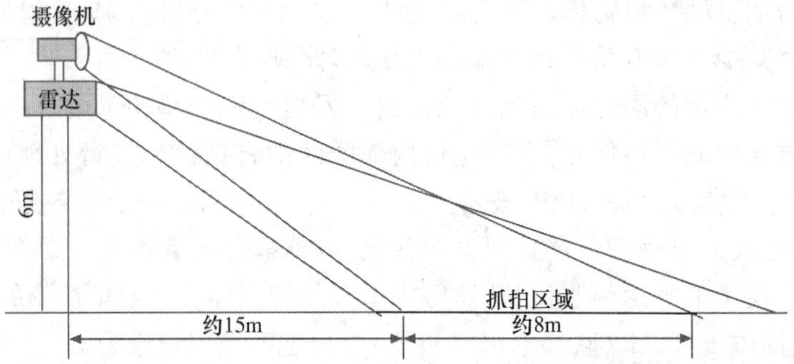

图 2-24　雷达测速仪与摄像机工作立面图

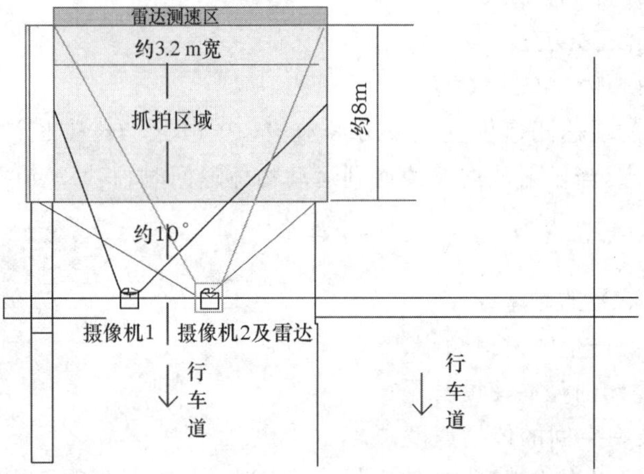

图 2-25　雷达测速仪与摄像机工作平面图

雷达测速仪与摄像机和红外灯合作，可对违章车辆进行抓拍。图 2-25 中摄像机 1 抓拍车辆，摄像机 2 抓拍车牌。将雷达、摄像机和红外灯架设于龙门架上，高度为 6m，用于监测 15m 远区域内的车辆，监测抓拍范围为 8m，具体如图 2-24 立面图和图 2-25 平面图所示。当抓拍到超速车辆时，可以调用车牌识别软件对其进行识别和后续处理。

2.3.2　毫米波检测

1. 远程交通微波检测器的工作原理

远程交通微波检测是向行驶的车辆发射毫米波，波束被行驶的车辆阻挡而发生反射，反射波通过多普勒效应使频率发生偏移。根据这种频率的偏移可检测出有车辆通过，经过接收、处理、鉴频放大后输出一个检测信号，从而达到检测道路交通信息的目的。毫米波检测器可进行单车道检测或多车道检测，安装在路侧灯杆上方或车道正上方的毫米波检测器呈45°朝下发射狭窄的微波(图 2-26)，从微波反射回来的时间差上来判断是否有车辆通过，并收集各车道的车流量、道路占有率和平均速度等数据。其输出信号含有多车道信息，可替代传统的多个感应线圈探测器。

图 2-26　毫米波检测器示意图

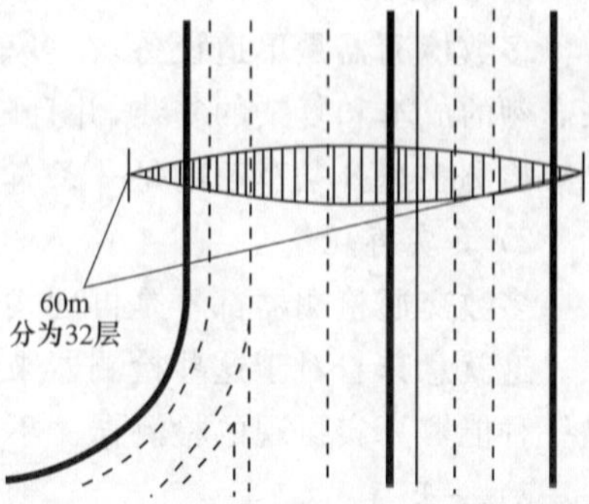

图 2-27　毫米波检测器工作原理

远程交通微波检测器 RTMS 以低功率微波信号在扇形光线区域内发射连续调制波，信号束在探测车道上形成长达 60m 的椭圆状投影，貌似一块巨大的面包(图 2-27)。RTMS 的范围测量解决方案将该投影区域分割为 32 层，每层约为 2m，每个探测区域或车道均由一层或多层组成，用户可根据需要自行定义。RTMS 连续向探测车道上发射微波信号束，任何没有背景的目标都会返回 RTMS 目标的位置和所测试到的范围。RTMS 根据接收到的回波进行分析、计算，从而确定探测区域内的车流量、道路占用率和平均车速等交通信息。

由于微波具有衍射特性，当发射出去的微波信号束碰到目标时目标边缘衍射的信号能够检测到被其他车辆挡住的车辆，因此对于 RTMS 不存在盲区问题。RTMS 具有可适性阈值，即能自动排除背景上的固定物，只探测道路车辆。如果车辆停止行驶，RTMS 将在 20min 内探测该车辆，然后才将其认定为背景。

RTMS 每隔 30～3000s 可以提供一份包含每条车道上车流量、道路占用率、长车数量和平均车速的交通信息。

2. 远程交通微波检测器的功能

远程交通微波检测器是交通信息检测系统的重要组成部分，是广泛应用于城市交通信号控制系统及高速公路监控系统、区域交通事故报警系统等领域的高新技术。它不仅能够检测采集数据，而且能够在内部处理多种需要的交通参数，直接取代环形线圈检测器及其控制器，降低成本；或配合城市交通控制系统中的交通信号控制器对路口交通信号进行实时控制。控制器根据微波检测器检测到的实时交通信息，自动编程修改信号配时方案，智能化地指挥交通。

远程交通微波检测器具有如下功能：

(1) 精确检测各车道的交通流量、道路占有率、平均速度、车流量及排队状况等信息。

(2) 检测器的输出信号与一般常见的检测器兼容，可通过数据接口与控制系统相联或直接替代传统的多个感应线圈检测器，它具有存储能力，可将检测到的数据进行存储，也可通过串行总线接入其他系统，或通过网络传输到交通信息中心。

(3) 检测器工作在微波波段，可在不中断交通或关闭车道情况下，方便、安全地安装在现有路侧电线杆上，易维护、操作简单，并且由于它的波长较长，不受气候环境的影响，能全天候工作。

3. 远程交通微波检测器的特点

1) 多道性

多数检测器是单道设备，在多车道的公路上应用时，需由多个检测器单元组成。因此带来高额的成本和复杂的安装，并且随着单元数和布线长度的增长使得可靠性下降。RTMS能够检测多达 8 条车道的每一条车道上的交通信息，因此性价比很高。

2) 真实再现

多数交通检测器都不是再现式设备，如果物体移动得很慢或不动，则不能检测到交通情况。这就意味着对于这些检测器来说，一条交通拥挤的道路看起来是一条空路。RTMS 则是一种能够真实再现的检测器。不论车辆是静止还是移动的，它都能够检测到。

3) 全天候

除了微波检测器以外，所有的检测器在天气变化时维持良好的运行都有困难。

4) 准确性

RTMS 是一种准确的检测器，它独一无二的区域检测能力可使它从多角度应用，而其他检测设备则很难维持这种准确性。

5) 升级性

RTMS 是基于软件运行的，所以更换它的软件就可以方便地更换它的工作程序。RTMS 软件是不断升级的，升级过程只需更换一块芯片，因此比较简单。

4. RTMS 与地下埋设感应线圈相比的优势

(1) 更换不影响交通。RTMS 安装在车道旁或上方，感应线圈则埋在地下。

(2) 比感应线圈检测的车道更多。一个 RTMS 最多可同时监测 8 条车道，而一个感应线圈只能监测 1 条车道。

(3) RTMS 可检测车速，而独立的感应线圈则检测精度极低。

(4) RTMS 有智能功能、采集数据功能及数据输出功能。这些功能对分析交通和改善交通管理极有帮助。

(5) RTMS 测试的数据广泛，可探测到车流量、道路占用率等交通信息。感应线圈只能测车流量，且不能探测到停在路面上的车辆。

(6) 对路面的要求不严，而感应线圈只能用在高质量的路面。

(7) RTMS 安装简便、快捷。一般而言，安装和调试一个 RTMS 仅需 2h，而安装和调试一个感应线圈需 4h 以上。

(8) RTMS 的长远投资比感应线圈低廉。

2.3.3 超声波检测

超声波传感器发射为 25～50kHz 高于人们听觉范围的频率的超声波。大多数超声波传感器发射脉冲波，可提供车辆计数、出现及道路占有率等交通信息。超声波传感器的探测区域由超声波发射器的波幅决定，通过测量由路面或车辆表面反射的脉冲超声波的波形，可确定由传感器到路面或车辆表面的距离。路上有车和路上无车时传感器所测信号有差别，可借此确定车辆是否出现。传感器接收的声信号转换为电信号，由信号处理单元进行分析处理。

由超声波传感器反射的脉冲能量波以已知且较小的角度被分为两束，即两束脉冲能量波间的距离已知，测量车辆通过这两束波的时间即可确定车速。这种测距式脉冲超声波传感器的最佳安装位置是高架安装俯视车流或路旁安装俯视车流。

恒定频率超声波传感器利用多普勒效应测量车速，但其造价要高于脉冲超声波传感器。恒定频率超声波传感器采用高架安装，以45°正对驶来的车流。它有两个变频器：一个用于发射超声波，另一个用于接收超声波，检测接收超声波的频率变化以确定车辆是否通过。恒定频率超声波传感器内的电子系统可产生脉冲宽度与被测车辆速度成正比的内部脉冲信号，经一系列计算后可确定车速。

由测距式超声波传感器发射的脉冲波具有脉冲宽度 T_P（一般为0.02～2.5ms）和脉冲重复周期 T_0（两脉冲波产生事件的时间差，一般为33～170ms），它是传感器测出超声波由发射器到车辆，再经车辆反射回接收器所用的时间。接收器以用户可调的时间为周期进行开或闭动作，以区分由车辆反射的脉冲波和由路面反射的脉冲波。不同型号的传感器的接收器开或闭周期被调整至能探测大约高于路面0.5～0.9m的物体，即在由路面反射的脉冲波到达传感器之前的几毫秒时关闭接收器。

实施自动脉冲重复周期控制可减少多重发射脉冲波的影响并能提高探测高速车辆的能力。在接收到路面反射的脉冲波后立刻发射下一个脉冲波，使脉冲重复周期尽可能的短。较长的脉冲重复周期会降低高速公路上高速车辆占有率测量的效果，因为此时由传感器发射和接受的脉冲数相对车辆数太少。传感器还设有保持时间 T_h（不同的厂家从115ms到10s不等），以提高车辆出现的监测效果。

2.3.4 红外线检测

红外线传感器可以分为主动式和被动式两大类。主动式红外线传感器和被动式红外线传感器都可用于交通管理。主动式红外线传感器中的激光二极管在红外线波长范围（即光谱波长0.85μm）附近工作，发射低能红外线照射探测区域，并经车辆的反射或散射返回传感器。使用可调发光二极管的主动式红外线传感器可测量车速和进入高速公路曲线型较差的高大货车的高度，发光二极管在880nm的红外线波长范围附近工作，信号调节装置可防止其他红外线（如阳光）的干扰，有2个发射-接收系统用于测量车速，有1个发射-接收系统用于测量车辆高度。

被动式红外线传感器本身不发射红外线，而是接收来自两个来源的红外线，一是传感器监测范围内的车辆、路面及其他物体自身散发的红外线，二是它们反射的来自太阳的红外线。

主动式红外线传感器和被动式红外线传感器中装备有特制的光学系统，在光学系统焦面上安装了红外线光敏材料。红外线传感器（主动式或被动式）接收红外线后，经光学系统聚焦于红外线光敏材料上。对红外线传感器来说，探测器指红外线光敏材料，它将来自各个来源的红外线转换为电信号，实时信号分析系统对信号进行分析可获得车辆出现参数。红外线传感器可安装在车流上方以观测驶来或驶离的交通流，也可安装于路旁。红外线传感器可用于信号控制，及车流量、车速和车辆类型的测量；监视人行横道上的行人及向驾驶员发布交通信息等。

1. 主动式红外线激光传感器

主动式红外线激光传感器具有两套光学系统，即发射光学系统和接收光学系统。发射光学系统将由脉冲激光二极管发射的红外线以一定角度分成两束。接收光学系统有较大的接收区域，能更好地接收由车辆散射的红外线。主动式红外线激光传感器记录车辆通过两光束的时间 ΔT，又两光束的距离 d 已知，则速度 v 为

$$v=\frac{d}{\Delta T} \tag{2-15}$$

主动式红外线激光传感器可提供信号交叉口的车辆出现参数、流量、道路占有率、车速、车辆长度的测量，车辆排队长度及车辆分类。可在一个交叉口上安装多个红外线传感器，而不存在发射红外线和接收红外线间的相互干扰。为适应车辆分类的需要，许多先进的红外线传感器能生成二维或三维的监视图像。

如果对红外线波进行调频处理或编码时，红外线波可代表一定的信息，则主动式红外线传感器可向驾驶员发布交通信息。

2. 被动式红外线传感器

无生成图像的被动式红外线传感器在其光学系统的焦面上装有一个或多个红外线光敏探测单元，由它们采集来自外部的红外线光能。无生成图像的被动式红外线传感器中的光敏探测单元具有很大的瞬息探测区域，它等于一个像素所对应的弧角，因此这种传感器探测区域中的物体不能被分成更小的像素。只有一个探测区域的被动式红外线传感器可测量流量及道路占有率；而具有多个探测区域的被动式红外线传感器还可以测量车速和车辆长度。可生成图像的被动式红外线传感器，如采用电荷耦合器件(CCD)的摄像机，装备有二维分布的探测单元组，每个探测单元都有一个小的瞬息探测区域，则整个探测单元组有一个总的瞬息探测区域，探测单元组可接受总的瞬息探测区域内的红外线，并由图像传感器转化为视频图像。

被动式红外线传感器可采集到探测区域内温度高于绝对零度(−273.15℃)的物体。我们称发射率为 1 的物体为“黑体”，而大部分物体的发射率小于 1，我们称之为“灰体”。虽然被动式红外线传感器可设计能接受各种频率的能量，但考虑到造价因素，被动式红外线传感器的波长可限定在足以监测车辆的一定数目的像素范围内，如某些型号在 8～14μm 的远红外线波长范围内工作，可减少太阳光及云层移动引起的照度变化的影响。

当车辆进入被动式红外线传感器的探测区域时，传感器探测到的红外线能量发生变化。设车辆和路面(由路面发射的波长在传感器的可测波长范围内的红外线)的红外线发射率分别为 ε_V 和 ε_B，车辆和路面的表面温度(K)分别为 T_V 和 T_B，则在认为传感器自身发射的红外线能量忽略不计的情况下，车辆温度可由式(2-16)近似确定：

$$T_{BV}(\theta,\phi)=\varepsilon_V T_V+(1-\varepsilon_V)T_{SKY} \tag{2-16}$$

式中 T_{SKY}——大气温度(大气吸收太阳光、宇宙射线而使大气具有的温度)；

θ——传感器探测角度的最小值(如竖直向下时达到的角度)；

ϕ——路面坐标系中的角度；

$\varepsilon_V T_V$——由车辆散发的红外线能量，由亮度温度表示；

$(1-\varepsilon_V)T_{SKY}$——由车辆反射的大气红外线能量。

同样的，路面温度也可由式(2-17)近似确定：

$$T_{BR}(\theta,\phi)=\varepsilon_R T_R+(1-\varepsilon_R)T_{SKY} \tag{2-17}$$

式中 $\varepsilon_R T_R$——由路面散发的红外线能量；

$(1-\varepsilon_V)T_{SKY}$——由路面反射的大气红外线能量。

当车辆经过时，被动式红外线传感器探测到的红外线能量(亮度温度)由式(2-18)确定：

$$\begin{aligned}\Delta T_B(\theta,\phi)&=T_{BR}(\theta,\phi)-T_{BV}(\theta,\phi)\\&=(\varepsilon_R T_R-\varepsilon_V T_V)+(\varepsilon_V-\varepsilon_R)T_{SKY}\end{aligned} \tag{2-18}$$

当 $T_V=T_R$ 时，有

$$\Delta T_B(\theta,\phi)=(\varepsilon_R-\varepsilon_V)(T_R-T_{SKY}) \tag{2-19}$$

因此，如果车辆和路面的表面温度相同，车辆经过所引起的传感器信号与路面和车辆的发射率差及路面和大气的温度差有关。在阴天、雨天等湿度大的天气情况下，大气温度比晴天时的高，则由车辆经过引起的信号会减弱。

2.4 移动式交通信息采集技术

2.4.1 基于卫星定位的浮动车交通信息采集

1. 卫星定位信息

卫星导航系统可在全球范围内全天候、全天时为各类用户提供高精度、高可靠定位、导航、授时服务，目前世界继美全球定位系统(GPS)和俄 GLONASS 之后，中国的北斗卫星导航系统(BDS)也于 2012 年 12 月 27 日正式对外提供服务。三大系统的定位原理基本类似，这里以应用最广泛的 GPS 为例来介绍基于卫星定位的浮动车交通信息采集。

GPS 接收终端能采集到包括位置(经纬度)、速度、方向、时间等基本信息，GPS 接收机只要处于工作状态就会源源不断地接收并计算出 GPS 导航定位信息。GPS 接收机的输出语句均按串行通信协议，数据格式为 8 个数据位，1 个起始位，1 个停止位，无奇偶校验。可以根据需要选择波特率。其输出语句采用的是 ASCII 字符码，输出语句达十多种，其中最常用的输出结构为：$GPRMC，(1)，(2)，(3)，(4)，(5)，(6)，(7)，(8)，(9)，(10)，(11) * hh (CR)(LF)，其中，(1)～(11)的具体内容如下：

(1) 当前位置的格林尼治时间，格式为 hhmmss；

(2) 状态，A 为有效位置，V 为非有效接收警告，即当前天线视野上方的卫星个数少于 3 颗；

(3) 纬度，格式为 ddmm. mmmm；

(4) 标明南北半球，N 为北半球、S 为南半球；

(5) 径度，格式为 ddmm. mmmm；

(6) 标明东西半球，E 为东半球、W 为西半球；

(7) 地面上的速度，范围为 0.0～999.9 节，1 节＝1 海里/小时＝1.852km/h；

(8) 方位角,范围为 000.0～359.9°;

(9) 日期,格式为 ddmmyy;

(10) 地磁变化,从 000.0～180.0°;

(11) 地磁变化方向,为 E 或 W。

由于帧内各数据段由逗号分割,因此在处理缓存数据时一般是通过搜寻 ASCII 码"$"来判断是否是帧头,在对帧头的类别进行识别后再通过对所经历逗号个数的计数来判断出当前正在处理的是哪一种定位导航参数,并作出提取处理。

2. 基于 GPS 浮动车的交通信息采集

所谓浮动车采集技术是指通过安装有接收终端设备的载体(车辆、飞机、人)实时接收卫星信号,经过获取接收机得到的经纬度坐标、瞬时速度、时间等信息,并周期性将信息发送至信息中心,由信息中心系统对地图匹配后的数据进行分析和处理,获取车辆行程时间、平均速度等实时交通参数信息。

1) 系统的基本组成

浮动车数据采集和处理系统示意图如图 2-28 所示,具体分为以下几个部分:

(1) 浮动车。是安装有 GPS 定位系统设施的车辆,它是数据采集源,为整个系统提供自身的时间、位置、车辆状态等信息。

(2) 全球定位系统(GPS)。浮动车通过接收卫星定位信息实现车辆定位功能。

(3) 无线通信网络。系统利用无线通信网络,如移动通信网的 GPRS 数据通信系统,将浮动车的当前时间、位置、车辆状态等信息数据传送至信息处理中心。

(4) 信息处理中心。信息处理中心的通信服务器接收浮动车发送的定位数据,由处理服务器进行数据校验及过滤,并存放进数据库。处理服务器同时负责进行数据分析处理,包括道路交通状态生成处理。

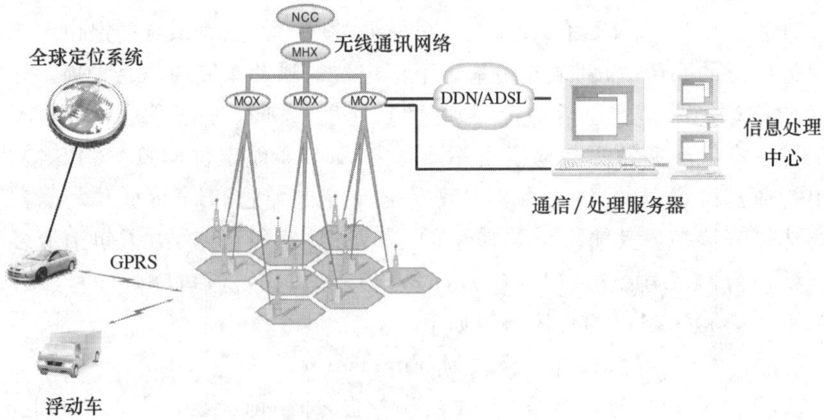

图 2-28 浮动车数据采集和处理系统示意图

2) GPS 数据处理

GPS 数据处理通过处理算法来完成。处理算法主要分为三个环节:GPS 数据过滤、地图匹配、路段速度计算。图 2-29 给出了 GPS 数据处理总流程图。

首先是原始 GPS 数据(包含了每个上报 GPS 点的位置信息、角度、速度、车辆状态等信息)和交通路网基础数据作为 GPS 算法的输入。算法先要对原始 GPS 数据进行过滤处理,

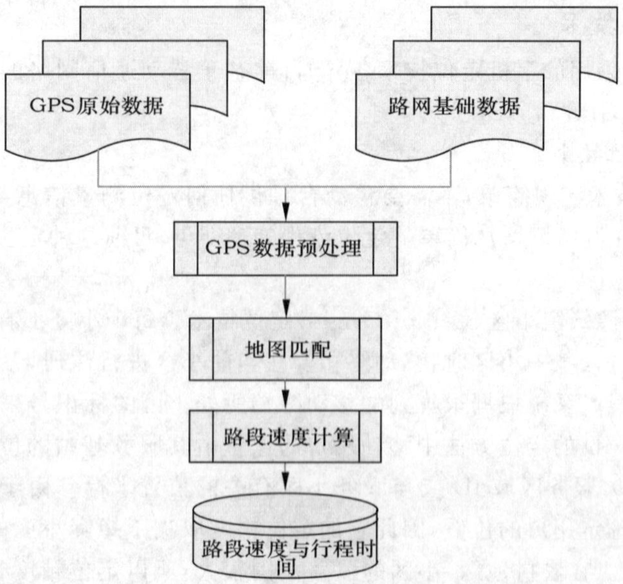

图 2-29　GPS 数据处理算法总体流程

滤除那些不满足后续处理需求的无效 GPS 数据。

其次是经过过滤处理后的 GPS 数据将被地图匹配算法匹配到现实的交通路网的具体路段、具体位置上，地图匹配的效率与精度直接决定了系统对路网交通状态判断的效率与准确性。

最后是算法将在经过地图匹配后的 GPS 点中，挑选满足算法需要的样本，进行路段行程时间和行程速度的计算。

2.4.2　基于手机辅助定位的交通信息采集

基于移动通信网络手机定位的采集技术因具有投资少、覆盖范围广、数据丰富等优点广泛应用于交通信息采集。所谓手机方式采集交通信息，就是利用在公路网上处在交通工具上的手机用户的手机定位信息，如同浮动车方式下的 GPS 定位数据，通过持续的定位数据确定车辆的移动位置和行程速度。手机方式采集交通信息的基本步骤是：

(1) 移动通信系统获得手机的定位信息；

(2) 交通信息采集系统从移动通信系统内获取手机定位信息；

(3) 交通信息采集系统根据获取的手机定位信息处理生成交通状态信息。

图 2-30 给出了手机方式交通信息采集和处理过程的示意图。

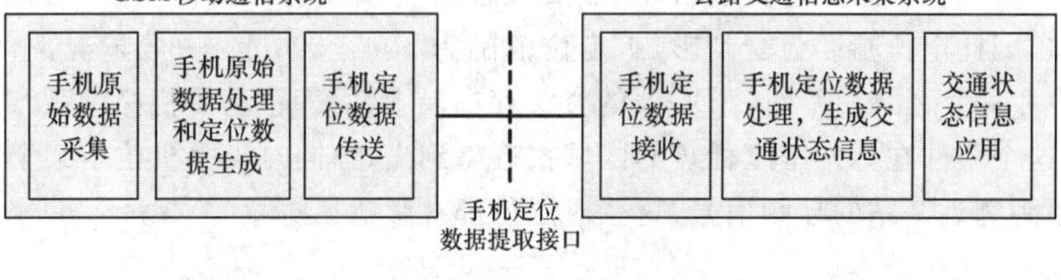

图 2-30　手机方式交通信息采集和处理过程示意图

1. 手机定位技术

不同国家地区采用的手机定位技术各异，目前基于移动通信网络的定位技术主要包括Cell-ID、TDOA、A-GPS和AFLT。

1) Cell-ID定位技术

Cell-ID定位技术实现简单，不需要移动台提供任何定位测量信息，也无需对现有网络进行改动，只需要在网络侧增加简单的定位流程处理即可，目前这种定位技术已经在各移动网络中广泛使用。

该技术又称起源蜂窝小区(Cell of Origin)定位技术。每个小区都有自己特定的小区标识号(Cell-ID)，当进入某一小区时，移动终端要在当前小区进行注册，系统的数据中就会有相应的小区ID标识。系统根据采集到的移动终端所处小区的标识号来确定移动终端用户的位置。基于Cell-ID的定位方法中移动用户的位置由其服务基站的位置信息确定。位置信息可以是小区ID，服务区域ID或与服务小区有关的位置坐标。由于该技术根据移动台所处的Cell-ID来确定用户的位置，因此它的定位精度取决于蜂窝小区的半径大小，从几百米到几十千米不等。在农村地区，小区的覆盖范围很大，所以定位精度很差。在城区，小区覆盖范围较小，定位精度最大可提高为几百米。与其他定位技术相比，基于Cell-ID的定位方法精度最低，当需要精度较高的定位服务时，Cell-ID就无法满足要求了。但是由于该技术投资较低，因此可以让移动运营商迅速进入定位市场。在今后的3G网络中，该技术将会与其他高精度的定位技术并存，以满足用户不同需求的定位业务。

2) TDOA定位技术

TDOA (Time Difference of Arrival)是一种应用于移动网络下的定位方式。在GSM网络中也有类似的定位方法，称为EOTD (Enhanced Observed Time Difference)。

TDOA定位方法的基本原理是移动台测量不同基站的下行导频信号，得到不同基站下行导频的TOA (Time of Arrival)，即所谓的导频相位测量。移动终端对基站进行监听并测量出信号到达两个基站的时间差，每两个基站得到一个测量值，根据该测量结果并结合基站的坐标，采用合适的位置估计算法，就能够计算出移动台的位置。实际的位置估计算法需要考虑3个或3个以上的基站定位的情况，因此算法要复杂很多。一般而言，移动台测量的基站数目越多，测量精度越高，定位性能改善越明显。使用这种方法，需要移动台所测量的基站同时发出下行导频信号，因此网络中的所有基站必须实现时间同步，一般可通过在基站安装GPS接收机或连接到时间同步网来实现基站同步。

TDOA的定位精度相比Cell-ID定位方法要高，但它的精度受到环境的影响，在郊区和农村可以将移动台定位在10～20m范围内。在城区由于高大建筑物较多，电波传播环境不好，信号很难直接从基站到达移动台，一般要经过折射或反射，下行导频信号的TOA也容易出现误差，因此定位精度会受到影响，定位范围为100～200m。一般情况下TDOA定位响应时间在3～6s之间。另外，TDOA的方法存在局限性，即移动手机必须观察到至少3个基站信号，这个条件在基站密度稀疏的区域很难得到满足；同时当手机位于某个基站附近时可能接收不到邻近基站的导频信号，这些对定位都有影响。

3) A-GPS定位技术

A-GPS技术是一种结合了网络基站信息和GPS信息对移动台进行定位的技术，可以在2G/2.5G和3G网络中使用。该技术需要在用户端增加GPS接收机模块，同时要在移动网络上加建定位服务器、差分 GPS 基准站等设备。如果要提高该方案在室内或者 GPS 信号屏蔽地区的定位有效性，还需要增添位置测量单元。

A-GPS 定位方式实现步骤如下：网络收到 GPS 辅助信息后，先将辅助信息发送到手机，手机得到 GPS 信息后再计算并得出自身精确位置，最后手机将位置信息发送到核心网。A-GPS 解决方案的优势主要在其定位精度上。在室外等空旷地区，其精度在正常的 GPS 工作环境下可选 5m 左右，堪称目前定位精度最高的一种定位技术。该技术的另一优点为首次捕获 GPS 信号的时间一般仅需几秒，不像 GPS 的首次捕获时间可能要 2～3min。

4) AFLT 定位技术

AFLT(Advanced Forward Link Triangulation，前向链路三角定位法)是 CDMA 网络独有的技术，在定位操作时手机/终端同时监听多个基站的导频信息，利用码片时延来确定到附近基站的距离，最后用三角定位法算出具体位置。AFLT 是利用 CDMA 网络全网同步并可以准确方便地测量相对时延、信号强度的特点开发的，将扇区天线位置作为参考点进行定位计算。AFLT 解决了 A-GPS 在一些环境中(如高楼间、室内、地下等)不可能的问题。

为了提高定位服务质量，近来又推出了基于 CDMA 网络的 gpsOne 定位服务。gpsOne 是美国高通公司为基于位置业务开发的定位技术，采用 Client/Server 方式。它将无线辅助 A-GPS 和高级前向链路 AFLT 三角定位法两种定位技术有机结合，实现高精度、高可用性和较高速度定位，可称为混合定位技术(Hybrid)。在前两种定位技术无法使用的环境中，gpsOne 能自动切换到 Cell-ID 扇区定位方式，确保定位成功率。

以上各种基于移动通信网络的手机定位服务的性能比较结果如表 2-2 所示。

表 2-2　　基于手机交通信息采集技术分类

名称	辅助设备	定位条件	定位精度
时间到达差定位方法(TDOA)	每个基站加装一个位置测试单元	至少 3 个基站、基站时间同步	30～50m
辅助卫星定位 AGPS 技术	手机内加装 GPS 定位芯片	参照 GPS 定位条件	10～20m
结合时间提前量的小区定位技术	—	有手机信号	取决于基站覆盖范围：100～2000m
基于手机切换的采集方法	切换网络软件	有手机信号	待验证

2. 手机定位信息提取与处理

手机数据的采集是通过信令采集处理系统完成的。在移动通信系统的信令系统内截取原始数据并进行定位信息采集后，处理得到手机用户的定位信息，这些信息通过专用的数据通道传输给交通信息采集系统。交通信息采集系统首先对信息进行初步处理，去除手机用户的真实号码并分配与手机一一对应的 ID，再将 ID、手机位置坐标、时间和其他调查内容传送至核心服务器上；核心服务器再次对信息进行处理，完成地图匹配工作，存储到数据库中，并将匹配后的数据(ID、位置所属路段、时间和其他调查内容)传送至数据处理服务器上。数据处理服务器对接收到的信息进行处理以及数据挖掘，得到实时的路段平均车速、路段交通量、路段交通密度以及用户出行 OD 矩阵交通信息。

2.4.3　基于电子标签的交通信息采集

自动车辆识别将一种小型电子标签安装在车内，标签中有一个微型无线电发射器，它可连续不间断地发射出车辆自身特征识别码，再在道路两侧装有终端识别器，能够识别每辆车所特有的车辆特征码，将信息送入计算机进行处理后得到交通流量、空间平均速度、行程时间和车辆分类等信息。该技术可用于电子不停车收费、车辆运行轨迹跟踪、车辆类型统计等。通过统计多个样本，还可获得地点流量、空间平均车速等交通信息。当同时在某一路段起点断面和终点断面架设终端识别器，分别记录同一车辆的通过时间，即可获得单车行程时间。

目前市场上大部分产品频率覆盖 868～915MHz。电子标签可以分为有源电子标签和无源电子标签，80%为无源电子标签，不到 20%为有源电子标签。有源电子标签内装有电池，无源射频标签没有内装电池。对于有源电子标签来说，根据标签内装电池供电情况不同又可细分为有源电子标签和半无源电子标签，由表 2-3 可知，有源（主动）标签适用于交通信息采集。

表 2-3　　电子标签分类

类别	工作原理	相关参数
有源（主动）标签	标签的工作电源完全由内部电池供给，同时标签电池的能量供应也部分地转换为电子标签与阅读器通讯所需的射频能量	读写距离 100～1500m
无源（被动）标签	在阅读器的读出范围之外时，电子标签处于无源状态；在阅读器的读出范围之内时，电子标签从阅读器发出的射频能量中提取其工作所需的电源	读写距离 1～30mm

2.4.4　基于牌照识别的交通信息采集

汽车牌照自动识别技术是计算机模式判别技术在 ITS 中的应用，它使计算机能够模拟人眼识别汽车牌照的数字、英文字母、中文汉字及颜色。这种技术对相邻两个检测点同一辆车的车牌进行分析判别（车牌识别的具体方法将在本书第 3 章中详细介绍），可以获得车辆的行程时间、行程速度等参数。若在某个给定的时段内有多辆车经过特定路段，则可以用平均法得到该路段的平均行程时间和平均行程速度。

2.5　各种检测技术对比分析

固定式交通信息采集技术主要用于采集交通流参数，包括分车型的流量、平均地点速度、时间占有率、车头时距等，综合地对前述的几种检测方式在实际应用中的优缺点进行比较，如表 2-4 所示。

表 2-4　　固定式交通参数检测综合性能对比

技术	优点	缺点
环形感应线圈	线圈、电子放大器已标准化 技术成熟、易于掌握 计数非常精确	安装过程对可靠性和寿命影响很大 修理或安装需中断交通 影响路面寿命 易被重型车辆、路面修理等损坏
地磁检测器	安装容易、不易损坏、价格便宜、检测灵敏度高、时间占有率检测准确、可检测参数多	有时出现误检、材质容易老化、灵敏度会逐年衰减、精度受周围磁性物质影响

续表

技术	优点	缺点
红外线	昼夜可采用同一算法从而解决昼夜转换的问题 测速精度高,检测速度快	易受灰尘、冰雾影响 雨雪天气也有影响,人或物易造成误检 可能需要很好的红外线焦平面检测器,也就是要用提高功率,降低可靠性来实现高灵敏度
超声波	体积小,易于安装 检测精度高,全天候工作 可检测静止车辆 可检测间距很小的车流	性能随环境温度和气流影响而降低 易受环境的影响,尤其是大风、暴雨天气 人或物也会产生反射波,造成误检
雷达	在恶劣气候下性能出色,全天候工作 可检测静止的车辆 可以侧向方式检测多车道,检测效率高 可直接检测车速	大型车辆能遮挡随行的小型车辆 拥挤时检测精度低 侧挂时测速精度较低
视频	可为事故管理提供可视图像 可提供大量交通管理信息 单台摄像机和处理器可检测多车道	大型车辆能遮挡随行的小型车辆 阴影、积水反射或昼夜转换可造成检测误差 易受环境影响,检测率较低

移动式交通信息采集技术除了部分支持常规的流量、点速度、占有率外,主要支持行程时间和行程车速的采集。基于移动型交通信息采集技术采集的特点进行对比分析,如表2-5所示。

表 2-5　　移动式采集技术特点比较

采集技术	优点	缺点
基于浮动车	数据检测连续性强; 全天候条件下工作	需要足够多车辆安装 GPS; 数据通信易受干扰; 检测精度受 GPS 定位精度影响很大
基于手机	投资小、覆盖范围广; 可获得大量样本数量	检测的精度不高
基于电子标签	数据检测连续性强; 全天候条件下工作	需要足够多车辆安装 RFID; 需要有良好的滤波算法消除个别车辆运行故障引发的数据误差
基于牌照识别	采集的数据有很强的连续性;可全天候工作;车辆不需要安装其他设备	检测精度易受天气和光源影响; 检测精度受牌照的清晰度影响

从上述分析比较可知,每种检测方式都有性能和应用上的优势和不足之处,没有任何一种检测器能够完美地单独向系统提供所需要的全部基本交通参数。因此,需要从道路网络建设特性和交通的特点出发,结合现有系统的特点和交通综合管理系统的建设来优化选择动态交通信息的采集方式,确定动态交通信息的采集方案。

3 交通信息处理技术

交通信息的一个显著特征是它的空间性和随机性，因此，对它的研究和分析需要建立在广泛统计的基础上，应用各类信息处理技术和统计分析方法来探索它的规律性。目前，交通信息的处理技术非常多，这里介绍主要的处理技术包括：数据预处理技术、道路交通状态判别与预测技术、模式识别技术、交通信息融合处理技术等，这些技术的综合利用在实际交通运输和系统中起着重要的作用。

3.1 数据预处理技术

交通检测设备及人工所采集的原始数据经常是不完整的或存在异常的，这给数据融合、数据挖掘、知识发现等进一步的数据处理造成了困难，因此要对原始数据进行整理，称之为数据预处理。

来自多种检测设备及人工渠道的交通信息数据，存在精确程度、详细程度方面的误差，为了能够及时准确地采集交通流数据，除了增加检测设备的种类和数量，同时还需要对原始信息进一步加工，使其更加可靠，从而更准确地反映交通状况。因此，交通信息采集数据预处理的目的是通过预处理，使交通信息原始数据更加完整、有效、准确、可靠，保证数据的充分应用，提高数据的质量，进而提高整个数据分析过程的精度和性能。

3.1.1 检测数据预处理方法

交通信息数据预处理内容主要包括数据稳健性处理和残缺数据处理。实时交通数据往往来自各线路上各种交通参数检测器，检测到的交通参数种类和形式均不相同，而且存在各种误差，因此必须对各个数据源的数据进行检验，排除错误数据。另外由于检测器故障、天气状况或通信系统故障等原因造成的数据丢失，也应采用一定的技术方法对其进行修复或提供替代数据。

城市道路交通流检测数据的质量问题包含以下三种：数据丢失、数据错误和噪声污染数据，其具体原因及特征见表 3-1。

由于这些问题数据影响了数据的正确性和完整性，需要开发有效的数据质量控制模型对问题数据进行判别并进行修正，以得到更为准确和完整的数据，为交通模型提供良好的数据基础。

根据对交通信息数据质量问题的分析，交通信息有质量问题的原始数据可分为两种：异常数据和丢失数据，其中异常数据又包括错误的数据及重复数据。针对以上有质量问题的原始数据处理需求，交通信息采集数据预处理流程总体上可分为异常数据预处理、缺失数据预处理，然后对数据进行存储利用。详细流程见图 3-1。

表 3-1　　　　　　　　　　　　　　　　故障数据对比表

类别	数据丢失	数据错误	噪声污染数据
表现形式	数据输出端没有输出数据	数据不在期望的范围内或不满足已有的原理与规则	数据随机成分过大
故障发生的主要原因	检测设施失灵、传输设备故障或车辆过渡密集无法检测，导致数据丢失	检测器故障或传输线路故障，导致数据失真	实际采样环境中存在的各种干扰
空间特征	在一个检测点或者多个检测点甚至所有地点数据丢失	在一个检测点或几个检测点数据失真	所有检测数据都有可能被噪声污染
时间特征	一个检测时间段内或连续几个时间段内数据丢失	一般是短期内（如一个小时）数据失真，也可能由于修复速度慢而持续较长时间	所有检测时间段内都可能存在噪声污染

异常数据预处理是指在大量的原始基础数据中，通过一些数据分析方法来发现数据中存在的会影响数据统计分析结果的异常值。经过异常数据筛选之后，把时间序列数据中的异常值给予剔除，这时就需要对数据进行恢复，以提高完整、准确、有效的数据用于预报的下一步操作。

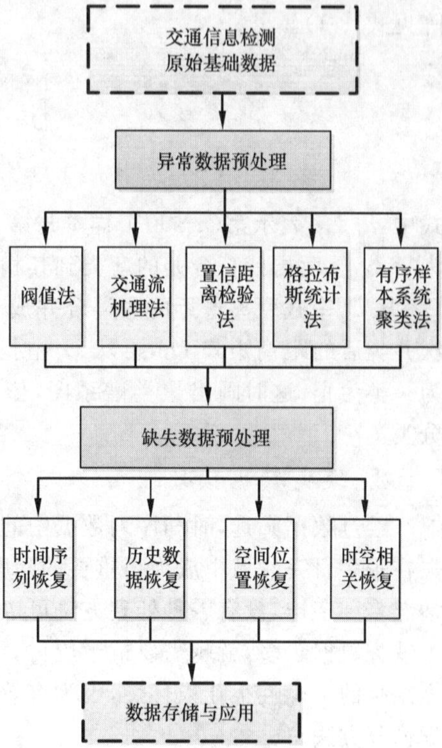

图 3-1　交通信息采集数据预处理流程

数据预处理方法包括如下几种：

1. 异常数据预处理

1）阈值法

阈值筛选是指交通流参数流量、速度和时间占有率不能超过一定的阈值，如流量不能超过单车道的通行能力，速度一般也有一个最大速度的限制，而时间占有率不能超过1。要想这一处理结果保证交通流数据在合理的范围之内，其关键是确定适合采集数据地点的临界阈值。

2）交通流机理法

交通流机理法是通过交通流参数之间的关系对两个甚至多个参数的一致性进行同时考察，其中包括基于交通流规则的算法和基于交通流区域的算法。交通流规则算法是根据交通流机理确定几个规则，如果检测数据满足这些规则中的一个或几个，那么这些数据就是错误的。例如，平均占有率为零，而流量不为零，或者流量为零，而平均占有率不为零，符合这两个规则的数据显然是错误的。这只是最基本的规则，根据交通流理论还可以建立某些参数之间的关系模型，如流量和占有率、流量和速度、行程时间和拥挤程度等。若采用平均车长判断法，根据交通机理公式由流量、速度、占有率得出的平均车长为5～12m，则计算结果超出此范围的数据为错误。

3）置信距离检验法

对于来自同一断面的多传感器检测的同一参数可以用“置信距离”比较法，也叫“决策距离”比较。该算法是将多个传感器的决策值，按照一致性融合的思想，先求“决策距离”寻找最大传感器连接组，再求最优融合解，得出最终结果。

4）格拉布斯统计法

传统的统计方法在传感器较多时剔除异值具有比较好的效果，而格拉布斯统计方法可用于传感器较少的情况下进行。格拉布斯准则是建立在统计理论基础上较为合理的判断方法。在作统计学处理时，α 值不宜选的过小，否则正常值被误判的概率固然减小了，同时异常值被误判为正常值的可能性增大了。在一组测量数据中，异值应当是很少的几个，如果坏值较多，则说明系统工作不正常，不具备精密测量条件，测量数据不可信，应改善测量条件，获得新的测量数据。

5）有序样本系统聚类法

首先根据所观察到的多变量有序样本，计算两两相邻样本之间的距离，得到初始距离矩阵见式(3-1)。

$$D=\begin{bmatrix} d_{11} & \cdots & d_{1n} \\ \vdots & \ddots & \vdots \\ d_{n1} & \cdots & d_{(n-1)n} \end{bmatrix} \tag{3-1}$$

式中，$d_{(n-1)n}$ 表示第($n-1$)个样本与第 n 个样本之间的距离，将距离最近的两个相邻样本聚为一类，然后再计算合并的新类到其相邻的类(或样本)的距离，得第一次并类后的距离矩阵 D_1，从 D_1 中找距离最近的两类合并成一个新类，而后计算新类到相邻两类的距离，得第二次并类后的距离矩阵 D_2，再从 D_2 中找距离最近的两类合并，依此下去，直到所有的样本聚为一类为止，这时画出聚类谱系图，依照谱系图或者事先确定的分类数，对有序样本进行分类。

2. 缺失数据预处理

经过数据筛选，时间序列数据中的异常值被剔除之后就需要对数据进行恢复。数据缺失在很多研究领域中成为很重要的问题，不完备数据同时也是一个很复杂的问题。面临的情况多种多样，没有一种处理方法可以覆盖所有甚至是大部分的情况，更加棘手的是数据库中缺失数据越多，就越需要忙于应付。在这种情况下虽然可以将这些不完备数据填充，但填充结果的正确性很让人怀疑，因为有效数据所占的比例实在太小。以下介绍几种常用的数据恢复方法。

1）基于时间序列的数据恢复

交通流数据从本质上来说是属于时间序列数据。因此，基于时间序列的各种数据预测方法都应该适合于数据恢复。例如采用相邻时段数据的平均值 $\bar{y}(t)$ 进行修复，$\bar{y}(t)$ 的计算公式为

$$\bar{y}(t)=[y(t-1)+y(t+1)]/2 \tag{3-2}$$

或

$$\bar{y}(t)=[y(t-n)+y(t-n-1)+\cdots+y(t-1)]/n \tag{3-3}$$

式中，n 为计算平均值所取的数据个数。

式(3-2)使用的是$(t-1)$时段和$(t+1)$时段的数据，但当进行在线处理时无法得到$(t+1)$时段的数据，所以此式只适用于数据模型的离线处理。式(3-3)既可以用于离线处理，也可以用于在线处理。实际使用时可以和式(3-2)中的方法联合使用，当 $t<n$ 时使用式(3-2)中的方法对数据进行处理，当 $t>n$ 时使用式(3-3)进行处理。这种方法不需要从历史数据库中提取历史趋势数据，所以，计算比较快速、简便，修复处理结果也比较令人满意。

2) 基于历史数据的数据恢复

时间相关性是指交通流在时间上存在相似性。居民出行分布的规律性，决定了不同时但在同一时间段内的交通流的稳定性。因此，利用这一特点，采用相同时间段的历史数据对异常缺失数据进行恢复。具体方法如下：

(1) 采用历史趋势数据 $y^{(k-1)}(t)$进行修复。当某一路段的某一时段采集的数据与相同路段同一时段的历史数据存在较大偏差时，可用历史趋势数据对该段数据进行修复。这种方法适用于数据的离线或在线处理。

(2) 采用历史趋势数据与实测数据的加权估计值 $y^{(k)}(t)$进行修复，$y^{(k)}(t)$的计算公式如下：

$$y^{(k)}(t)=\alpha\cdot y(t)+(1-\alpha)\cdot y^{(k-1)}(t) \tag{3-4}$$

式中　$y^{(k-1)}(t)$——第$(k-1)$天 t 时段的历史趋势值；

α——加权系数。

一般 $0\leqslant\alpha\leqslant1$ 反映不同时期当前实测数据在历史趋势数据中的作用。显然，α 越大实测数据对修复后的数据的影响越大，反之亦然。这种方法适用于数据的离线或在线处理，当前几组数据中有故障出现时可采用该方法进行处理。

3) 基于空间位置的数据恢复

空间相关性是指交通流数据在空间上存在相似特性，比如，城市快速路或高速公路的不同车道之间、上下游之间存在一定的相关关系。该方法是利用不同车道之间历史上的参数比例关系，从而通过其他车道已知的交通数据来推算未知车道的交通参数。该方法能够避免采用历史数据进行预测时不能反应实际交通状态的弱点，提高了预测数据的实时变化特性。

4) 基于时空相关性的数据恢复

在数理统计中把变量之间具有密切关联而又不能用函数关系精确表达的关系，称为变量之间的相关关系，一般采用回归分析来研究这种相关关系。交通流在时间上和空间上都存在着明显的相关特性，这种特性主要表现在交通流参数之间存在数学上的相关关系。利用这种关系，就可以用已知的检测数据来估计未知的或者缺失检测器地点的数据。

3.1.2　检测数据质量分析

由于数据检测设备的检测手段、传输过程、检测精度等方面存在的不足，存储于数据库的原始检测数据中有一些无效数据或是错误数据。一定需要认识和分辨原始数据的固有特性，并在此基础上剔除无用数据，这是依据检测到的有用交通信息进行交通状态检测的必要过程。

原始数据的质量指检测器检测后存储于数据库中的原始数据的准确度和有效性。影响原始数据质量的原因包括检测传输存储设备的完好性、内置算法的科学有用性、采集环境的影响和数据对研究目的的有用性等。由于以上原因的影响，部分原始数据出现失真、错误、失效等现象，需要对这些无用数据进行辨认分类，并进行筛选或剔除才能进行进一步的处理和利用。对应于影响因素的不同，无效或失真数据可分为以下几类：系统识别错误数据、不合理数据、缺失数据。同时，由于系统精度的影响，部分原始数据需要进行修正才可使用。

1. 无效或失真数据的判定原则和方法

在进行交通状态判定及预测前，首先要对存储于检测系统数据库内的原始数据进行无效和失真判定。依据不同的判定原则可以分为系统内部判定、依据合理值域范围判定、重复冗余或缺失数据判定等。

1）系统内部判定

系统内部判定是指在进行数据存储时，根据系统内部的判定规则对错误数据进行标记，可以在读取数据库时直接识别这些数据，从而弃用或删除。

2）依据合理值域范围判定

并非所有的错误、无效或失真数据系统都能够在存储时自动判定，在进行数据预处理前，对于一些量化的数据需要判定其值是否处于一个合理的范围，在此范围之外判定为不可用的数据。

例如，城市道路通过浮动车进行交通状态采集时，GPS 在传输数据时受到建筑物遮挡、传输精度影响等，得到的数据会出现偏差。错误数据主要包括两类：异常速度数据、方向错误数据。判定这些数据的原则如表 3-2 所示。

表 3-2　　浮动车无效数据判定

序号	错误数据类型	错误原因	有效数据筛选标准
1	异常速度数据	GPS 信号被部分屏蔽等	速度＜80
2	方向错误数据	速度较低，车辆方向趋势不明显	0＜运动方向＜360

3）依据数据参数逻辑悖论判定

准确度检验可以检验出检测到的数据中的故障值，但是每次只能检验一个交通参数，没有考虑数据之间的内在联系，无法保证数据的可靠性。数据的可靠度还要通过对检测到的流量、速度、占有率之间的内在关系进行检验，找出不符合实际的错误数据。以线圈检测数据为例，一种方法是考虑流量、占有率、速度的函数关系，根据交通流理论计算得到平均有效车辆长度（该长度等于被检测车辆的长度与探测器长度之和）：

$$L=\frac{O\cdot V\cdot 1000}{Q} \tag{3-5}$$

式中　L——平均车辆长度与检测线圈之和，单位 m；

O——时间占有率；

V——平均速度（区间平均速度，可用地点平均速度近似），km/h；

Q——小时交通量，pcn/h。

根据该公式，可根据检测数据计算出 L 值，此值的合理范围在 3～30m 之间，超出该范围，相应检测数据视为无效值。

4）重复、冗余或缺失数据判定

由于检测器在某段时间可能出现停止工作、重复计数、数据库设计缺陷等原因，造成数据缺失、重复。

重复计数的特点是关键属性值相同，如 GPS 原始数据表中会出现同一车辆(ID 号相同)在同一时间相同地点(经纬度相同)，这类重复数据需要剔除。出现这类问题通常是通信过程中造成的数据重写。

缺失数据则主要是由于系统调试或中心系统故障、通信线路故障、采集设备故障等因素造成，其特点只是部分时段无数据或报错。

2. 样本量

越来越多的城市建立了基于浮动车采集技术的交通信息服务，该技术通过安装有全球定位系统终端设备的车辆来采集车辆的定位信息，通过轨迹处理获取车辆行程时间，进而得到道路的交通状态信息。理论上讲，当道路网络中所有的车辆都为浮动车时采集所有路段上所有车辆的行程车速和行程时间，才能够完全真实地反映道路交通的运行状态。但是，由于设备成本、信息共享、驾驶员隐私等问题的存在，不可能让所有的车辆都成为浮动车。同时，当 GPS 浮动车的比例达到一定程度后继续增加浮动车的数量，并不会明显提高采集数据的精度。所以采用合适的浮动车数量，不仅可以保证采集数据的精度，还能最大限度地降低浮动车采集数据的成本。

1) 单路段的样本量

实际交通检测数据表明，车辆区间平均速度近似服从正态分布 $N(v,\sigma^2)$。根据数理统计中的抽样定理，n 辆浮动车的区间平均速度的估计值 $\hat{v}_n$ 服从正态分布 $N(v,\sigma^2/n)$，且有

$$U=\frac{\hat{v}_n-v}{\sigma/\sqrt{n}}\sim N(0,1) \tag{3-6}$$

设浮动车区间平均速度的估计值 $\hat{v}_n$ 与实际区间平均速度值 v 的误差小于给定的允许误差 ε 的概率不低于 $1-\alpha$，即

$$P(|\hat{v}_n-v|<\varepsilon)\geqslant 1-\alpha\Rightarrow P\left(|U|<\frac{\varepsilon\sqrt{n}}{\sigma}\right)\geqslant 1-\alpha \tag{3-7}$$

设 $Z_{\alpha/2}$ 为标准正态分布值，满足 $P(U>Z_{\alpha/2})=\alpha/2$，则有

$$\frac{\varepsilon\sqrt{n}}{\sigma}\geqslant Z_{\alpha/2}\Rightarrow n\geqslant\left(\frac{\sigma}{\varepsilon}Z_{\alpha/2}\right)^2 \tag{3-8}$$

2) 网络覆盖率

在有限浮动车数量条件下，通过对交通网络进行了仿真研究，结果表明在 10min 的采样间隔内为使 80%的路段上保持至少 3 辆浮动车，则至少需要将所有车辆总体的 5%装配成浮动车。通过数学模型分析，如果以浮动车为工具向出行者提供速度、旅行时间、交通事故信息的数学模型，研究表明在高速公路上，浮动车的覆盖率应大于 3%，在一般道路上浮动车的覆盖率应大于 5%。

3.2 道路交通状态判别与预测技术

3.2.1 地图匹配

在智能交通系统中，采集交通信息的目的是为了掌握道路交通状态，为交通管理提供优

化决策。处理采集到的交通数据是交通状态估计的重要步骤，对于基于浮动车的交通信息采集来说，处理交通数据的第一步是地图匹配。地图匹配是一种基于软件技术的定位修正方法，其基本思想是将定位装置获得的车辆定位轨迹与电子地图数据库中的道路信息联系起来，并由此确定车辆相对于地图的位置。地图匹配技术的应用基于两个前提：一是车辆总是行驶在道路上；电子地图道路数据精度应高于定位装置的位置估计精度。当上述两个条件满足时将定位轨迹同电子地图中的道路信息相比较，通过适当的地图匹配算法确定出车辆最可能的行驶路段及车辆在此路段中最可能的位置。这样，一方面提供了车辆在电子地图上显示的手段；另一方面可以消除定位误差在车辆前进路线上的径向和横向分量，从而达到提高定位精度的目的。地图匹配的工作流程如图 3-2 所示。

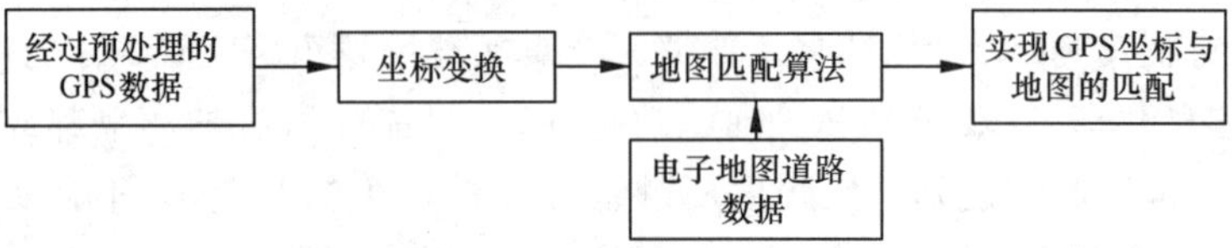

图 3-2　地图匹配工作流程

1. 坐标变换

1) 坐标变换概念

基于 GPS 采集信息获得的是 WGS-84 坐标系的大地经度和纬度，而在大多数实际地图应用中采用的是国家坐标系或城市地方坐标系。由于坐标系统选取的不同，因此有必要进行坐标转换。

WGS-84 坐标系即 1984 年世界大地坐标系，它是一个地心地固坐标系统，也是目前 GPS 所采用的坐标系统。GPS 广播星历和精密星历一直在这个坐标系内进行计算，其长半径 a 为 6 387 137.0m，扁率为 1/298.257。我国建立的国家大地坐标系有北京 54 坐标系和西安 80 坐标系。北京 54 坐标系是我国现有地图普遍采用的坐标，该坐标系采用克拉索夫斯基椭球参数，其长半径 a 为 6 387 245.0m，扁率为 1/298.3。西安 80 坐标系，是我国采用国际大地测量与地球物理联合会第十六届大会推荐的数据，简称 ITUGG-75 的地球椭球体建立的坐标系，其长半径 a 为 6 378 140.0m，扁率为 1/298.257。

将大地坐标系椭球面的经纬度转换为平面坐标系(x,y)需要进行地图投影。常用的地图投影方法是高斯-克吕格投影，这是一种横轴、椭圆柱面、等角投影。

2) 坐标变换算法

(1) 高斯投影。当选择不同的椭球（克拉索夫斯基椭球、1975 国际椭球或 WGS-84 椭球）时就会有不同的高斯投影正算公式，基于 WGS-84 椭球的经纬度（纬度 B，经度 L）坐标经过高斯投影到平面坐标(X,Y)上，高斯投影的计算公式为

$$\left.\begin{aligned} x &= 6\,367\,499.145\,9\,\frac{B''}{\rho''}\{a_0-[0.5+(a_4+a_6l^2)l^2]l^2N\}\sin B\cos B \\ y &= [1+(a_3+a_5l^2)l^2]lN\cos B \end{aligned}\right\} \tag{3-9}$$

式中

$$l=\frac{(L-L_0)''}{\rho''}$$

$N=6399593.6258-[21565.0202-(109.0030-0.6122\cos^2B)\cos^2B]\cos^2B$

$a_0=32144.4799-[135.3669-(0.7095-0.0041\cos^2B)\cos^2B]\cos^2B$

$a_4=(0.25+0.00253\cos^2B)\cos^2B-0.04166$

$a_6=(0.167\cos^2B-0.084)\cos^2B$

$a_3=(0.3333333+0.001123\cos^2B)\cos^2B-0.1666667$

$a_5=0.0083-[0.1667-(0.1967+0.0040\cos^2B)\cos^2B]\cos^2B$

(2) 平面坐标转换。一般情况下，高斯投影的平面坐标必须经坐标平移和旋转后才能转换为地方坐标。设某一点在高斯投影的坐标(X_G, Y_G)，需要转换到坐标系(X_{DT}, Y_{DT})：

$$\begin{bmatrix} X_{DT} \\ Y_{DT} \end{bmatrix}=\beta\begin{bmatrix} \cos\alpha & -\sin\alpha \\ \sin\alpha & \cos\alpha \end{bmatrix}\begin{bmatrix} X_G \\ Y_G \end{bmatrix}+\begin{bmatrix} S_1 \\ S_2 \end{bmatrix} \tag{3-10}$$

其中，α为两坐标系坐标轴偏离方向，β为缩放因子，原点偏移矢量$S=[s_1, s_2]^T$。在实际使用中，我们可分别测定一些点在这两个平面坐标系中的精确坐标，通过计算求得参数α、β、s_1、s_2。然后将其代入上述矩阵方程，即可得到任一点从(X_G, Y_G)到(X_{DT}, Y_{DT})的坐标。

(3) 平面坐标转换成像素点坐标。电子地图与纸制地图一样，在制作过程中有比例尺，平面坐标(X_{DT}, Y_{DT})必须遵从这一比例尺。同时，电子地图在计算机中显示时是以像素点为单位的，因此，还应把平面坐标转换成像素点坐标(X_0, Y_0)。如果电子地图比例尺为$1:K$，计算机显示器的分辨率为$A\times B$像素点，并且计算机显示器中窗口要显示的区域长、宽为$M\times N$km，则对于平面坐标(X_{DT}, Y_{DT})有

$$X_0=\frac{A}{M\times10^3}\cdot\frac{X_{DT}}{K},\quad Y_0=\frac{B}{N\times10^3}\cdot\frac{Y_{DT}}{K} \tag{3-11}$$

由于X_0，Y_0只能取整数，所以，X_{DT}，Y_{DT}的小数部分对X_0，Y_0值无影响，在实际系统中，(X_{DT}, Y_{DT})一般只需要取到米级精度就可以了。

2. 地图匹配数学描述

地图匹配的基本思想是通过车辆的GPS航迹与电子地图上矢量化的路段进行匹配，进而确定其在交通矢量地图道路上的位置，这是当前车载导航系统的基础，同时也是基于浮动车交通信息采集的第一步。换句话说，地图匹配就是根据GPS信号中的数据和地图道路网信息，利用几何方法、概率统计方法、模式识别或者人工神经网路等技术将车辆位置匹配到地图道路上的相应位置。地图匹配的目标是将轨迹匹配到道路上，当道路是准确的时也就成了确定GPS的准确位置，然后利用垂直映射方法完成匹配。

我们通过具体的数学模型来给地图匹配问题以详细的数学描述，如图3-3所示。图中符号定义及其物理意义说明如下：

(1) $g(k)$是车辆轨迹点，内容为k时刻车辆上的定位数据（经纬度或平面坐标），对应于矢量地图上相应的经纬度位置点。由于GPS误差和矢量地图误差的存在，当车辆在道路弧段S_i上行驶时，$g(k)$通常并不位于弧段S_i上。

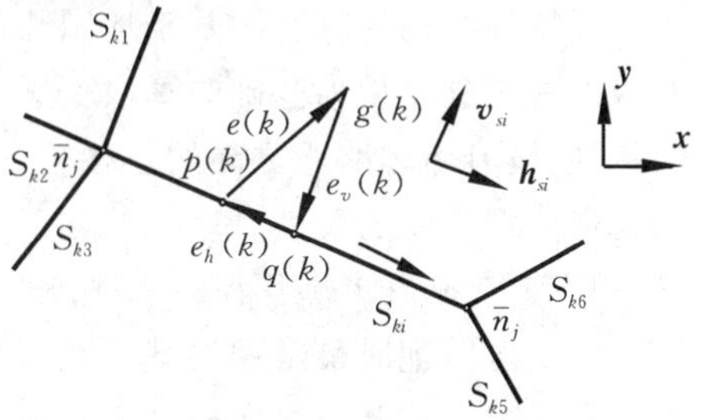

图3-3　地图匹配数学描述

(2) $p(k)$为$g(k)$的地图道路匹配点，表示地图匹配算法对$g(k)$进行偏差修正获得的车辆在k时刻在矢量地图道路上的对应点，简称$g(k)$的匹配点。匹配点所在矢量地图弧段S_i上的位置，应该尽可能反映出实际车辆在该段道路上的相应位置。

(3) $e(k)$为$g(k)$的地图匹配修正量，表示$g(k)$与其匹配点$p(k)$间的误差修正。需要指明匹配点$p(k)$所在的弧段S_i时，使用符号$e(k)[S_i]$表示$g(k)$对于弧段S_i上的匹配点所使用的匹配修正量。

上述三个基本量之间的关系如式(3-12)所示，即：

$$p(k)=g(k)+e(k) \tag{3-12}$$

地图匹配修正量$e(k)$源自于GPS定位误差和交通矢量地图精度误差的综合误差效应。

(4) $e(k)$的正交分解。将$e(k)$正交分解为弧段横向修正量$e_v(k)$与弧段纵向修正量$e_h(k)$，有

$$e(k)=e_v(k)\boldsymbol{v}+e_h(k)\boldsymbol{h} \tag{3-13}$$

式中，$e(k)[S_i]$的纵向单位矢径的正向与车辆在弧段S_i上的前进方向一致，横向单位矢径与之垂直，构成右旋直角坐标如图3-3所示。需要注意的是，$e_v(k)$与$e_h(k)$均为标量。

(5) 弧段横向修正量$e_v(k)$表示$g(k)$的道路弧段横向偏差，$e_v(k)$的幅值$|e_v(k)|$大小表示$g(k)$到达弧段的最短距离。图3-3中$q(k)=q(g_k, S_i)$称为$g(k)$的弧段S_i最近点，也就是$g(k)$对弧S_i作垂线与弧段S_i的交点。$e_v(k)[S_i]$的符号正负取决于是否与横向单位矢径的方向一致。正值表示$g(k)$偏差在按前进方向测算的道路弧段S_i的右侧；反之，当车辆$g(k)$位于道路弧段的左侧，$e_v(k)$为负值。$q(k)$由$g(k)$与相应弧段S_i唯一确定，所以$e_v(k)[S_i]$是一个已知标量。

地图匹配过程实际上就是利用车辆行驶的GPS轨迹$g(k)$，基于矢量地图的拓扑结构，以及其他可获得的车辆运动信息来确定车辆正在运行的道路弧段S_i，以及在上面的准确对应方位$p(k)$。下面介绍几种地图匹配的算法。

3. 地图匹配算法

目前地图匹配算法主要针对两类问题，即实时数据地图匹配和历史数据地图匹配。实时数据地图匹配一般用于实时导航系统，这类数据一般采样频率较高，通常为1s/次；历史数据地图匹配可用于交通状态判别，这类数据一般采样频率比较低，时间间隔从10s到300s不等。处理这两类地图匹配的算法分别为增量匹配算法和全局匹配算法。

增量匹配算法代表了一大类经典的地图匹配算法，包括基于地图几何特性的算法和基于地图拓扑结构的算法。基于地图几何特征的算法包括了以点到点匹配、点到线匹配和线到线匹配三种类型为基础的算法。这些算法利用了数字地图的路段形状、坐标和距离等几何特性，没有考虑路段之间的连接关系；基于地图拓扑结构的算法则考虑了地图元素点、线和几何图形之间的关系。

1) 基于地图几何特征的地图匹配

点到点匹配时最常用的基于地图几何特征的匹配，此方法把定位匹配到最近的路段或者顶点。该方法既容易实现又运行速度快。然而点到点匹配算法对数字地图数据的生成方式非常敏感。

点到线匹配是另一种基于几何特性的匹配方法。此方法把定位点匹配到距离该点最近的路段(图 3-4)。每条曲线都由一些线性化的线段构成,计算定位点与该点一定距离内每个线段之间的距离,与定位点距离最小的路段被认为是该点应该匹配到的路段。虽然,这种方法可以获得比点到点匹配更好的效果,但是在实际应用中效果不是很理想。例如在交叉口附近,该算法会使得 GPS 点匹配到与交叉口相连的其他路径上;在路网比较密集的区域,该算法使得 GPS 点匹配到与之距离更近的路段上去,而非正确行驶的路段上。

上述的点到点、点到线匹配算法,均是采用投影的方法计算当前获取的 GPS 数据与电子地图道路数据库中各道路路段之间的投影距离,然后将投影距离与预先设定的匹配阈值进行比较,得到一条投影距离最短的路段,则该道路为 GPS 点的匹配路段,GPS 点在该道路上的投影点为车辆当前的位置点。

线到线匹配是把定位点形成的轨迹与路网进行比较。首先选择连续多个轨迹点拟合为曲线;然后将拟合曲线与道路曲线进行比较匹配,根据定位点形成轨迹线,确定轨迹线到相应道路之间的距离;最后选择离轨迹点距离最短的道路作为车辆实际匹配到的路段。如图 3-4 所示,轨迹点 4,5 靠近路段 1,如果采用最短距离方法匹配,会错误地匹配到路段 1,采用了线到线匹配则能正确地匹配到路段 2。

2) 基于地图拓扑结构特性的地图匹配

地图拓扑特性是指地图元素之间的关系可以定义为相邻性(如几何图形之间)、连接性(如线段之间)、包含性(如点在几何图形中)。因此,利用地图相邻性、连接性和包含性的地图匹配算法就称为基于拓扑特性的地图匹配方法。

全局地图匹配方法把车辆定位点轨迹与路网比较,力图找到一条与轨迹最相近的路线(图 3-5),作为车辆的实际经过的路线。此方法把定位点之间的关系——轨迹信息利用起来,结合路网的几何和拓扑特性,可以找到完整的可以通行的路线。全局匹配方法的前提是已经采集到了一系列定位点数据,因此它是一种基于历史数据的地图匹配。

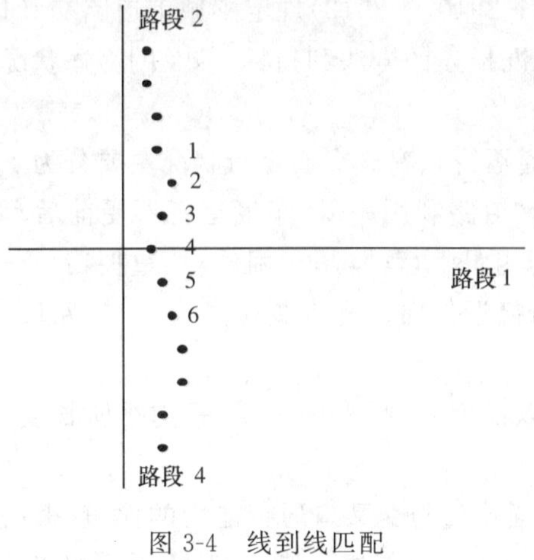

图 3-4　线到线匹配

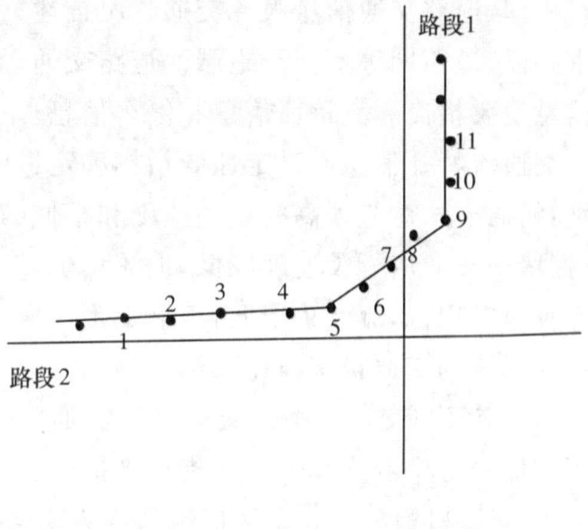

图 3-5　基于地图拓扑结构特性匹配

3.2.2　交通状态自动判别

城市交通状态判别模型一直是国内外学者的研究热点。国外具有代表性的道路交通状态判别研究工作,如 McMaster 算法,它使用大量的拥挤和非拥挤交通状态下的流量-占有率历史数据,开发一个流量-占有率分布关系模板,通过将观测数据之间的关系与模板进行两次比较，判断是否发生了交通拥挤以及发生的是偶发性拥挤还是常发性拥挤。近年来，国内的许多学者也进行了相关研究工作，取得了一些比较有代表性的理论研究成果。纵观这些研究工作，其基本思路是针对检测点的交通数据，分析流量、占有率与速度等参数之间的关系，区分不同交通状态所对应的交通流参数特征。理论研究的重点多在于如何根据海量交通数据构筑更精确的交通流参数模型，根据智能算法进行不同状态类别划分，以及更精确地标定参数阀值等。这些理论研究成果对于交通工程专业人员分析评价快速路交通状态有一定的参考价值，但是对于面向社会公众发布实时交通状态的业务需求而言，还存在着诸如快速路空间对象定义不够清晰、交通状态指标不易为社会公众所理解等问题，制约了理论研究成果向实际应用的转化。

面向实践应用的交通状态自动判别解决方案研究，首先应该对道路空间对象和交通状态判别指标做清晰定义，然后研究采用相应的技术方案与核心算法，并在工程实际应用中进行效果评价。下面以城市快速路为主要对象，以感应线圈为采集设备，提出以下交通状态判别技术及算法。

1. 交通状态标准研究

1）交通状态定义及描述指标

交通状态是驾驶员的一个主观认识。国外关于交通拥挤状态的量化定义有三种主要形式：①日本道路公团对城市高速公路的道路拥挤定义为以时速 40km/h 以下低速行驶或反复停车、启动的车列连续 1km 以上，并持续 15min 以上的交通状态；②美国芝加哥运输部对道路交通拥挤的定义为 30%或更大的 5min 车道占有率对应的交通状态；③美国德克萨斯运输部关于交通拥挤的量化定义为当出行时间超过在小交通流量或者自由流的出行环境下正常发生的出行时间、产生较大的延误时的交通状态，当这个延误超过大众能够普遍接受的界限时，称为不可接受的交通拥挤。

中国《道路交通信息服务交通状况描述》(GB/T 29107—2012)规定了城市道路交叉口、基本路段、道路网等不同设施层面道路交通运行状况描述的方法和指标，涉及的交通状况描述信息主要指交通流特征信息和停车信息。

交通流特征信息通过定性的指标确定道路交通运行状况。交通运行状况主要分为三个级别：畅通——对应很高的行驶速度和很低的流量，道路利用率低，车辆运行不受前后车干扰；拥堵——对应行驶速度较低，但流量仍较高，车辆跟驰行驶，超车困难；严重拥堵——对应行驶速度很低，流量也很低，车辆走走停停，交通接近停滞。标准提出了交叉口、路段、快速路和区域的交通状态描述指标。

(1) 交叉口交通状态。交叉口的交通状态可以由饱和度、平均延误、平均排队长度、平均等候信号灯个数这几个参数指标来描述。

① 交叉口饱和度。交叉口饱和度为交叉口交通流量与交叉口通行能力的比值，根据交叉口交通繁忙程度和车流状态，将交叉口饱和度划分为三个等级：畅通、拥堵、严重拥堵。

② 交叉口平均延误。交叉口平均延误是指各进口道机动车辆在通过交叉口的过程中所造成的平均时间损失。单位为 s/辆。该指标反映了经过交叉口时驾驶员不舒适和受阻塞程度以及油耗与行使时间损失，常用于描述交叉口的运行效率与服务水平。计算该指标需要的数据为各进口道每辆车的延误时间和各进口道交通流量，计算方法如下：

$$\text{交叉口平均延误} = \frac{\sum_{i=1}^{n}\sum_{j=1}^{n} \text{第 } i \text{ 进口道第 } j \text{ 辆车延误时间}}{\sum_{i=1}^{n} \text{第 } i \text{ 进口道交流流量}} \tag{3-14}$$

式中 n——交叉口的进口道数；

m——第 i 进口道的交通流量。

③ 交叉口平均排队长度。交叉口平均排队长度是指在通过交叉口前，车辆在各个进口道排队等候长度的平均值，单位为 m。该指标反映了交叉口各进口道拥挤程度，是描述交叉口运行状况的重要指标。计算方法为

$$\text{交叉口平均排队长度} = \frac{\sum_{i=1}^{n} \text{第 } i \text{ 进口道车辆排队等候长度}}{n} \tag{3-15}$$

式中，n 为交叉口进口道数。

④ 交叉口平均等候信号灯个数。这个参数指标是指在通过交叉口前车辆排队等候信号周期的个数，单位为信号等数。是描述车辆在交叉口时间延误的重要指标。公安部的《道路交通阻塞度及评价方法》(GA 115—1995)规定 3 次绿灯显示未通过交叉口为阻塞，5 次绿灯显示未通过路口为严重阻塞。

(2) 路段及快速路交通状态。路段的交通状态可由路段的平均行程速度来描述，该指标是指行驶在某一特定长度路段内全部车辆的车速分布的平均值，单位为 km/h。计算公式为

$$\bar{v} = \frac{nL}{\sum_{i=1}^{n} t_i} \tag{3-16}$$

式中 n——定路段在一定周期内观测的车辆数；

L——指定路段的长度；

t_i——车辆 i 从指定路段起点到终点的行程时间；

$\bar{v}$——路段平均行程速度。

(3) 路网交通状态。

① 快速路路网平均行程车速。快速路系统中，各路段流量不同，且每车行驶里程不同，因此，快速路网平均行程车速为路段流量，它定义为行驶在快速路系统中所有车辆的总行驶里程，除以路网中所有车辆的总行驶时间(含停车时间)所得的商数。

② 拥堵路段比例。一定范围的道路设施组成的交通走廊中，拥堵的路段长度总和与该交通走廊内路段总长度之比。

以上指标中，交叉口饱和度、路段平均行程速度、快速路平均行程速度相对来说容易通过直接检测或间接检测的方式获得，故《道路交通信息服务/交通状况描述》GB/T 29107—2012 中建议采用饱和度作为交叉口的分级指标，以及采用平均速度作为城市道路和快速路的分级指标。

2) 交通状态判别标准

在一些大型城市，根据工程实践，将交通状态定义为三个级别，即畅通、拥挤与阻塞，并

与平均速度值建立一定的映射关系。如上海市快速路中“畅通”状态的定义为在路段内或单元段内车辆平均密度小，在行程中能够自由操控，平均行程速度大于 40km/h。“拥挤”状态定义为在路段内或单元段内，车辆平均密度较高，在行程中被动的加减速频工程繁，平均行程速度在 20～40km/h 范围内。“阻塞”状态定义为在路段内或单元段内，车辆平均密度较高，在行程中有较长时间的停车等候，平均行程速度低于 20km/h。对于主干道及次干道的判决依据如表 3-3 所示。

表 3-3　　道路交通状态判断依据

道路等级	堵塞状态	拥挤状态	畅通状态
城市快速路	＜20km/h	20km/h≤v＜40km/h	≥40km/h
城市主干路	＜10km/h	10km/h≤v＜20km/h	≥20km/h
城市次干路	＜10km/h	10km/h≤v＜15km/h	≥15km/h

2. 道路分段方法

根据检测器的布设位置可以将快速路进行分段，如图 3-6 所示，把快速路主线道路按照物理对象分为路段与单元段。路段定义为快速路主线上相邻匝道之间的单向道路路段，单元段定义为快速路主线上相邻检测截面之间的单向路段。如果相邻检测截面间存在进出口匝道，考虑到进出口匝道对上下游交通状态的影响，应将该单元段拆分为两部分，称为子单元段。

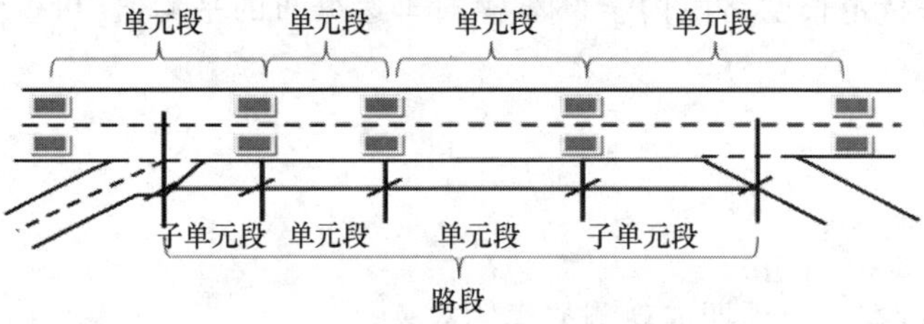

图 3-6　快速路主线道路分段方法

不同用户接受交通信息的精细程度需求不同，交通管理人员可能需要每个单元段的交通状态信息，而社会公众更容易理解路段交通状态信息。在交通状态信息处理的基础上，应根据信息服务业务的需求特点，按照发布段来提供交通状态信息。

发布段的定义为交通状态信息发布的基本单元所代表的道路区间，因此，发布段是与信息发布业务需求有关的逻辑对象。发布段反映信息的精细程度，根据业务需求可以定义为单元段(子单元段)，也可以是若干单元段(子单元段)的有意义组合。

面向社会公众的快速路交通状态信息发布，从便于信息接收者理解的角度，一般可以将发布段定义为路段，在特殊情况下根据道路条件和交通流条件应做适当调整。发布段与路段之间的关系可以归纳为以下三类(图 3-7)。

(1) 发布段＝路段。通常情况下，快速路路段各部分道路交通状态比较一致，可以按整体路段发布交通状态信息。

(2) 发布段＞路段。在某些路段长度非常短或者没有布置交通信息检测设备等特殊情况下，可以考虑将若干交通状态相似的路段组合成为一个发布段。

(3) 发布段＜路段。由于道路条件及交通流条件的影响，某些较长路段会出现不同部分交通状态长时间保持不一致的情况，可以考虑将该路段按不同交通状态特性划分成若干发布段。在将一个路段划分成若干发布段的情况下，应考虑发布段的命名易于社会公众理解。

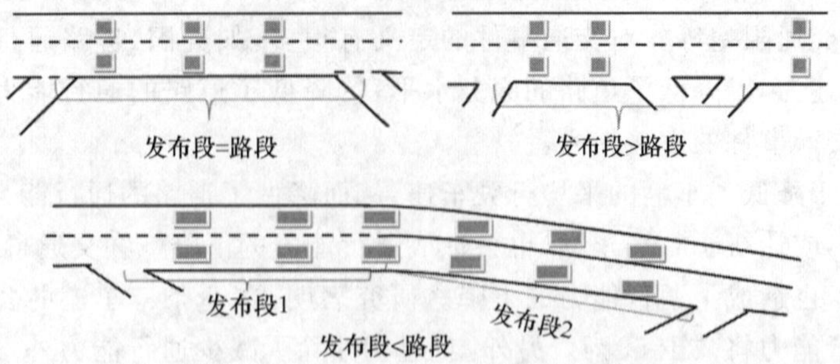

图 3-7　交通状态发布段与路段关系

3. 浮动车方式平均行程速度计算

在快速路交通状态标准研究中，通过各种指标的分析比选，确定行程车速作为评价快速路交通状态的核心指标。平均行程车速是指某道路区间的长度与通过该发布段所有车辆的平均行程时间之比，它可以很好地体现车辆在特定道路区间、特定时间段的运行状态。

根据平均行程车速概念，其定义公式为

$$\overline{V}_s = \frac{S}{\overline{T}} = \frac{S}{\frac{1}{n}\sum_{i=1}^{n}\frac{S}{V_i}} = \frac{1}{\frac{1}{n}\sum_{i=1}^{n}\frac{1}{V_i}} \tag{3-17}$$

式中　S——特定道路区间长度；

$\overline{T}$——通过该道路区间所有车辆的平均行程时间；

V_i——第 i 辆车的行程车速；

n——该道路区间该时间段通过的车辆数。

在采用浮动车交通信息采集方式的情况下，可以采用式(3-17)来估计道路区间平均行程车速。

4. 固定检测器方式平均行程速度计算

在采用固定地点检测方式的情况下，由于快速上的固定地点检测器输出的是在一定时间间隔内特定地点的交通流平均速度，与式(3-16)中 V_i 概念并不一致，因此，式(3-17)并不能直接适用。需要通过道路区间行程时间估计算法对各个固定检测断面的地点平均车速进行处理，先得到特定道路区间的行程车速的估计值，进而判断该道路区间的交通状态。

采用的行程车速估计算法思路是将模拟虚拟车辆从起点驶入到终点离开道路区间的行驶过程，建立快速路交通流模型，标定在道路区间不同位置的瞬时行驶速度与检测器布设地点检测参数之间的函数，再根据实时检测参数更新虚拟车辆在行驶过程中的位置，从而获得虚拟车辆在道路区间全程的行程时间和行程车速。

行程车速计算的道路区间根据业务需求可以是单元段对象，也可以是发布段对象。在发布段较短的情况下，可以直接估计发布段的行程车速。在发布段较长的情况下，应用行程车速估计算法会产生比较大的计算时延，为了提高交通状态信息更新的实时性，可以分别计算各（子）单元段的行程车速，并按一定的权重规则计算得到发布段行程车速。

3.2.3 交通事件自动检测

交通事件是指突发的且使某段道路通行能力下降的事件。如交通事故、故障停车、货物洒落、车辆逆行、交通阻塞等。对交通事件的定义有很多，如美国《道路通行能力手册》对交通事件的特性描述为：①降低了道路的服务水平；②降低了道路的通行能力；③给驾驶员带来危险，特别是交通事件的直接涉入者。

交通事件由于降低了车辆的平均行驶车速，从而降低了道路的通行能力；一些驾驶员为了避开事发车辆，或让行于救援车辆，也会造成通行能力的下降。在交通事件过程中的车道封闭或车道阻塞，也造成了通行能力的下降。研究表明，在一条三车道的公路上，如果有一条车道受阻，通行能力将减少50%。另外，交通事件除了减少通行能力外，还带来了人员伤亡、财产损失等。交通事件检测（AID）分为人工检测和自动检测两种。

1. 检测类别

交通事件自动检测可分为直接检测法和间接检测法两类。

1）直接检测法

直接方法主要是指基于视频图像识别的状态判别方法。常用的直接检测法是基于视频图像的检测方法，该方法把专用摄像机采集的视频图像作为输入，对视频图像进行逐帧处理，包括运动目标的检测与跟踪、提取运动信息，最后对车辆的运行状态和特征进行分析，得出结论。目标检测、目标跟踪的关键是行为识别与理解，即找出交通事件的运动模式特征，然后进行分析和识别。关键问题是如何从学习样本中获取参考行为序列，并且学习和匹配的行为序列能够处理在相似的运动模式类别中空间和时间尺度上轻微的特征变化。

2）间接检测

间接检测是指通过交通检测器得到的交通流参数的非正常变化来间接地判断是否有事件发生，并估计事件对交通流的影响。交通参数包括交通流量、占有率、排队长度、车型、平均车速等。检测用到的主要有车流量、车速和占有率，核心思想是根据事件对交通参数的影响来检测事件的存在。

2. 自动检测算法

现有的自动检测算法可以分为五种：状态识别、突变理论、数学统计、人工智能和图像识别。其中突变理论、数学统计适用于交通流参数稳定情况；人工智能则处于研究阶段，工程应用不实用；图像识别则易受天气情况影响；状态识别算法则应用最为广泛和成熟，并且比较适合快速路系统数据采集现状。

基于常规固定型交通检测器所采集的数据进行交通状态判别的算法主要有加州算法、McMaster算法、标准偏差值法（SND）等。

1）加州算法

目前的状态识别算法主要为加州算法及其升级版本。加州算法主要是通过比较临近检测站（主要是比较环形线圈检测出的占有率）对可能的突发事件进行判别。加州算法是双截面算法，它是基于事故发生时其上游断面占有率增加、下游断面占有率减少这一事实，对上游断面和下游断面的占有率进行三次连续检测来发现事故。它使用的参数包括上下游占有率差值、占有率差值与上游占有率比值和占有率差值与下游占有率比值。加州算法要求的交通参数采集间隔为 1min，计算步骤如下：

(1) 计算上下游检测器之间占有率的绝对差，和阈值 T_1 比较，如果超过 T_1 继续第二步；

(2) 计算上下游之间占有率量测之差与上游占有率之比，和阈值 T_2 比较，如果超过 T_2 继续第三步；

(3) 计算上下游之间占有率量测之差与下游占有率之比，和阈值 T_3 进行比较，如果超过 T_3 就预示着可能有事件发生，并重复第二步。如果再一次超过阈值，就表明有事件发生。

加州算法的缺陷是：

(1) 对于每个地点的阈值标定很困难。特别在大的网络中，每个独立的阈值必须根据道路几何条件(如匝道、交织区、山地等)的不同而分别标定；

(2) 3 个预定的事件判断步骤确实不能有效地捕捉到所有可能的交通模式；

(3) 3 个步骤需要标定的阈值 T_1、T_2、T_3 尤其依赖于地点及历史数据的质量，在入口匝道、交织段及上坡等路段，加州算法无法表征其特定的交通模式，导致误警率上升，而在各地点取常数同样也增大了误警率。

加州算法升级版以加州 7 和加州 8 算法效果最好。加州 7 算法将占有率差值和上游前一时刻上游占有率进行比较，以实现过滤常发性压缩波。加州 8 算法引入反复测试来检测压缩波下的交通事故，该算法的检测率较高、误检率较低，但缺点是检测时间太长，需要 5min。

2) McMaster 算法

经典的 McMaster 算法主要基于突变理论，以基本的流量和占有率两个交通参数，将获得的交通流量和占有率数据表示在二维空间上，并将流量-占有率二维图形划分为四个区域，每个区域代表一种交通状态，如图 3-8 所示。

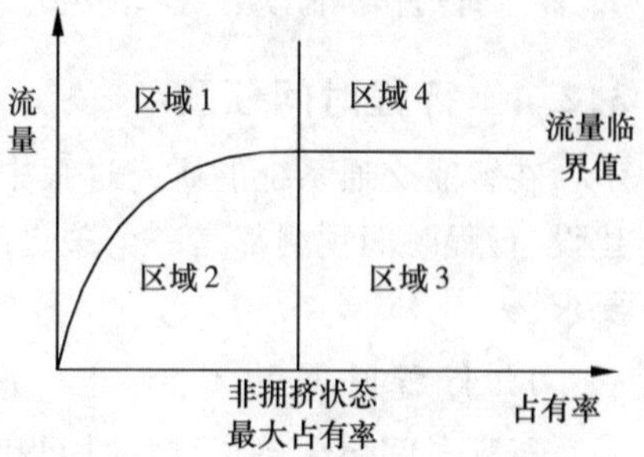

图 3-8　McMaster 算法状态分类

图中，区域 1、2、3、4 分别代表正常状态、偶发性交通拥挤、阻塞、常发性交通拥挤阶段。该算法的优点是不仅可以检测出交通状态，而且可以对拥挤状态进行分类。但是该算法的判断阈值包括占有率阈值、拥挤速度阈值、非拥挤流量阈值、拥挤流量阈值、非拥挤速度阈值，达 5 个之多，且判别率受外界因素影响大，需单独调试每一个检测点的判断阈值，实用性受到了一定的限制。

3) 标准差算法

标准差算法运用统计技术和交通参数数据来判别交通状态，代表性的算法是标准偏差算法(SND 算法)、贝叶斯算法。

标准偏差法是由德克萨斯州交通协会开发的，它利用当前交通参数值减去前几个采样周期的交通参数的平均值，然后除以标准偏差。如果计算结果超过阈值，则认为交通拥挤发生。标准偏差法是一种单截面判别算法，算法具有比较高的判别率，但也具有较高的误判率。

贝叶斯算法(Bayesian)与加州算法相似，也使用两个检测器之间占有率的差值，属于双截面算法，但是不同之处在于它是计算由事件或常发性拥挤引起的相对占有率之差的条件概率。完成该算法需要3个历史数据库,即事件发生条件下的流量和占有率,无事件发生条件下的流量、占有率,及发生事件的类型、位置和影响。分析所有的历史数据,然后建立判定所给的占有率差值是事件还是非事件的统计范围。此算法检测发生事件的概率阈值,当超过这个阈值时,触发报警。该算法的优点是在确定阈值时考虑了历史信息,但该过程为一离线过程并不随时间变化。所以用其直接输出作为控制变量使算法可实现拟实时运行。另外在选择阈值时考虑了事故发生的条件概率,因而比SND模型更有效,但缺点是平均检测时间太长。

几种经典的交通状态判别算法比较结果如表3-4所示。

表3-4　经典的交通状态判别算法的交通参数对比

算法	算法采用的交通参数				特　征
	交通量	速度	密度	占有率	
加州算法	—	*	—	*	已经应用,效果良好,不足之处是不能鉴别拥挤的性质,且误报率较高
McMaster算法	—	—	—	*	既能判别拥挤的发生,也能判别拥挤发生的原因,但要想准确地确定3条临界曲线比较困难,可能会出现比较大的误报
SND算法	* *	—	—	* *	算法使用比较简单,但看不出交通变量的变化趋势,误差很大

注:*代表所采用的参数,* *表示任选一个参数。

3.2.4　行程时间预测

在智能交通系统的研究过程中,无论是动态路径诱导系统的实施,还是共用信息平台的建设,行程时间预测都是一个关键的环节。预测的行程时间要满足实时性和准确性两方面要求。

1. 行程时间的定义

行程时间包含单车行程时间和平均行程时间两种,它们的计算方法分别如下。

1) 单车行程时间

图3-9描述了单个车辆经过x_0到x_1的路线轨迹。个别行程时间是指驾驶员通过某条路线(例如从x_0到x_1)所需要的时间,获得个别行程时间最直接的方法是用距离和速度来表达。区间$[x_0, x_1]$的行程时间可以用下式计算:

$$t_i(x_1)=t_i(x_0)+\int_{x_0}^{x_1}\frac{\mathrm{d}x}{v(x)} \tag{3-18}$$

式中,x_0表示t_0时刻车辆i所在的位置。

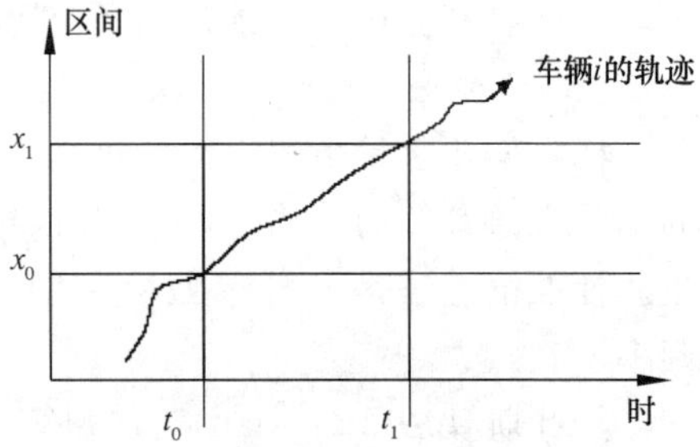

图3-9　单车的行车轨迹

2) 平均行程时间

在可变信息板(VMS)上显示的信息,或者通过广播、Internet发送的信息,都需要是一种面向所有出行者的关于路线R的行程时间信息。集体平均时间指在一定时期p内路线R上N_p辆车的平均行驶时间，即：

$$\overline{T}_R(p)=\frac{1}{N_p}\cdot\sum_{i=1}^{N_p}T_{i,R}(t),t\in p \tag{3-19}$$

按式(3-19)计算的前提是个别行程时间可以获取，或者是可以通过具有代表性的数据(探测车、AVI)来计算得到。如果仅有线圈检测器的数据，还需要采用其他方法综合计算平均时间。

在城市交通系统中各种交通信息采集手段得到的交通信息大部分是间接信息，如交通流量、占有率、拥堵、排队等，它们不能为出行者直接使用，而且这些间接信息不一定都是最优的。因此，这些间接信息需要通过某种处理转变为出行者直接可以利用的信息，如果是直接告诉出行者经过哪条道路需要多长时间，这就很容易为出行者所接受，也便于他们作出路径选择。

对于智能交通信息平台的要求功能之一就是能够根据检测器采集的基本交通参数，通过数据挖掘、数据融合等方法，采用行程时间预测技术提供整个路网任意路段的预测行程时间值。共用信息平台将量化的行程时间通过各种发布方式(可变信息板、车载诱导装置、Internet 等)向出行者、交通管理人员提供，以便出行交通选择或交通管理策略的制定。

由于城市道路、快速路、高速公路有各自不同的特点，因此，进行行程时间预测时所考虑的影响因素就不同。在对城市道路进行路段行程时间预测时主要考虑交叉口的延误时间对于快速环路、路段行程时间包括驾驶员出行特性、平均速度、拥挤程度等的函数。而平均速度和拥挤程度跟交通需求和路段通行能力(也就是“供应”)相关，因此行程时间是一个时空概念，可以从时间和空间意义上去解释影响行程时间的上述相关因素。图 3-10 表示了影响交通供需的相关因素与速度、拥挤度和行程时间的关系。

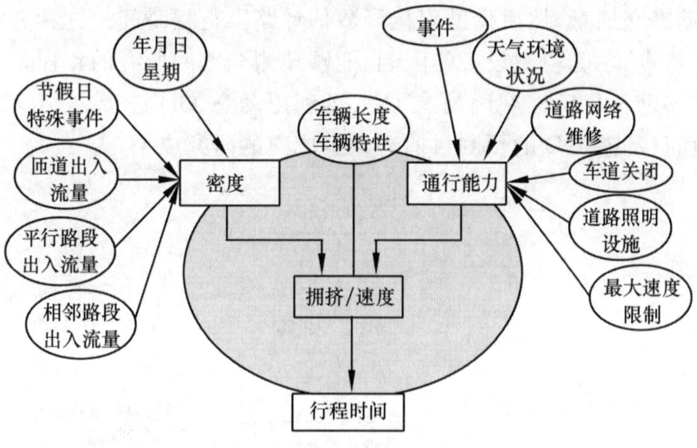

图 3-10　影响行程时间的因素分析图

图 3-10 中所述的因素是否可以用于行程时间预测，主要依赖于他它们能否被精确地检测到。行程时间预测的关键因素之一是速度的表达能够体现供给与需求之间的基本矛盾。从理论角度看，预测特定路段的行程时间经常用到区间平均速度，它可以取速度的调和中项值，然而很多道路的检测器只能够检测速度的算术平均值，也就是常说的时间平均速度，它是大于区间平均速度的，因此如果直接利用它来预测行程时间，得到的值就会偏小。为了解

决这一矛盾，可以采用如下公式计算：

$$\bar{u}_S=\bar{u}_t-\frac{\sigma_t^2}{\bar{u}_t} \tag{3-20}$$

式中，$\bar{u}_S$ 是区间平均速度，$\bar{u}_t$ 代表时间平均速度。

预测行程时间可以采用实际行程时间和各种历史交通数据，它们主要通过以下渠道获得：

(1) 线圈检测器数据(速度、交通流率、占有率)；

(2) 交通信号控制的数据(相位、周期长度、绿灯时间、速度、密度、占有率)；

(3) 其他路边检测系统，例如雷达检测器、微波检测器、视频检测器数据(速度、交通流率、占有率)；

(4) 自动车辆识别(AVI)数据和视频检测系统(行程时间、速度)浮动车、车载装置和移动电话数据(行程时间)；

(5) 探测车、设备车辆在道路上行驶，特定时间间隔内发送数据给监控系统(行程时间、路线)；

(6) 车队管理系统数据；

(7) 天气状况数据；

(8) 时间信息(季节、星期、年月日时刻、特殊节假日)；

(9) 基础设施相关信息(车道修缮、匝道关闭)；

(10) 事件检测系统数据。

2. 路段动态行程时间预测

目前路段动态行程时间预测方法分为三种(图 3-11)，第一种，以动态交通分配理论为基础，预测路段动态交通量，然后借助阻抗函数估计路段行程时间。这种方法很好地表示了出行机理的选择特点，不受检测设备的限制，能够预测全路网所有的路段动态行程时间。但由路段流量通过路网 OD 反推获得动态 OD，再利用动态 OD 进行分配，不仅计算步骤长，计算效率低下，而且动态 OD 的预测目前还缺少成熟的研究成果。

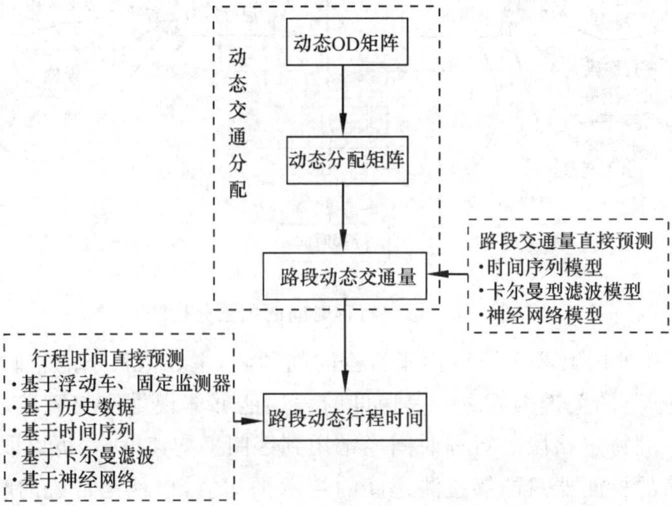

图 3-11　行程时间预测方法分类

第二种，直面路段交通量，避免了动态OD估计和动态分配矩阵带来的双重误差。主要有时间序列模型、卡尔曼滤波模型及神经网络模型等，它们主要是根据路段的流量信息分析、回归标定参数，然后进行预测等。但事实上，路段流量是交通个体路径选择结果的宏观表现，用集计的结果进行预测在计算精度及对结果机理的解析上就略显粗糙，同时这些模型都没有很好地考虑路段之间的关联。

第三种，避开路段交通量、路阻函数，直接预测路段动态行程时间。主要有：基于浮动车和固定监测器的方法、基于历史数据的方法、基于时间序列的方法、基于卡尔曼滤波方法以及基于神经网络的方法五种。这些模型大多应用于高速公路和快速路，由于没有考虑到路段之间的关联，因此对于随机性与复杂性突出的城市道路路网，其预测结果精度难以保证。

3. 道路路段行程时间预测方法

目前，我国的许多城市都已在城市主要道路上设置了检测器，用于检测交通流量、占有率等数据。一般地，这些检测器数据采集的时间间隔为5～15min不等。它是通过分析交叉口信号配时方案对行程时间的影响，结合现有检测器所能提供的数据，对行程时间进行预测。

城市道路行程时间分成两部分：车辆在路段上的运行时间和交叉口的运行时间，其中交叉口的运行时间包括通过交叉口的行驶时间和交叉口的延误时间。利用可以检测到的流量、占有率和速度数据，预测流量和占有率，然后结合其他的动态和静态数据，从而分别计算这两部分运行时间。可以采用模拟交通流量的方法对交通流量和速度进行预测，用实时交通状况模拟方法来预测车辆在交叉口的运行时间。

1）路段行程时间的计算

该预测方法的具体做法是把行程时间分成两部分，即车辆在路段上的运行时间和交叉口的运行时间，利用预测的流量和速度，结合其他的动态和静态数据，从而分别计算这两部分运行时间。根据行程时间的定义，它是指车辆行驶过某一路段所需要的时间。根据检测器的检测数据我们可以获得速度数据，是地点速度(V_t)，再将其转换成区间速度，具体如式(3-21)所示。

$$V_s = V_t + \frac{\sigma_t}{V_t} \tag{3-21}$$

式中 V_s——区间车速，m/s；

V_t——地点车速，m/s；

σ_t——地点车速的观测方差。

这时所需的路段行程时间为：

$$T = \frac{L}{V_s} \tag{3-22}$$

式中，L为路段距离，m。

2）交叉口延误时间的计算

交通现象是具有服务性加拥挤性特征的特性，所以利用随机服务系统理论的方法来研究解决城市交通流诱导过程中的实际问题是合理的。

一般地，车辆在一条路段的行驶过程中，与停车等待时间相比，车辆间的相互影响而引起的延误可以忽略不计。因此，只考虑交通流量及红绿灯控制对其的影响，通过某一路段总的行程时间将包括车辆在该路段上的平均行驶时间，在下游交叉口处的排队等待时间，以及通过该交叉口的时间。具体算法如下：

(1) 模型假设条件。

路段上行驶的车辆是顾客，所通过的交叉口是服务台，在相互独立的一定时间内，进入路段的车辆数服从参数为 λ 的泊松分布，进入过程是平稳的。

排队规则——单方向的，先到交叉口的车辆先离去。

服务机构——单方向，单个交叉口，各车辆通过交叉口的时间是相互独立的，且服从参数为 μ 的负指数分布。

车辆进入路段的时间间隔与离开交叉口的时间间隔是相互独立的。

路网中有 n 条路段，将一天按诱导间隔 t_0（单位 s）分为若干时段，第 i 个时段记为 i，即 i 表示区间$[(i-1)\cdot t_0, i\cdot t_0]$，$(i=1,2,\cdots,24*3\,600/t_0)$。

(2) 模型建立。

这里，将第 j 个路段记为 $j\,(0\leqslant j\leqslant n)$，$t$ 时刻车辆在路段 j 上的行驶时间记为 $T_j^{(r)}(t)$，在 j 的下游交叉口处的排队等待时间记为 $T_j^{(q)}(t)$，通过路段 j 下游交叉口的时间记为 $T_j^{(c)}(t)$，路段 j 的通行能力记为 N_j，时刻 t 路段 j 上所有车辆的平均行程时间为

$$T_j^{(r)}(t)=T_{ij}^{(r)}=(L_j-L_{ij}^{(q)})/v_i \tag{3-23}$$

式中 L_j——路段 j 的总长度；

$L_{ij}^{(q)}$——时段 i 路段 j 下游交叉口处的平均排队长度；

v_i——路网中第 i 时段的所有车辆的平均行驶速度；

$T_{ij}^{(r)}$——i 时段内路段 j 上的平均行驶时间。

(3) 排队时间的计算。

对于多服务台，在单路排队多通道服务的情况下只排成一个队等待数条通道服务的情况，排队中头一车辆可以哪条通道有空就到那里去接受服务。在多路排队多通道服务：每个通道各排一个队，每个通道只为其相对应的一队服务，车辆不能随意地换队。此种情况相当于 N 个 M/M/1 系统组成的排队模型。

针对有信号交叉口的路段，实际比较适合第二种情况，所以，模型是建立在 M/M/1 的基础之上。针对到达率为 λ，服务率为 μ 的排队系统，计算方法如下：

排队中的平均等待时间：

$$T_w=\sum_{j=0}^{\infty} j\pi_j=\frac{\lambda}{\mu-\lambda} \tag{3-24}$$

排队系统中的平均消耗时间：

$$T_k=\sum_{j=0}^{\infty}\frac{(j+1)}{\mu}\pi_j=\frac{1}{\mu-\lambda} \tag{3-25}$$

但是实际有信号交叉口情形与理想 M/M/1 模型的区别由于信号灯的存在，车辆在红灯期间到达需要停车等待，区别于理想模型中的车辆先到先服务；受信号影响的车流在交叉口的到达呈现车团到达的情况，区别于理想模型中的车辆到达服从泊松分布。同样，绿灯开

始初期车辆的离散也呈现车团情形，区别于车辆的服务时间服从负指数分布。

为了创造符合理想模型所需条件，对车辆的到达率和交叉口的服务率作了处理。假设预测时间段内车辆的到达率是一稳定值，即将参加排队的车辆在一个周期内平均化(Q/T)；假设预测时间按段内交叉口的服务率是一稳定值，对于周期内参加排队的车辆数，可用下列公式近似计算。

$$n=\frac{aK_j V_m}{V_m K_j - V_f K_0} \tag{3-26}$$

式中 a——绿灯开始时的排队车辆数；

V_f——自由流车速；

K_j——排队车队的密度；

V_m——上游进口道车流量达到最大的平均速度；

K_0——排队车队的上游后继车流密度。

在实际工程中，由于信号交叉口的服务率很难确定，其值的大小与信号周期、绿信比、排队车辆数都有关，因此需要结合实际的调查数据来通过拟合，建立各影响因素与服务率之间的关系。

3）预测算法

国内外的交通工程专家针对路段交通流行程时间的预测方法建立了多种预测模型，如交通流综合模型法、时间序列方法、卡尔曼滤波、多元回归方法、神经网络等。下面将对一些常用的行程时间预测算法进行简单介绍。

(1) 指数平滑法

指数平滑法属于时间序列分析方法的一种，指数平滑法是由简单的移动平均方法发展而来的一种信息处理方法，这种方法假设时间序列具有某种特征模式，而观测数据既体现着这种特征模式，又反映着随机因素的影响。指数平滑法的目标是通过“修匀”历史数据来区分基本数据模式和随机变动模式。这相当于在历史数据中消除极大值或极小值，获得该时间序列的“平滑值”，并以它作为未来时期的预测值。与移动平均法相比较而言，指数平滑法的优点是不需要保留较多的历史数据，只要有最近一期的观测值和上一期的平滑值就可对下一期进行预测。

当行程时间检测数据的时间序列处于平稳状态时，指数平滑法能够有效地去除序列中极大值以及极小值的干扰，预测结果较为理想。而当行程时间处于大幅波动状态时，指数平滑法预测值只能取自历史行程时间最大实测值与最小实测值的范围之内，不可能高于或低于实测值，因此，将无法及时反应行程时间的波动趋势。

(2) 回归分析法

研究一个或一组变量对另一个变量的变动的影响程度的方法称为回归分析。回归分析是一种理论完备、应用广泛的常用数据分析方法。将回归分析法应用于行程时间预测时，可从时间、流量、地点速度、占有率、行程时间等参数中选取其中的一个或几个作为自变量，通过回归分析获得行程时间预测值的回归模型。该方法直观易懂，在交通变化规律性较强时预测精度也适用，然而其属于静态预测，对于路况实时变化情况的监测缺乏灵敏度，在自变量取某些特定值的情况下预测值也不可避免地与实际值相差较大。

(3) 卡尔曼滤波法

卡尔曼滤波算法是采用状态方程和观测方程组成线性随机系统的状态空间模型来描述滤波器,并利用状态方程的递推性,按线性无偏最小均方误差估计准则,采用一套递推算法对该滤波器的状态变量作最佳估计,从而求得滤掉噪声的有用信号的最佳估计。根据卡尔曼滤波理论可以建立行程时间预测模型,该模型假设所需预测的某一时段路段行程时间与该时刻之前的3个时段路段两端各入口和出口的交通流量有关,并以环形感应线圈实时统计的交通流量数据作为预测基础。

若将输入数据从交通流量改为行程时间检测数据,该预测算法同样适用,并且精度将有所提高。卡尔曼滤波法被认为是具有最佳预测精度的方法,但这种方法的缺点是:①权值在每次计算时都要做调整,因此计算量大;②该方法是一个递推过程,需要在系统运行一段时间后才能输出预测值。

3.3 交通信息模式识别技术

3.3.1 车牌自动识别技术

自1988年提出车牌自动识别技术以来,受到了人们的广泛关注,它可以广泛应用于公路和桥梁收费站、公路流量观测站、城市监控系统、港口和机场、停车场等车牌认证的实际交通系统中,以提高交通系统的车辆监控和管理的自动化程度。由于其在智能化交通控制管理中发挥着越来越重要的作用,吸引了各国的科研工作者对其进行广泛的研究,目前已有众多的算法,有些已应用于交叉路口、车库管理、路口收费、高速公路等场合。由于需适应各种复杂背景,加之要识别的车辆种类繁多,颜色变化多端,以及检测时要适应不同天气变化导致的不同光照条件,因此,目前的系统都或多或少地存在一些问题。随着计算机性能的提高和计算机视觉理论及技术的发展,这种技术必将日趋成熟。

采用计算机视觉技术识别车牌的流程通常包括车辆图像采集、车牌定位、字符分割、字符识别、输出识别结果这五个步骤,其识别过程如图3-12所示。图中的图像采集由CCD彩色摄像机和图像采集卡组成。为了提高系统对天气、环境、光线等的自适应性,摄像机一般采用自动对焦、自动光圈的一体化机;车辆检测通常采用车辆传感器,如地感线圈、红外线等。主要工作流程是当车辆通过关卡,经过车体位置传感器的敏感区域时,传感器发送一个信号给图像采集控制部分。采集控制部分首先由控制采集卡采集一幅汽车图像送至图像预处理模块,然后再由预处理模块对输入图像进行处理后送入电脑。电脑内的软件模块从输入图像中找到牌照的位置,对牌照作字符切分。车牌识别对提取的车牌图像进行必要的预处理、分割出单个字符,提取字符的特征并识别出字符,最后对识别出的车牌字符进行语法检查,以确认车牌的合法性。应用系统调用这个结果组建数据库后,就可以根据具体需要编制各种不同类型的管理程序,从而达到管理的目的。

1. 图像采集与预处理

对动态采集到的图像进行滤波、边界增强等处理,以克服图像干扰,改善识别效果。为了准确识别车牌中的字符,在识别前一般要对提取的车牌图像进行一些预处理,主要包括归一化、二值化等。

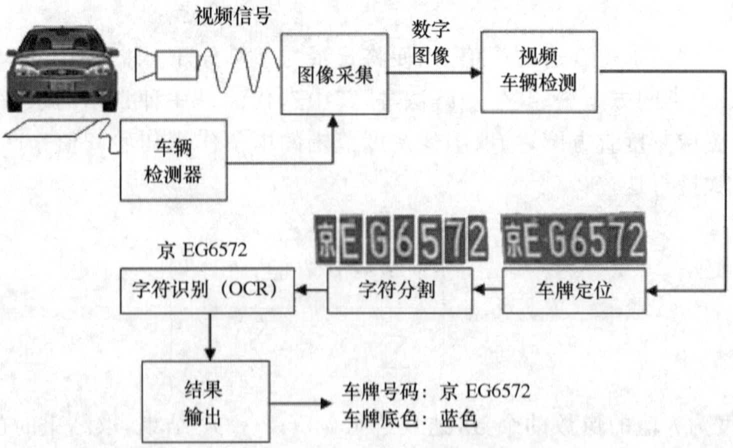

图 3-12　车牌识别过程示意图

1）归一化

归一化的目的是把提取的车牌图像中的字符调整到与标准模板中的字符特征一致，以便进行识别。它通常分为倾斜度校正和大小归一化。其中，倾斜度校正的关键是求得车牌的倾斜角度。由于车牌一般均有边框，因此，通过求解车牌边界直线的斜率即可得到车牌的倾斜角度。常用的方法是 Hough 变换。在一定的倾角$(-A,A)$范围内，设定一组直线方程$y=px+q$，其中，p为斜率，q为截距。将车牌图像中的每个像素点经 Hough 变换到参数空间，根据参数空间累加数组的值，求出图像中所有的直线，对这些直线的长度、连续性进行分析，即可求得车牌上下边界的直线方程，从而可确定车牌的倾斜度并进行校正。

大小归一化常用的方法有两种：①将字符的外边框按比例线性放大或缩小到标准字符尺寸，在车牌字符中字符的宽度是不确定的，如字符“1”和“0”，但字符的高度均相同，因此可根据字符的高度来进行大小归一化；②根据水平和垂直两个方向字符像素的分布进行大小归一化。其基本方法是，先计算字符的质心G_I和G_J，如式(3-27)所示。

$$
\begin{aligned}
G_I&=\sum_{i=A}^{B}\sum_{j=L}^{R} i\cdot c(i,j)\Big/\sum_{i=A}^{B}\sum_{j=L}^{R} c(i,j)\\
G_J&=\sum_{i=A}^{B}\sum_{j=L}^{R} j\cdot c(i,j)\Big/\sum_{i=A}^{B}\sum_{j=L}^{R} c(i,j)
\end{aligned}
\tag{3-27}
$$

式中　$c(i,j)=1$表示该像素点为字符；

$c(i,j)=0$表示该像素点为背景；

A、B、L、R分别表示字符的上、下、左、右边界。接下来计算水平和垂直方向的散度σ_I和σ_J：

$$
\begin{aligned}
\sigma_I^2&=\sum_{i=A}^{B}\Big(\sum_{j=L}^{R} c(i,j)\Big)\cdot(i-G_I)^2\Big/\sum_{i=A}^{B}\sum_{j=L}^{R} c(i,j)\\
\sigma_J^2&=\sum_{j=L}^{R}\Big(\sum_{i=A}^{B} c(i,j)\Big)\cdot(j-G_J)^2\Big/\sum_{i=A}^{B}\sum_{j=L}^{R} c(i,j)
\end{aligned}
\tag{3-28}
$$

最后，按比例将字符线性放大或缩小到标准散度。

2）二值化

二值化的关键是求得合适的阈值，以便将背景与字符分开。求解阈值的方法很多，如直方图变换法、最大类间方差法、共生矩阵法等，其中迭代法是一种常用的求解最佳阈值的方法。首先计算图像灰度直方图，选取图像灰度范围的中值作为初始阈值 T_0（设共有 L 级灰度），然后按下式进行迭代：

$$T_{i+1}=\frac{1}{2}\left\{\frac{\sum_{l=0}^{T_i}h_l\cdot l}{\sum_{l=0}^{T_i}h_l}+\frac{\sum_{l=T_i+1}^{L-I}h_l\cdot l}{\sum_{l=T_i+1}^{L-I}h_l}\right\} \tag{3-29}$$

式中，h_l 是灰度为 l 值的像数的个数，迭代进行到 $T_{i+1}=T_i$ 结束，取结束时的 T_i 最终分割阈值 T_0。

车牌的种类主要有：黑牌、蓝牌、黄牌和白牌。在灰度图像上表现为黑底白字与白底黑字两类。为了便于后继工作的处理，在二值化时一般将其统一。先对黄牌和白牌进行颜色取反，分别转换为蓝牌和黑牌，然后进行灰度化。灰度化时采用下式的加权系数法，同时滤除蓝色，以获得统一的车牌图像，即黑底白字。对已灰度化的车牌图像 $f(x,y)$，通过阈值比较就可获得二值化图像 $g(x,y)$，定义为

$$g(x,y)=\begin{cases}1 & f(x,y)>T\\0 & f(x,y)\leqslant T\end{cases} \tag{3-30}$$

式中，T 为阈值。牌照图像的二值化是处理与识别图像中很重要的一个步骤，效果的好坏直接影响到后续工作。牌照图片可以看成由前景字符和背景组成的，在光照比较均匀的时候，二值化就相当于如何找到一个合适的阈值把字符和背景分开。车牌图像二值化关键之一就是阈值的选择。全局阈值法和局部阈值法各有其优缺点。二值化时的另一个关键是由于牌照类型的多样化，在二值化时必须将其统一，以利于后续处理。

2. 车牌定位

所谓车牌定位就是在抓拍的车辆图像中找到车辆号牌的位置。在自然环境下，车辆图像背景复杂、车辆的外部无规则地分布着各种部件，而且光照不均匀，如何在车辆图像中准确地确定牌照区域是整个识别过程的关键。首先对采集到的车辆图像进行大范围相关性搜索，找到符合汽车牌照特征的若干区域作为候选区，然后对这些侯选区域做进一步的分析、评判，最后选定一个最佳的区域作为牌照区域，并将其从图像中分割出来。

该技术从汽车图像中提取牌照区域——牌照坐标，以供下一步识别牌照字符。提取过程中要用到大量的数字图像处理算法，包括图像的彩色图到灰度图变换，灰度拉伸，均衡，边缘卷积算子，纹理特征提取，去噪，滤波等。摄像机抓拍到的汽车图像均为 24 位真彩色图像，而大多数的图像处理技术都是针对 256 级灰度图的，所以，有必要将彩色图转换为灰度图，灰度图中的灰度和彩色图中的 RGB 颜色对应转换关系为灰度值＝0.30R＋0.59G＋0.11B。根据处理牌照的类型和特点，有多种牌照分割方法，如字符竖向纹理统计、彩色分类、神经网络、矢量量化和模板匹配等方法。

字符竖向纹理统计方法能够对各类牌照图像实现很好的分割效果。将汽车图像文件

以.raw 格式文件存入计算机后，计算机将车牌部分从整幅图像中提取出来，实现车牌的定位。

3. 车牌字符分割

从摄下的车辆图像中准确可靠地分割出车牌图像是车牌自动识别系统的关键技术之一。

所谓字符分割，就是在完成牌照区域定位后，先将牌照区域分割成单个字符区域，然后为字符识别做准备。

字符分割一般采用垂直投影法，由于字符在垂直方向上的投影必然在字符间或字符内的间隙处取得局部最小值的附近，并且这个位置应满足牌照的字符书写格式、字符、尺寸限制和一些其他条件。利用垂直投影法对复杂环境下的车辆图像中的字符分割有较好的效果。

目前，针对车牌的分割提出了多种算法。如根据车牌区域中灰度或颜色变化频率较高来确定车牌区域；利用 BP 神经网络定位车牌；基于垂直字符边界特征的车牌定位方法等。在这些方法中，由于利用车牌区域中灰度变化频率较高这一特征进行车牌分割是一种简单、可靠、能满足实时性要求的方法，因此得到广泛应用。其基本方法是：在摄取的车辆图像中以一定的间隔 d(像素数)进行行扫描，d 应小于实际图像中车牌的字符高度，以保证在车牌区中至少有一个扫描行穿过字符。对每一扫描行，计算每一像素与其相邻像素的灰度差，若差值大于给定的阈值，则把这一像素标为灰度变化点。根据每一扫描行上，灰度变化点之间的距离、数量可确定几个候选车牌区。之后，根据车牌的结构特点，如长宽比例、颜色特征等，对候选车牌区作进一步验证，以确定真正车牌区域。

垂直投影积分法是常用的车牌字符分割方法。其方法是将一列中所有像素点的值进行累加，即

$$\upsilon(x)=\sum_{y=0}^{m} g(x,y) \tag{3-31}$$

式中 υ——表示垂直投影积分；

(x,y)——像素点所处的位置；

$g(x,y)$——该像素点的值；

m——一列所有的像素点数。在投影图中的谷点即是字符的分界点。对字符粘连的情况，则可根据标准字符宽度进行调整。

4. 车牌识别

车牌字符识别与 OCR 系统的识别相似，虽然它的字符集小，但是字符模糊，受环境的影响大，所以车牌字符识别具有相当大的难度。目前常用的车牌字符识别方法有基于神经网络的方法和基于模板匹配的方法。前者具有较强的容错能力，但识别速度慢，很难满足实时性要求；后者具有较快的识别速度，尤其对二值图像速度更快，可以满足实时性要求，当车牌图像较清晰，并且前面的预处理工作做得比较好时可以获得较高的识别率，因此，得到广泛应用。

标准车牌的格式是：$X_1X_2 \cdot X_3X_4X_5X_6X_7$。其中，$X_1$ 是各省、直辖市的简称；X_2 是英文字母；$X_3X_4X_5X_6X_7$ 是英文字母或阿拉伯数字。根据这些特征，匹配时分别取汉字、字母和

数字模板进行匹配，最后对结果进行语法分析，确认结果的合法性，排除误识结果。

对于分割出的字符可以用很多种方法来识别，如直接利用灰度图像的模板匹配方法、统计模式法、句法结构方法、逻辑特征法、模糊模式方法和神经网络方法等，采用神经网络方法，利用神经网络结构对字符进行识别。人工神经网络模式识别方法是近些年提出的新方法，为字符识别研究提供了一种新手段，它具有一些传统技术所没有的优点：良好的容错能力、分类能力强、并行处理能力和自学习能力。

综上所述，车牌自动识别是一种基于图像处理与识别的自动车辆识别、分类技术，它从车牌的各种特征中分析或查找出车辆类型的信息。采用车牌识别技术识别出车牌的大小、形状、颜色和字符等特征。如果在最初设计时车牌的这些特征的不同值就对应了不同的车辆类型，那么由此就可以对车辆进行分类。对车牌的进一步识别将读出车牌上的具体号码，根据这个号码可以在相关的资料(如车辆牌照的登记记录)中搜索得到车辆类型的信息。

另外，利用电子车牌进行车牌及车型识别是另一种先进的识别技术。此方法打破了识别车型利用采集到的感应信号、图像等进行分析、处理的常规模式，而是利用电子数据交换(EDI)技术，应用电子车牌来识别车型，EDI 技术是将通信技术、计算机技术结合而形成。该方法的前提是给每辆车安装一个电子车牌，该电子车牌中存储了车辆的所有信息。

3.3.2 车型识别技术

要实现自动车辆识别、分类，需要做的第一步是探测、摄取车辆的某些特征信息。在车辆的所有特征中，可以用来识别和区分车型的通常有车辆的外型(长、宽、高等)、车辆的轴重或轴距、车辆轴重及总重、车辆号牌、发动机排气量、车辆可以乘载的人员数或载重量等。在这些特征中，只有部分可以用于自动车辆识别和分类，因为有的特征可以用仪器不停车探测、提取。有的则不然，如排气量、司乘人员数等。我国常用车型采用的车辆分类标准如表 3-5 所示。

表 3-5　　我国常用车型分类标准

车　型	参　数			
	车高 H/mm	轴数 N	轴距 L/cm	轮距 I/cm
小车型	≤210	—	—	—
	＞210	2	≤310	—
中车型	＞210	2	300＜ ≤500	＜101.6
大车型	＞210	2	300＜ ≤500	≥101.6
	＞210	2	＞500	—
	＞210	3	—	—
特大车	＞210	≥4	—	—

常用的车型自动识别分类方法有以下几种。

1. 轮廓扫描

轮廓扫描的目的在于获取车辆的外形信息，从而对车辆进行分类。扫描一般使用无线电波或者红外线，更先进的则使用激光。

无线电波扫描的基本方法是将扫描波束的发射、接收天线安置在车道上方或侧面，它向车道上发射扫描波束。波束传播的区域一般是一个薄平面，此平面与车辆的行驶方向垂直。这样当车辆行驶过天线照射区域时，它将被波束平面切割，其中车辆与天线大致平行的一个面将反向扫描波束，使反向波在一定空间和时间内发生变化(与投有车辆经过时相比)。在知道车辆经过时的速度的前提下(这可以预先规定或另外测量)，根据反射波的这种变化可以算得车辆反射波束的那一面的二维情况(长、宽)。如果再预先设定一定的固定参照物(对装在车道上方的天线来说，一般是路面)，那么根据反射波的变化程度就可以算得车辆第三维的情况(高)。这种自动识别、分类技术目前比较成熟，可靠性较高，易于投入实用。

红外检测技术是利用红外传感器获得机动车辆的车型图像，以车头部分为车辆外型识别的主要依据，并辅以其他部位长度、高度、车辆轴距、前轮距的识别。红外检测系统计算机内建立相应类别的数据库，将各类标准车型绘制成图形并辅以一项或几项特征参数分类储存作为比较对象，系统利用布置在车道两侧的红外传感器阵列，用非均匀布阵，利用检测对象汽车运行的特点，从车头到车尾不断地把汽车尺寸取出来，当整个车身经过传感器阵列后从单片机得到一幅汽车侧面几何轮廓特征，经模数转换后送入计算机处理，识别出车辆的车型。该系统识别率高，但存在安装不方便且容易损坏的缺点。

2. 车轴检测及其计数

参照表 3-5 可知：小型车，载重＜2.5t，载客＜19 人，轴数＝2；中型车，2.5t≤载重＜7t，20 人≤载客＜49 人，轴数＝2；大型车，载重≥7t，载客≥50 人，轴数＝2；多轴车：轴数＞3 。

根据计算机车辆参数数据库对车辆分类参数优选结果看，可以认为车辆的前轮轮距和轴距具有良好的分类特性。各类汽车的轮距、轴距、参数如表 3-5 所示。

可以发现，各种车型在图上的分布具有比较好的规律性，但要真正实现分类，还必须附加车高和轴数两项参数。利用这四项参数对车辆分类，在理想状况下可达 98 %左右的分类精度。由图 3-13 可以看出，按标准载重和座位数对车辆进行分类已演变成按车辆的轴距、前轮距进行分类，其分类参数为

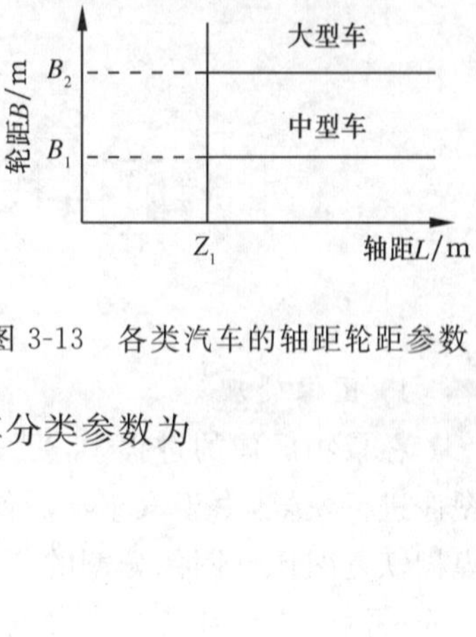

图 3-13　各类汽车的轴距轮距参数

小型车，轴距＜Z，或者轮距＜B_2；轴数＝2；

中型车，轴距＞Z ；且 B_1＜轮距＜B_2；轴数＝2；

大型车，轴距＞Z；且轮距＞$B2$；

多轴车，轴数＞2 。

根据以上分析，只要检测出一辆车的轴距、轮距和轴数即可判断、识别车型。由于一辆车的上述参数受外界因素的影响小，一旦出厂即为一相对固定数值。

车轴检测识别车型工作原理：沿道路行车方向的一定距离安装两条轴检测传感器(气动或压电式轴检测传感器)，当车辆通过检测断面时各轴将依次通过两条传感器，利用车辆的第一轴从 C_1 到 C_2 的时间 t 及 C_1、C_2 之间的距离 s，计算出车辆的行驶速度 $v(v=s/t)$。利用第一个轴检测器测量车辆经过时相邻两个轴之间的时间 t_1、t_2、t_3、t_4、…(t_1 表示车辆 1、2 轴的之间的时间，t_2 表示车辆 2、3 轴之间的时间，依此类推)，通过公式 $S_n=v\cdot t_n(n=1,2,3,\cdots)$ 即可得到车辆相邻两轴之间的轴距。

车轴计数则是对车辆的轴数进行检测，将检测结果作为车辆分类的一种标准。要检测

车轴的数量，可以通过传感的方式，也可以通过非接触的控测方法。传感方式一般是在车道上埋设相应的传感器，当车辆行驶经过时车轮辗压传感器使传感器所受的压力发生变化，根据压力变化的次数，可以判断出车辆的轴数。非接触的探测方法通常使用发射波束检测反射的形式，这与轮廓扫描有些类似，但更简单。具体做法是从车道边以特定的角度向车道上车轮必须经过的区域发射探测波束(无线电波、红外线或者激光束)，当车辆经过时车轮将使发射波束的反射波发生变化，一般是反射方向改变。改变后的反射波可以用专门的探测装置从特定的位置来接收。探测装置每接收到一次反射波就说明车辆有一组车轮，由此可以进行车辆轴数的计数。如果预知车辆的时速，那么还可以根据两轴之间的检测时间间隔计算出轴间的大致距离(轴距)。由于轴数在车辆分类的标准中一般不是主要因素，所以车轴计数的识别技术一般不单独使用，而是与其他系统配合起来进行工作。

3. 视频车型识别

视频车型识别系统原理如图 3-14 所示。视频监视系统实时监视路面状况，并且在视频窗口中开一个小区域，对这个小区域进行实时检测，当该区域数据发生改变时就可判断汽车的到来。或者通过触发埋设在固定位置的传感器，控制 CCD 摄像头和图像采集卡对运动车辆的侧面进行图像帧摄取，包括背景图像和运动车辆图像。然后对获取的车辆图像进行图像恢复、图像分割、二值化、边缘提取等一系列的预处理，以滤去干扰和噪声，从而得到车型轮廓，再根据分类器的结构从处理后的图像中得到有效的特征参数，输入分类器进行识别。

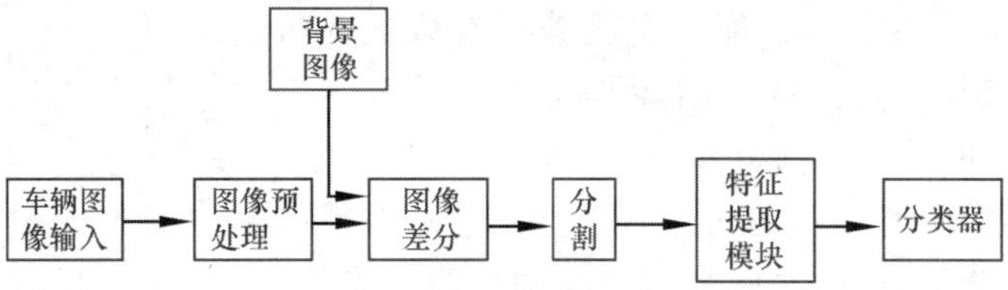

图 3-14　视频车型识别系统原理图

1) 图像处理

在景物成像的过程中，受多种因素的影响图像质量会有所下降，即图像的退化。需要对图像进行恢复，由于汽车与摄像机之间的相对运动往往使图像模糊，可采用以下快速算法去模糊恢复图像。图像分割的任务是把目标图像从背景图中标识出来，便于图像识别。采用边缘检测的方法从背景中分离出来，它要经过边缘增强和相减运算来完成。经过二值化后的车辆轮廓图像块不连续，存在孤立点，为了便于提取车辆的特征信息，对车辆图像上部进行简单的直线拟合操作，使得图像轮廓更加逼近真实情况。再对车辆二值图像做进一步的填充处理，这样就可以根据图像的信息进行车辆边缘的提取了。

为得到连续车辆边缘轮廓图像，对二值化后的图像采用轮廓跟踪的方法，以此提取的车辆轮廓图如图 3-15 所示。

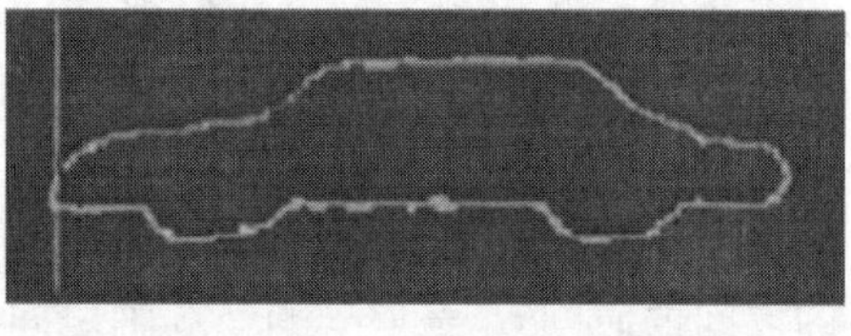

图 3-15　车辆轮廓提取图

2) 车型识别

为了进行车辆分类，首先收集各种车辆的参数，然后输入计算机中的车辆车型数据库，利用计算机的检索功能对分类参数进行优选。根据我国常用车型采用的车辆分类标准，按大型车、中型车、小型车和多轴车进行分类存储。

基于图像的车型识别步骤如下：

(1) 利用一个CCD传感器和图像采集卡对车辆的侧面图像和正面图像进行抓取，得到车辆外形图像信号；

(2) 对车辆图像进行图像恢复、分割、二值化等处理，消除干扰噪声，获取图像边缘信号；

(3) 提取车辆轮廓图形和车辆参数，主要有：①车宽；②车长；③车高等参数，估算轴距、轮距和轴数的值；

(4) 查询车型数据库，判别车型。为了进行车辆分类，首先收集各种车辆的参数，然后输入计算机中的车辆车型数据库，利用计算机的检索功能对分类参数进行优选。根据我国常用车型采用的车辆分类标准，按大型车、中型车、小型车和多轴车进行分类存储。

3.4 交通信息融合处理技术

通常我们是通过传感器来采集交通信息，不同的传感器采集到的交通信息也不一定完全一样。一般情况下，一种传感器只能采集到某一部分的信息，所以如何融合多传感器获得的交通信息是本节的主要内容。

3.4.1 交通信息融合处理方法

交通信息融合的根本作用就是通过各种交通传感器和历史数据库等多数据来源作为输入，利用融合技术理论和方法，得到适合各个智能交通服务领域使用的交通信息。

根据应用目的的不同，交通信息融合的方法有：直接对数据源操作(例如加权平均、神经元网络等)；利用对象的统计特性和概率模型进行操作(例如卡尔曼滤波、贝叶斯估计、多贝叶斯估计、统计决策理论等)；基于规则推理的方法(如模糊推理、证据推理、产生式规则等)。下面对几种常用的信息融合方法作简单介绍。

1. 基于卡尔曼滤波技术的交通信息融合方法

卡尔曼滤波用于实时融合动态的低层次冗余多源数据，该方法用测量模型的统计特性递推决定统计意义下的最优融合数据估计。如果该系统具有线性的动力学模型，且系统噪声和传感器噪声是高斯白噪声分布模型，那么卡尔曼滤波为融合数据提供唯一的统计意义下的最优估计，卡尔曼滤波的递推特性使得系统数据处理不需要大量的数据存贮和计算。由于卡尔曼滤波采用了较灵活及适应性较广的状态空间模型的系统分析法以及递推算法，从而使之便于在计算机上实现，大大减少了计算机存储量和计算时间，因而得到了广泛的应用。基于卡尔曼滤波上述特点，可以利用其建立模型进行多传感器交通信息的融合，包括基于空间相关性的交通流量滤波融合模型，联合滤波交通流量融合模型，集中滤波交通流量融合模型。

基于空间相关性的交通流量滤波融合模型是对不同检测断面检测数据的融合。由城市路网交通状态的固有规律可知，城市路网是一个有机整体，节点间由路段连接，大部分相邻节点的交通流量尽管不能完全相同，有时由于转弯分流车辆过多，甚至相邻节点的交通流量相差很多，但却紧密相关。同样，由于城市居民出行规律的相似性和出行方式的类同性，使得多数城市路网节点交通流量变化具有类似特点，即节点间存在相关关系。流量的空间相关在这里是指某路段的交通流量受其自身及相邻路段前几个时段流量大小的影响。考虑到其相关路段对某一检测路段检测数据的影响的基础上，利用相关路段的检测数据作为干扰因素，本路段检测数据作为主要输入，基于卡尔曼理论建立了融合模型，并经模拟数据验证，不论在预测精度方面还是计算速度方面都能够满足交通实时决策的需要。

联合滤波交通流量融合模型和集中滤波交通流量融合模型是对同一检测断面多个同步检测设备检测数据的融合。其模型的输入向量均为多个检测设备的数据检测到的交通状态参数。集中滤波模型简单，适用于对少量输入的结合。如果输入太多，会使计算的维数成倍增加，计算变得复杂。集中滤波融合和联合滤波融合均适用于正常交通状况下动态交通参数的融合。这两个模型经模拟数据验证，不论在预测精度方面还是计算速度方面都能够满足交通实时决策的需要。

2. 基于贝叶斯(Bayes)估计的交通信息融合方法

贝叶斯估计用在多传感器信息融合时，是将多传感器提供的各种不确定性信息表示为概率，并利用概率论中的贝叶斯条件概率公式对其进行处理。

贝叶斯方法要求系统可能的决策相互独立。这样，我们就可以将这些决策看作一个样本空间的划分，使用贝叶斯条件概率公式解决系统的决策问题。

设系统可能的决策为 $A_1, A_2, \cdots, A_m$，传感器对系统进行观测时得到观测结果 B，如果能够利用传感器的特性得到各先验概率 $P(A_i)$ 和条件概率 $P(B/A_i)$，则利用贝叶斯条件概率公式(3-32)，根据传感器的观测将先验概率 $P(A_i)$ 更新为后验概率 $P(A_i/B)$。

当两个传感器对系统进行观测时，除了上面介绍的传感器观测结果 B 外，另一个传感器对系统进行观测的结果为 C。它关于单个决策 A_i 的条件概率为 $P(C/A_i), i=1,2,\cdots m$，则条件概率公式可表示为

$$P(A_i/BC)=\frac{P(BC/A_i)P(A_i)}{\sum_{j=1}^{m}P(BC/A_j)P(A_j)} \tag{3-32}$$

为了简化计算，提出进一步的独立性假设，假设 A、B、C 之间是相互独立的，则式(3-32)可改写为

$$P(A_i/BC)=\frac{P(B/A_i)P(C/A_i)P(A_i)}{\sum_{j=1}^{m}P(B/A_j)P(C/A_j)P(A_j)} \tag{3-33}$$

这一结果还可以推广到多个传感器的情况。当有 n 个传感器，观测结果分别为 $B_1, B_2, \cdots, B_n$ 时，假设它们之间相互独立且与被观测对象条件独立，则可以得到系统有 n 个传感器的各决策总的后验概率为

$$P(A_i/B_1B_2\cdots B_n)=\frac{\prod_{k=1}^{n}P(B_k/A_i)P(A_i)}{\sum_{j=1}^{m}\prod_{k=1}^{n}P(B_k/A_j)P(C/A_j)P(A_j)} \quad i=1,\cdots,n \tag{3-34}$$

最后，系统的决策可由某些规则给出，如取具有最大后验概率的那条决策作为系统的最终决策。

贝叶斯方法多传感器的信息融合过程可用图 3-16 所示的框图来表示。

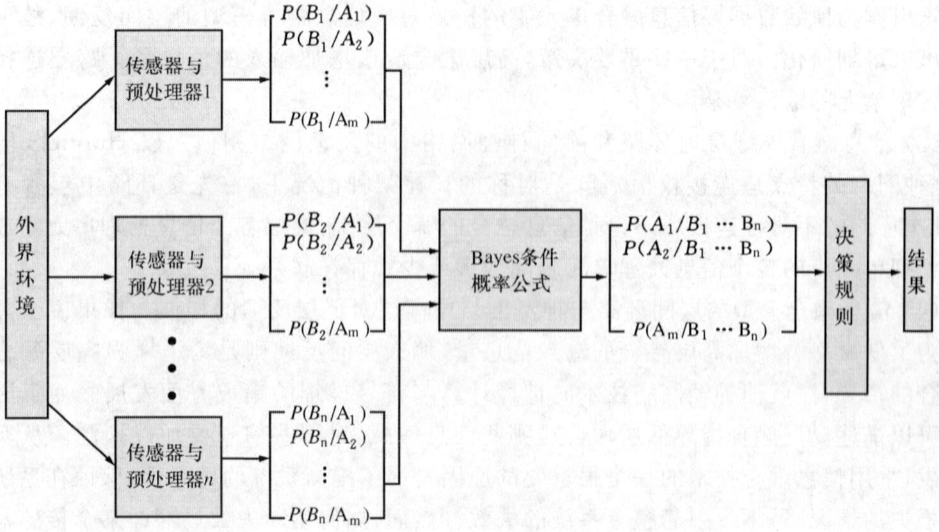

图 3-16　贝叶斯多传感器信息融合过程

3. 基于人工神经网络的交通信息融合方法

1）信息融合与神经网络

信息融合有如下特性：

① 存在一个众多判决的集合，其中的每一个元素为一个判决；

② 每个判决是一个时间的动态过程，并有多种结果可取；

③ 判决集合中的所有判决同时(同步或异步)进行；

④ 每个判决决策的依据是众多弱约束，判决结果由众多弱约束中的优势决定；

⑤ 判决之间存在相互制约关系：在相互制约的判决之间，每个判决的结果是其他判决的决策依据之一；

⑥ 相互支持的判决为同类，相互冲突的判决为异类；

⑦ 判决的结果决定判决的分类，反之，判决的分类结果也制约每个判决的结论。

信息融合的特性与构造和神经网络有很多相似之处。其原因是信息融合基于智能化的思想，它的一个很重要的原型就是人的大脑。神经网络和信息融合这种相似性决定了利用神经网络可以解决相当一部分信息融合问题。其在如下几个方面存在相似性。

(1) 融合模型中信息处理单元和神经网络的对应结构相似。所谓信息处理单元是指信息融合模型的基本单位。信息处理单元为具有多种输入和多种输出的变换算子。多个信息处理单元可以划分为一类，这以它们输出相似为分类依据。从几何意义上说，信息处理单元即是完成多个不同空间到同一空间的变换，一般来说，这一变换是非线性的。我们称这些信息处理单元构成一个信息处理单元组。多个信息处理单元组的输出也可以作为彼此的输入。故一个信息处理单元对应神经网络中的一个神经元。至于具体结构则与具体问题有关，这个结构主要用来完成信息处理单元所要做的工作，如信息存储、特征提取、滤波压缩等。信息处理单元作为信息融合模型的基本单位而具有复杂的结构，要求信息处理单元具有相当的功能，所以信息处理单元也必须具有强大的局域信息处理能力。

(2) 信息融合模型的全并行结构和神经网络的跨层连接相似。由于决策信息处理单元组的输出作为原始数据层信息融合单元组的输入对应信息融合模型的层间反馈，故全并行结构可以得到简化。对于一些重要决策，高层融合应该增加输入的信息量。跨层连接使得信息处理单元的输入复杂。

(3) 信息融合模型层内环路和前向神经网络中的反馈网络相似。以 Hopfield 网络为例，这种网络的特点是连接权值矩阵是对称的。在某种情况下，首先是环路中包含有自反馈；其次环路的不对称连接。不论是信息融合的哪个层次，同层各个信息处理单元组或同一信息处理单元组的各个信息处理单元之间或多或少地存在联系。

(4) 信息融合模型的层间环路与神经网络中高层对低层反馈的相似。如果说全并行结构是为了低层融合增加高层融合的输入信息量，那么层间反馈则是为了增强高层融合对低层融合的指导，这就使神经网络技术向神经计算与符号推理的集成方面发展。注意因子的引入可以描述高层融合指导低层融合对哪些信息敏感，对哪些信息要加以抑制。从实际问题出发，采用信息融合技术的一个很重要的原因是为了提高系统的可靠性，保证在系统局部遭受损失的情况下，不致引起整个系统的失效。然而，如何切断失效局部即某个传感器信息错误的影响，则要归结于层间反馈的作用。

由于诸多信息融合与神经网络的模型构造相似特征，神经网络可以作为交通信息融合的主要方法之一。

2) 异类传感器的交通参数融合

目前，交通传感器的种类越来越多，各种交通传感器包括感应线圈、超声波检测器、视频检测器、红外线检测器等，但是各种检测器对不同交通参数的检测性能各不相同。通常传感器都存在交叉灵敏度，表现在传感器的输出值不只决定于一个参量，当其他参量变化时输出值也要发生变化。交通检测器也不例外，如感应线圈检测车辆存在时由于磁场变化，其检测结果也发生改变，因此那么感应线圈就存在有对磁场强度的交叉灵敏度；视频检测器存在对环境湿度的交叉敏感度。由于各种交通检测器存在交叉灵敏度，使其性能不稳定，测量精度低。多传感器信息融合技术就是通过对多个参数的监测并采用一定的信息处理方法达到提高每一个参数测量精度的目的。在只要求测量一个目标参量的场合，为达到提高被测目标参量测量精度的目的，其他参量都是干扰量，其影响应被消除。既然监测了多个参量，每一个参量测量精度都获得提高。利用神经网络进行异类传感器的信息融合可以提高交通参数的检测效果。目前较常用且各方面性能比较稳定的按误差逆传播算法训练的多层反馈神经网络，即 BP 神经网络。它进行训练后运用 20 组数据的输入可得到仿真数据输出，其中传感器 1 平均相对误差 5.66%；传感器 2 平均相对误差 13.60%；仿真数据输出平均相对误差 0.67%。值得说明的是，该组对比数据并不一定和相应传感器的性能完全吻合，例如 RTMS 的特点是对流量等交通参数采集比较准确，而且检测数据与实际数据仍然有一定差距。尽管如此，几组数据对比可以证明，基于神经网络的信息融合方法可以较大幅度地改善异类传感器的检测性能。

3) 不完备交通参数信息的融合

在基本交通参数中，不完备信息主要有两种情况：①由于交通检测设备故障或者其他原因，交通参数时间序列中数据缺失，这种情况由于可能出现连续缺失情况，而且在多数交通应用中这种单一参数（如流量）的数据实时性要求很高，神经网络和其他方法比较，不适合解决该类问题；②由于与①类似的原因，位置相邻或者相关位置的传感器数据缺失，这个时候通过相邻位置传感器的信息进行融合，可以实现不完备信息的补全，这种方法经过改造后也可以用于无检测器位置的交通参数获取。

4. 基于综合统计分析的交通信息融合方法

统计分析方法是对交通参数融合的经典方法，这里主要采用智能加权平均、指数平滑法，利用平均值的递推估计算法对交通参数进行信息融合。

1）加权平均法

加权平均法是一种简单、直观的融合多传感器底层数据的方法，利用由一组传感器提供的冗余信息进行加权平均计算，并将加权平均值作为信息融合值。

自适应加权平均的数据融合算法是在总均方误差最小条件下，根据各个传感器所得的检测值以自适应的方式寻找其对应的权值，使融合后的值达到最优。多传感器数据融合值应为

$$\hat{X}=\sum_{i=1}^{n}W_iX_i \quad \sum_{i=1}^{n}W_i=1 \tag{3-35}$$

总均方误差为

$$\sigma^2=\sum_{i=1}^{n}W_i^2\sigma_i^2 \tag{3-36}$$

式中，σ^2 是各加权因子 W_i 的多元二次函数。根据多元函数求极值定理，可求出当加权因子为 $W_i'=\dfrac{1}{\sigma_i^2\sum\limits_{i=1}^{n}\dfrac{1}{\sigma_i^2}}$ 时，σ^2 是最小值。

下面利用加权平均法将传感器采集到的信息进行综合分析、计算和推理，得出道路的流量 Volume(Q)、占有率 Occupancy(O)、车流速度 Speed(v)以及车队长度 Length(L)。

假设进行融合的路段共有 n_i 条车道，放置检测器的截面将路段分成 n_j 个区域，时段长度 n_k，设第 i 条车道第 j 区第 k 时段的车流量、占有率、车流速度和排队长度测量值分别为 $Q_{ij}^{(k)}$ 、$Q_{ij}^{(k)}$、$v_{ij}^{(k)}$ 和 $L_{ij}^{(k)}$。其中，$i=1,2,\cdots,n_i$ 为融合路口的车道数；$j=1,2,\cdots,n_j$ 为检测器截面将路段分成的区域；$k=l,2,\cdots,n_k$，为时段长度；则该路段的数据融合计算公式为

$$\bar{Q}_i^{(k)}=\sum_{j=1}^{n_j}W_{ij}Q_{ij}^{(k)}, \quad \sum W_{ij}=1 \tag{3-37}$$

$$\bar{O}_i^{(k)}=\sum_{j=1}^{n_j}W_{ij}O_{ij}^{(k)}, \quad \sum W_{ij}=1 \tag{3-38}$$

$$\bar{v}_i^{(k)}=\sum_{j=1}^{n_j}W_{ij}v_{ij}^{(k)}, \quad \sum W_{ij}=1 \tag{3-39}$$

$$\bar{L}_i^{(k)}=\sum_{j=1}^{n_j}W_{ij}L_{ij}^{(k)}, \quad \sum W_{ij}=1 \tag{3-40}$$

$$\overline{Q}^{(k)}=\sum_{j=1}^{n_j}\overline{Q}_i^{(k)},\quad \overline{O}^{(k)}=\frac{1}{n_i}\sum_{i=1}^{n_i}O_i^{(k)} \tag{3-41}$$

$$\overline{v}^{(k)}=\frac{\sum_{j=1}^{n_j}\overline{Q}_i^{(k)}\overline{v}_i^{(k)}}{\overline{Q}^{(k)}},\quad \overline{L}^{(k)}=\frac{1}{n_i}\sum_{i=1}^{n_i}\overline{L}_i^{(k)} \tag{3-42}$$

式中 $Q_i^{(k)}$、$O_i^{(k)}$、$v_i^{(k)}$ 和 $L_i^{(k)}$——第 i 条车道在第 k 时段中的平均车流量、平均占有率、平均车流速度和平均车辆排队长度；

$Q^{(k)}$、$O^{(k)}$、$v^{(k)}$ 和 $L^{(k)}$——该路段在第 k 时段中的平均车流量、平均占有率、平均车流速度和平均车辆排队长度。

2）指数平滑法

指数平滑法是进行短期预测相对简单且直接的方法，可以剔除数据中的偶然出现的因素。简单的全期平均法是对时间数列的过去数据一个不漏地全部加以同等利用。移动平均法的预测值实质上是以前观测值的加权和，且对不同时期的数据给予相同的加权，这往往不符合实际情况。而指数平滑法则兼容了全期平均和移动平均所长，不舍弃过去的数据，但是仅给予逐渐减弱的影响程度，即随着数据的远离，赋予逐渐收敛为零的权数。其主要优点表现在：在平滑过程中考虑所有过去的数据；近期数据比早期数据权重大；仅需要最近的数据来修正预测值；平滑常数允许我们修改变化率，这样的模型能按照数据内含模式的变化而变化；反馈出预测的错误，纠正以前的平滑值。

3）算术平均值的递推估计融合法

对于具有正态分布特性的交通参数采集数据，如果采集数据有限，算术平均值不是测量结果的最优融合值。在该种情况下，利用数次采集数据的算术平均值作为初值的估计，进行递推估计融合，满足了递推估计要求比较可靠的初值需要，可以明显地改善有限次数据采集融合的准确性，融合结果比算术平均值法更可靠。同时，该方法具有计算量小，容易实现计算机编程计算等优点。

3.4.2 多源信息融合技术应用

1. 基于多源信息融合的交通状态判别

在大型城市由于应用的多样化，故而多种交通信息采集方式在同一个城市使用，如感应线圈监测、微波测速、地磁监测、浮动车运营 GPS 监测、电子警察卡口、电子标签监测、视频监控等在不同地段、道路网同时使用。由于以上交通信息采集方式多样，其形成的信息数据格式和设备数据接口标准不尽相同。在综合交通管理系统中需对已建成的多源交通信息数据进行融合，实现对目标路段的交通状态参数的实时获取，采用多源数据融合算法和基于知识库的道路交通状态判别算法，完成对道路交通状态的科学判断，并利用布置于路侧的 VMS 可变情报板进行实时的发布，通过对道路上交通出行者的诱导，促进交通流在路网中的均衡分布。

1）数据融合处理流程

多源交通信息数据融合处理流程如图 3-17 所示。

图中，二级数据融合模型是根据系统在实际的实施中，自动融合不能够满足有效反映部

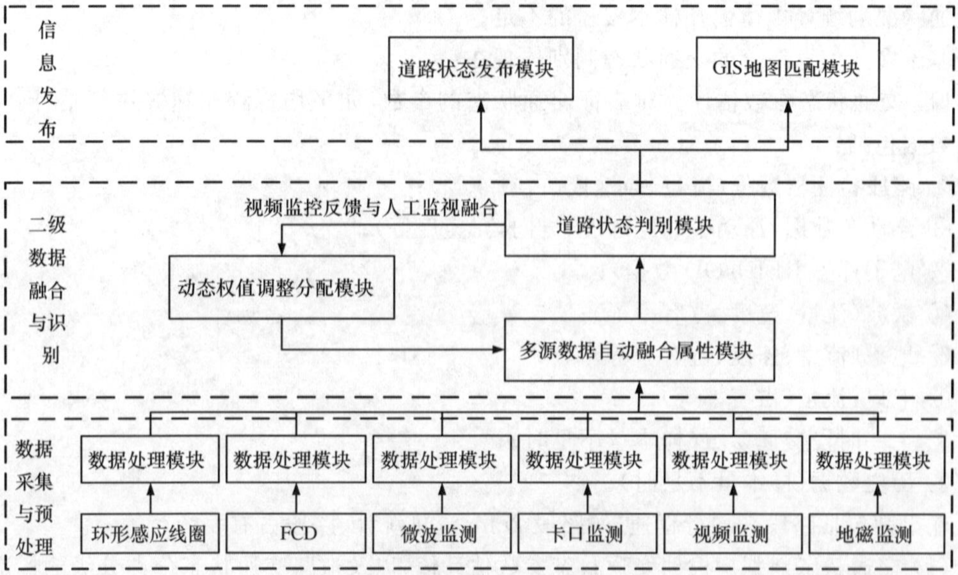

图 3-17　多源交通信息数据融合处理流程

分路段的交通状态，即某些特殊路段的交通状态通过检测器获取的数据不能有效反映，需要人工辅助来弥补其不足。

第一级，多源数据的自动融合。自动融合模型是通过在系统中的算法和数据处理程序，完成对断面线圈数据（流量、速度、车道占有率）、微波数据（流量、速度、车道占有率）、RFID 数据（行程速度、行程时间）、地磁（流量、速度、占有率等）、卡口（流量、占有率等）、浮动车数据（流量、速度、占有率等）等的初步分析和道路状态的数据融合判定，并由诱导系统的 VMS 发布程序完成道路交通状态的发布功能。

第二级，自动融合和人工管控互补性融合。自动融合在某些特定路段有一定的局限性，不能够很好地反映路段由于地理位置、道路坡度等造成的交通特点，需要人工管控来辅助，实现对根据道路监测和人工监控结合的判定模式。这种情况的路段比较少，不会增加太多的人力资源。

2）基于知识库的道路状态判别修正机制

系统建立了基于历史知识库的道路状态判别修正机制，即实时判别结果与历史数据有个比对修正的机制，系统要正常运行一段时间后，积累了大量的历史道路状态判别数据作为知识的积累，发布结果会越来越精确，从而满足城市交通的需求。

3）动态权值调整机制

多源数据融合通过权值分配机制实现对道路路段交通状态的实时判别。将多源数据输入道路状态判别模型，依据上一时段的道路状态数据进行权值的动态分配，并进行数据融合处理和道路交通状态的判别。通过人工反馈和与历史数据库的比对，对道路状态异常数据回馈到道路状态判别模型，进行权值的动态分配，从而保证道路状态发布的准确性。

4）数据融合算法模型

利用每个发布路段上每 5min 累积的车辆点速度，经过数据预处理后，计算平均车速，通过设计规则来反映路段的交通状况。对于样本不足的路段，利用历史数据或邻近时间段的交通状况的统计规律弥补样本覆盖的不足。

基于多元信息融合的交通状态判别体现在：

(1) 交通状态参数估计。对表征交通状态的参数，如平均行程车速等进行估计。此时输入数据包括：

① 路段检测器数据(流量、点速度、占有率等)；

② 浮动车数据(浮动车的经纬度、方向角、速度等)；

③ 电子标签 RFID(OD 数据)；

④ 微波(流量、速度、占有率等)；

⑤ 地磁(流量、速度、占有率等)；

⑥ 卡口(流量、占有率等)；

⑦ 上一时段交通参数(样本量不足时)；

⑧ 历史数据(样本量不足时)。

输出则包括路段平均行程速度、路段 2min 流量统计、路段占有率统计等。

(2) 交通状态判别。根据交通状态参数估计值，以及道路交通状态分类分级的标准，可对道路交通状态作出判别。此时输入数据包括融合交通参数(平均行程速度)、流量数据、占有率数据。输出则为 VMS 屏各发布路段的道路交通状态值。

(3) 多源数据融合算法模型。针对多源道路监测数据的融合处理，这里以两种以上的检测器的速度数据的融合处理方式为例：

$$v(t)=\sum_{i=1}^{n}\omega_i(t)v_i(t) \tag{3-43}$$

式中 $v(t)$——t 时段内融合后的速度数据，t 取 2min 作为统计时间段；

$\omega_i(t)$——采用第 i 种数据采集方式的权重值；

$v_i(t)$——采用第 i 种数据采集方式获得的行程速度数据。

同时可引入动态误差反比例方法来反馈控制信号，来实现多源数据权值的动态调整和分配功能：

$$\omega_i'(t)=\left|\frac{v_i(t)}{v_i(t)-v_i(t-1)}\right| \tag{3-44}$$

并对上述进行归一化处理后，得

$$\omega_i(t)=\frac{\omega_i'(t)}{\sum_{i=1}^{n}\omega_i'(t)} \tag{3-45}$$

2. 基于信息融合技术的智能驾驶系统

随着传感器技术、信息处理技术、测量技术与计算机技术的发展，智能驾驶系统也得到了飞速的发展。消费者越来越注重驾驶的安全性与舒适性，这就要求传感器能识别在同一车道上前后方行驶的汽车，并能在有障碍时提醒驾驶员或者自动改变汽车运行状态，以避免事故的发生。国际上各大汽车公司也都致力于这方面的研究，并开发了一系列安全驾驶系统，如碰撞报警系统(CW)、偏向报警系统(LDW)和智能巡游系统(ICC)等。自动车辆系统(AVS)异类传感器包括视频传感器、激光扫描仪和雷达传感器等，信息融合的目的在于把目标输入到路径规划系统中去。简单地说，所谓智能汽车就是在网络环境下用信息技术和智能控制技术武装的汽车，利用最新科技成果，使汽车具有自动识别行驶道路、自动驾驶、自动调速等先进功能。

1）ICC/CW 和 LDW 系统中存在的问题

ICC/CW 系统中经常使用单一波束传感器，这类传感器利用非常狭窄的波束宽度测定前方的车辆，对于弯曲道路，前方车辆很容易驶出传感器的测量范围，这将引起智能巡游系统误加速。如果前方车辆减速或在拐弯处另一辆汽车驶入本车道，碰撞报警系统将不能在安全停车范围内给出响应而容易产生碰撞。类似地，当弯曲度延伸时雷达系统易把邻近道路的车辆或路边的防护栏误认为是障碍而给出报警。当道路不平坦时，雷达传感器前方的道路是斜向上，小丘或土堆也可能被误认为是障碍，这些都降低了系统的稳定性。LDW 系统中同样存在公共驾驶区场景识别问题。LDW 系统依赖于一侧的摄像机（经常仅能测道路上相邻车辆的位置），很难区分弯曲的道路和做到多样的个人驾驶模式。LDW 系统利用一个前向摄像机探测车辆前方道路的地理状况，这对于远距离测量存在着精确性的问题，现常用死区识别和驾驶信息修订法进行处理，但并不能给出任何先验知识去识别故障。

基于视觉系统的传感器可以提供大量的场景信息，还可以测定距离、范围等信息，对两方面的信息融合处理后能够给出更可靠的识别信息。

2）多传感器信息融合的智能驾驶

在多传感器系统中，各传感器所提供信息的空间、时间、表达方式不同，可信度、不确定程度不同，侧重点和用途也不同，这对信息的处理和管理提出了新的要求。图 3-18 给出了多传感器信息融合系统的结构。

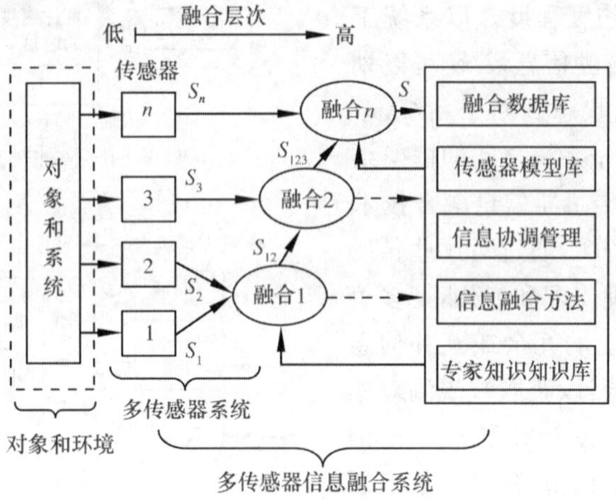

图 3-18　多传感器信息融合系统结构

由 n 个传感器组成多传感器系统，提供对象及环境信息，系统中设对 m 信息进行融合。传感器 1 和 2 的输出信息 S_1 和 S_2 在融合节点 1 融合成新的信息 S_{12}，它再与传感器 3 的信息在节点 2 融合成信息 S_{123}。依此类推，从 n 个传感器系统中获得的信息可以最终被融合成结果信息 S，送入融合数据库中。融合数据库存放了信息融合的结果，它也是智能监测控制系统数据库的一部分。对上述融合过程有几点说明如下：

① 融合节点的输入/输出信息一般都是向量形式，一个融合节点可以融合多个（图中只画出 2 个）输入信息；

② 可以只有一个融合节点($m=1$)，这时 n 个传感器信息都是该节点的输入信息；

③ 中间各节点的融合结果可作为输出直接送入融合信息库中，如图 3-18 中虚线所示。

图 3-18 中所示的多传感器信息融合系统有如下几个模块：

(1) 专家知识库。一般来说，信息融合的完成，除了具有适当的融合算法外，还应当有必要的领域知识进行有监督(教师指导)的融合。特别是在实际的工业监测控制系统中更是如此，这些领域知识就构成了专家知识库。

(2) 传感器模型库。存放了所用的传感器模型，它们定量地描述了传感器的特性以及各种外界条件对传感器特征的影响。

(3) 信息协调管理。一般情况下多传感器往往从不同的坐标系对环境中的同一特征进行描述，它们所表示的时间、空间和表达方式可能各不相同，必须将它们统一到一个共同的时空参考体系中，该模块完成了时间因素、空间因素和工作因素的全面协调管理，并对传感器进行选择，投入最合适和可靠的传感器组以适应不同的条件。

(4) 信息融合方法。对不同的任务和不同的对象采用不同的方法或者综合使用几种方法。

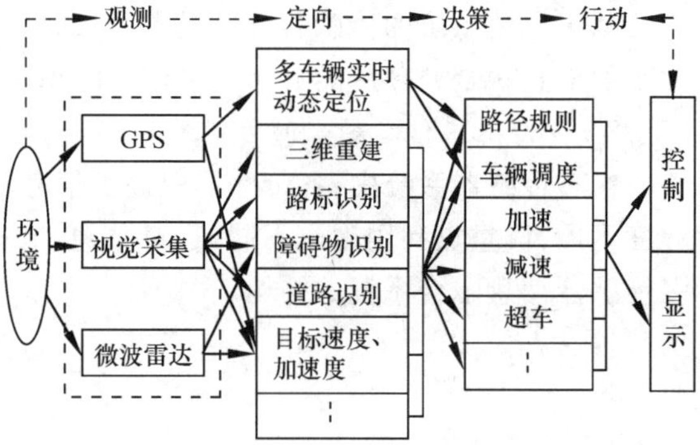

图 3-19　智能驾驶系统框架

车载信息技术是无线电技术与微处理器技术的汇聚，即利用计算机和卫星通信等信息技术来实现智能车辆辅助驾驶、Internet 网上登录、实时交通信息查询等功能。通过应用电子信息技术，使车辆实现高智能化，极大地改善车辆人机系统的安全性，避免事故的发生和减少伤害程度。以系统工程的观点来看待智能驾驶信息系统，可以划分为环境识别子系统、状态判断子系统、车辆控制子系统等，这些子系统之间的框架结构如图 3-19 所示。多传感器信息融合技术充分利用多个传感器资源，通过对这些传感器及其观测信息的合理支配和使用，把多个传感器在时间和空间上的冗余或互补信息依据某种准则进行组合，以获取被观测对象的一致性解释或描述。图 3-20 描述基于信息融合的智能驾驶系统模型，其中包括三层意思：

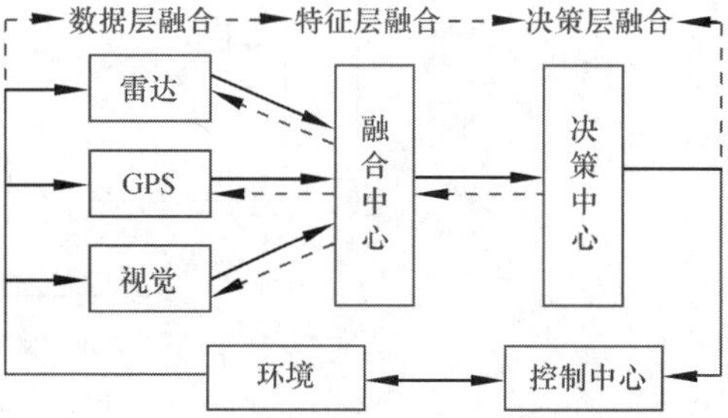

图 3-20　基于信息融合的智能驾驶系统模型

① 数据层融合。直接对数据源操作，主要是通过图像处理和识别以及多传感器集成等技术，得到环境中汽车、人和其他障碍物的位置(得到速度、加速度则更好)，预测下一步(或下几步)其位置的变化，从而为决策的形成奠定基础。

② 特征层的融合。利用对象的统计特性和概率模型进行操作，主要是根据环境中形势与已有的知识进行关联，识别现在环境中形势的特征。

③ 决策层的融合。主要是根据各种特征的关联概率，以及该策略的成功概率、风险程度、能量消耗等综合因素，采用基于规则推理的方法，最后形成一个决策。

4　交通信息传输技术及传输网络

交通信息业务主要为集语音、数据、图像为一体的综合数据业务，这些业务从模拟信息传输技术来说，已经难以胜任甚至无法实现，只有依靠数字信息传输技术来解决。本章针对交通信息传输的应用背景，分别介绍数字信息传输技术及传输网络、无线信息传输技术及传输网络、光纤信息传输技术及传输网络。

4.1　交通信息传输系统

交通信息系统由许多部分组成，其中，包括现场设备部分（如可变信息板、交通检测器、匝道控制机、车道控制器和CCTV摄像机等）和中心设备部分（如计算机、工作站和监控器等）。为了使智能交通系统能够正常运行，各组成部分之间的信息交换非常重要，而信息传输网络为这些信息的传输交换提供了传输通路。

信息传输系统实现的功能包括：

(1) 向现场设备如闭路电视CCTV、可变信息板、公路路况广播、匝道控制机、交通信号控制机和交通检测器等发出指令；

(2) 在现场设备收到指令并对其进行应答后，接收现场设备发出的确认信息；

(3) 从各种交通检测器获取交通数据；

(4) 监视现场设备的工作状态。

信息传输网络是ITS系统中一个相对独立且非常重要的部分，它与ITS的系统结构、系统配置和运行方式等相互影响。信息传输技术选择是否得当，将影响到信息传输的有效性和可靠性，最终影响到ITS系统的性能。

4.1.1　交通信息的传输媒介

1. 交通信息的传输需求

1）交通检测站及匝道控制机

交通检测站与匝道控制机一般采用多路轮询方式，一个传输通道内可有多部控制机。传输速率一般为1200波特。数据率虽然不高，但因为采用轮询方式，需要保证设备运行及通信的全天可用性。

2）其他检测器

除了用于检测流量、占有率和速度的交通检测器外，沿高速公路还安装了用于检测车辆分类和道路状况（如路面的干湿程度、结冰状况等）的检测器。每种类型的检测器与控制中心或网络分中心之间的通信通过多个低速信道进行，采用轮询方式，来保证设备运行及通信的全天可用性。

3）可变信息情报板（VMS）

可变信息情报板要使用现场控制设备，这些现场控制设备采用的通信协议要与控制中心系统的 VMS 协议和数据格式兼容。一般地，VMS 通信使用与检测器和匝道控制机所用信道类型相同的信道。为了能迅速确认，可变信息板的信息显示要非常快，来保证信息传输的实时性。

4）视频设备

视频设备一方面应用于交通事件的确认，仅仅需要持续时间较短的视频图像。而且，在交通事件确认的过程中，要保证视频图像的稳定性和清晰度。虽然摄像机真正用于交通事件确认的时间很短，但要保证摄像机有全天的可用性。而且，在用于检测交通事件的检测器出现故障时检测区域内的摄像机要保证设备运行及通信的全天可用性，以进行车辆堵塞时的交通管理和交通事件检测。视频设备另一方面用于对交通拥塞的监视，要求摄像机能较实时地将现场交通图像传输到控制中心，因为视频图像的数据量很大，故要求足够高的传输速率。

视频图像传输时还应考虑：视频图像是通过动态图像模拟信号传输，还是通过多媒体数字信号编解码其转化为数字信号传输。这要综合考虑图像质量、费用和图像压缩技术的发展等多个因素。就目前趋势来说，随着光纤技术的应用和图像转换技术的发展，由模拟的图像转化为数字图像，并通过光纤传输的过程实现起来将会更加简单高效。

2. 交通信息传输媒介

20 世纪 80 年代中期，交通控制系统的传输媒介（传输线）主要采用双绞线。同时为了减少投资费用，有的交通控制系统也采用租用的电话线路。20 世纪 80 年代后期，许多交通控制系统特别是高速公路交通管理系统，开始使用同轴电缆，因为同轴电缆较宽的带宽可以满足传输 CCTV 图像的需要。近年来，光纤通信成为交通控制系统的主要传输媒介。另外使用的信息传输媒介还有区域无线广播网络、地面微波链路、蜂窝无线网络、分组无线网络和卫星系统。下面对各种传输媒介的特征作简单介绍。

1）屏蔽双绞线

分立的绝缘导体通常以特定的间隔纽绞 90°，因而称为扭绞线对（双绞线）。这种扭绞处理通过围住线对内部的电磁场来提高传输性能，因为电磁能量的辐射减少，线内信号的强度提高。屏蔽双绞线的线对周围有金属屏蔽层或栅网层。线对可以分别屏蔽或一个单独的屏蔽层包在多对线的电缆周围。屏蔽层采用金属铂、铝、钢、铜制成的编织网。

屏蔽双绞线的优点是减少了电磁辐射干扰，信号损失减少，信号能传输更远的距离，但相对来说成本比非屏蔽的双绞线高，施工成本加大，因为附加的屏蔽层体积和重量使施工难度加大，另外屏蔽层的电接地需要较多的时间和精力。

2）同轴电缆

同轴电缆是非常坚韧的屏蔽铜线，其中心导体比双绞线更粗，而且被外屏蔽层包着，以降低信号衰减及电磁对外辐射，提高传输性能。

同轴电缆的优点是可传输的信号带宽范围比双绞线大，传输距离比双绞线远，误码率相对也更低，但是其生产、施工的成本都比双绞线高。

3）光纤

光纤传输的是调制后的光信号。光纤有极高的信息传输带宽。在 20 世纪 80 年代后期，CCTV 图像的传输要求交通系统的传输媒介有较高的传输带宽，所以在各个系统开始采用光纤传输媒介。目前安装及维护光纤传输网的费用也大大降低，更使光纤传输成为交通信息传输系统的首选。光纤传输的优点是对环境的变化和电磁干扰不敏感，维护起来相对比较容易，产品和技术相对成熟，采用密集波分复用技术后信息传输率高达 10Gbit/s 甚至 40Gbit/s，光纤传输距离远，能达到 50km 甚至更远而不需要中继转发。

4）区域无线广播网络

区域无线广播网络是指向一个区域而不是某一个特定的地点发送信号的自备的无线系统，它可以在交通信号控制机及其他交通控制设备上使用，可向高速公路维修车辆提供语音通信。

5）地面微波链路

地面微波链路是自备的无线通信媒介。微波主要用作点对点通信的主干媒介，传输音频信息和数据及有限的 CCTV 视频信息。它可对多个交通控制设备进行群组控制，可传输模拟信号和数字信号。

6）蜂窝无线网络

公众的蜂窝无线网络是另一种广泛应用的无线传输媒介，但交通部门专用的蜂窝无线网络一般只用于一些小规模和短期的交通应用。随着蜂窝无线网络的业务从语音扩展到数据、图像等业务，它在交通信息传输领域有更好的应用前景。交通部门通常是采用专用的无线网络，采用集群制式，适用于调度指挥。

7）卫星通信系统

卫星通信系统属于公众的无线通信系统。就现在的卫星设备及其提供的服务来说，在相对小区域（如交通控制系统）内使用卫星通信系统还不能取得令人满意的成本效益。但是可以考虑卫星通信系统在较大区域内的应用，此时交通部门可以租用卫星信道专作交通信息控制用。

对特定的应用来说，选择最有效的传输系统必须考虑许多关键的设计因素。这些因素包括一般的传输特性，如带宽和差错性能二者均影响系统的吞吐量。另外，还必须考虑设备之间的可容许距离，以及传播时延、安全性、机械长度和物理尺寸等问题。最后，是要考虑可用性和成本，包括生产成本、施工成本、操作与维护成本以及升级换代成本。

3. 交通信息传输类型

ITS 的信息传输设备按工作方式可分为两种类型：模拟传输和数字传输。传输的信息可分为三类：①数据——来自系统检测站、匝道控制机和可变信息板，这部分信息传输时的数据包较小，所需的带宽较窄；②声音——可通过有线和无线方式传播；③视频图像——来自 CCTV 摄像机的动态图像，可用于交通事件确认和交通监控，传输时需要较宽的带宽。另外，现场检测点与各控制分中心的数据交互，以及各个控制分中心要与控制中心进行信息交互，然后发布到互联网上，我们称这种与用户终端有关的信息交互为信息接入。

4.1.2 现场设备通信

现场设备通信具有一些特殊需求，首先需要具备抗电磁干扰能力，因为控制设备，尤其是一些车载设备和室外设备，工作环境比一般的工业控制设备的工作环境恶劣，其中影响最大的是电磁干扰。现场设备通信技术要求使用的数据总线具有很好的抗电磁干扰能力，以保证数据传输的可靠性。其次，交通控制系统是典型的实时控制系统，随着控制设备的系统功能不断增强，系统结构也越来越复杂，信号控制设备使用的计算机性能不断提高，设备内部和设备之间的数据通信也越来越多。为了匹配计算机性能及应对复杂任务，数据总线除了要有更高的数据传输速率外，还要有一套有效的数据通信协议，确保数据传输的效率，从而满足实时性要求。对于可靠性要求比较高的系统，现场通信技术需具备容错性特性，一般要求数据通信为冗余配置，对于每一条数据线要求任一通信节点出现故障，不至于导致数据线瘫痪。此外，要求传输数据时能够满足一定的错误检测和错误恢复等要求，对于瞬间干扰，能够通过检错和重发等机制抵抗。

在交通控制系统中，设备内部和设备之间的数据通信的工作模式可以是点对点方式，也可以是支持多通信对象的总线方式，数据通信速率从几 Kbit/s 至数十 Mbit/s。设备内部的数据通信速率通常比较高，而设备之间数据通信速率则会考虑通信距离以及电磁干扰等因素适当降低。

目前实际的信号控制设备现场通信广泛使用基于传统的 RS-232、RS-422 和 RS-485 等串行通信总线的数据通信技术，近年来随着现场总线技术的飞速发展，CAN 通信总线的数据通信技术也得以应用。下面简要介绍基于传统串行通信的 RS-232、RS-422、RS-485 总线和现场总线的数据通信技术。

1. 传统串行通信

1) 异步串行通信

异步通信每次传送一个字符，因此，也叫字符同步方式。每个字符的首末分别设置 1 位起始位和 1、1.5、2 位停止位，分别表示字符的开始与结束。起始位为“0”，停止位为“1”。字符可以为 5—8 位，字符后停止位之前可以传输 1 位奇/偶校验位。一般 5 位字符的停止位是 1.5 位，8 位字符的停止位是 1 位或 2 位。其数据格式如图 4-1(a)所示。

异步传输格式工作原理：平时不传输字符时，传输线一直处于停止位状态，即高电平。一旦检测到传输线上有“1”、“0”的跳变，说明发送端开始发送字符，接收端立即应用这个电平的变化启动定时机构，按发送的顺序接收字符。待发送字符结束，发送端又使传输线处于高电平，直至下一个字符。这种方式接收时钟仍应与发送时钟同步，但由于每次只接收一个字符。对接收时钟的精度要求降低了，只要时钟偏差不超过 50%，一般不会引起采样出错。其特点是简单易实现，但传输效率较低。每个字符都要附加起始位和停止位，辅助开销比例很大。一般用于低速线路中，像计算机与终端、计算机与调制解调器、计算机与多路复用器等通信设备的连接。

2) 同步串行通信

同步通信以字符块或位块为单位进行传输，一块一般有几千个数据位。发送时钟和接收时钟必须同步。一般采用自同步法，即从所接收的数据中提取时钟特征。要求传输码具有自同步能力，传送数据中包含着发送时钟信号。接收端从接收数据中提出与发送时钟一致的时钟信号作为接收时钟信号，接收时钟和发送时钟就自动同步了。

为使接收端和发送端同步，除使双方时钟同步外，还必须使接收端能准确判断出数据的开始与结束，一般的作法是在数据块前面加一个一定长度的位模式，一般称为同步信号或前文，数据结束后加上后同步信号(后文)。前文、后文加上所传输的数据信息，构成了一个完整的同步传输方式下的数据单位，称为帧。帧是数据链路层的数据传输单位。其数据帧结构如图 4-1(b)所示。

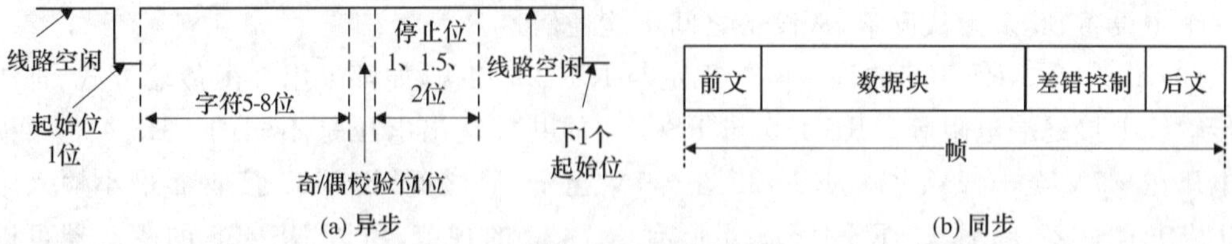

图 4-1 串行通信数据帧结构

帧的传输过程是这样的：接收端检测到前文后，说明发送端已开始发送数据，接收端利用从数据中提取出的时钟信号作为接收时钟，按顺序接收前文之后的数据信息，直到碰上后文为止。优点是因为以位块为单位（几千比特），额外开销小，因此传输效率高，在数据通信中得到了广泛应用。缺点则是发送端和接收端的控制复杂，且对线路要求也较高。

3）串行通信接口标准

（1）RS-232。RS-232 接口使用非平衡（即单端）方式传送和接收数据及控制信号，所以其数据和控制信号需要一根信号地线以构成回路。其优势在于节约线缆，但存在抗电磁干扰能力差的问题。

RS-232 接口适合长度在 15～30m 的点对点（即只用一对收、发设备）连接，而不适合更长的线路或多点通信。使用时一般推荐把数据传输速率限制在每秒 19.2kbit/s 以内或更低。在使用短的电缆（大约 2m）时，数据传输速率常可达 115.2kbit/s。某些接口驱动芯片可以支持高达 1Mbit/s 的数据传输速率。RS-232 接口采用负逻辑，与一般的数字逻辑电路正逻辑不同，其电平值也与一般的数字逻辑电路 TTL、CMOS 电平不同。为了数字逻辑电路（包括 CPU）能够使用 RS-232 接口进行数据通信，必须在一般的 TTL、CMOS 等数字逻辑信号与 RS-232 接口信号之间进行电平变换。RS-232 定义了采用串行二进制数据交换方式的数据终端设备（DTE）和数据电路终接设备（DCE）之间的接口，详见表 4-1。

表 4-1　RS-232 接口（PC 机 DB-9 串口）信号定义

针序号	信号名称	信号流向	简称	信号功能
3	发送数据	DTE→DCE	TxD	DTE 发送串行数据
2	接收数据	DTE←DCT	RxD	DTE 接收串行数据
7	请求发送	DTE→DCE	RTS	DTE 请求切换到发送方式
8	清除发送	DTE←DCT	CTS	DCE 已切到准备接收
6	数据设备就绪	DTE←DCE	DSR	DCE 准备就绪，可以接收
5	信号	地	GND	公共信号地
1	载波检测	DTE←DCT	DCD	DCE 已检测到远程载波
4	数据终端就绪	DTE→DCE	DTR	DTE 准备就绪，可以接收
9	振铃指示	DTE←DCE	RI	通知 DTE，通信线路已接通

（2）RS-422。RS-422 由 RS-232 发展而来，改进了 RS-232 的通信距离短、速度低等缺点。RS-422 定义了一种平衡通信接口，即数据信号使用一对双绞线采用差分传输方式。由于 RS-422 接收器采用高输入阻抗和发送驱动器比 RS-232 拥有更强的驱动能力，因此，理论上允许 RS-422 在相同传输线上连接多个接收节点。RS-422 一般最多可接 10 个节点。

即一个主设备，其余为从设备，从设备之间不能通信。

(3) RS-485。RS-485 的许多电气规定与 RS-422 相仿，如都采用平衡传输方式、都需要在传输线上接终端电阻等。RS-485 与 RS-422 的共模输出电压是不同的。RS-485 共模输出电压在 −7V 至 +12V 之间，RS-422 在 −7V 至 +7V 之间，RS-485 接收器最小输入阻抗为 12kΩ，RS-422 是 4kΩ。RS-485 满足所有 RS-422 的规范，所以 RS-485 的驱动器可以用在 RS-422 网络中应用。但 RS-422 的驱动器并不完全适用于 RS-485 网络。

RS-485 与 RS-422 一样，最大传输速率为 10Mbit/s。当波特率为 1 200bit/s 时，最大传输距离理论上可达 15km。平衡双绞线的长度与传输速率成反比，在 100kbit/s 速率以下，才可能使用规定最长的电缆长度。

2. 现场总线技术

现场总线是应用在生产现场、在测量控制设备之间实现双向、串行、多点数字通信的系统，也被称为开放式、数字化、多点通信的底层控制网络，它在制造业、流程工业、交通、楼宇等方面的自动化系统中具有广泛的应用前景。基于现场总线的控制系统被称为现场总线控制系统(FCS)。FCS 实质是一种开放的、具有互操作性的、彻底分散的分布式控制系统。在信号控制领域，目前应用最为广泛的是 CAN 总线。

CAN 控制器根据两根线上的电位差来判断总线电平。CAN 中的总线电平为两种互补逻辑数值之一，D/"显性"或 R/"隐性"。"显性"数值表示逻辑"0"，"隐性"表示逻辑"1"，二者必居其一。发送方通过使总线电平发生变化，将消息发送给接收方。"显性"和"隐性"位同时发送时，总线电平为"显性"。

CAN 特点：

1) 多主控制

在总线空闲时，所有的单元都可开始发送消息(多主控制)。最先访问总线的单元可获得发送权(CSMA/CA 方式)。多个单元同时开始发送时，发送高优先级 ID 消息的单元可获得发送权。

2) 消息的发送

在 CAN 协议中，所有的消息都以固定的格式发送。总线空闲时，所有与总线相连的单元都可以开始发送新消息。两个以上的单元同时开始发送消息时，根据标识符(以下称为 ID)决定优先级。ID 并不是表示发送的目的地址，而是表示访问总线的消息的优先级。两个以上的单元同时开始发送消息时，对各消息 ID 的每个位进行逐个仲裁比较。仲裁获胜(被判定为优先级最高)的单元可继续发送消息，仲裁失利的单元则立刻停止发送而进行接收工作。

3) 系统的柔软性

与总线相连的单元没有类似于"地址"的信息，因此在总线上增加单元时连接在总线上的其他单元的软硬件及应用层都不需要改变。

4) 通信速度

根据整个网络的规模，可设定适合的通信速度。在同一网络中，所有单元必须设定成统一的通信速度。即使有一个单元的通信速度与其他的不一样，此单元也会输出错误信号，妨碍整个网络的通信。不同网络间则可以有不同的通信速度。

5）远程数据请求

可通过发送"遥控帧"请求其他单元发送数据。

6）错误检测功能/错误通知功能/错误恢复功能

所有的单元都可以检测错误（错误检测功能），检测出错误的单元会立即同时通知其他所有单元（错误通知功能）。正在发送消息的单元一旦检测出错误，会强制结束当前的发送。强制结束发送的单元会不断反复地重新发送此消息直到成功发送为止（错误恢复功能）。

7）故障封闭

CAN可以判断出错误的类型是总线上暂时的数据错误（如外部噪声等）还是持续的数据错误（如单元内部故障、驱动器故障、断线等）。

8）连接

CAN总线是可同时连接多个单元的总线。可连接的单元总数理论上是没有限制的。但实际上可连接的单元数受总线上的时间延迟及电气负载的限制。降低通信速度，可连接的单元数增加；提高通信速度，则可连接的单元数减少。

4.1.3 交通信息接入方式

交通信息接入方式主要分有线接入和无线接入两大类。

1. 有线接入

1）铜线接入

（1）电话音频线接入。电话线路上传输的是语音信息，也就是说普通的电话与交换机之间传输的是模拟信号。PSTN交换机只接收0～3.4kHz左右的频宽的信号。那么在这么窄的载波上面，用户如果要传输交通监控、检测数据的话，需要在用户端加Modem，如图4-2所示将串口RS-232数据通过电话线传输到更远距离。

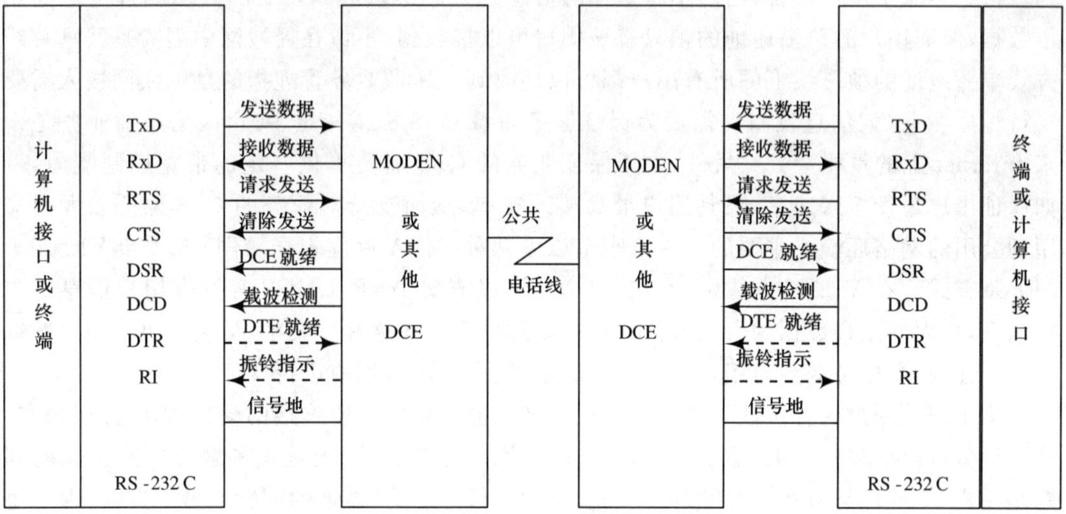

图4-2 电话线数据传输

（2）xDSL

目前流行的铜线接入主要是采用xDSL技术。DSL是"Digital Subscriber Line"的缩写，即所谓的数字用户环路，DSL技术是基于普通电话线的宽带接入技术，它在同一铜线上分别传送数据和语音信号，数据信号并不通过电话交换机设备，减轻了电话交换机的负载；并且不需要拨号，一直在线，属于专线上网方式。最常用的 ADSL 是一种非对称的宽带接入方式，“不对称”是指进行的交互式宽带业务上行方向（从用户终端向交换机的发送方向）与下行方向（从交换机向用户终端的发送方向）的信息速率是不对称的。在交通监控中，往往控制中心和检测现场之间的信息传输量是不对称的。ADSL 典型的上行速率为 16～640kbps，下行速率为 1.544～8.192Mbps，传输距离为 3～6km。通过关闭低端子信道可将 0～4kHz 留给普通电话信号使用，上行信号占 30～138kHz，下行信号占 138～1104kHz。

ADSL 的核心是编码技术，目前有离散多音复用 DMT 和抑制载波幅度和相位 CAP 两种主要方法。两种方法的共同点是 DMT 和 CAP 都使用正交幅度调制（QAM）。两者的区别是在 CAP 中，数据被调制到单一载波之上；在 DMT 中，数据被调制到多个载波之上，每个载波上的数据使用 QAM 进行调制。两者相比，DMT 技术复杂成本也要稍高一些，但由于 DMT 对线路的依赖性低，并且有很强的抗干扰和自适应能力，已被定为标准。

由于 xDSL 技术的宽带接入优势，现有许多交通诱导系统、交通监控系统以及监控点与分中心或区域中心之间信息传输都采用该接入方式。

(3) 以太网电缆接入

基于以太网的局域网（LAN）是实现办公自动化、企业管理现代化和工业过程控制自动化的基础，它以 5 类线作为传输媒介。将交通管理部门或控制中心的局域网接入到整个网络是实现最终的 ITS 共有信息平台不可缺少的。以太网的最大优点是廉价，但是因其作为接入方式接入公众网，然后作信息传输及发布还存在安全管理、业务管理等问题。

所谓安全管理指的是接入网需要保障用户数据的安全性，隔离携带有用户个人信息的广播消息（如 ARP（地址解析协议）、DHCP（动态主机配置协议）消息等），防止关键设备受到攻击。对每个用户而言，当然不希望他的信息别人能够接收到，因此，要从物理上隔离用户数据，保证用户的单播地址的帧只有该用户可以接收到，不像在局域网中因为是共享总线方式单播地址的帧总线上的所有用户都可以接收到。所谓业务管理指的是以太网接入需要支持组播业务（如信息发布），需要为保证服务质量 QoS 提供一定手段，因为组播业务是未来 Internet 上的重要业务。另外，为了保证业务的 QoS 需要提供一定的带宽控制能力，例如保证用户最低接入速率，限制用户最高接入速率，从而支持对业务的 QoS 保证以太网应用到公用的网络环境。主要的解决方案有以下两种：VLAN（虚拟局域网）方式和 VLAN＋PPPoe 方式。在 VLAN 方式中，利用 VLAN 可以隔离 ARP、DHCP 等携带用户信息的广播消息，从而使用户数据的安全性得到进一步的提高。在这种方案中，虽然解决了用户数据的安全性问题，但是缺少对用户进行管理的手段，即无法对用户进行认证、授权。

为了识别用户的合法性，可以将用户的 IP 地址与该用户所连接的端口 VID 进行绑定，这样设备可以通过核实 IP 地址与 VID 来识别用户是否合法，但是这种解决方案带来的问题是用户 IP 地址与所在端口捆绑在一起，只能进行静态 IP 地址的配置。另一方面，因为每个用户处在逻辑上独立的网内，所以，对每一个用户至少要配置一个子网的 4 个 IP 地址、即子网地址、网关地址、子网广播地址和用户主机地址，这样会造成地址利用率极低。

(4) 同轴电缆线

同轴电缆作为传输介质，其相对于对绞线的优点是传输衰减小，抗干扰能力强。一般信号需要中等距离传输时，可以采用同轴电缆传输。

2）光纤接入

现阶段光纤接入设备的成本相对较大，所以，将光纤作为接入方式的用法正在逐步推广，随着技术的发展，光设备成本的降低，光纤作为一种主要的接入方式具有很大的发展潜力。在高速公路收费系统、高速公路监控系统中，由于其信息传输距离较长，一般都采用光纤接入方式。

2. 无线接入

无线接入是指从交换节点到用户终端部分或全部采用无线电波作为传输媒介的接入技术，用无需物理传输媒质的无线传输手段来代替接入网的部分甚至全部，从而达到降低成本改进灵活性和扩展传输距离的目的。无线接入技术可以分为移动接入和固定接入两大类。

1）移动蜂窝无线接入

通过移动蜂窝网进行数据业务的接入技术有：

(1) 通用分组无线业务(GPRS)。GPRS 是按 GSM 标准定义的封包交换协议，它在移动终端和网络之间实现了"永远在线"的连接，网络容量只有在实际进行传输时才被占用。它是一种基于分组交换传输数据的方式，是在 GSM 网络中增加分组交换功能，在 GSM 平台上运用 X.25 和 TCP/IP 协议的分组交换数据通信。它可以提供高达 115kbit/s 的空中接口传输速率。GPRS 使若干移动用户能够同时共享一个无线信道，一个移动用户也可以使用多个无线信道。实际不发送或接收数据包的用户仅占很小一部分网络资源。其数据率是现有 GSM 的 10 倍以上，巨大的吞吐量改变了单一面向文本的无线应用，使得包括图片、话音和视频的多媒体业务得以实现。

GPRS 的特点包括：充分利用频谱资源、传输带宽宽、适用于突发性业务。GPRS 技术呼叫建立时间短、支持点到点、点到多点、上下行链路非对称传送。从有效地利用网络资源和降低用户费用方面考虑，GPRS 非常适合于如互联网业务等突发性、面向大众的业务。

(2) 3G 数据通信。第三代移动通信 IMT-2000 工作在 2000MHz 频段，最高业务速率可达 2000kbps，无线接口技术标准目前应用的方案是 WCDMA、CDMA2000 和 TD-SCDMA，其基本思想是全球统一频段、统一标准、无缝覆盖，全球漫游。

2）专用短程通信(DSRC)

专用短程通信 DSRC 采用无线通信技术，由车载单元(OBU)、路旁单元(RSU)、专用短程通信协议以及后台计算机网络组成，在智能交通系统中实现路、车之间信息传输。

车载单元主要由车载及电子标签组成，电子标签中存储了该车的有关信息，如车号、车型、所有者等。路旁单元有车道单元、车道设备，主要是车道通信设备——读写器，包括车道天线和天线控制器。专用短程通信系统主要是利用专用短程通信技术，通过路旁单元的信号发射和接收装置识别通过车辆的相关信息，自动对车辆进行身份鉴别、实时监控、动态引导等智能化管理，完成车辆相关信息的动态采集工作。

3）固定无线接入

(1) 无线局域网(WLAN)。无线局域网是一种能支持较高数据速率(2～11Mbit/s)、采用微蜂窝、微微蜂窝结构的、自主管理的计算机局部网络。它可采用无线电或红外线作为传输媒质，并采用码分多址(CDMA)的扩展频谱技术，移动的终端可通过无线接入点来实现对 Internet 的访问。在无线局域网这个领域中有这样两个主要标准：IEEE802.11 和 HIPERLAN(High Performance Radio Local Area Network)。

IEEE 对 802.11 的标准进行了高速扩展。高速扩展有两个版本：一是 IEEE802.11a，工作在 5GHz 频段，采用 OFDM 调制，传输速率为 6～54Mbit/s 或 11Mbit/s。

WLAN 利用常规的局域网(如 10/100/1000Mbit/s 以太网)及其互连设备(路由器)构成骨干支撑网，利用无线接入点(AP)和无线接入服务器(WAS)来支持移动终端(MT)的移动和漫游。无线接入服务器的作用是提供无线终端的接入管理和移动性管理。在无线接入服务器管辖的范围内(称为服务区)可支持多个小区。无线接入点的作用是完成 WLAN 和 LAN 之间的桥接，实现无线空中接口协议到 LAN 协议的转换，并实现小区的移动用户管理。在无线接入服务器中运行移动 IP 服务器软件，在移动终端上运行移动 IP 客户机便可支持移动 IP 功能。

(2) 蓝牙技术(Bluetooth)。蓝牙技术是一种无线数据与语音通信的开放性全球规范，它以低成本的近距离无线连接为基础，为固定与移动设备通信环境建立一个特别连接。蓝牙工作在全球通用的 2.4GHzISM(即工业、科学、医学)频段。蓝牙的数据速率为 1Mbit/s，采用 TDD/CDMA 时分双工传输方案被用来实现全双工传输。与其他工作在相同频段的系统相比，蓝牙跳频更快，数据包更短，这使蓝牙比其它系统更稳定。前向纠错(FEC)的使用抑制了长距离链路的随机噪音。应用了二进制调频(FM)技术的跳频收发器被用来抑制干扰和防止衰落。

4.2 数字信息传输技术及传输网络

ITS 的信息传输目前以数字信息为主，故交通信息传输系统同样也以数字信息传输系统占主体。数字信息传输系统的组成如图 4-3 所示。正如前述，它除了将信号匹配到信道的调制与解调之外，增加了编码器和译码器。按照其功能不同，编码器又可细分为信源编码和信道编码两部分，前者是将原来不适合在数字通信系统内传输的模拟信号转换为有效的数字信号，例如，话音信号或图像信号的数字化等。另外，像数据加密或数据压缩等数字信号处理任务也是信源编码器的特定功能。信道编码则主要是实现数字信号传输中的差错控制功能。一般来说，信源编码是用来删除和减少原始信号中的信息冗余量，致使信号传输的有效性提高；而信道编码则是适当地增加信号传输中的信息冗余量，以它为代价换取传输可靠性的提高。因此它们所实现的功能是完全不同的，在设计通信系统的传输有效性和传输可靠性指标时要全面兼顾，不可偏废。由于编码器在数字通信系统中的突出地位，因此，有时将发端编码器之后直到收端译码器之前的传输过程称为编码信道，以区别于模拟通信系统中的调制信道。图中收端译码器的功能是将编码后的信号恢复成原来编码前的信号，而且要尽量减少由于编码和译码所带来的信号失真，因此，它要完成的任务更为复杂。

信息传输系统(又称通信系统)一方面要求被传输的信息准确可靠，另一方面就是要求被传输的信息及时有效；前者被称为通信系统的可靠性性能，后者则被称为通信系统的有效性性能。在理想的通信系统中应该使传输的信息流通量达到最大，同时应该保持被传输的信息没有失真，也没有误码。通信的有效性和可靠性是最重要的技术指标。所谓通信的有效性通常是指在给定的信道内能够容纳多大的信息量，或者是指允许多高的信息传输速率；通信的可靠性则用误码率来衡量。

在数字通信系统中衡量通信有效性的指标采用信息传输速率，它是指在单位时间(通常

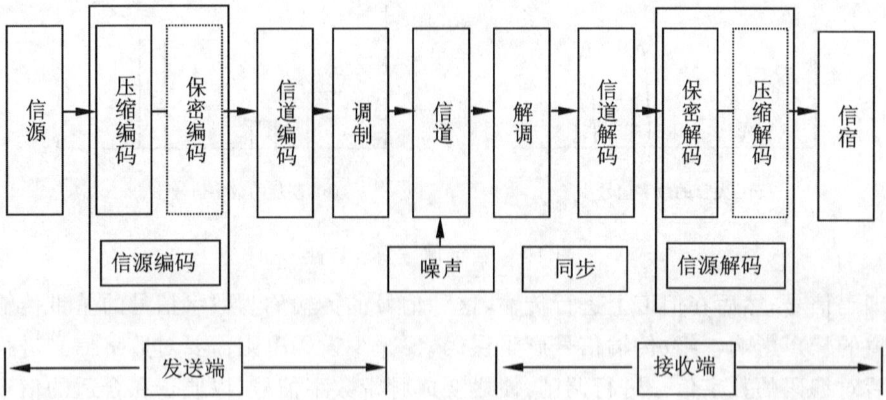

图 4-3　数字信息传输系统组成框图

用每秒)内容许传输最大信息量的指标。正如前述信息传输速率(简称传信率)的基本单位是每秒比特(bit)数,或用 bit/s 来表示,它是代表在每秒时间内传送一个二进制单位的信息量。有时也可用每秒波特(Baud)数来衡量传信率的大小,这里波特是指一个多进制单位的信息量,称为传码率,即每秒传送的码元数。在计算上波特与比特之间可以相互转换。在采用传信率作为数字通信系统的有效性指标后,不管传输什么信息,包括数字化后的话音或图像信息、数据信息等均可统一用每秒比特数来计算通信的有效性。目前在低速率数字传输信道内,例如,无线移动通信或普通对称电缆,其最大传信率只有几百到几千 bit/s,用于在信道内传送数字传真或单路数字话音信息。在中速率数字传输信道内最大信息传输率可以提高到几兆到几十兆比特每秒,例如综合布线系统或有线电视电缆,大多用于传输计算机数据或数字图像信息。在高速率数字传输信道内则最大信息传输已可达到几百 Mbit/s 到几 Gbit/s,例如光缆或卫星通信系统,它们可以传输大量的网络数据或图像信息。

通信系统的可靠性指标在数字通信系统内通常是采用误码的数目占全部传输码位的比例,称为误码率,例如,在有线或卫星传输信道内最高可以达到 10^{-7},而在无线移动信道内能达到 10^{-3} 就算不差了。当然,实现误码率指标的要求还与所采用的信道编码技术有关,后者具有一定的差错控制能力,即通过检错和纠错的方法来使误码率的指标提高,以便满足不同通信系统的传输要求。例如在低速率数字通信中只要求误码率达到 10^{-3};而在中速率情况下要求误码率达到 10^{-5};在高速率通信系统中则要求误码率达到 10^{-7} 以上,这是目前努力的方向。

4.2.1　数字信息传输系统简介

众所周知,数字通信与模拟通信相比较,具有一系列优点:①用数字信号传递信息易于再生,防止干扰的积累,从图 4-4 中可以看出受干扰的数字信号能够容易地恢复出数字信号;②数字信号便于连接各种数据终端,特别是计算机终端;③数字信号易于加密,可靠性好;④数字信息易于实现信息传输业务综合化,有利于组网传输;⑤数字信息的电子器件易于高度集成化,有利于通信设备的小型化和灵活性;⑥数字信息易于加工处理,有利于扩大信息传输容量和提高传输质量。

要实现数字信号的有效可靠传输,首先需要将模拟信号数字化,变换成二进制或多进制

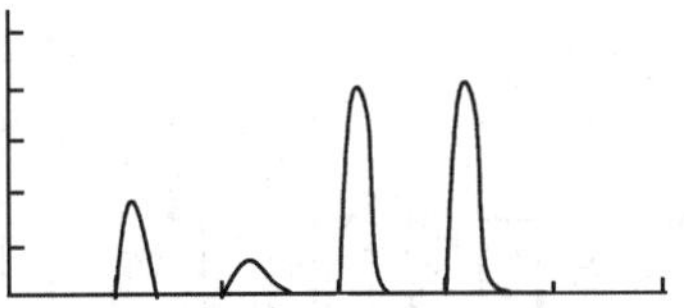

(a) 失真的数字信号

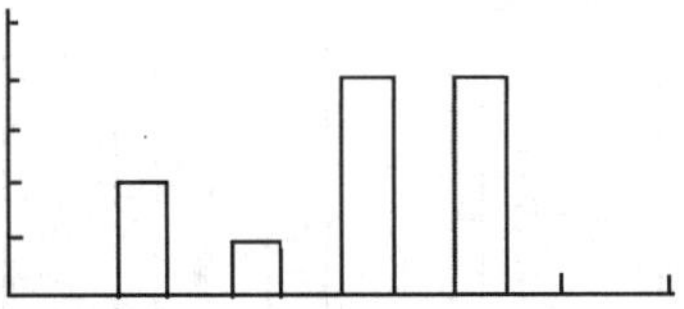

(b) 恢复的数字信号

图 4-4　数字信号恢复特性

的数字编码信号；然后在信道上进行传输，这种信号的传输称为数字信号的基带传输。由于传输信道的噪声影响，导致传输信号产生误码，要减少误码率则需要对数字信号进行信道编码。最后对编码的数字信号进行调制，使之变成频带数字信号，以便于在合适的信道上进行传输。

1. 模拟信号数字化

模拟信号数字化也就是我们常说的模/数变换，它由基本的三步骤组成：抽样、量化和编码。当信源产生的模拟信号经过抽样(图 4-5)，在时间上是离散化了，但是其幅值仍是连续变化的，只有经过幅度的分层处理，才能形成时间上和幅度上都是离散的数字信号。

1）抽样

实际上，抽样过程等于周期性单位冲激脉冲乘上模拟信号。

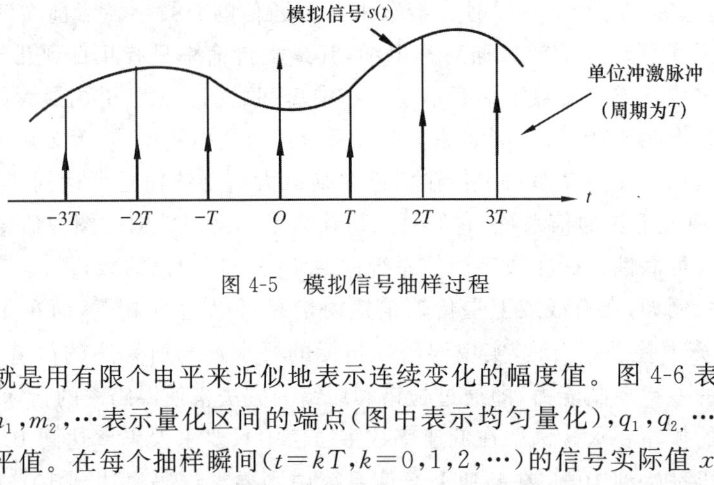

图 4-5　模拟信号抽样过程

2）量化

所谓量化就是用有限个电平来近似地表示连续变化的幅度值。图 4-6 表示一个量化过程，纵坐标上 m_1，m_2，…表示量化区间的端点(图中表示均匀量化)，q_1，q_2，…表示量化器输出的诸量化电平值。在每个抽样瞬间($t=kT$，$k=0,1,2,\cdots$)的信号实际值 $x(kT)$ 和量化值 $x_q(kT)$ 分别用点(·)与(△)表示，图中示出了量化电平值与信号实际值之间产生了量化误差。量化误差是因为将抽样值舍入到最接近的量化电平值所致，这种量化误差在接收端是无法消除的，而且与传输信道无关。但是在有噪声干扰的信道中传输经幅度量化后的信号，并用有限位数的二进制数字代码来表示这个信号后，只要噪声干扰不太大，则接收端将有可能准确地恢复该量化信号，从而消除了传输中的噪声影响，因而对数字信号的远距离传输是有利的。

3）编码

量化信号可以直接在信道中作为多进制信号传输，当遇到噪声的起伏幅度不超过量化层时就不会影响原来的信噪比。还有一种常用的方法是将抽样信号经过量化成为量化信号后再进行编码。所谓编码就是用一定的数字代码与量化电平一一对应，代码的形式通常采

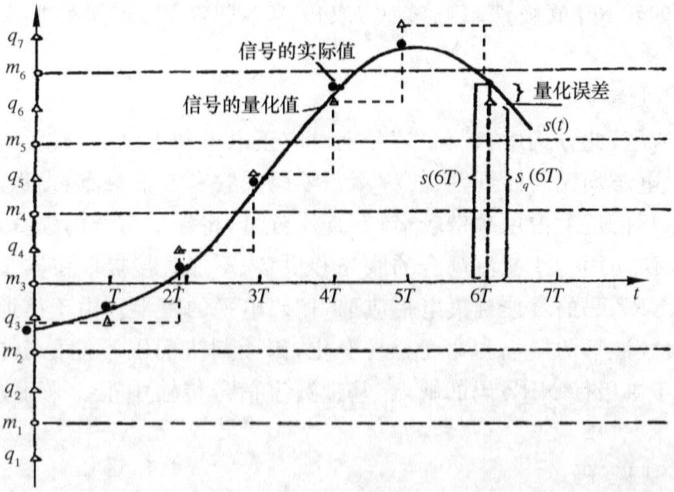

图 4-6　量化过程

用二进制，而多进制代码只是用在传输信道的信噪比比较好、可利用的频带比较窄的情况，或者是在多进制调制方式时采用。

一位二进制数码只能表示两个数值，即 1 或 0，若有 k 位码元构成一个码组（又称码字）则它能表示的量化级数为 $M=2^k$。表 4-2 列出了当 $k=4$ 时，4bit 二进制码的组合能表示 $2^4=16$种量化值。

表 4-2　两种二进制编码方式

量化值	极性	自然二进制码	对称二进制码	量化值	极性	自然二进制码	对称二进制码
15	正极性	1111	1111	7	负极性	0111	0000
14		1110	1110	6		0110	0001
13		1101	1101	5		0101	0010
12		1100	1100	4		0100	0011
11		1011	1011	3		0011	0100
10		1010	1010	2		0010	0101
9		1001	1001	1		0001	0110
8		1000	1000	0		0000	0111

经过抽样、量化和编码后，模拟信号的样值可由 0，1 二进制码元的代码组来表示，将该二进制编码信号直接在电路（信道）上传输，称为基带传输。

2. 基带数字信号传输

数字基带信号是对二进制或多进制的数字信息进行电脉冲表示，也就是用未经调制的电信号表示二进制或多进制码。

1）基带数字信号码型

通常把数字信息的电脉冲表示过程称为码型变换，不同形式的数字基带信号具有不同的频谱结构。在有线信道中传输的数字基带信号又称为线路传输码型。常用的二进制数字基带信号码型有归零码（RZ）和不归零码（NRZ）两类，而其极性又分别有单极性和双极性，故其组合有如下四种码：单极性不归零码、双极性不归零码、单极性归零码、双极性归零码等。

（1）单极性不归零码。

如图 4-7(a)所示，此方式中“1”和“0”分别对应正电平和零电平，或负电平和零电平。在表示一个码元时，电压均无需回到零，故称不归零码。它有如下特点：发送能量大，有利于提高接收端信噪比；在信道上占用频带较窄；有直流分量，将导致信号的失真与畸变；且由于直流分量的存在，无法使用一些交流耦合的线路和设备；不能直接提取位同步信息。

接收单极性 NRZ 码的最佳判决电平应取“1”码电平的一半。由于信道衰减或特性随各种因素变化时，接收波形的振幅和宽度容易变化，因而判决门限不能稳定在最佳电平，使抗噪性能变坏。由于单极性 NRZ 码的缺点，基带数字信号传输中很少采用这种码型，它只适合极短距离传输。

（2）双极性不归零码。

在此码型中，“1”和“0”分别对应正、负电平，如图 4-7(b)所示。其特点除与单极性 NRZ 码特点发送能量、频带、直流分量相同外，还有以下特点：当“1”和“0”数目各占一半时无直流分量；接收端最佳判决门限为零，容易设置并且稳定，因此抗干扰能力强；可以在电缆等无接地线上传输。

由于此码的特点，经常把它作为线路码来用。近年来，随着 100Mb/s 高速网络技术的发展，双极性 NRZ 码的优点(特别是信号传输带宽窄)受到人们关注，并成为主流编码技术。但在使用时，为解决提取同步信息和含有直流分量的问题，先要对双极性 NRZ 进行一次预编码，再实现物理传输。

（3）单极性归零码。

如图 4-7(c)所示，在传送“1”码时发送 1 个宽度小于码元持续时间的归零脉冲；在传送"0"码时不发送脉冲。其特征是所用脉冲宽度比码元宽度窄，即一个码元还没有终止时就回到零值，因此称其为单极性归零码。单极性 RZ 码与单极性 NRZ 码比较，除仍具有单极性码的一般缺点外，主要优点是可以作为同步信号在线路中传输，但它不携带信息。

（4）双极性归零码。

双极性归零码构成原理与单极性归零码相同，如图 4-7(d)所示，“1”和“0”在传输线路上分别用正和负脉冲表示，且相邻脉冲间必有零电平区域存在。

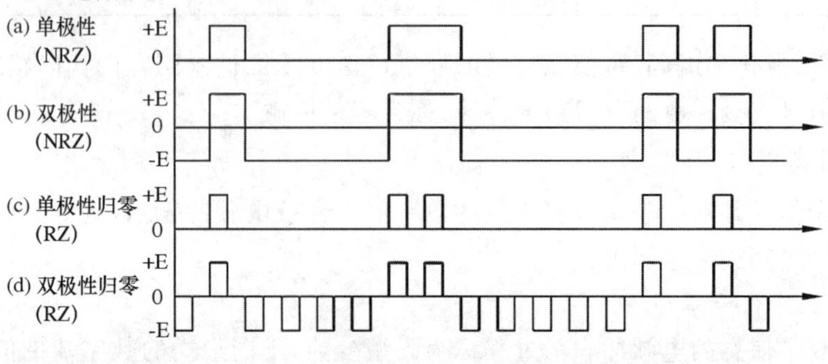

图 4-7　基带数字信号码型时序图

上面介绍的是用得较多的二进制码元，有时还会用到多进制码元。如图 4-8(a)和图 4-8(b)所示，分别画出了两种四进制码元波形。其中图 4-8(a)只有正电平(即 0、1、2、3 四个电平)，而图 4-8(b)是正负电平(即＋3、＋1、－1、－3 四个电平)均有的。采用多进制码的目的是在码元速率一定时可提高信息传输速率。

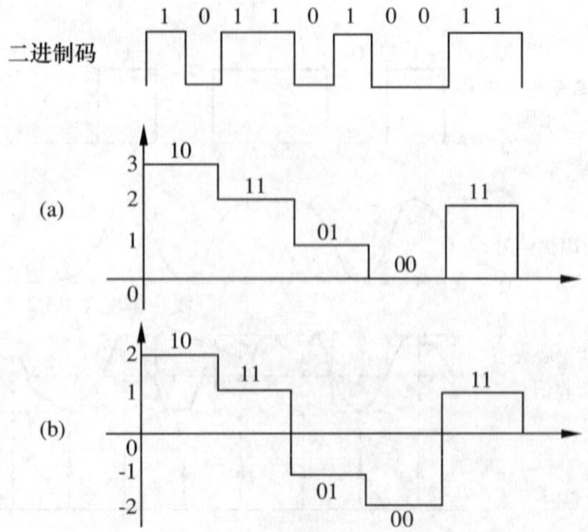

图 4-8　四进制码元波形

以上介绍的几种码型，其波形均为矩形脉冲。实际上，基带传输系统中各处的信号波形可以是矩形脉冲，也可以是其他形状，如升余弦、三角形、高斯形等，但它们很少使用。

2) 数字信号基带传输性能

二进制数字信号“1”和“0”在时钟脉冲的控制下，经脉冲发生器形成不归零的单极性码。理论上讲，矩形脉冲的功率谱是无限的，故应先经过发送滤波器限制其频带后送入信道。由于信道一般不能满足不失真传输条件，因此会引起传输波形的失真。再者，在信道传输时还会有噪声干扰，故在接收端应有接收滤波器，它用以滤除通频带以外的噪声，同时它又可以对波形失真进行均衡。所以基带信号经传输信道后先经过接收滤波器，然后每间隔一个码元时间抽样，对抽样值再进行判决。图 4-9 显示出最简单的二元数字基带信号的接收框图及各点波形。图中再生信号与发送信号有两点不同：它产生传输延时，这是由于信道的相移特性(尤其是发送、接收滤波器)造成的；同时会发生差错(误码)。误码产生的原因，一是由于传输频带是有限的，它会造成矩形脉冲失真而产生拖尾，对邻近判决瞬间造成干扰，这种码间串扰如果太强，就会发生误判；另外，信道的噪声干扰也会造成误判。

对于二进制基带数字信号的传输可用对称编码信道来描述，如图 4-10 所示的二进制无记忆编码信道模型。这里发送端发送“1”和“0”码的概率分别为 $P[s_1]$和 $P[s_0]$，且 $P[s_1]+P[s_0]=1$。当“1”或“0”正确转移的概率相等时，称为对称信道；反之，为不对称信道。错误转移可能有两类，即由“0”转移为“1”，称“虚报”；由“1”转移为“0”，称“漏报”。所谓“无记忆”即指任一码元的差错与其前后码元的差错不存在依赖关系，因此，它们的转移概率是统计独立的。

经过误码特性分析后得到图 4-11，单极性码由于含有直流分量，不利于在有隔直流的信道上传输；而且其最佳阈值又随信道的变化而变动，不易维持稳定；其误码性能又劣于双极性码。例如在误码率要求相同时，双极性码的信噪比比单极性码的信噪比可节省 3dB(即

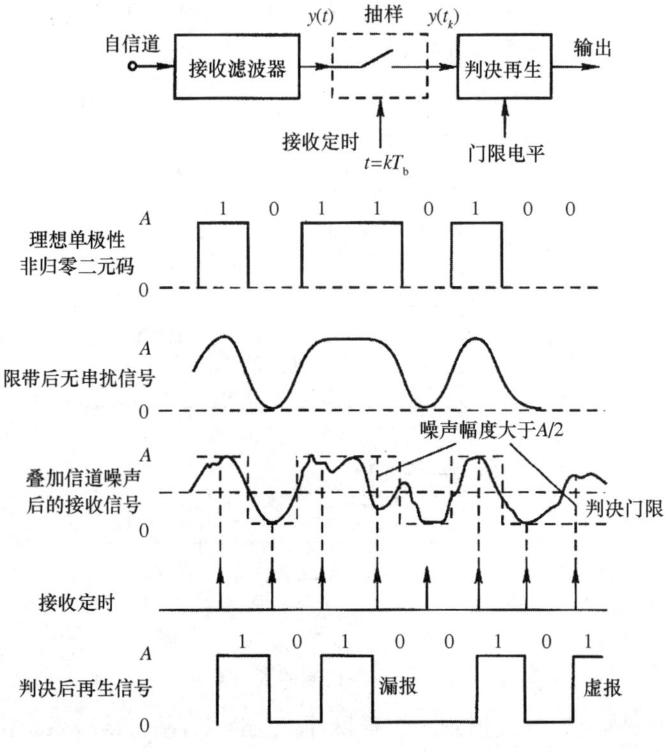

图 4-9　接收判决过程及其典型波形

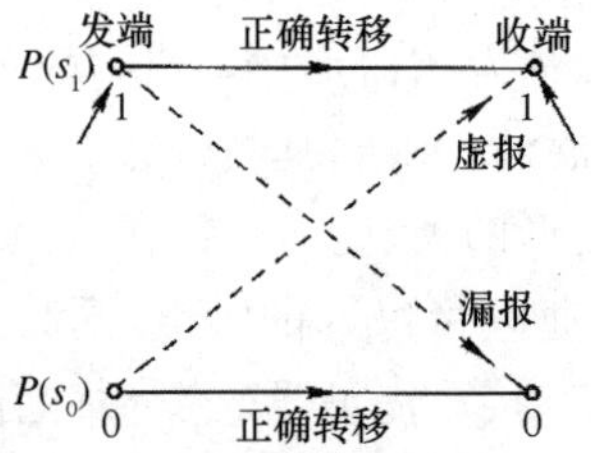

图 4-10　二进制无记忆编码信道

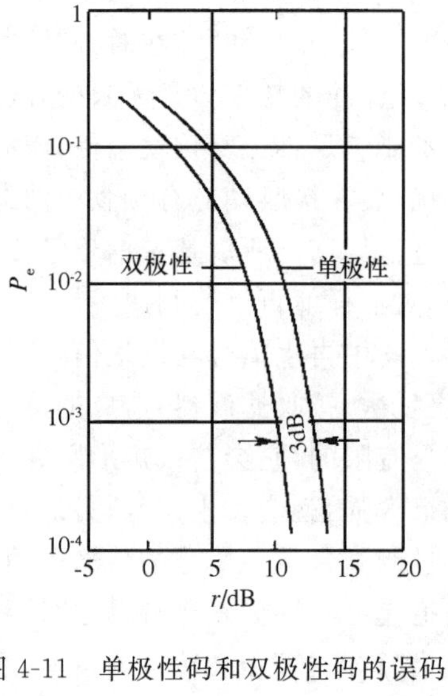

图 4-11　单极性码和双极性码的误码特性

2 倍)，故数字信号在基带传输时常采用双极性码。

4.2.2　数字信息传输的关键技术

数字信号在信道中传输，由于受到信道内噪声和各种干扰的影响，不可避免地会造成数字信号码元间串扰，同时会产生差错。当传输系统不能满足系统对误码率要求时，就要采用信道编码措施。在进行信道编码时，可在原来码元的基础上加入一些新的冗余码元，它可以帮助检查在信号传输过程中是否产生差错码元。如果存在差错，则可以采用差错控制方法进行纠正。因此，具有检纠错能力的码字是由于增加了冗余码元后获得的，而这种检纠错能力与各码字间的最小码距有关，在编码理论中码距又称为汉明距离，它有其特殊的定义。

1. 信道编解码

下面着重介绍在交通信息传输中最常用的线性分组码。

线性分组码具有严密的代数结构，它的生成和校验都应符合代数规则。将信息序列中每 k 个码元分成一段，然后由这 k 个信息码元按一定的规则产生 r 个监督码元，两者再组成长度为 $n=k+r$ 的码字，这样就构成了分组码。当分组码中监督码元与信息码元满足模 2 加代数方程时，就可称为 (n,k) 线性分组码。

奇偶校验码是一种编码效率很高的 $(n,n-1)$ 线性分组码，但是，它只有一位监督码元 C_0，故只能发现错误而不能纠正错误。在接收端译码校验时是由模 2 加建立监督关系的监督方程来完成，即用

$$S=C_{n-1}\oplus C_{n-2}\oplus\cdots\oplus C_1\oplus C_0 \tag{4-1}$$

来判决有无错误。若构成偶校验时，则由式(4-1)得 $S=0$，就认为无错；反之，$S=1$ 就认为有错。由于监督方程的取值只有两种，它只能代表“有错”和“无错”这两种信息，这样只有在发生奇数位错时，起到检错作用，而不能指出错误的位置。不难想象，如果再增加一位监督元，相应地再增加一个监督方程，此时接收端的两个监督方程就可能出现 00、01、10、11 四种组合。以 00 表示“无错”，则余下 3 种就有可能来指示一位错码的三种不同位置。依此类推，如有 r 个监督位，则就能指示出一位错码的 (2^r-1) 个可能的位置。

例如(7,3)线性分组码 $(C_6C_5C_4C_3C_2C_1C_0)$ 中，前面 $C_6C_5C_4$ 为原来的信息元，后面 $C_3C_2C_1C_0$ 是由这三个信息元求得的监督元。这种由信息元以不变形式出现在码字前面的构成方式所组成的线性分组码，称为线性系统码。

接收端收到码字 $(R_6R_5R_4R_3R_2R_1R_0)$ 后，原则上在译码器中可以把码集中的码字存贮起来，由接收码字与其逐一比较，按照“最大似然”准则找出码距最小的一个码字作为译码输出，然后再将监督位去除后得出信息码。但是在码长 n 和信息位数 k 很大时，这种在译码器内逐个比较的“查对”方法是难于实现的，需要采用代数计算的方法。

2. 差错控制

差错控制编码的种类很多，按其功能可以分为检错码和纠错码两大类。一般地说，能在译码器中发现错误的，称为检错码，但它没有自动纠正错误的能力。如在译码器中不仅能发现错误，又能自动纠正错误的，则称为纠错码，它是一种最重要的差错控制编码。

实现差错控制的方法有自动要求重发(ARQ)、前向纠错(FEC)和反馈检验等几种。不同的控制方式，对编码的要求也不同，同时系统结构及设备的复杂程度也有很大差别。

1) 自动要求重发(ARQ)方式

自动要求重发方式也称检错重发，发送的码字具有一定检错能力的冗余码，接受端通过检错译码发现有错码时，由指令产生器阻止输出，同时经反向信道启动发端的重发控制，将存储的原码字重新发送。然后，收端重新检测，直到正确为止。采用该方式的通信结构如图 4-12 所示。ARQ 方式必须要有反向信道，再有它只适用于单个用户之间通信，而不能同时对多个用户进行差错控制。ARQ 系统中冗余码本身只有检错能力，而无纠错能力，并且因重传而影响信道利用率；但 ARQ 方式的优点是译码设备简单。

2) 前向纠错(FEC)方式

FEC 方式不需要反馈重发，因此不必设置反向信道和发送存储器，同时可以提高信道

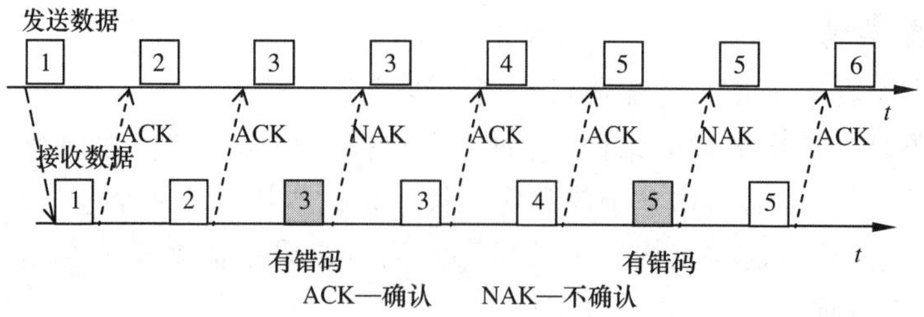

图 4-12 自动请求重发工作过程

利用率。在接收端通过对接收码进行相关运算，它不仅能发现错误，而且还能纠正错误。它不存在因反复重发而延误时间的缺点，而且适合一个用户对多个用户的通信，但其缺点是译码设备比较复杂。

3）反馈校验法

反馈校验法也称狭义的信息反馈系统，其方法是接受端将收到的信息（信码）原封不动地转发回发送端，并与原发送的信码进行比较。如果发现错误，则发送端再进行重发。这种方式从系统上看具有纠错能力，但原理上发送端可不进行纠检错编码，接受端也不要进行纠检错译码，因而设备都比较简单，但需要有双向信道，而且每一信码至少都要传送两次，因而传输效率较低。

3. 多路复用

多路复用技术就是将多路信号组合在一条物理信道上进行传输，到接收端再用专门的设备将各路信号分离开来。这样使一条物理信道资源被多路信号共享。

如图 4-13 所示，使用复用技术的数字信号多路复用系统由复用器、共享信道和分用器组成。复用器和分用器总是成对出现的，也就是说复用系统是一种可逆系统。

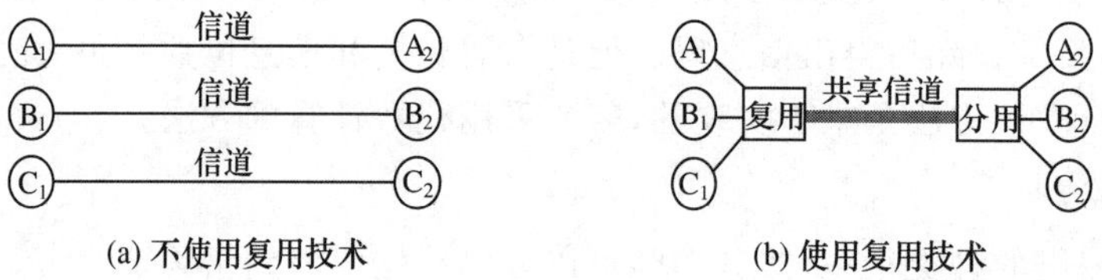

图 4-13 复用技术示意图

1）时分复用技术

图 4-14 给出了三个低速用户信号（称为支路信号）共享一条高速传输线的一个时分多路复用（TDM）系统图。TDM 复用器给每个用户分配一个固定的时隙。无论何时，每个用户只能在分配给它的时隙内发送信息，其他用户无信息发送时，它们的时隙就会处于空闲状态，别人也不能加以利用。TDM 采用固定帧长结构，它根据时隙在帧内的相对位置来识别用户信道，要求时隙周期地出现，因此需要有同步信号来进行时隙定位。通常在现场有综合信息需要传输时的终端机设备都采用数字时分复用技术，即数字复接技术。

2）统计时分复用技术 STDM

使用时分复用系统传送计算机数据时，由于计算机数据的突发性质，用户对分配到的子信道的利用率一般是不高的。STDM 是一种改进的时分复用，如图 4-15 所示，它能明显提高时分复用的效率。STDM 帧中的时隙数小于链接在线的用户数。STDM 不是固定地分

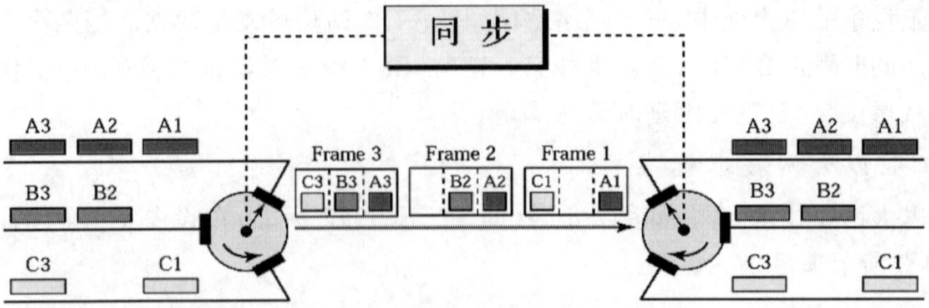

图 4-14　TDM 复用原理

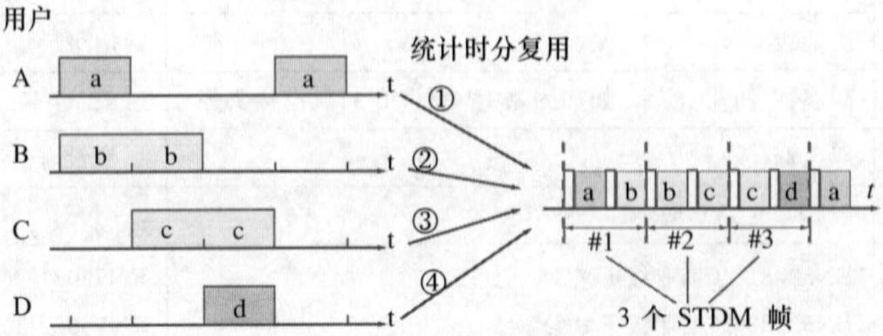

图 4-15　STDM 复用原理

配时隙，而是按需动态分配，因此，时隙中必须包含用户的地址信息。使用统计时分复用的集中器叫智能复用器，它能提供对整个报文的存储转发能力。

4.2.3　交通控制中的工业以太网

在远程交通控制中，由于现场设备的地域分散性，现场设备间的信息交互是通过网络，以信息传递的方式来实现的。为了达到控制与监控等任务的要求，现场设备间的信息交互必须在一定的通信延迟时间内完成，即必须满足实时性要求。此外，在远程交通控制中，通信还具有以下特点：周期性信息较多，用来检测和控制信息；非周期性信息较少，主要包括用户操作指令、组态信息、诊断信息和报警等突发性事件，它传输的信息量少，信息长度比较小，通常仅为几位或几个、十几个、几十个字节网络吞吐量小，负荷较为平稳。

远程交通控制对通信的实时性要求更高，例如在商业应用中，对响应时间的要求较低，一般是 2～6s；而远程控制对实时性要求较高，一般是 0.5～2s。因此，以太网应用于工业控制（包括远程交通控制）必须解决实时性问题。

1. 以太网

以太网是 Xerox 公司发明的基带 LAN 标准，它采用带冲突检测的载波监听多路访问协议（CSMA/CD）。IEEE802.3 标准是在最初的以太网技术基础上于 1980 年开发成功的。现在以太网一词泛指所有采用带冲突检测的载波监听多路访问协议 CSMA/CD 协议的局域网，在基于广播的以太网中，所有的工作站都可以收到发送到网上的信息帧。每个工作站都要确认该信息帧是不是发送给自己的，一旦确认是发给自己的，就将它发送到高一层的协议层。

在采用 CSMA/CD 传输介质访问的以太网中，任何一个工作站在任何一个时刻都可以访问网络。发送数据前，工作站要侦听网络是否堵塞，只有检测到网络空闲时工作站才能发送数据。

在基于竞争的以太网中，只要网络空闲，任一工作站均可发送数据。当两个工作站发现网络空闲而同时发出数据时，就发生冲突。这时，两个传送操作都遭到破坏，工作站必须在一定时间后重发，何时重发由延时算法决定。

2. 工业以太网技术标准

工业以太网在技术上与商用以太网（即 IEEE802.3 标准）在设备上有区别，但可以兼容，如表 4-3 所示满足以下要求：

表 4-3　工业以太网与商用以太网设备之间的区别

	工业以太网设备	商用以太网设备
元器件	工业级	商用级
接插件	耐腐蚀、防尘、防水、如加固型 RJ-45、DB-9、航空接头等	一般 RJ-45
电源冗余	双电源	一般没有
工作温度	－40℃～85℃或－20℃～70℃	0～40℃
电磁兼容性标准	EN50081-2（工业级 EMC） EN50082-2（工业级 EMC）	EN50081-2（办公室用 EMC） EN50082-2（办公室用 EMC）
平均无故障时间	至少 10 年	3～5 年

（1）环境适应性。包括机械环境适应性（如耐振动、耐冲击）、气候环境适应性（工作温度要求为－40℃～＋85℃，至少为－20℃～＋70℃，并要耐腐蚀、防尘、防水）、电磁环境适应性或电磁兼容性 EMC 应符合 EN50081-2、EN50082-2 标准。

（2）可靠性。对于重要的网段和节点采用冗余配置和自动无扰切换，在可能的情况下配置一个实时监控软件，不断监视整个网络的通信状况以及每一个节点的软硬件工作情况，一旦发现异常，就能迅速将故障节点隔离开来，并作出相应报警。

（3）安全性。在易爆或可燃的场合，工业以太网产品还需要具有防爆要求，包括隔爆、本质安全两种方式。

（4）安装方便，适应工业环境的安装要求。

3. 监控指挥中心以太网组网示例

交通控制中心内部局域网有多种选择方案，如传统以太网、快速以太网、千兆以太网、ATM 局域网及无线局域网等。目前用得最广泛的局域网是以太网，它分为传统以太网（Ethernet）、快速以太网（Fast Ethernet）和千兆以太网（Gigabit Ethernet），传输速率分别为 10Mbps、100Mbps，1 000Mbps。传统以太网一般工作于双绞线，采用星形物理拓扑结构，在中心集线器上有少量的总线。

快速以太网的最大优点是简单、实用、价格便宜并易于普及，深受广大用户的欢迎。由于它是传统 10Mbps 以太网技术的扩展，速率为传统以太网的 10 倍，但价格只是传统以太网的 3～4 倍。快速以太网是中、小型网络的最佳方式。

千兆以太网是 IEEE802.3 以太网标准的扩展，传输速率为每秒 1 000 兆位（即 1Gbps），最初应用于大型校园网，能把现有的 10Mbps 以太网和 100Mbps 快速以太网连接起来。千兆位以太网采用同样的 CSMA/CD 协议，同样的帧格式是现有以太网最自然的升级途径。千兆位以太网是超高速主干网的另一种选择方案。在数据、话单、视频等实时业务方面它虽然不能提供真正意义上的服务质量，但千兆位以太网频宽较高，能克服原以太网的一些弱点，提供服务质量保证。

例如，某个交通指挥中心内部局域网的结构如图 4-16 所示，它采用经典的 3 层模型，将整个网络划分为核心层、分布层和访问层。分布层主要由高速以太网交换机（100Mbps）组成，主要实现网络策略，同时提供核心服务器与网络的连接；访问层由集线器（10Mbps）组成，将桌面计算机接入网络。

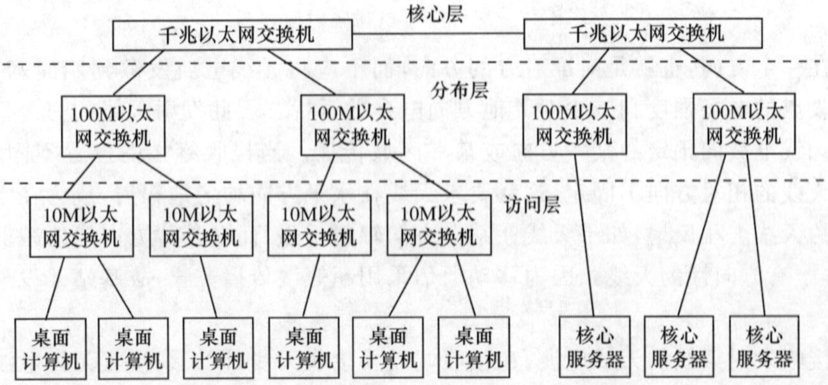

图 4-16　指挥中心内部局域网的结构示意图

4.3　无线信息传输技术及传输网络

无线信息传输在移动通信系统中发挥着核心作用。在交通信息工程内无线信息传输同样是主要的信息传输方式之一。本节首先简单介绍无线信息传输系统及其关键技术，然后结合智能交通系统的应用需求，介绍实现车辆与路旁设备或控制中心、车辆与车辆之间进行信息传输的车路（V2I）移动通信网络以及车载自组织网络 VANET。

4.3.1　无线信息传输

前面介绍的数字信息传输属于基带传输，如果将基带信号经过载波调制后就成为频带信号。无线信息传输就是经过射频调制后的射频信号传输。

1. 电磁辐射

无线信息传输将载有信息的射频信号通过天线向空间发射，亦即天线把发射机输出的高频电流能量变换成电磁波能量，并向自由空间辐射。电磁波在自由空间里是以类似光速的运动状态存在，形成无线电波，这个把天线电流的能量变为电磁波能量的过程叫做无线电波的辐射。导线载有射频电流时，就可以形成电磁波的辐射，其辐射的能力与导线的电长度和负载大小有关，这里所称的电长度是物理长度与工作波长相比。如果将两导线张开，这时负载为无限大，传导电流几乎为零，而位移电流很大，因此天线主要是依靠高频位移电流来发射。当导线的长度增大到可与波长相比拟时，导线间的位移电流就大大增加，因而就能形成较强的辐射。通常将上述能产生辐射的导线称为有源振子天线，其辐射原理如图 4-17 所示。

向外辐射能量是发射天线的任务之一，它在点对点的固定通信系统中，希望辐射出去的

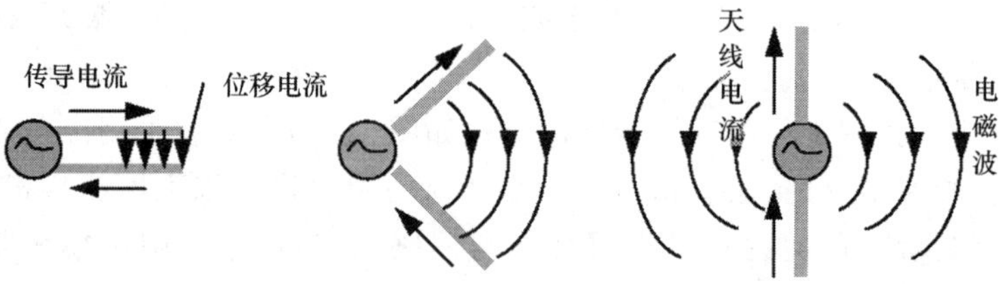

图 4-17　对称阵子电磁辐射原理图

能量集中在一个方向，也就是对准对方的方向，而不应将无线电波发散到四面八方，这样才能提高接收点的电场强度和减少对其他方向电台的干扰。因此发射天线的另一任务是使辐射出去的无线电波向预定的某一方向或某一区域传播。当接收终端的位置不固定时，也就是说收发天线的相对方向不固定，这就要求天线在水平方向均匀地辐射，成为在水平面里没有方向性的天线。相反地，如果天线在某一方向辐射很强，而在其他方向辐射减弱甚至不辐射，则它属于有方向性的天线。因为移动通信采用超短波传播方式，故基站架设悬挂式垂直天线。

为了接收发射天线的无线电波，在接收端需要接收天线，该天线接收无线电波的过程正好与发射过程相反，即电磁波在天线上感应出电流，再经过馈线流入接收机的输入回路。所以接收天线的任务之一是把无线电波的能量变换成高频电流的能量。接收天线的另一个任务是最有效地分辨出从需要接收的电台方向传来的无线电波，而将从其他方向传来的干扰电波减弱或不接收，这就叫做接收天线的方向性。接收天线与发射天线是可逆的，同一个天线既可作发射用又可作接收用，它们的特性不变。在移动通信基站必须悬挂一副天线，它们共同完成双向收发的任务。

2. 电波传播特性

无线电波是一种能量传播形式，在传播过程中电场和磁场在空间是相互垂直的，同时这两者又都垂直于传播方向，其传播过程如图 4-18 所示。

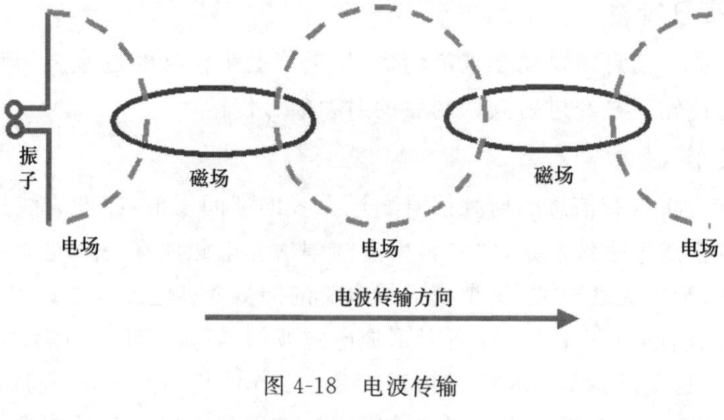

图 4-18　电波传输

无线电波和光波一样，它的传播速度和传播媒质有关。无线电波在真空中的传播速度等于光速，我们用 $C=3\times10^8\,\text{m/s}$ 表示。在媒质中的传播速度为：$V_\varepsilon=C/\sqrt{\varepsilon}$，式中 ε 为传播媒质的相对介电常数。空气的相对介电常数与真空的相对介电常数很接近，略大于 1。因此，无线电波在空气中的传播速度略小于光速，通常我们就认为它等于光速。无线电波的波长、频率和传播速度的关系：$\lambda = V/f$ 表示，式中 V 为速度(m/s)；f 为频率(赫兹，Hz)；λ 为波长(米，m)。由上述关系式不难看出，同一频率的无线电波在不同的媒质中传播时速度是不同的，因此，波长也不一样。

1）自由空间传播

在无线通信系统中由发射天线辐射电磁波，经过一定方式传播后到达接收天线，因此无线电波的传播对整个无线通信质量有很大影响，无线通信的作用距离，不仅取决于发射机和接收机的性能指标，而且在很大程度上依赖于无线电波的传播环境，它相当于有线通信中的电缆或光纤信道。

首先讨论电波在自由空间中传播。电波在收发天线之间理想的、均匀的、各向同性的媒质里传播时，不会出现折射、绕射、反射、吸收和散射等现象，只需考虑由于电波的扩散而引起的传播损耗，像这样的传播环境就称为自由空间。

虽然电波在自由空间中传播不受阻挡，不产生反射、折射、绕射、散射和吸收，但是，当电波经过一段路径传播之后，能量仍然会受到衰减，这是由于辐射能量以球形状的方式扩散而引起的。由电磁场理论可知，若各向同性天线(亦称全向天线或无方向性天线)的辐射功率为 P_1 瓦时，距辐射源 dm 处接收功率 P_R，则自由空间传播损耗可定义为

$$L_{fs} = \frac{P_1}{P_R} = \left(\frac{4\pi d}{\lambda}\right)^2 \tag{4-2}$$

或折合成分贝(dB)来计算：

$$L_{fs}(\mathrm{dB}) = 32.44 + 20\lg d + 20\lg f \tag{4-3}$$

式中，d 的单位为 km，f 单位以 MHz 计。由此可知，自由空间中电波传输损耗只与工作频率和传播距离有关。

2）多径传播

无线通信的特征是信号以电磁波的形式传播，同一个发送站发送的电磁波在从被发送到接收的传播过程中，会由于在其传播路径上存在建筑物、树木、植被、起伏的地形、海面和水面等因素而引起电波的反射、散射和绕射，使得到达接收站的信号不是从单一路径传播来的，而是从许多路径传播来的众多反射波的合成。这就是所谓的多径传播。

由于电波通过各个路径的距离不同，因而通过各条路径传播的电磁波到达接收方的时间不同，相位也就不同。不同相位的多个信号在接收端叠加，有时是同相叠加而增加，有时是反相叠加而减弱。这样，合成接收信号的幅度和相位都将急剧变化，即产生了衰落。由于这种衰落是多径传播所引起的，因此被称为多径衰落。

在发送方发送一个脉冲信号时，由于多径传播影响，原来是一个脉冲，到达接收端时却变成了一串脉冲，这就是所谓的时延扩展。在数字通信中，由于时延扩展，接收信号中一个码元的波形会扩展到其他码元周期中，引起码间串扰，这样就产生了多径干扰。

3）移动环境

在移动通信中发射机和接收机都在不断地移动过程中，而且其多径环境亦处于不断变化的状态中。移动环境所产生的衰减大小与自由空间传播相比，几乎要大 50dB 左右，因此在设计基站距离时必须考虑进去。

另外一个与移动通信有关的问题是快速衰落。由于移动用户在通信环境中不断地移

动，使得移动台受到多径干扰后接收场强发生快速变化，信号强度也会产生剧烈变动，这就是快衰落。在大城市中由于高楼林立，多径干扰就非常普遍，因此移动通信的快衰落现象也就很严重，接收信号忽强忽弱，甚至迫使通信中断。

由于道路车辆的移动特性，车辆与地面进行无线通信时，无疑会存在较大的多普勒频移，该频移对信号来说就是干扰，要想在接收端较好地恢复信号，可先对该频移进行估计，然后采取频率补偿措施。

4.3.2 无线信息传输的关键技术

1. 无线信号数字调制

由于数字基带信号往往具有丰富的低频成分，而实际的传输信道又具有带通特性，因此必须用数字信号来调制某一较高频率的正弦波或脉冲载波，使已调信号能通过限带信道传输。这种用基带数字信号控制高频载波，把基带数字信号变换为频带数字信号的过程称为数字调制。已调信号通过信道传输到接收端，在接收端通过解调器把频带数字信号还原成基带数字信号，这种数字信号的反变换称为数字解调。

一般说来，数字调制技术利用数字信号的特点键控载波，从而实现数字调制，这种技术通常称为键控法。例如对载波的振幅、频率及相位进行键控，便可获得振幅键控(ASK)、频移键控(FSK)及相移键控(PSK)调整方式。键控法一般由数字电路来实现，它具有调制变换速率快、调整测试方便、体积小和设备可靠性高等特点。

1) 二元振幅键控(2ASK)

二元数字振幅键控是一种早期的调制方式，也是各种数字调制的基础。振幅键控(也称幅移键控)，记作 ASK。从图 4-19(a)可知，如果 $A(t)$ 为单极性不归零码，将之直接与载波相乘，则可以得到式(4-4)。

$$S_{ASK}(t)=\begin{cases}S_1(t)=A\cos\omega_0 t & (\text{当发送“1”时})\\ S_0(t) & (\text{当发送“0”时})\end{cases}\tag{4-4}$$

显然，在 ASK 中当基带信号为 1 时，发送载波；当信号为零时，不发送任何信息。从图 4-19(a)可知，0，1 二进制信息包含在载波的幅度当中。

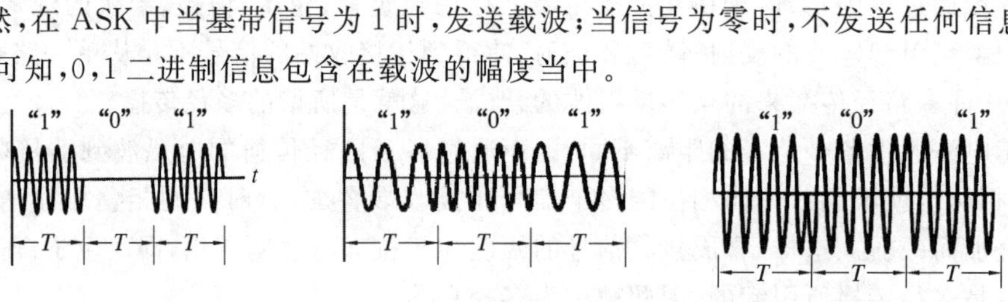

图 4-19 数字调制信号波形

2) 二元频移键控(2FSK)

数字频移键控 FSK 是利用载波的频率传送信息，即用所传送的数字信息控制载波的频率，如式(4-5)所示。

$$S_{FSK}(t)=\begin{cases}S_1(t)=A\cos(\omega_2 t+\theta_2) & (\text{当发送“1”时})\\ S_0(t)=A\cos(\omega_1 t+\theta_1) & (\text{当发送“0”时})\end{cases}\tag{4-5}$$

频率键控法对应产生相位不连续的 FSK 信号,它利用电平"1"和"0"控制电子开关分别输出两个不同频率的已调信号。由图 4-19(b)波形图可知,信息为 1 时发送频率为 ω_2 的载波,而信息为 0 时发送频率为 ω_1 的载波,信息包含在载波的频率变化当中。

3) 二元相移键控(2PSK)

数字相位调制又称相移键控。二元相移键控记作 PSK,它们是利用载波振荡相位的变化来传送数字信息的。当发送“1”时,载波的初始相位为 0;当发送“0”时,载波的初始相位为 π,如式(4-6)所示。

$$S_{PSK}(t)=\begin{cases}S_1(t)=A\cos\omega_0 t & (\text{当发送“1”时})\\ S_0(t)=(-A)\cos\omega_0 t=A\cos(\omega_0 t+\pi) & (\text{当发送“0”时})\end{cases} \tag{4-6}$$

假设正电平代表“1”,负电平代表“0”,将二进制码序列变换为双极性码,则产生如图 4-19(c)所示的 PSK 信号波形。

相比之下在以上三种方式中 PSK 调制方式用得较多,因为它占用频带少,而抗噪性能好;FSK 的抗噪性能次之,但它要占用较宽频带;ASK 信号容易受到幅度干扰,解调后会增加误码率。除了以上几种方式外,为了提高调制效率和抗噪性能,还有正交振幅调制(QAM)、最小频移键控(MSK)等现代数字调制技术,在中高速数据速率的场合优先使用。调制后的数字信号到了接收端解调后恢复出原来的二进制信号。

在交通信息传输系统中通常是采用差分相移键控(DPSK),因为它在低速率数据传输的情况下无疑是最合适的。但随着车速的提高,也可考虑现代先进的数字调制方式。

2. 多址技术

在无线信息传输中通常地面固定的基站要覆盖多个移动终端的通信,这种一对多的通信接入方式称多址通信方式。多址方式实际是信号分割理论的具体应用。但是,多址连接是多个用户在射频信道上的复用,以达到多个用户之间多址通信的目的。无线信息传输的多址方式主要有三种形式,即频分多址(FDMA)、时分多址(TDMA)和码分多址(CDMA)。

1) 频分多址(FDMA)

频分多址方式曾用于第 1 代(1G)移动通信中,它是一种简单的多址方式,每个载频工作在一个专门频率上,而所有的载波互不相同。为了使各载波之间不互相干扰,它们的载波频率之间必须有足够的间隔,而各载波频带之间必须留有保护频带,如图 4-20 所示。如果保护频带不够宽,则会存在交调干扰问题。20 世纪 80 年代,陆地公用蜂窝移动通信网系统曾采用 450MHz 和 800MHz 两个频段,收发之间频率间隔为 10～45MHz,工作频段内含 124 对频道,相邻频道间隔为 20～30kHz。如果仅采用 FDMA 接入,同一时刻只能接入 124 个用户。

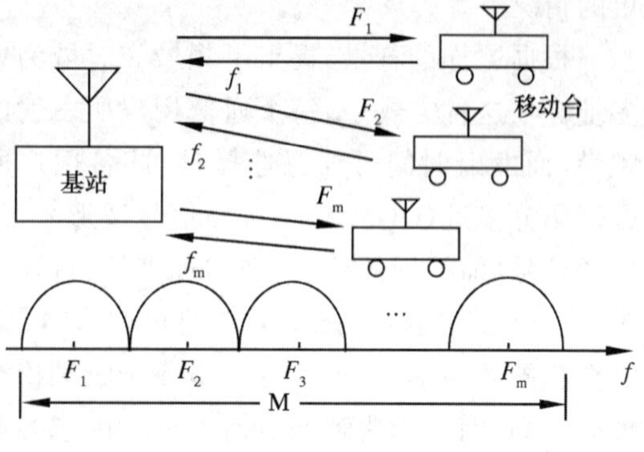

图 4-20 频分多址 FDMA 工作原理

2) 时分多址(TDMA)

时分多址 TDMA 在第 2 代(2G)移动通信系统中是主流技术,如 GSM 系统。它把时间分割成周期性的帧，每一个帧再分割成若干个时隙向基站发送信号，在满足定时和同步的条件下，基站可以分别在各时隙中接收到各移动终端的信号而不混扰。同时，基站发向多个移动终端的信号都按顺序安排在预定的时隙中传输，各移动终端只要在指定的时隙内接收，就能在合路的信号中把发给它的信号区分并接收下来，如图 4-21 所示。

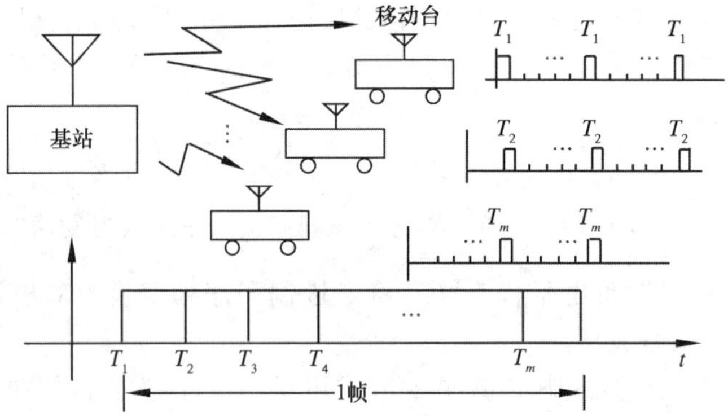

图 4-21　TDMA 工作原理

TDMA 较之 FDMA 具有通信质量高，保密较好，系统容量较大等优点，但它必须有精确的定时和同步以保证移动终端和基站间正常通信，技术上比较复杂。

时分多址允许输出功率放大器工作在全饱和状态，这样会使有用输出功率显著增加。所发射的每个信号应在各时隙之间留有足够的保护时间，以便适应各种定时的不准确性，同时也可防止前一脉冲的“拖尾”在下一个脉冲出现的时隙内所引起的干扰。

3）*码分多址*(CDMA)

随着无线信息传输系统的发展，需要传输交换的信息日益增多，特别是在移动体之间以及移动体与固定点之间的通信骤然增加。为了进行移动通信，原来那种频分多址和时分多址方式已不能适应。对于频分多址来说，存在着频谱不够分配的问题；而对时分多址来说，又受用户数的限制不能要求太高的数据率，尤其是对传输条件差或者是在市区多径干扰严重的情况下。

根据这样的背景，提出了频域和时域为多数用户(电台)所共用的新型多址方式，即码分多址。在这种方式中，每个通信用户所发射的信号往往占用整个通信系统(例如超短波)的频带，而发射时间可任意选择，因此各用户所发射的信号在时间上和频率上都可以互相重叠。码分多址(CDMA)是按照信号波形来区分各用户地址的，也就是说利用各用户不同波形的信号(即不同的地址)来实现多址通信。

在码分多址中，首先每个用户都有自己的地址码如图 4-22，接收端则要产生与发射端完全相同的地址码，当两者同步或接收端检测到地址码时通信就能完成。其他用户由于地址码不同，因而无法解调出信号来。由于各用户使用了不同的地址码，因此即使是用同一载波完全共用同一射频频带也不会发生相互干扰，这就要求不同地址码应有很小的互相关特性。

在码分多址通信网中的任一个用户，可以随时随地在共用信道上根据自己的需要，呼叫网内任何其他用户，这就使码分多址不像 TDMA 系统那样必须有一套定时系统，或者如 FDMA 系统那样对带宽有一套特别的要求。相比之下，码分多址系统要比频分多址或时分

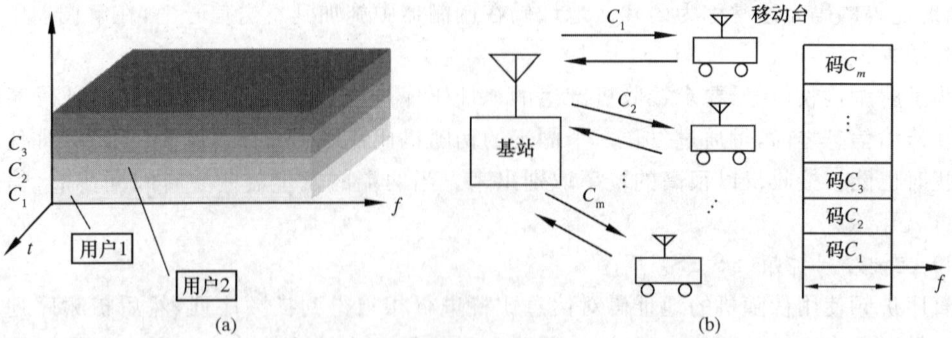

图 4-22　CDMA 方式信号图(a)及工作原理(b)

多址都要大得多。它已成为第 3 代(3G)移动通信的主流技术。

码分多址最常用于扩频通信,它具有很强的抗干扰能力和较高的保密能力,而且多址方式比较灵活,属于随机多址,可以随机接入和拆除。当接入的用户地址数不满定额时,通信质量会自动提高;当接入的用户地址数略大于定额时也能继续通信,只是通信质量稍差一些。

3. 扩频及跳频技术

随着无线通信的广泛应用,无线频道变得非常拥挤,频道资源非常紧张,干扰繁多、而且严重。由于扩展频谱通信技术可以克服这些问题,并且可以提供更高的保密技术,于是扩频技术得到了快速的发展和广泛的应用。

扩频技术的发展和应用,为现代信息技术的发展提供了优质的无线传输手段。现代信息的技术发展需要高效率、高质量的传输手段来传输大量数据。就无线传输方式来说,传统的窄带传输由于抗干扰性、保密性、可靠性、频率占用、传输带宽等多方面的问题,已经很难适应现代信息技术的要求,而扩频技术的发展和应用及时有效地为这个问题提供了解决手段。

扩频通信是一种信息传输方式,其信号所占有的频带宽度远大于所传信息必需的最小带宽。频带的展宽是通过编码及调制的方法实现的,而与所传信息数据无关。在接收端则用相同的扩频码进行相关解调来解扩及恢复所传信息数据。扩频技术在通信中应用较多的主要是:直接序列扩展频谱简称直扩(DS)和跳频(FH)两种。

扩频数字通信系统模型的基本组成如图 4-23 所示。

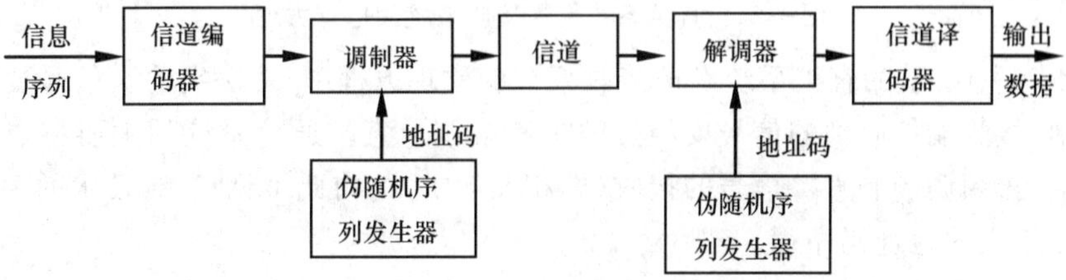

图 4-23　扩频数字通信系统模型的基本组成原理图

图 4-23 中发送端的输入和接收端的输出均为二进制信息序列。除了信道编码和译码器、调制器和解调器之外,还有两个完全相同的伪随机序列发生器,该发生器产生极窄的地

址码，地址码的码元通常称为码片。地址码在调制器中施加到发送信号上，在解调器中从接收信号中去掉。

为了解调接收信号，要求接收机产生的地址码序列与接收信号中所含的地址码序列同步。在传输信息之前，可通过发送一个固定的伪随机比特序列来获得同步，该序列即使在出现干扰时也能被接收机以很高的概率识别出来。当两端的发生器建立时间同步后，信息传输便可以开始。

1）直接序列扩频（DS-SS）

直序扩频使用伪随机的地址码对信息比特进行相乘得到扩频序列，然后扩频序列去调制载波发射。由于地址码往往比较长，因此发射信号在比较低的功率上可以占用很宽的功率谱，即宽带低信噪比传输。地址码的长度决定了扩频系统的扩频增益，它是信息码元宽度与地址码片宽度之比，显然地址码序列越长，码片越窄，则扩频效果也越好。

直序扩频系统的解扩采用相关解扩方式，这是与常规无线通信解调方式根本不同的。在接收端接收信号经过放大混频后，首先经过与发射端相同且同步的地址码进行相关解扩，把扩频信号恢复出窄带信号，再对窄带信号进行相干解调恢复原始信息序列。

例如，用 11 位码长的扩频码来说，直接序列扩频与解扩的过程简单说就是，如果采用的信源发出“1”，则扩频调制为一个序列单元，如“11100010010”；信源发出“0”，则扩频调制为一个反相的序列单元，如与上面对应的反相序列“00011101101”。在接收端，收到序列“11100010010”则恢复为“1”，收到序列“00011101101”则恢复为“0”。其原理框图如图 4-24 所示。

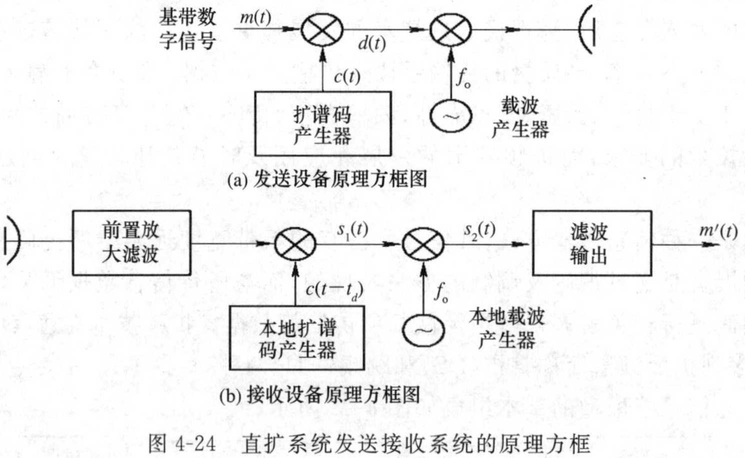

图 4-24　直扩系统发送接收系统的原理方框

在图 4-24 中所示的直扩系统发送接收系统的原理方框中，发送端输入信号要经过扩频和射频调制；接收端接收到的信号要经过解扩和解调。直扩通信系统的主要特点在于直扩信号的产生、扩频调制和直扩信号的接收（即相关解扩）。由此可见，扩频技术的关键是要设计众多相互正交的地址码序列。

2）跳频扩频（FH/DS）

一种常用的扩频技术是跳频扩频，其实现方法是载频信号以一定的速度和顺序，在多个频率点上跳变传递，接收端以相应的速度和顺序接收并解调。这个预先设定的频率跳变的序列就是地址码。在地址码的控制下，收发双方按照设定的序列在不同的频点上进行通信。

由于系统的工作频率在不停的跳变，在每个频率点上停留的时间仅为毫秒或微秒级，因此，在一个相对的时间段内，就可以看作在一个宽的频段内分布有传输信号，也就是宽带传输。

跳频扩频系统的工作原理实质上与直接序列扩频相似，其主要区别在于产生发送频谱的方法不同，图 4-25 示出跳频扩频系统的原理框图。

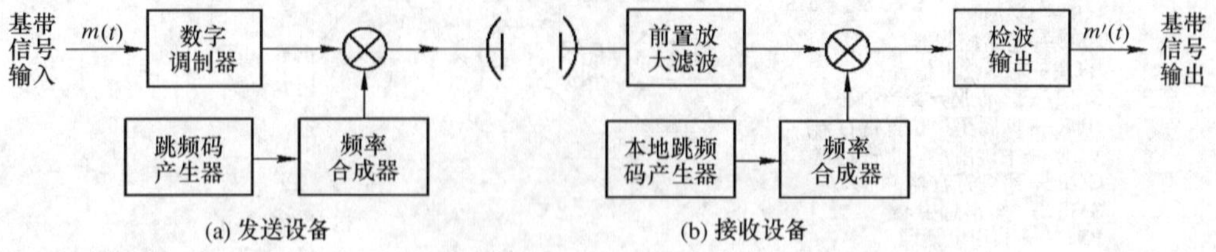

图 4-25　跳频扩频(FH/DS)系统原理方框图

跳频系统的核心是一个跳频码发生器。跳频码发生器产生的码序列(跳频图案)去控制频率合成器，使发射机频率在频率轴上离散地取值。在接收机中频率合成器若按同一跳频图案跳变，并与接受到的发射信号同步时，即能进行解跳，这时混频后将得到一个频率不再跳变的中频信号。至于信码对载波的调制采用什么制式仍然没有什么限制，将视系统所需性能而定。接收端只要采取相应的解调方式，便能从解跳后的中频信号中得到原来的信码。

跳频频率合成器是跳频系统的主要部件，它的组成要根据跳频速率来考虑，收发两端的跳频频率必须保持同步。锁相环频率合成器的跳频速率不能做得更高，因为锁相环频率转换时间受到鉴相器工作频率的限制和频率间隔以及环路滤波器的影响，而跳频速率中频率转换时间只能占跳频持续时间的 1/10 以下，所以，快速跳频频率合成器一般就不采用锁相环。

在码分多址跳频系统中用户在自己跳频图案控制下进行跳频，各跳频图案(决定于地址码序列)的不同选择使得各用户的工作频率协调地从一种分布跳到另一种分布，相互不产生干扰。

但是，如果各用户的工作不是同步的，信号传输时延也不同，就有可能在同一瞬间有两个或更多的信号跳到同一频率上，这种现象称为碰撞或重合，这时解跳输出端会产生误码。

4.3.3　车路移动通信网络

车辆与路旁设备或控制中心的通信在轨道交通中的应用较为成熟，本节对 GSM-R 网络车地通信进行介绍。

GSM-R(Global System For Mobile Communications For Railway)是欧洲铁路综合调度移动通信系统的简称。是专门为铁路通信设计的综合数字移动通信系统，该系统在公众移动通信 GSM 网络的基础上解决了高速移动、隧道环境、安全可靠性、快速漫游切换等多项关键技术问题。

1. GSM-R 系统基本结构

GSM-R 系统由基站(BS)、移动交换中心(MSC)和移动台(MS)组成，如图 4-26 所示。

基站包括收、发信机(BTS)和基站控制器(BSC)两部分。BTS 为无线部分和固定部分提供中继；BSC 具有一定交换功能，是无线信道接至 MSC 的接口。移动交换中心除包括移动交换机(MSC)、归属位置寄存器(HLR)、访问位置寄存器(VLR)，还有鉴权中心(AUC)、设备识别寄存器(EIR)、操作与维护中心(OMC)等。AUC 是对用户有效性进行鉴定，保护用户通信不受侵犯；EIR 通过对移动台号码的识别，禁止非法用户使用；OMC 用于对 BS、

MSC、HLR、VLR、AUC、EIR 进行操作和维护。

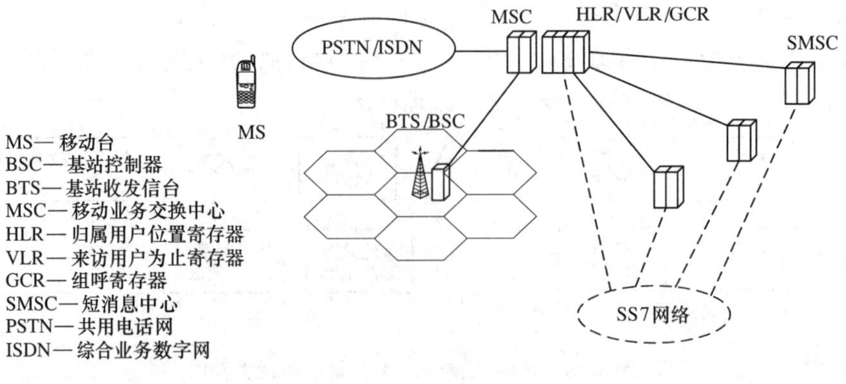

图 4-26　GSM-R 系统基本结构示意图

GSM-R 系统是基于 GSM 的规范协议，增加了优先级、组呼、广播呼叫等铁路运输专用调度通信功能，适用于铁路通信的需要。为了完成调度通信的功能，GSM-R 系统与 GSM 系统不同的是在其结构中增加了组呼寄存器(GCR)。GSM-R 系统除了具有语音传送功能外，更重要的是具有数据传送功能，它与 GPS 卫星定位系统、机车车载计算机结合后能够实现机车和地面之间列车控制信息的实时传送，达到控制列车运行与确保列车安全的目的。

2. 基于 GSM-R 的列车控制系统

基于 GSM-R 的列车控制系统包括地面设备和车载设备。GSM-R 网络是列车控制系统安全数据的透明承载平台，提供车一地双向高可靠性的数据传输通道。列车控制系统与 GSM-R 网络间的接口为 $I_{GSM\text{-}R}$ 接口、I_{FIX} 接口，空中接口则采用 GSM 系统中成熟的 U_m 接口，如图 4-27 所示。$I_{GSM\text{-}R}$ 接口为车载设备与移动终端之间的接口；I_{FIX} 接口为列车控制系统的地面设备(RBC)与 GSM-R 网络中的 MSC 之间的接口，它从物理、电气、机械特性、接口的数据传输、信令传输都有相应的规范。列车控制系统结构如图 4-28 所示。

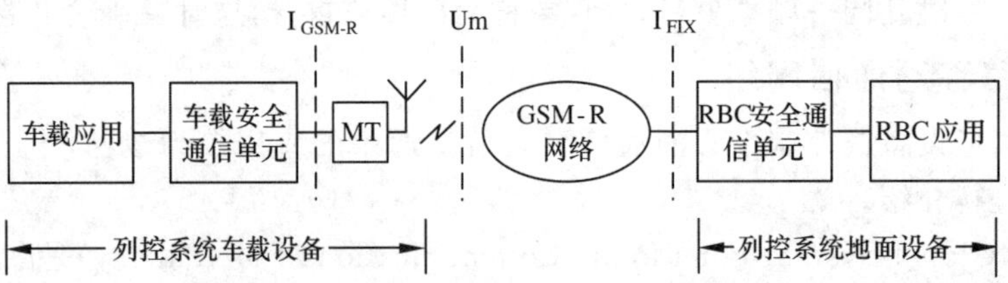

图 4-27　基于 GSM-R 的列控系统模块图

GSM-R 是 GSM 系统增加集群通信功能而构成的一个铁路专用移动通信系统，它可以提供 GSM 所有功能，而增加的集群功能在 GSM 标准中定义为高级语音呼叫功能，它包括以下业务。

1) 优先级业务(eMLPP)

eMLPP 业务规定了在呼叫建立或越区切换时呼叫接续的不同优先级，以及资源不足时的资源抢占能力。该业务包含两个方面：①优先级是指在呼叫建立时给该呼叫指配一个优先级别，该呼叫以此级别参与网络资源的竞争与调配；②资源抢占是指当网络没有空闲资源可用时，具有较高优先级的呼叫将抢占正在被较低优先级呼叫占用的信道资源，还可以表现

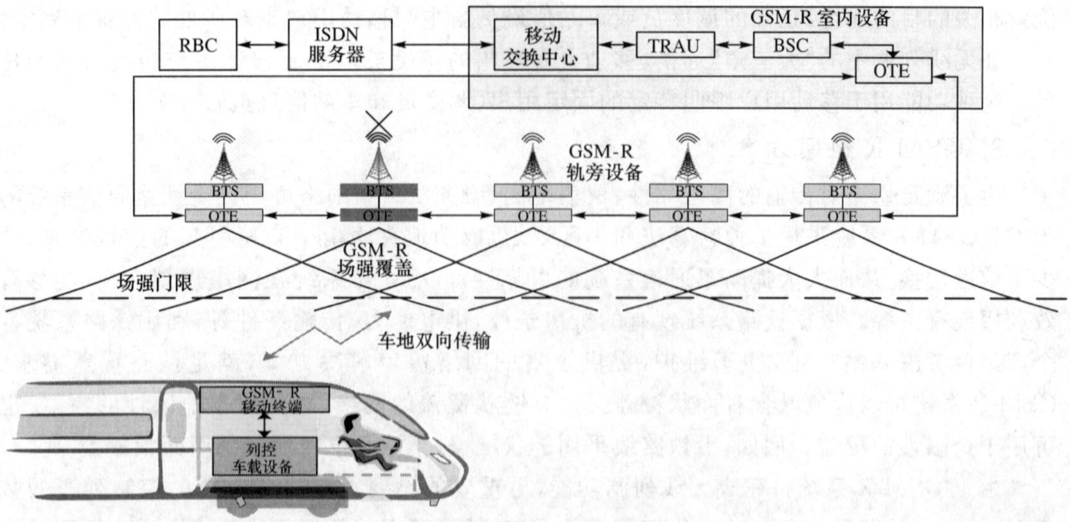

图 4-28　基于 GSM-R 的列控系统结构示意图

为被叫用户断开正在进行的低优先级呼叫而接听高优先级的呼入呼叫。这种业务提供了一种强制能力，符合铁路通信的调度特点。

2）语音组呼业务(VGCS)

VGCS 允许一种由多方参加(GSM-R 移动台或固网电话)、一人讲话、多方聆听的语音通信方式，工作于半双工模式下。参与同一个 VGCS 通信的移动用户可以分布在多个蜂窝小区内，用一个组功能码(组 ID)来呼叫所有该组成员。一个特定的 VGCS 通信由组功能码(简称组 ID)

和组呼区域唯一确定。组 ID 标识该组的功能，即由哪些身份的成员参加；组呼区域是指 VGCS 通信所覆盖的地理范围，以无线蜂窝小区为基本单位。呼叫建立之后，讲话人可以改变，组内成员一般是收听组呼，一旦 VGCS 发起人停止讲话，系统示意其释放上行信道，所有的组内成员都被通知，如果其他人想成为下一个讲话人，可使用 PTT(Push to Talk，"即按即说")功能来申请上行信道。VGCS 业务突破了 GSM 网络点对点通信的局限性，能够以简捷的方式建立组呼叫，实现调度指挥、紧急通知等特定功能，尤其适用于铁路的行车指挥调度部门。

3）语音广播呼叫(VBS)

VBS 允许一个业务用户将话音或者其他用话音编码传输的信号发送到某一个预先定义的地理区域内的所有用户或者用户组。它工作于单工模式下，用组 ID 来呼叫所有该组成员。同语音组呼业务一样，语音广播呼叫也提供了点对多点呼叫的能力，适于铁路的行车调度。

4）功能寻址

功能寻址是指用户可以由它们当时所担当的功能角色，而不是它们所使用的终端设备的号码来寻址。在同一时刻，至少可以为一个用户分配若干功能地址，但只能将一个功能地址分配给一个用户。用户可以向网络注册和注销功能地址。这种功能简化了呼叫的操作，能够提高铁路工作人员的工作效率。

5）基于位置的寻址(LDA)

LDA 是指网络将移动用户发起的用于特定功能的呼叫，路由到一个与该用户当前所处位置相关的目的地址，正确的调度员或车站值班员由主叫移动用户当时所处的位置来确定。

如无线列调中的"大三角"通信，移动台要呼叫的调度员取决于移动用户当前所处的位置。这种功能用于移动用户呼叫特定的固定用户(调度员和车站值班员)。

3. GSM-R 组网方案

为了满足铁路对传输的高可靠性，覆盖范围、服务质量和网络可用性是铁路通信系统的关键。GSM-R 系统采用了独特算法和小区规划，成功地克服由于高速引起的信号失真，减少了信道切换，从而大大提高了通信系统的可靠性。GSM-R 系统在网络规划方面，能够有效利用现有资源。根据铁路系统现有的机房条件，供电能力，传输条件等，利用铁路系统各个车站台考虑基站选址，便于维护，提供丰富的网络覆盖解决方案，满足铁路覆盖需求。GSM-R 系统可以构成既含有面状覆盖又含有链状覆盖的网络，既可用于地区性的覆盖，也可用于全国性的覆盖。例如，沿铁路线采用链状覆盖，车站及枢纽地区采用面状覆盖.

由于 GSM-R 系统将完成无线列调功能，更重要的是要承载一些重要的控制列车的数据，这就要求铁路沿线和车站进行双网重叠覆盖，保证可靠的数据无线传输通道。铁路沿线无线覆盖是沿铁轨条状分布，对于速度为 300km/h 运行的列车，大约每 75s 就要更改一次小区。为此，在相邻小区的连接处设置一定纵深的重叠区，以减少可能出现的弱电场区。由于列车的高速移动及小区半径较大，重叠区需有足够的长度。GSM-R 采用小区冗余覆盖，缩短基站间隔，使移动台总是处于 2 个小区的覆盖范围内。因此，GSM-R 系统有一个非常独特的地方，它的信号采取了双重覆盖，即类似于双备份，两套信号控制系统交错、重叠。一旦一套系统出现问题和故障，另一套系统仍然可以保持正常的通信，保障列车高速运行时通信的连续性。

下面分别对 GSM-R 的几种网络覆盖方式进行分析和对比。

1) 单 MSC/单层无线覆盖

全线配置单套核心网设备(包括 MSC、IN、SGSN 等)和单套无线网络设备(包括 BSC、BTS 等)，基站覆盖重叠区域较少，基站采用环形连接，如图 4-29 所示。

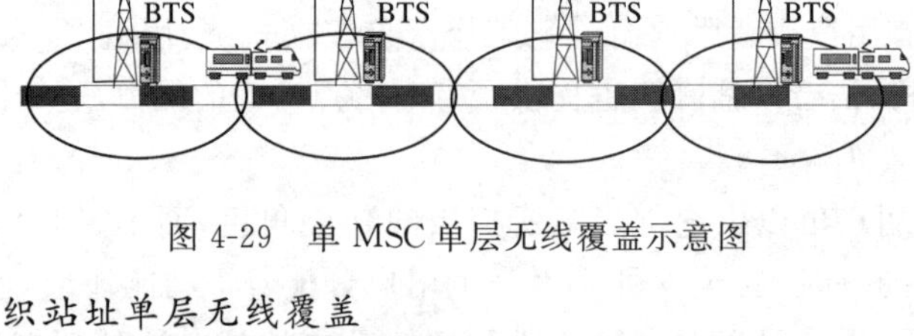

图 4-29　单 MSC 单层无线覆盖示意图

2) 单 MSC/交织站址单层无线覆盖

全线配置单套核心网设备和单套无线网络设备，基站采用环形连接，基站的重叠区域较深，有一定的基站冗余且互为冗余的基站不分层。某一基站故障时网络仍能正常工作，但 BSC 出现故障时网络不提供冗余，如图 4-30 所示。

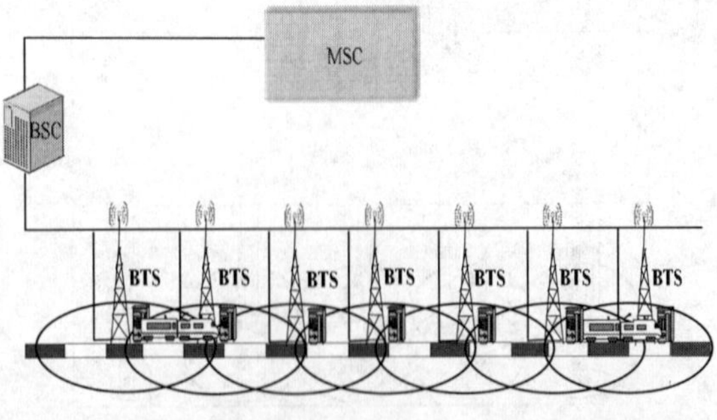

图 4-30　单 MSC 交织站址单层无线覆盖示意图

3）单 MSC/同站址双层无线覆盖

全线配置单套核心网设备和双套无线网络设备，两层无线网络的基站按同站址设置，基站采用环形连接，某一套无线子系统故障时网络仍能正常工作，但核心网设备出现故障或某一站址故障时网络不提供冗余，如图 4-31 所示。

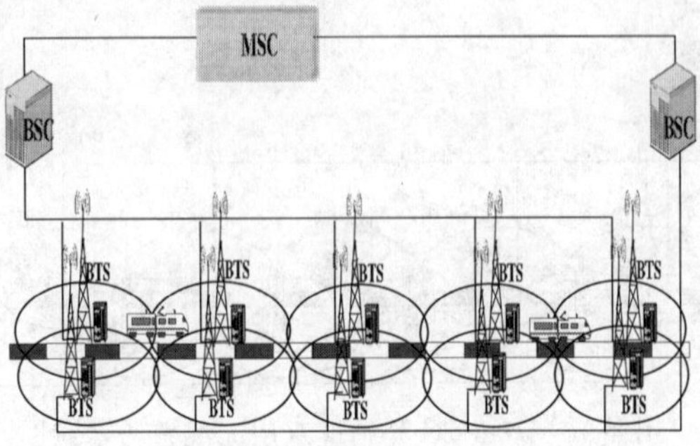

图 4-31　单 MSC 同站址双层无线覆盖示意图

4）单 MSC/异站址交织双层无线覆盖

全线配置单套核心网设备和双套无线网络设备，两层无线网络基站按异站址交织设置，基站采用环形连接，某一套无线子系统故障或某一站址故障时网络仍能正常工作，但核心网设备出现故障时网络不提供冗余，如图 4-32 所示。

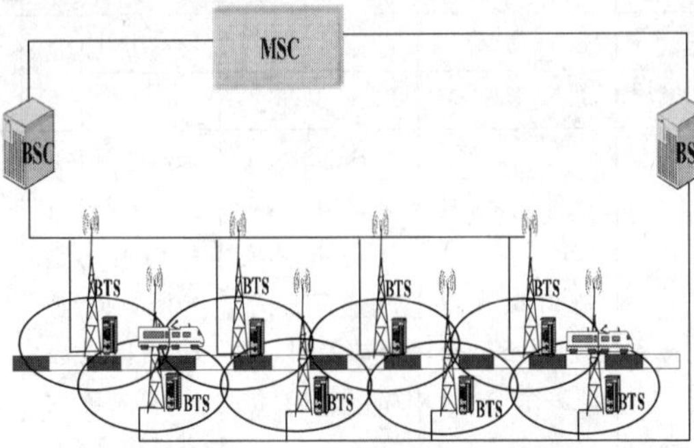

图 4-32　单 MSC 异站址交织双层无线覆盖示意图

5）双 MSC/同站址双层无线覆盖

全线配置双套核心网设备和双套无线网络设备，两套基站采用同站址双层网络覆盖，基站采用环形连接，全面系统冗余，但如果某一站址故障，同样会发生服务中断，如图 4-33 所示。

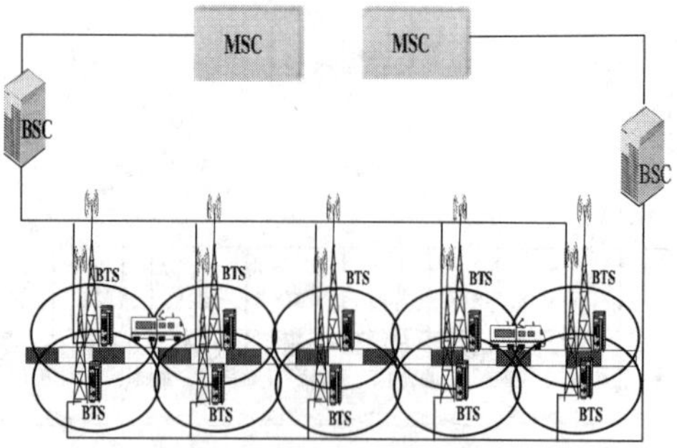

图 4-33　双 MSC 同站址双层无线覆盖示意图

6）双 MSC/异站址交织双层无线覆盖

全线配置双套核心网设备和双套无线网络设备，两套基站采用异站址交织双层网络覆盖，基站采用环形连接，全面系统冗余，且某一站址故障时，不会中断服务，如图 4-34 所示。

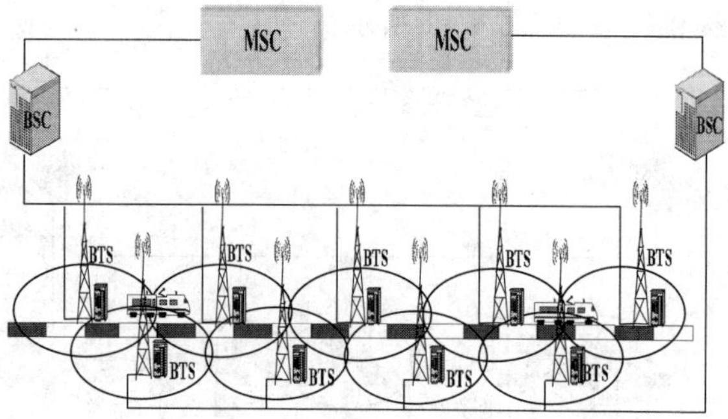

图 4-34　双 MSC 异站址双层无线覆盖示意图

以上几种方案比较如表 4-4 所示。

表 4-4　无线覆盖方式性能比较

方案	单 MSC 单层无线覆盖	单 MSC 交织站址单层	单 MSC 同站址双层	单 MSC 异站址双层	双 MSC 同站址双	双 MSC 异站址交织双层
工程实施难易程度	最易	易	中等	较难	难	难
频率利用率	最高	高	低	中等	低	中等
所需站址数目	少	多	少	多	少	多
冗余可靠性	某一 BTS 故障，其服务区域将不提供业务	BTS 冗余，但 BSS 其他设备出现故障时，网络不提供冗余	BSS 设备冗余，但核心网设备出现故障或某一站址故障时，网络不提供冗余	BSS 全面冗余，某一站址故障时不会中断业务，但核心网设备出现故障时不提供冗余	全面系统冗余，但如果某一站址故障，同样发生服务中断	全面系统冗余，某一站址故障时，不会中断业务
容灾能力	最差	差	差	中等	好	最好
抗干扰能力	差	最好	好	最好	好	最好
应用实例	德国（柏林—莱比锡）	我国 CTCS-3 级列控系统	—	意大利罗马至那不列斯	青藏线	西班牙高速铁路线

4.3.4 车载自组织网络

车车通信主要用于车辆的公共安全方面，这种专门为车辆间通信而设计的自组织网络又称车载自组织网络（VANET，vehicle ad-hoc networks），它创造性地将自组网技术应用于车辆间通信，使司机能够在超视距的范围内获得其他车辆的状况信息（如车速、方向、位置、刹车板压力等）和实时路况信息，如图 4-35 所示。当前面车辆检测到障碍物或车祸等情况时，它将向后发送碰撞警告信息，提醒后面的车辆潜在的危险。车载自组网的设计目标是建立一个车辆间通信的平台，不仅提高交通效率，还为司机的通行带来可靠安全和多重便利，使旅行者更加舒适。

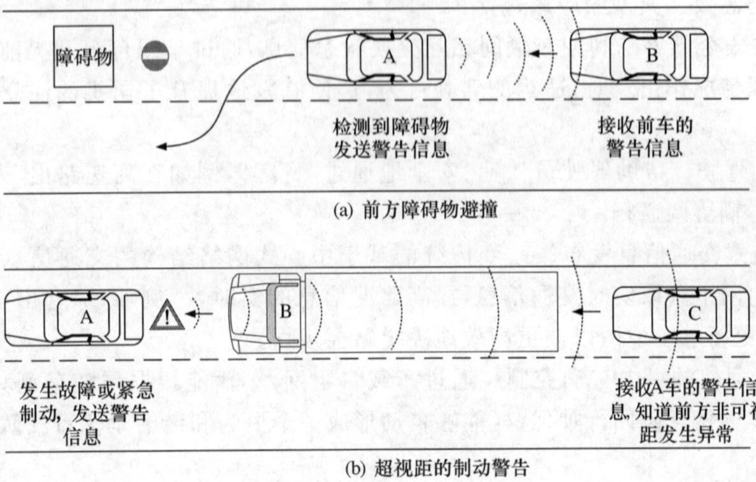

图 4-35　车载自组织网络的应用

1. 车载自组织网络

自组网是一种无线分布式结构，强调的是多跳、自组织、无中心的概念，因此，可以把车载自组网定义为一种快速移动户外通信网络。车载自组网的基本思想是在一定通信范围内的车辆可以相互交换各自的车速、位置等信息和车载传感器感知的数据，并自动连接建立起一个移动的网络。节点的单跳通信范围只有几百米到一千米，每一个节点（车辆）不仅是一个收发器，同时还是一个路由器，因此，采用多跳的方式把数据转发给更远的车辆。整个车载自组网分为两部分：车与车（V2V，vehicle to vehicle）和车与设施（V2I，vehicle to infrastructure）。

1）车载自组网特点

车载自组网是极其特殊的移动自组织网络，车载自组网的主要特点包括：

(1) 由于节点高速移动性（速度大致在 5～42m/s 之间），导致网络拓扑结构变化快，路径寿命短，例如平均速度为 100km/h 的道路上，如果节点的覆盖半径为 250m，则链路存在 15s 的概率仅为 57%。

(2) 无线信道质量不稳定，受多种因素影响，其中，包括路边建筑、道路情况、车辆类型和车辆相对速度等。

(3) 节点通过发动机可以提供源源不断的电力支持，车辆的承载空间也可以确保天线的尺寸和其他额外的通信设备，同时还具有强大的计算能力和存储能力等。

(4) 节点移动具有一定的规律性，只能沿着车道单/双向移动，具有一维性。

(5) 道路的静态形状使得车辆移动是受限制的，车辆轨道一般可预测。

(6) GPS 能够为节点提供精确定位和精准时钟信息，利于获取自身位置信息和进行时钟同步。

(7) GPS 和电子地图相结合，利用路径规划功能，将使车载自组网路由策略的实现变得更为简单。

2) 车载自组织网络的应用

车载自组网在交通运输中出现，将会扩展司机的视野与车载部件的功能，从而提高道路交通的安全与高效。典型的应用包括：

(1) 行驶安全预警。利用车辆间相互交换状态信息，通过车载自组网提前通告给司机，建议司机根据情况作出及时、适当的驾驶行为，这便有效地提升了司机的注意力，提高驾驶的安全性。

(2) 协助驾驶。帮助驾驶员快速、安全地通过“盲区”，例如在高速路出/入口或交通十字路口处的车辆协调通行。

(3) 分布式交通信息发布。改变传统的基于中心式网络结构的交通信息发布形式，车辆从车载自组网中获取实时交通信息，提高路况信息的实时性，例如，综合出与自身相关的车流量状况，更新电子地图以便更高效地决定路径规划。

(4) 基于通信的纵向车辆控制。通过车载自组网，车辆能根据尾随车辆和更多前边视线范围外的车辆相互协同行驶，这样能够自动形成一个更为和谐的车辆行驶队列，避免更多的交通事故。

3) 车载自组网的研究重点

车载自组网是一种动态变化并基于无线信道的自组织网络，面临的主要挑战包括以下几个方面：

(1) 网络固有的大规模性，很难保证一维网络的连通性，必须能处理网络的分割问题。

(2) 车载自组网的无线信道是多跳共享的多点信道，信道接入技术控制节点如何接入无线信道，对网络性能起着至关重要的作用。

(3) 车载自组网中的多跳路由是由普通节点(车辆)协作完成，不存在专用的路由设备，此外还需适应网络拓扑频繁变化等特殊性，因此必须设计专用、高效的多跳路由协议。

(4) QOS 保证。自组网出现初期主要用于传输少量的数据信息，车载自组网中则需要传输实时性很高的安全信息，这对带宽、时延和时延抖动等都提出了很高要求。

(5) 广播和组播。由于车载自组网的特殊性(如交通事故发生时发送的广播会导致突然增大的通讯负载)，广播和组播问题变得非常复杂，需要链路层和网络层的支持，因此需要跨层研究。

(6) 安全问题。移动自组网的特点之一就是安全性较差，易受窃听和攻击，车辆节点不能保证可靠性，因此需要研究适用于车载自组网的安全体系结构和专用安全技术。

(7) 网络管理。车载自组网网络管理涉及面较广，包括移动性管理、地址管理和服务管理等，需要相应的机制来解决节点定位和地址自动配置等问题。

3. VANET 网络协议栈

车载自组织网络采用 VANET 网络协议栈结构，它具有 Ad Hoc 网络的特征，仿照 OSI

的7层协议栈模型和TCP/IP的体系结构。我们可以将Ad Hoc网络的协议栈划分为5层,如图4-36所示,其中虚线方框表示为可选的功能部件。考虑到TCP/IP协议已经成为事实上的网络互联标准,Ad Hoc网络的体系结构也基于TCP/IP体系结构,并根据其自身特点进行必要的简化、修改和扩充。下面简要介绍一下其中比较特殊的物理层、MAC层和网络层的路由协议。

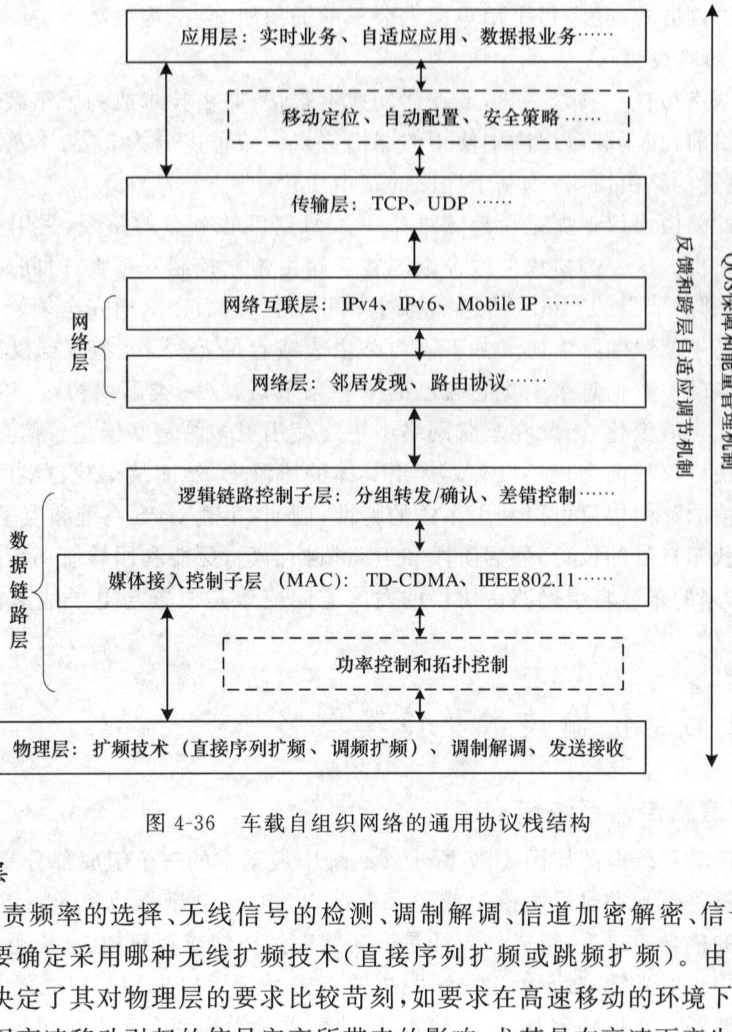

图4-36　车载自组织网络的通用协议栈结构

1）物理层

物理层负责频率的选择、无线信号的检测、调制解调、信道加密解密、信号发送和接收等。此外,还要确定采用哪种无线扩频技术(直接序列扩频或跳频扩频)。由于车载自组网独特的性质,决定了其对物理层的要求比较苛刻,如要求在高速移动的环境下具有较强的健壮性,以减少因高速移动引起的信号突变所带来的影响,尤其是在高速下产生的多普勒效应等的影响。要支持高速率传输,提供多跳连接（甚至是在节点密度比较小的情况下),保证足够的信息交互。而且对于安全报警信息延迟要非常小,支持突发性数据流,保证其实时性,与MAC层协议接口相匹配。另外,需要工作在无需授权的频段内,以保证其应用普及。目前国外所应用的车载自组网系统所采用的物理层技术主要是基于802.11(Wi-Fi)标准和TD-CDMA技术。

2）MAC层

MAC协议是报文在信道上发送和接收的直接控制者,它的优劣直接影响到极为有限的无线资源的使用效率,对车载自组网的性能起着决定性的作用。MAC层除了需要解决隐藏终端、暴露终端和资源分配的公平性等普遍问题外，车载自组网特定的应用环境和业务需求是其要面临的特殊问题，如车载终端移动速度快，网络的拓扑结构高度动态变化，需要支持突发的优先级高，实时性强的交通安全类业务应用，许多实时业务需要以广播形式发送等。因此，基于自组网的车载通信系统 MAC 协议需要具备以下特征：①支持车辆高速移动性；②保证通信的实时性和可靠性；③具有较好的可扩展性；④具有较高的带宽利用率；⑤采用全分布式自组网方式；⑥为每个用户提供公平的通信机会；⑦提供高效、及时的广播机制。

3）网络层的路由协议

由于车载网络拓扑的频繁变化，节点移动速度很快，路由技术成为了车载自组网中的重大挑战之一。目前，在车载自组网中使用的路由协议大致可以分为 3 类：①基于拓扑的路由协议；②基于位置的路由协议；③基于地图的路由协议。

基于拓扑的路由协议根据是否持续维持一条源到目的节点的路径，采用先应式或反应式的方法建立路由。这一类协议的致命缺陷在于路由建立控制开销大，时间延迟无法忍受，例如寻找/维护邻居节点的 Hello 信息平均时间间隔是 1s，而在交通安全领域要求是反应时间是 100ms。基于位置的路由协议并不需要路由表或存储路径，每个节点仅需要获知邻居节点和目的节点的位置信息来决定它自己的下一条节点，这一类路由协议能更好地适应网络大小和拓扑结构的变化，因此在车载网络中主要使用更多的是基于位置信息的路由协议。基于地图的路由协议目前为止还没有人提出具体的协议来，然而从车载自组网的特点来看，应用于车间通信的路由协议可以利用车辆的特性，例如，车载 GPS 系统和电子地图，这些都可以帮助节点获知自己的位置、邻居阶段和道路拓扑信息，更能利用导航系统中具备的路径规划等功能，未来的车载自组网路由协议的发展方向应该是位置与电子地图相结合的基于地图的路由协议。

4.4 光纤信息传输技术及传输网络

4.4.1 光纤信息传输系统简介

光纤信息传输系统框图如图 4-37 所示。系统中最基本的三个组成部分是光发射机、光接收机和光纤链路。光发射机由模拟或数字电接口、电压-电流驱动和光源组件（光源和光源与光纤之间的耦合接口等）组成。光纤是由高纯度的玻璃或塑料构成，长距离大容量的光纤链路普遍采用玻璃光纤，对于低速率短距离的传输系统可以采用塑料光纤。光接收机包括光纤与光检波器之间的耦合器件、光检测器、放大器和模拟或数字电接口等。

光源与光纤之间的耦合器是一种机械式接口，它的作用是把光源发出的光波耦合到光纤或光缆中，光缆由玻璃或塑料纤维光纤、金属包层和外套管组成。光纤与光检波器的耦合器件也是一种机械接口，其作用是把光缆中的光波尽可能多地耦合到光检测器中。目前在实际系统中都是将光源、光源与光纤的接口和一段光纤封装在一起，形成光源组件，这样就增加了系统的可靠性，这一小段光纤常称为尾纤或光纤跳线。同样，将光纤、光纤与光检测器之间的接口和光检测器封装在一起，就形成光检测器组件。

光纤链路由光纤光缆、光纤光缆线路（接续）盒、中继器等组成。光缆可以架空铺设（敷设），也可以铺设在管道内，或直埋于地下，或铺设于海底。由于制造、铺设等原因，光缆一般为 2km 一盘，因而如果光发送与光接收之间的距离超过 2km 时，每隔 2km 需要用光缆线路

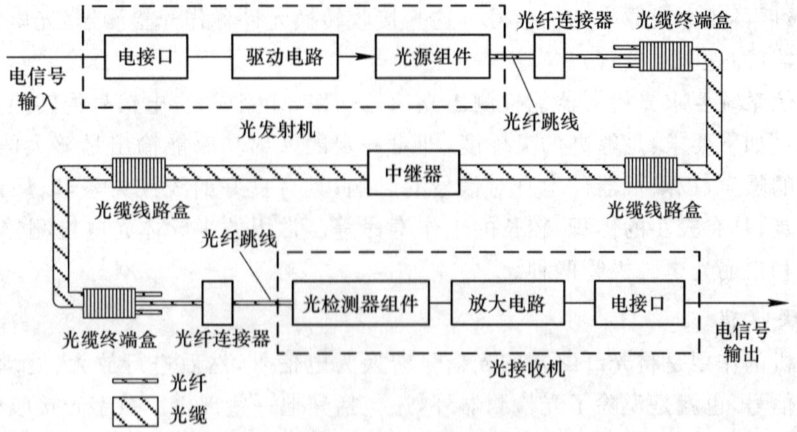

图 4-37　光纤通信系统框图

盒将光缆连接起来。光缆线路盒一般置于户外,因而要注意防潮、防腐等措施。光缆终端盒主要用于将光缆从户外引入到室内,将光缆中的光纤从光缆中分出来,一般放置在光设备机房内。光纤连接器主要用于将光发送机或光接收机与光缆终端盒分出的光纤连接起来,即连接光纤跳线与光缆中的光纤。

中继器主要用于补偿信号由于长距离传送所损失的能量。由于光纤的损耗和带宽限制了光波的传输距离,因此当光纤通信线路很长时,要求每隔一定距离加入一个中继器。但应该指出,由于光纤损耗很低,因此光纤通信的中继距离要比有线通信,甚至微波通信大得多。目前,2.5Gbps 单模光纤长波长通信系统的中继距离可达 153km,这就可以减少光纤通信线路的中继器数目,从而提高光纤通信的可靠性和经济效益。

1. 光源

光纤系统中的光源有很多种,从红光 LED(发光二极管)到以高度精确的波长发射红外光的激光器。激光器或 LED 产生能通过光纤传输的光波,它们可以直接调制信号,或用控制光束强度的外调制器进行调制。有些数字信号以与电话相似的速率短距离传输,而有些数字信号以高达每秒数太比特(Tbps)的速率通过数千公里的光纤。光放大器也是光源,但不产生自身信号,而是放大输入的弱光信号。

有几种因素决定了光纤通信系统中光源的选择,例如信号源的波长必须位于所用光纤的传输窗口内;功率应足够大,以跨越到达第一个放大器或接收机所需要传输的距离,但功率也不能过高,以免引起光线中的非线性效应或使接收机过载;光源发射的波长范围不能太宽,因为光纤色散限制了传输速率;光源能有效地耦合进传输光纤中。

光纤通信的主要光源是半导体激光器(常为二极管激光器)和发光二极管(LED)。半导体激光器,不仅发射功率大、耦合效率高、影响速度快,而且发射光的相干性也好,在一些高速率、大容量的数字光纤通信系统中得到广泛应用。如果使用多模光纤且传输信息比特率在 100～200Mbps 以下,同时只要求几十微瓦的输入光功率,那么发光二极管 LED 是可以作为选用的最佳光源。因为它不需要热稳定和光稳定电路,所以,LED 的驱动电路要相对简单很多,另外其制作成本低、产量高。

2. 光检测器

光信号经过光纤传输到达接收端后,必须先将光信号转变成电信号,然后再由电子线路进行放大，最后再还原成原来的电信号。这一接收转换元件称作光检测器(光电检测器)，或称光电检波器(即光电二极管)。

光纤通信系统要求光检测器能检测出光信号功率，并完成光/电信号的转换。同时光检测器还要满足如下要求：足够高的灵敏度，即对一定的入射功率能输出足够大的光电流；具有尽可能低的噪声，以降低器件本身对信号的影响；具有良好的线性关系，以保证转换过程中信号不失真；具有较小的体积、较长的工作寿命等。常用的半导体光电检测器有本征 PN 光电二极管和雪崩光电二极管两种。

3. 光接收机

光接收机的作用是将光纤终端的光信号转换为电信号，然后进行放大、处理、最后还原成原始的电信号，也就是说除了光检测器外，还包括其他一些部件。数字光接收机主要由光检测器、前置放大器、主放大器、滤波器、判决电路、时钟恢复电路以及自动增益控制电路等电路组成，其组成如图 4-38 所示。

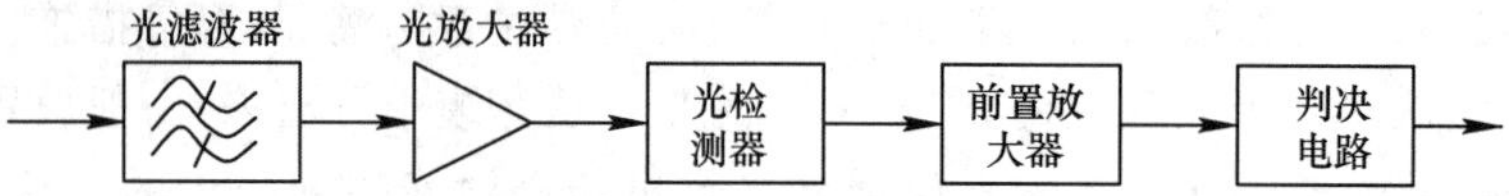

图 4-38　光接收机原理框图

1) 前置放大器

由光检测器输出的信号十分微弱，必须先经过前置放大器放大，要求它有足够小的噪声、适当的带宽和一定增益。前置放大器有多种类型，如双极型晶体管前置放大器、场效应晶体管互阻抗前置放大器、PIN-FET(PIN 管与场效应管)前置放大器组件等。

2) 主放大器

前置放大器输出信号的幅度对于判决阀值是不够的，因此，还需要主放大器做进一步的放大。主放大器除了将前置放大器输出的信号放大到判决电路所需要的信号电平外，还起着调节增益的作用。当光电检测器输出的信号出现起伏时，通过光接收机的自动增益控制电路对主放大器的增益进行调整，即输入信号越大，增益越小，反之，对于小的信号呈现较大的增益，这样主放大器的输出信号幅度在一定范围不受输入信号的影响。

3) 判决电路

为了能使滤波器的输出判决出信号是“0”码还是“1”码，首先要知道在什么时刻进行判决，亦即应将混合在信号中的时钟信号(又称定时信号)提取出来。接着再根据给定的判决门限电平(或称判决阀值)，按照时钟信号所“指定”的瞬间来判决由滤波器输出的信号。若信号电平超过判决门限电平，则判为“1”码；低于判决门限电平，则被判为“0”码。

4. 光发射机

由图 4-37 可见，光发射机由电接口(包括线路编码)、驱动电路(包括信号调制)和光源组件(光源和光源与光纤之间的耦合接口等)组成。下面主要介绍线路编码和光信号调制。

1) 线路编码

为了有利于信息在信道中传输和接收时便于处理，我们往往先对数字电信号进行编码，再对光信号进行调制。光信号除了可调制光载波信号的幅度、频率和相位外，还可调制光强(光功率)。由于光强不同于电信号的电压或电流有正值与负值，它只有正值(即光强或光功率没有负值)，因此它是单极性信号，不像电流或电压那样是双极性信号。

光纤通信中常用的调制方案为OOK(通断键控)，它是幅度键控ASK的简化形式。这种调制方案中编码为“1”表示在码元周期内有光脉冲，或称光源LD或LED处于开(ON)状态；编码为“0”表示在码元周期内无光脉冲，或称光源LD或LED处于关(OFF)状态。光脉冲的宽度为码元持续时间，它的计量单位通常取纳秒(ns)。例如，对于一个1 Gbps的数据速率的码元，对应的光脉冲时间宽度为1 ns。编码既可以采用直接将光源调谐在开或关两种状态的方法来完成，也可以通过外调制器的方法来完成。

OOK调制可以采用许多信号格式，最常用的为NRZ、RZ和短脉冲三种格式。NRZ称为不归零码，码元“1”对应有光脉冲且持续时间为整个码元周期，码元“0”对应无光脉冲出现。如果是连续两个码元“1”，则光脉冲持续两个码元周期。RZ码称为归零码，码元“1”对应有光脉冲且持续时间为整个比特周期的一部分(通常取一半)，“0”对应无光脉冲出现。短脉冲是由RZ变化而来的，码元“1”对应有光脉冲且持续时间为整个码元周期的很小一部分，码元“0”对应无光脉冲出现。它们的信号格式如图4-39所示。

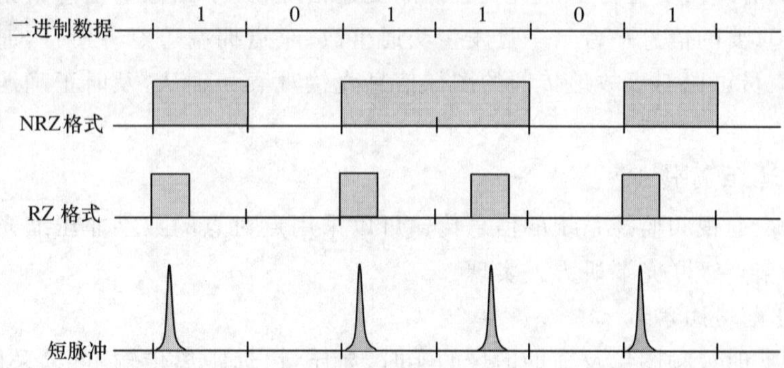

图4-39　OOK数据调制格式

NRZ码与其他格式相比，其主要优点是不归零脉冲的频带宽度窄，只有RZ码的一半，缺点是当出现长连“1”或“0”时光脉冲没有“有”和“无”的交替变化，这对于接收时对码元时钟的提取是不利的。RZ码虽然解决了连“1”的问题，但连“0”问题仍然存在。

以上所有格式都存在直流分量(DC)波动导致不平衡问题。假设待发送的所有数字码元的平均发送光功率为零，则OOK调制方案被认为是DC平衡的。OOK调制方案获得DC平衡是很重要的，因为这使得接收时设计判决阈值变得容易，有利于数字处理的恢复。

为了保证光信号有足够的交替变化和提供DC平衡，系统中常采用扰码和分组码方案。扰码是一个数码流与另一个数码流的映射，在发送端扰码器将输入的数码流与经过仔细挑选的另一个数码流进行异或(EXOR)运算，后一数码流序列的选取原则是应尽量使输出码元的连“1”或“0”出现的概率尽可能地小。

2) 光信号调制

光信号调制可以分为直接调制和外调制两种方式。直接调制是用电脉冲码流直接控制半导体激光器的工作电流，从而使其发出与电信号脉冲相应的光脉冲流。直接强度调制是光纤通信中最简单、最经济、最容易实现的一种调制方式，适用于半导体激光器LD和发光二极管LED，这是因为它们的输出功率与注入电流成正比(LD阈值以上)，故只需通过改变注入电流就可实现光强度调制。

在数字调制中，当电脉冲信号为“1”时激光器的工作电流大于其阈值电流，所以它会发出一个光脉冲；而当电脉冲信号为“0”时，激光器的工作电流因低于其阈值电流而不发光，见图4-40。直调方式简单、损耗小、成本低，但是激光器工作电流的超高速变化容易导致调制啁啾。啁啾现象的产生将限制系统的传输速率和距离。直调方式通常运用于G.652光纤、传输距离小于100km、速率小于2.5Gbps的传输系统。

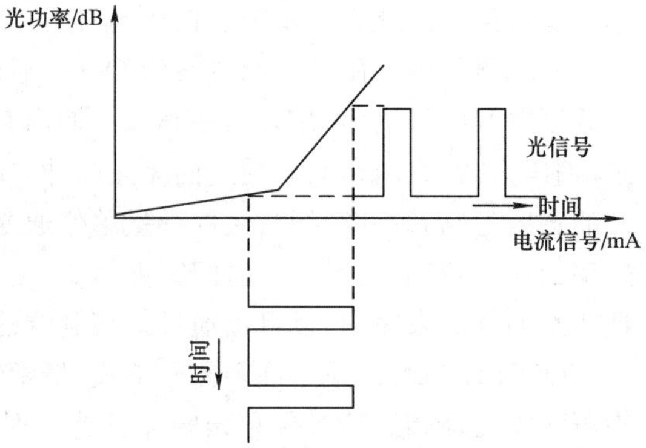

图4-40　数字直接调制原理

4.4.2　视频接入光传输网络

视频监控系统是ITS的重要组成部分，目前在ITS中图像、语音、数据的应用越来越广泛，它们可以为管理人员提供更加直观具体的交通情况，其中图像的信息量是最大的，也是智能交通的最重要的信息平台。一旦发生交通事故、车道拥塞等意外事件，通过报警、联动等功能，工作人员可以对事故地传回的图像信息直接观察和确认，及时正确地决策，保障道路的安全畅通。

1. 视频远距离传输

大容量的交通视频监控系统的信息传输可以采用点对点的数字非压缩光端机、数字以太网编解码和节点级联光端机方式实现。

1）点对点光端机方式

要想实现实时视频图像及辅助信号的实时、高质量、远距离传输，可以采用光端机方式传输。视频光端机本质上是以传输非压缩数字视频为主(包括其他数据、音频、开关量、以太网、电话等信号)的光电转换传输设备。

外场每个监控点和监控中心采用点对点方式(图4-41)，这种方式结构简单，视频信号采用数字非压缩方式传输，一路或多路图像占用一路光纤，技术成熟，图像没有经过压缩处理，采用TDM复用技术，质量好、无延时，但占用光纤资源多系统扩容容量有限。

2）以太网编解码方式

随着宽带IP网络的发展以及图像压缩标准的逐步完善，交通视频监控系统转换成全数字型方案，而数字监控设备通过IP地址进行标识以网络设备的形式存在，增加设备只是意味着IP地址的扩充。可充分利用计算机网络的传输能力、交换能力和扩展能力进行系统的扩展。只需给设备分配相应的IP地址。

以太网编解码方式采用压缩方法将图像进行数字化处理，它是对每一幅图像(称之为帧)进行帧内和帧间压缩，即用一定的算法对图像帧自身以及相邻两帧之间的冗余部分进行去除。视频信号通过光端机汇集到外场区域交换机，再通过编解码转换成IP包上传中心，数字化编码格式采月MPEG-2或H.236，图像交换在千兆网络上实现。主干的IP环传输系统采用工业千兆以太网技术。以上结构由于外场视频信号向就近通信节点汇集，大大减少了主干光缆芯数的使用。图像在各个通信节点实现了数字化，通过组播技术可以实现各个点的图像共享。

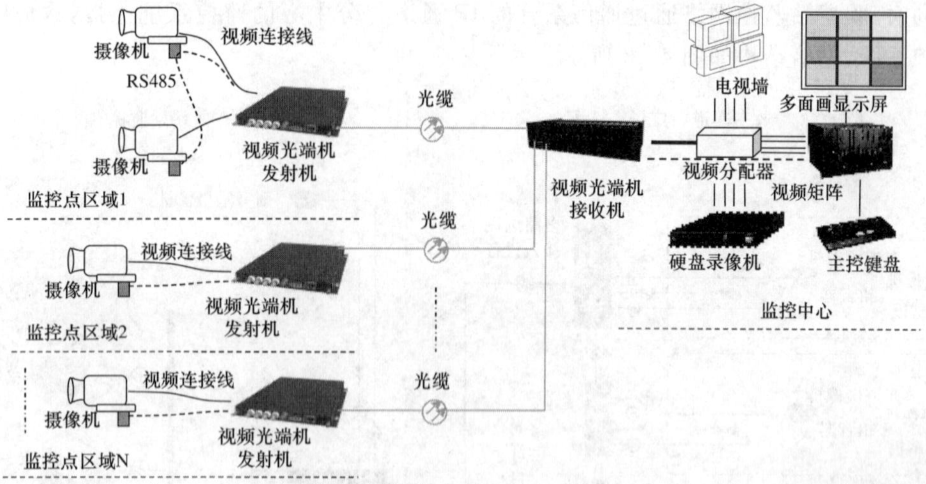

图 4-41 点对点视频信息传输方式

3）节点级联光端机方式

级联光端机采用波分复用技术，仅通过单芯纤，便可以将沿线分布的各监控点的视频及多路音频、数据、以太网、电话等信号传送到监控中心，充分节省用户设备的投资成本，大大提高了一根光纤的使用限度。例如，如果光纤资源有限，重新铺设光纤工程条件又不允许的情况下，当现有的一根光纤已经被使用，又需要传输多个站点的视频信号，此时就采用该级联光端机的方式。

4）三种方案比较

以上三种方案技术上均已经成熟，点对点的传输方案应用广，设备选择面广，图像质量好，单个视频点和单路光纤的故障不会影响到其他图像。由于现在光纤成本不断降低，因此系统成本也比较低。但在通信管孔有限，光纤资源紧张的场合下系统扩容有限，各传输通道独立很难做到对所有设备进行统一管理。以太网编解码技术使图像信号在本地实现了以太网数字化，MPEG-2 编解码技术趋于成熟，图像质量和传输控制延时均达到了监控要求，编解器可以进行集中网络管理，且通过以太网组播技术可实现一次编码多点同时观看。终端既可以还原成模拟图像在监视器和大屏幕上进行显示，还可以在电脑上进行软解，适合网站图像发布等应用。以太网交换和路由自身的自愈技术可以实现光纤链路的自愈保护。但是大容量视频数字编码传输要求以太网设备具有较强路由能力和组播控制能力，在外场条件相对恶劣的场合多采用工业以太网设备，系统成本较高。节点级联光端机传输方式很大程度上节省了光纤资源，但存在单点设备故障可能导致对整条链路的影响。

2. 高速公路收费站监控系统组网

高速公路各收费站收费车道设置的车道摄像机、亭内摄像机、拾音器、告警踏板采集到的监控数据通过电缆接入收费亭内的多路远端接入设备，各车道的远端接入设备与收费站机房内设置的本地接入设备通过光纤连接，构成光纤自愈环网。收费广场设置的广场摄像机通过电缆接入临近的单路远端接入设备，该单路远端设备通过光纤与机房内的本地接入设备进行点对点连接。收费站机房内的本地接入设备通过 IP 网络连接系统终端、数字视频检测服务器、存储服务器、磁盘阵列，实现对系统的控制、管理、智能视频分析和录像存储功能。同时，收费站监控网络通过通信系统的IP通道与分中心的监控系统连接，构成路段整体监控系统，网络结构如图4-42所示。

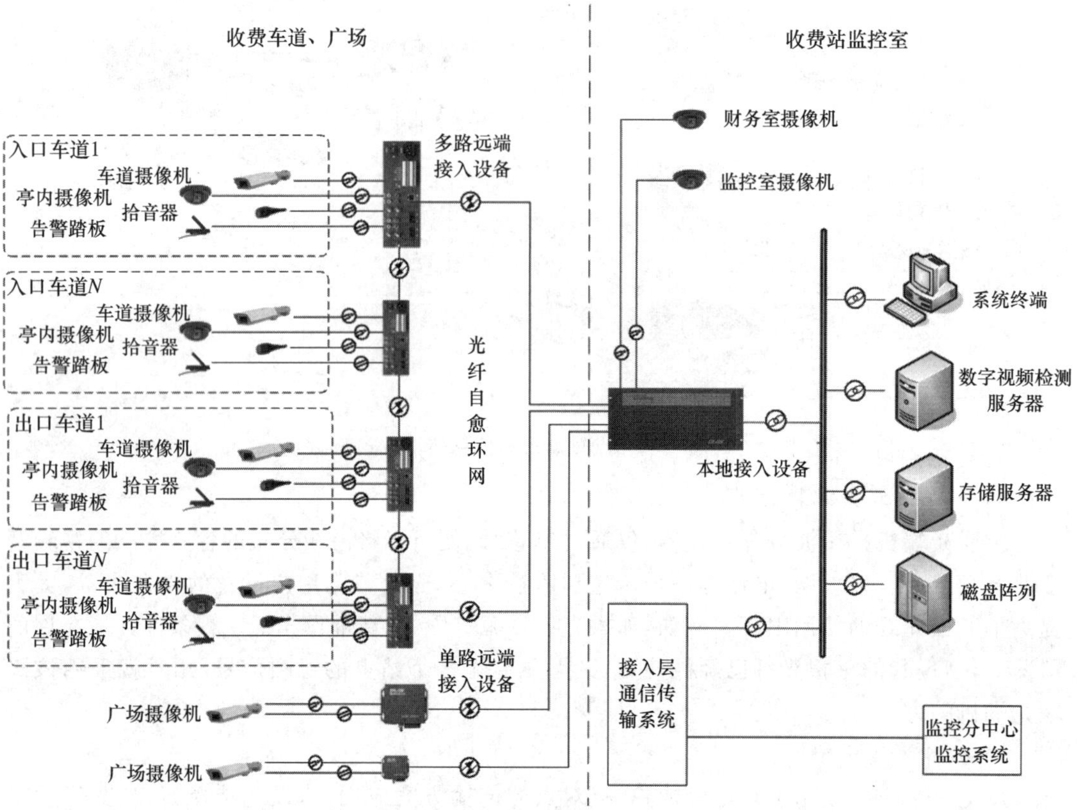

图4-42　收费站监控网络结构示例图

4.4.3　省域高速公路核心光传输网络

随着高速公路建设的迅猛发展，交通运输部也正在建设高速公路的交通信息网，实现智能交通体系。从组建省域交通专用通信网的角度看，目前适合高速公路通信的关键网络技术主要有ASON(自动交换光网络)、SDH(同步数字系列)、ATM(异步转移模式，一种高速、低延迟的多路复用和分组交换模式)、IP(IP over 光纤)和WDM(波分复用)。综合比较各种光传输技术的特点，并结合遗留系统的兼容性考虑，大部分省份采用接入网＋SDH系列数字光纤传输系统，把高速公路通信系统中的多种业务融入到一个传输平台。该系统为省域内高速公路的运营、管理提供不间断的通信，为路网内的业务电话、对讲电话、指令电话提供话音通道；为监控、收费系统的数据、视频传输提供通道；为办公自动化、会议电视、呼叫中心等系统体统传输通道，并预留将来新增业务及构建全国高速公路通信专网的条件，是高速公路监控系统、收费系统及高速公路信息化管理的支撑系统。

1. 省域高速公路通信系统构建

省域高速公路传输系统形成干线传输网和基层用户接入网两个传输层次的通信网络，其中干线传输网又分为骨干传输网和区域传输网。通信网络总体架构如图4-43所示。

骨干传输网主要完成从片区通信分中心到省通信中心的传输，由省通信中心及各片区

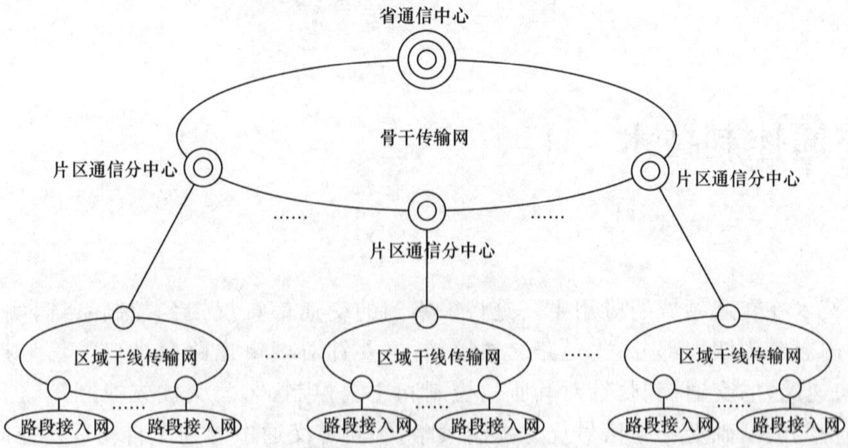

图 4-43　省域高速公路通信网络总体架构示意图

通信分中心相连形成干线传输网。

区域传输网主要完成从路段到所属片区通信分中心的传输，由各片区通信分中心及各路段通信站相连形成区域干线传输网。

基层用户接入网主要完成各路段内的传输，由各路通信中心与沿线收费站、服务区、停车区等无人通信站的通信设备按路组建用于区间业务通信的接入网。距离长的路段也可组建多个用户接入网。

2. 业务需求及分类

以图 4-43 所示的网络结构图为例，片区分中心数为 N，路段接入点约为 K 时，骨干传输网的业务分类及业务容量需求如表 4-5 所示。

表 4-5　　通信系统带宽需求表

通信区间	业务种类	业务容量/兆	业务数量	总容量估计/兆
骨干传输网(省通信中心--片区通信分中心以及相邻片区中心之间)	数字程控语音通信	3×2	N	6×N
	交通监控数据	3	N	3×N
	收费数据	2×2	N	4×N
	监控收费图像	8×4	N	32×N
	会议电视传输	2	N	2×N
	办公自动化传输	6	N	6×N
	超限数据传输	2	N	2×N
	总容量估计	55	N	55×N
区域干线传输网(片区通信分中心-路段管理中心通信站)	V5 数字中继电路	5×2	K	10×K
	交通监控数据	2	K	2×K
	收费数据	2	K	2×K
	监控收费图像	6×4	K	24×K
	会议电视传输	2	K	2×K
	办公自动化传输	6	K	6×K
	超限数据传输	2	K	2×K
	总容量估计	48	K	48×K

5 交通控制技术

控制技术在交通领域的应用主要是将采集到的交通信息反馈到控制系统，实施控制策略。本章内容分为四大部分：①道路交通控制，主要针对城市道路交叉口的信号控制；②高速公路（快速路）的交通控制，针对其匝道控制和主线控制；③公交优先控制策略及方法，在公交车辆检测的基础上实施信号优先控制策略；④轨道交通中的列车自动运行控制技术，主要包括区间闭塞控制、速度防护控制及车站联锁控制。

5.1 道路交通控制

道路交通控制原理如图 5-1 所示。交通信号控制采用先进的信号控制策略对交通流进行控制，从而实现城市或区域的交通流运行的通畅和平稳。快速路进出口控制根据快速路及其相关道路交通流状况，对快速路的进出口进行控制，以达到减少交通阻塞、协调路网运行的目的。车速控制通过车速检测，对道路上行驶车辆的速度分布进行适当控制，并给出建议车速，以达到使路网交通流运行协调稳定的目的。区域性交通控制策略的制定和实施利用先进的通信及控制手段是对城市以及城市之间交通运行进行集成控制，以提高道路网容量和路段通行能力。交通控制和路线诱导的集成是交通管理人员根据交通控制的需要，向驾驶员发布路线诱导信息，使交通流得到有效的控制。

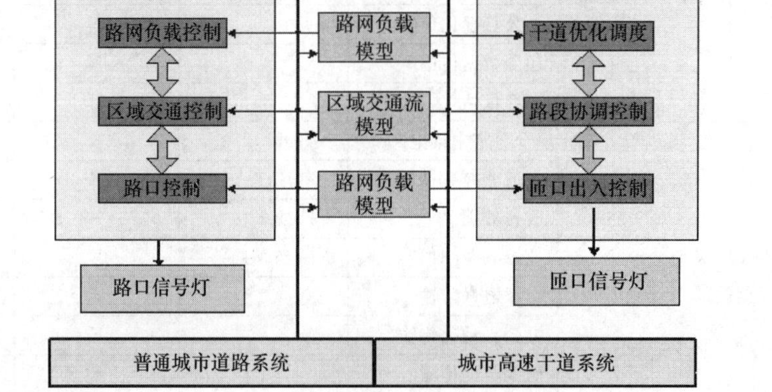

图 5-1 道路交通控制原理图

5.1.1 城市道路交通控制技术

城市交通控制系统的起源是交通自动信号灯的诞生。1868 年，在英国伦敦 Westminster 地区安装了世界上第一台交通信号灯，揭开了城市交通信号灯控制的序幕。1918 年纽约街头出现了新的信号灯，这是与当今使用的信号灯极为相似的红黄绿三色灯，它是人工操作的。1926 年，英国首次安装和使用自动化的控制器来控制交通信号灯，标志着城市交通自动控制的开始。鉴于当时的信号灯主要采用机电设备联锁的定周期控制方式，因此，数据处理能力有限，信号灯之间的协作也很少。1952 年，美国科罗拉多州丹佛市首次利用模拟计算机和交通检测器实现了交通信号机网的配时方案选择式信号灯控制系统，称为“PR”系统，其核心技术是单点感应控制原理在交通网络中的应用，在线通过抽样数据计算绿信比和相位差，这种控制十分有效。1964 年，在加拿大的多伦多市完成了数字计算机控制信号灯的实用化，并成为世界上第一个具有电子计算机城市交通控制系统的城市，从此开始了交通控制发展史的新纪元。1967 年英国运输与道路研究实验室(TRRL)成功地研究出交通网络研究工具“TRANSYT(Traffic Network Study Tools)",用于脱机优化配时方案，它的广泛应用，将交通控制技术推向更高的发展阶段，后来在“TRANSYT”的基础上开发了“SCOOT(Split Cycle and Offset Optimization Technique)”系统及澳大利亚开发了“SCATS(Sydney Coordinated Adaptive Traffic System)”自适应控制系统，这成为世界上两个最优秀的城市交通信号控制系统。

最新的科技成果不断应用到交通控制中，促进了交通控制往成熟、高科技含量方向发展。纵观其发展历程，其主要经历了以下几个阶段。

1) 定时控制向协调控制发展

早期的交通信号自动控制都是采用固定周期单点(单一路口)控制方案，比如单点定周期自动信号机和感应式自动信号机等。这种控制方案在交通量不大的情况下，虽然效果比较好，但是对与时间关系密切的路口(如节假日、上下班时间)以及大交通流量的情况，它就不能满足客观需要了，于是，产生了单点多时段控制方案，即不同的时间段采用不同周期。这种方案只能实现某单一路口的交通流量最大化，而不能实现交通流在整个路段的连续运动和路段流量最大化，因此，后来产生了信号协调控制系统。

2) 感应信号控制

20 世纪 30 年代初期，美国各城市相继出现了车辆感应式信号机，它可以自动测量目前各方向的车流量，然后根据车流量实时控制各方向的信号灯，它可以有效地减少车辆在交叉路口的延误。

3) 计算机应用

美国的交通控制模拟计算机交通信号控制系统(简称"PR”系统)，英国的 TRANSYT 交通控制系统，及后来在 TRANSYT 的基础上开发的 SCOOT 系统，澳大利亚的 SCATS 系统，这些系统都将计算机技术应用到交通信号控制中。

城市道路交通控制发展阶段的技术模式又可以分为如下 5 种。

1) 原始模式

原始模式应用于道路交通发展的早期，交通技术原始落后，道路简陋，运输工具也多为人力或畜力车。它的特点是技术含量低，运载工具和交通基础设施比较原始，道路上人、车、畜混杂，路况差，交通效率低等。

2）机械模式

机械模式阶段有了机动车与非机动车之分，道路上的车辆相对较少，建立了较完善的交通规则，有些地方还出现了固定的信号控制系统。它的特点是控制系统采用简单的机械方式运行，通过路口信号灯完成单点、定时信号控制功能。该阶段中的交通控制系统不能根据交通流的实际情况做出相应的动态调整，柔性很差。

3）生物模式

交通的发展使机械模式不能满足人们的需求，产生了生物模式，即模仿生物适应环境的能力，产生了感应方式，实现在交通管理中的实时控制，不断适应最新交通状况。生物模式的任务是疏导交通、实现诱导控制、采用仿真生物感应方式，来满足交通疏导的要求。在生物模式阶段，信号控制功能由中心计算机控制系统实现，能够进行系统辨识和最优控制。

4）智能模式

随着通信技术、GPS技术、计算机网络技术、视频技术、传感技术和诱导技术等的不断发展和完善，将它们综合应用于现代交通系统中，形成智能化道路交通运输系统。智能模式阶段加强了道路、车辆和驾驶员三者之间的联系。借助系统的智能，驾驶员能够了解实时交通状况，管理人员则对车辆的行驶状况更为清楚，提高了道路的安全性及系统的工作效率。

5）全球智能模式

全球智能模式的特点是世界各国智能交通控制都有一定的发展，尽管各国的交通控制采用的形式和技术不尽一致，但具有标准的系统模块、技术模块接口和兼容性。它是将各个交通控制子系统衔接起来，构成综合交通控制系统，而各地区、各国的综合交通控制系统则作为新的子系统，它们相互连接，构成全球智能模式。对机械模式、生物模式、智能模式、全球智能模式进行了比较，见表5-1。

表5-1　　四种阶段模式比较

项目	机械模式	生物模式	智能模式	全球智能模式
信息采集	无	有	有	有
信息显示	单一	单一	多种	多种
信息处理	无	单点和区域	多层次	网络化
通信系统	无	有线及无线	无线、有线、移动	全球移动通信、网络通讯
服务系统	交通标志	交通标志、广播、提示板等	交通标志、广播、提示板、服务中心、车辆载体式系统等	全球化的服务系统
调度系统	无	优先控制系统	调度中心	网络中心
诱导系统	人工诱导	自适应系统	人工智能系统	综合交通系统
系统目的	防止冲突	疏导交通、安全	疏导交通、安全、环保、节能	全球交通一体化

近几年我国经过深入研究，也开发出了一些适用于我国交通状况的交通信号控制系统。比如，上海开发的自适应交通信号控制系统SUATS，它是在深入研究国外先进系统的基础上，融合了大量交警实际控制经验而产生的。该系统可与其他交通控制系统进行连接和协调控制。还有，厦门开发的视频检测自适应交通信号控制系统、智能电子警察系统和监控系统，投入使用，效果良好。其视频检测自适应交通信号控制系统直接利用视频信号来检测机动车辆的技术，准确检测通过的车流量/排队长度等交通流参数。根据不同方向和车道的实

际交通流，实施实时的信号配时，自适应能力强，而且它具有很好的扩展性和开放性。

综合分析国内外先进的城市道路交通控制系统，结合中国大城市道路及交通的实际情况，考虑今后中国城市交通与道路建设的发展，充分考虑现代科学技术成果的使用，中国城市道路交通控制系统的发展方向应是如下五个方面。

1）多模式化

首先在系统结构上，应该吸收集中式 SCOOT 和分布式 SCATS 各自的长处，在控制范围内各个区域采用灵活多变且可相互转换的系统结构，以使系统结构适应交通流的区域变化。其次，在系统目标上，应根据不同区域具体的实时交通路况，对总行程时间最小、“动能”（流量和速度的乘积）、路口能力最大、总延误最小、排队长度最短等目标进行筛选或组合以确定不同的系统目标，这样系统优化更具有针对性。再者，在控制战略模式上，应有适应交通拥挤状态下和适应中等交通量的方式。

2）智能化

随着网络技术、图像处理技术以及智能控制技术等的快速发展，作为道路交通控制系统应能为车辆提供准确、及时、多样的信息，在传统的信息广播、可变情报板的基础上，应在城市中建立与控制系统协调的集中式 GPS 诱导系统，并与公路的智能车辆公路系统（简称 IVHS）相衔接。

3）最优化

TRANSYT 与 SCOOT 都采用交通模型来优化配时，由于当时计算机技术的限制，在模型算法求解上有一定局限性，一般仅能获得有限的局部最优解。随着计算机技术和优化理论的发展，在线优化有可能获得更好的局部甚至整体最优解。同时要看到无论 TRANSYT 还是 SCOOT 以及 NUTCS 都立足于路口、控制区域建立交通模型，以获得路口控制参数，同样随着计算机技术和优化理论的发展，建立立足于整个路网的动态交通分配模型和整体优化模型并求解，达到对路口控制参数进行调整从而实现在整个城市范围内对交通流进行动态协调控制是可行的。

4）规整化

任何控制系统都是立足于一定的道路与交通条件下，因此，使用道路的方法与疏导交通流的方法对控制系统会产生深刻的影响。有鉴于影响已有系统的运行效果的一些因素，在建立一个城市道路交通控制系统之前，必须针对道路状况及交通流状况做出交通流疏导方案和道路使用方法，制定出交通规则，使得道路与交通更加规整。

5）标准化与模块化

由于计算机语言的发展水平，SCATS 控制方式受硬件及用汇编语言的限制，不能在其他类型的计算机上运行，限制了它的扩展。而 SCOOT、UNTCS 都使用高级语言编程，便于移植和推广，其成本也相对较低。而且随着 Visual C＋＋可视化语言以及 Java 等高级语言的不断完善和发展，所研制的控制系统应立足于标准化和模块化，有利于产品的进一步完善和市场的推广。

5.1.2 城市道路交叉口的信号控制技术

1. 信号控制参数

1）信号相位

信号相位是指在一个交叉口某个方向的交通流（或几个方向交通流的组合）同时得到的

通行权或被分配得到这些通行权的时间带。例如，在图 5-2 所示十字交叉口的情况下，一般是相位 1 和相位 3 轮流显示的两种相位。如果因左转车辆数量多，需要设置左转相位时再加相位 2 而成为三个相位。在图 5-2 中实线表示车辆，虚线表示行人。

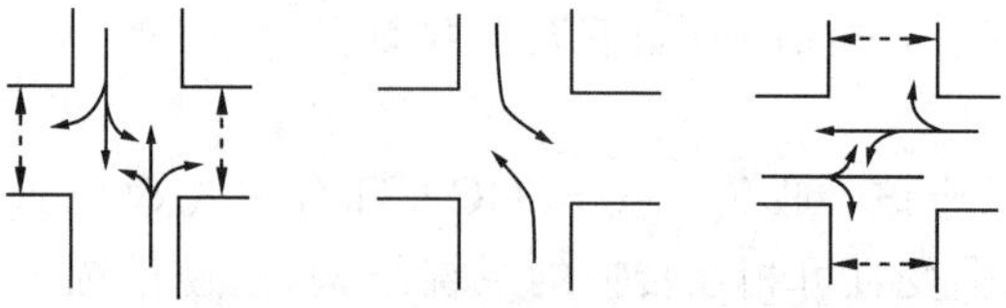

图 5-2　相位示意图

确定信号相位时需要考虑以下几点：

(1) 交通安全。交叉口内发生的交通事故中，与转弯车有关的较多。因此确定交叉口相位时要考虑交通状况，特别是穿越人行横道的行人的人数、年龄、行走状态以及左右转弯车交通量、穿越距离和对面车道的分离距离、视觉良好与否等，设置分离的左右转弯车相位和行人相位以及直行车相位。

(2) 交通效率。一般来说增加相位数，减少同一相位中不同方向交通流的数量，可以提高安全性，但是其副作用是降低通行能力和交通效率。这是因为相位数增加不但会减少分配给各交通流的相位时间，同时由于相位交替次数增加，而导致黄、红的交叉口清空时间增加。此外，也增加了绿信号开始车辆起动时引起的损失时间。因此，从交通效率方面来看希望减少相位数。

(3) 饱和度。以交叉口的一条进口道 j 为例，我们把相位 i 时实际进入进口道 j 的交通量 q_{ij}(交通需求)与进口道 j 的饱和流量 S_j(交叉口上游有充分的需求量时，单位绿灯的时间的最大通过数)的比值称为该进口道的饱和度 λ_{ij}。饱和度是交通控制中的一个评价标准(进口道的饱和度也称为标准化交通量)，每一个相位 i 所控制的交叉口各进出口道饱和度的最大值称为相位 i 的饱和度 λ_i，交叉口所有相位的饱和度 λ_i 之和称为该交叉口的饱和度 λ。

2) 周期长

一个信号灯表示绿、黄、红一个循环(从绿灯开始到下一次绿灯开始为止)所需的时间称为周期长，以秒(s)为单位表示。一般来说，交叉口饱和度越高，则周期越长；饱和度越低，则周期越短。

3) 绿信比

相位 I 的有效绿灯时间 G_i(有效使用的绿灯时间与实际绿灯时间之比)除以周期长 C 所得的值称为绿信比 g_i，即 $g_i = G_i / C$。

4) 相位差

周期长、绿信比是针对单个交叉口的控制参数，而相位差是针对多个交叉口的控制参数。例如在，考虑线控的信号机群时，从某一车流方向来看，为使车辆在交叉口处不受阻而流畅通过，与其使相关的信号同时显示同一灯色，不如使绿灯开始时间错开一些，这里我们称表示时间的“错开”为相位差。相位差有绝对相位差和相对相位差两种，各个信号机与该信号机群共同的基准时间(例如，某个特定信号机的绿灯开始时间)的相位差称为绝对相位差，与邻接的信号机的相位差称为相对相位差，两者均以 s 或周期长的百分率来表示。

相位差的基本方式有以下几种。

(1) 优先相位差方式。各方向交通量相差大，或单向通行、人为地欲使其优先通行时采用的方式，其目的是使一个方向的交通，使两个方向具有同等通畅程度的方式。此种方式适用于各方向交通量相差不大的情况。

(2) 同相位差方式。沿系统路线，相邻交叉口几乎同时变绿的相位方式(相位差几乎为0)。一般信号间隔短时，为了避免车辆不断地在交叉口处遇到红灯停车而采用此方式。

(3) 交互式相位差方式。系统路线的相邻交叉口的信号几乎均相差半个周期显示绿灯的相位差方式，相对相位差约为50%。

2. 信号控制分类

信号控制方法有三种不同的分类，考虑到选择控制方式的方便性，可将信号控制分为点控、线控、面控。

1) *点控方式*

点控方式使用与相邻信号机间距较远，线控无多大效果时，或者因各相位交通需求变动显著，其交叉口的周期长和绿信比的独立控制比线控更有效的情况。

(1) 定周期控制。定周期控制是对应于交通需求的变动参数，将一天分为几个时间段，相应与不同时段设定不同的周期长、绿信比等信号控制参数，由时钟来控制变换参数的控制方式。定周期控制方式是用于交通量的变动模式基本固定、并可以预测的情况，因某种原因变动模式发生变化时就要修改控制参数。

(2) 交通感应控制。交通感应控制方式是对应于交通状况的变动进行实时控制的方式。该方式根据使用车辆检测器测得的比较短时间的交通需求的变动，改变绿灯时间和周期长的控制方式。

(3) 行人信号控制。人行横道的信号控制方式有“定周期控制”和“按钮式控制”。繁华街、车站周围以及办公区、商店街等地点全天都有行人穿越横道，即使在高峰时间以外也大致平均每一分钟有一人以上的交通需求量，所以，进行定周期控制为好。按钮式控制适应于需求量随时间变动显著，存在着几乎无人过街的时间段或需求量不大的时间段等情况。

2) *线控方式*

线控方式把一条道路延长线上的连续几个信号机在时间上相互联系起来进行信号显示，通过减少车辆停止次数，缩短停车时间，达到市交通畅通的目的。另外，此种控制方式有助于形成适当速度的交通流。线控的一个关键就是实行线控的各交叉口周期长相同。

(1) 定周期控制。

定周期控制与点控方式一样，根据交通需求的变动模式，将一天分成若干个时间带设定控制方案，把预先设好的控制参数按时间表进行选择的控制方式。该方式适用于交通流比较稳定的路线区间，与点控方式不同的是控制参数中还有相位差。

(2) 交通感应控制。

交通感应控制方式是对应于变化的交通状况实时改变控制参数(周期长、绿信比、相位差)，此方式可根据交通需求的变动进行实时的控制参数修正从而实现高度的线控制，因此适用于交通量随时间变动剧烈、交通量大、要求高度的交通处理效率的干线道路。作为该控制方式的手段通常有两种，其一是在线路上设置车辆检测器，检测交通流的变动，以这些测量值为基准，从预先设定的几个程序中(一套控制参数)选择最合适的控制程序；另一种是基于交通流的联机测量，实时算出控制参数并据此值形成控制方案。

决定交叉口控制方式为点控还是线控，目前尚无固定的标准。一般来说，可根据如下情况进行综合判断：相邻交叉口间距越小，线控的必要性越大；交通量越多，线控的必要性越大；相邻两个信号及之间交通流的脉冲越大，线控的必要性越大；当相邻交叉口饱和度的差值很大、最优周期长不同但不是相差整数倍或整数分之一的情况下，应把实施线控的损失和不采用线控的损失进行比较后再决定是否采取线控。

3) 面控方式

面控又称为区域交通信号控制，其控制对象是城市或城市的某个区域中所有交叉路口的交通信号。面控方式是将控制对象区域内全部交通信号的监控，作为一个交通监控中心管理下的整体控制系统，它是单点信号、干线信号和网络信号系统综合控制的集成。区域控制系统是随着交通控制理论的不断发展，以及通信、检测、计算机技术在交通控制领域的广泛应用而发展起来的现代化交通信号控制系统。

5.1.3 SCATS 信号控制系统

悉尼协调自适应交通控制系统 SCATS 是澳大利亚自 20 世纪 70 年代开始研究，从 1980 年起陆续在悉尼等城市安装使用。SCATS 系统是一种实时自适应控制系统，也是实时配时方案选择系统，更确切地说，实际上是一种用感应控制对配时方案可作局部调整的方案选择系统。SCATS 系统包括中央监控系统，区域控制中心和图形界面(GUI)工作站。一个中央控制系统最多可连 12 个区域控制分中心，每个区域控制中心可控制 250 个信号交叉口，理论控制规模为 16000 个交叉口。目前，世界上大约有 60 个城市正在运行 SCATS 系统，控制超过 16000 个交叉口。

1. SCATS 系统的工作原理和结构

SCATS 通过少量的在线计算，从预先确定的参数集合里选择周期、绿信比和相位差的组合。系统被设定为在搜集到的数据基础上自动校准，尽可能减少手动校准和调节。

SCATS 的控制结构为分层式三级控制，由中央监控中心、地区控制中心和信号控制机构成。该系统通过一个中央计算机、区域性计算机、本地控制器来执行大规模的网络控制，区域性计算机不需要中央计算机的任何帮助就可以执行自适应控制，而中央计算机只监控系统运作情况和设备状况。其结构示意图如图 5-3 所示。

2. SCATS 优选配时方案的各主要环节

1) 子系统的划分合并

SCATS 对子系统的划分，由交通工程师根据交通流量的历史及现状数据与交通网的环境、几何条件予以判定，所定的子系统就作为控制系统的基本单位。在优选配时参数的过程中，SCATS 用“合并指数”来判断相邻子系统是否需要合并。在每一信号周期内，都要进行一次“合并指数”的计算，相邻两子系统各自要求的信号周期长相差不超过 9s 时，则“合并指数”累计值为(+1)，反之为(−1)。若“合并指数”的累计值达到”4”，则认为这两个子系统已达到合并的“标准”。合并后的子系统，在必要时还可以自动重新分开为原先的两个子系统，只要“合并指数”累计值下降至零。子系统合并之后，新子系统的信号周期长，将采用原来两个子系统所执行的信号周期长中较长的一个，而且原来子系统的另一个随即放慢或加快其

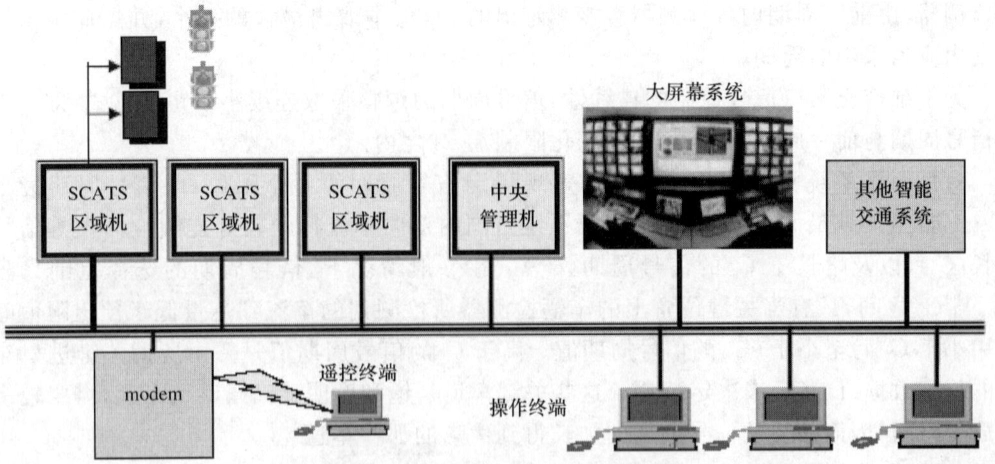

图 5-3　SCATS 系统拓扑图

信号周期的增长速度，直到这两个系统的外部相位差方案得到实现为止。

2) SCATS 控制参数优化机理

SCATS 以 1—10 个交叉口组成的子系统作为基本控制单位。在所有交叉口的每一进口道上，都设置车辆检测装置，检测器分设每条车道停车线后面。根据车辆检测装置所提供的时实交通数据和停车线断面的绿灯期间的实际通过量，算法系统选择子系统内各交叉口的公用周期长、各交叉口的绿信比及相位差。考虑到相邻子系统有合并的可能，也需为它们选择一个合适的相位差(即所谓子系统外部的相位差)。

作为实时方案选择系统，SCATS 要求实现利用脱机计算的方式，为每个交叉口拟定 4 个可供选用的绿信比方案、5 个内部相位差方案(指子系统内部各交叉口之间相对的相位差)以及 5 个外部相位差方案(指相邻子系统之间的差)。信号周期和绿信比的实时选择，是以子系统的整体需要为出发点，即根据子系统内的关键交叉口的需要确定公用周期长。交叉口的相应绿灯时间，按照各相位饱和度相等或接近的原则，确定每一相位绿灯占信号周期的百分比。不言而喻，随着信号周期的调整，各相位绿灯时间也随之变化。

SCATS 把信号周期、绿信比及相位差作为各自独立的参数分别进行优化，优化过程所使用的算法以综合流量及饱和度为主要依据。

(1) 饱和度。SCATS 所使用的饱和度(D_S)，是指被车流有效利用的绿灯时间与绿灯显示时间之比。

(2) 综合流量。为避免采用与车辆种类(车身长度)之间相关的参量来表示车流流量，SCATS 引入了一个虚拟的参量即综合流量来反映通过停车线的混合车流的数量。综合流量 q' 是指一次绿灯期间通过停车线的车辆折算当量，它由直接测定的饱和度 D_S 及绿灯期间实际出现过的最大流率 S、绿信比 g 来确定，如式(5-1)所示：

$$q' = \frac{D_S \cdot g \cdot S}{3600} \tag{5-1}$$

3) 信号周期长的选择

信号周期长的选择是以子系统为基础，即在一个子系统内，根据其中饱和度最高的交叉口来确定整个子系统应当采用的周期长。SCATS 在每一交叉口每条进口车道上都设有车辆检测器，由前一周期内各检测器直接测定出的 D_S 值中取出最大的一个，并据此定出下一周期内应当采用的周期。

为了维持交叉口信号控制的连续性，信号周期的调整采取连续小步距的方式，即一个新的信号周期与前一周期相比，其长度变化限制在 6s 之内。

对每一子系统范围，SCATS 要求实现规定信号周期的 4 个限值，即信号周期最小值(C_{min})，信号周期最大值 C_{max}，能取得子系统范围内双向车流行驶较好连续性的中等信号周期长(C_s)，以及略长于 C_s 的信号周期(C_x)。在一般情况下，信号周期的选择范围只限于 C_{max} 与 C_s 之间，只有当关键位置上的车辆检测器所检测到的车流到达量低于预定限值时才采用小于 C_s 乃至小于 C_{min} 的信号周期值。高于 C_x 的信号周期值是要由所谓关键进口车道上的检测数据(D_S 值)来决定选用。这些关键车道是饱和度明显高于其他车道，需要较多绿灯放行时间，因而需要从信号周期的加长得到优惠的那些车道。

4) 信号绿信比方案的选择

在 SCATS 中，绿信比方案以子系统为基本单位。事先为每一交叉口都准备了 4 个绿信比方案供实时选择使用。这 4 个方案分别针对交叉口在可能出现的四种交通负荷情况下，各相位绿灯时间占信号周期长的比例值(通常表示为百分数)。每一绿信比方案中，不仅规定各相位绿灯时间，同时还要规定各相位绿灯出现的先后次序，不同的绿信比方案中，信号相位的次序也可能是不同的。这就是说，在 SCATS 中，交叉口信号相位的次序是可变的。

在 SCATS 的绿信比方案中，还为局部战术控制(即单个交叉口车辆感应控制方式)提供了多种选择的灵活性。受车流到达率波动影响，某些相位按既定绿信比方案享有的绿灯时间可能有富余，而另外一些相位分配的绿灯时间有可能不足。因此，在不加长和缩减信号周期长的情况下，有可能也有必要对各相位绿灯时间随实时交通负荷变化作合理的余缺调剂，这就要求在绿信比方案中对可能采用的调剂方式做出具体规定。在某些交叉口，可能有些相位的绿灯时间不宜接受车辆感应控制的要求而缩短，那么也要在方案中特别注意这些相位的绿灯时间只能加长，不能缩短。

绿信比方案的选择，在每一信号周期内都要进行一次，其大致过程如下：在每一信号周期内都要对 4 种绿信比方案进行对比，若在连续 3 个周期内某一方案 2 次“中选”，则该方案即被选择作为下一周期的执行方案。在一个进口道上，仅仅把饱和度 D_S 值最高的车道作为绿信比选择的考虑对象。

绿信比方案的选择与信号周期的调整交错进行。二者结合起来，对各相位绿灯时间不断调整的结果，使各相位饱和度 D_S 维持大致相等的水平，就是“等饱和度”原则。

5) 相位差方案的选择

在 SCATS 中，内部、外部两类相位差方案都要事先确定，并储存于中央控制计算机中，每一类包含 5 种不同的方案。每个信号周期都要对相位差进行实时选择，其具体步骤如下：

5 种方案中的第 1 方案，仅仅用于信号周期长恰好等于 C_{min} 的情况；第 2 方案，则仅用于信号周期满足，$C_s < C < C_s + 10$ 的情况；余下的 3 个方案，则根据实时检测到的综合流量值进行选择。连续 5 个周期内，有 4 次当选的方案，即被选为付诸执行的方案。对于每一有关的进口道，都要分别计算出执行 3 种相位差方案(第 3、4、5 方案)时该进口道能够放行的车流量及饱和度。实质上，这与最宽通过带方法相似，SCATS 是对比上述 3 种方案所能提供给每一条进口道通过带宽度。当然，所能提供的通过带宽度愈大，说明这一方案的优越性愈

明显。外部相位差方案，也采用与内部相位差方案相同的方法选择。

3. SCATS系统的特点

SCATS系统是一种以方案选择式优选配时方案与单点感应控制作调整相结合的控制系统，通过战略控制和战术控制地有机结合，提高了系统本身的控制效率。系统中未采用任何交通模型，限制了配时参数的优化程度。概括起来SCATS系统有如下特点：

(1) 由于该系统可选方案数目限制，执行每一方案持续时间较长(一般为十几分钟到几十分钟)，在一定程度上影响控制的随机性、灵活性和参数的优化程度。

(2) 从控制方式来看，SCATS属于一种开环控制，控制策略的效果如何，并不作为参数优化依据，不具有反馈功能。

(3) 该系统的控制参数组合与交通状态组合的对应参数是事先设置的，这将带来一些问题，例如：实现设置有主观认定未经实际检验的缺点，控制参数应适合交通状况的变化规律；另外，即使是设置进去的对应关系能够反映设置时刻的规律，但是并不一定能够真正反映实际运行规律。

(4) 交通环境条件变化了，虽然它是实时测取交通参数，但交通参数与控制参数之间的关系却可能已经过时，这可能导致实时性不够理想。

5.1.4 SCOOT信号控制系统

SCOOT即"绿信比-信号周期-相位差优化技术"是对道路网交通信号实行协调控制的自适应控制系统。由英国交通与道路研究所提出，并于1980年正式投入使用，在20世纪90年代该系统进行了多次升级。SCOOT仍采用了TRANSYT的交通模型，吸收了TRANSYT各方面的优点。SCOOT系统作为一种实时控制系统，获得了明显优于静态系统的效果，因而被很多国家所采用。

SCOOT系统是集中式控制模式，中心控制主机采用1台管理计算机和多台控制计算机组成。其系统规模为最多可控制9台计算机，每台计算机最多可实时自适应控制300个路口，理论控制规模为2700个路口。SCOOT系统已经安装在伦敦、北京、多伦多、圣地亚哥等170多个城市，其最大的应用规模是在英国伦敦，控制约2700个路口。

1. SCOOT系统工作原理和结构

SCOOT是在TRANSYT的基础上发展起来的，其模型及优化原理均与TRANSYT相仿，不同的是SCOOT方案形成式控制系统，通过安装于各交叉口每条进口道上游的车辆检测器所采集的车辆到达信息，联机处理形成控制方案，连续地实时调整绿信比、周期长及相位差3个控制参数，使之同变化的交通状况适应。SCOOT优化采用小步长渐近寻优方法，无需过大的计算量。此外，对交通路网上可能出现的交通拥挤和阻塞情况，SCOOT有专门的监视和应付措施。它不仅可以随时监视系统各组成部分的工作状态，对故障发出自动报警，而且可以随时向操作人员提供每一个交叉口正在执行的信号配时方案的细节情况，每一周期的车辆排队情况(包括排队队尾的实际位置)，以及车流到达图式等信息。也可以在输出终端设备上自动显示这些信息。

该系统是一种实时自适应系统，其硬件组成包括3个主要部分：中心计算机及外围设备，数据传输网络和外设装置(包括交通信号控制机、车辆检测器或摄像装置及信号灯)。软件大体由5个部分组成：①车辆检测数据的采集和分析；②交通模型(用于计算延误时间和排队长度等)；③配时方案参数优化调整；④信号控制方案的执行；⑤系统检测。以上5个子系统相互配合，协调工作，共同完成交通控制任务。

2. SCOOT 优化配时方案的主要环节

1) 检测

SCOOT使用环形线圈式电感检测器实时地检测交通数据。为避免漏测和复测，线圈采用2m×2m方环形。路边不允许停车的情况下，可埋在车道中间。所有车道都要埋设检测器，一个检测器检测一条或两条车道，两条车道合用一个检测器时，可跨在分道线中间。

SCOOT检测器可采集的交通数据有以下种类：

(1) 交通量。

(2) 占用时间，即占用率。占用时间即检测器感应有车辆通过的时间，占用率是占用时间与整个周期长之比。

(3) 拥挤程度，用受阻车队的占用率衡量，SCOOT把拥挤程度按占用率大小分为八级(0—7)，称为拥挤系数。拥挤系数有时也作为SCOOT配时优化的目标之一。

为能准确采集到检测器有车通过与无车通过的时间，采用周期要足够短。SCOOT检测器每0.25s自动采集一次各检测器的感应信号，并作分析处理。

2) 子区划分

SCOOT系统划分子区也由交通工程师预先判定，系统运行就以划定的子区为依据，运行中不能合并，也不能分拆。但SCOOT可以在子区中有双周期交叉口。

3) 建立模型

(1) 周期流量图——车队预测。图式同TRANSYT一样，不同的是SCOOT根据检测到的交通信息经实时处理后，实时绘制成检测器断面上到达周期流量图。然后在检测断面的周期流量图上，通过车流离散模型，预测到达停车线的周期流量，即到达图式。SCOOT周期流量图纵坐标的单位为lpu(连线车流图单位)，是一个交通量和占用时间的混合计量单位，其作用相当于pcu的折算作用。由于交通量的计量单位用了lpu，相应地在停车线上的饱和流量的单位也改用lpu。

(2) 排队预测。SCOOT由计算机控制着亮红绿灯的时间，因此，计算机总知道信号的当前状态，并把在红灯期到达的车辆加入队列。绿灯启亮后车辆以确定的“饱和状态”(事先储存于计算机数据库中)驶出停车线，直到排队车辆全部消散。但车速、车队离散等都难于精确估算，SCOOT经常低估了排队长度。

(3) 拥挤预测。为控制排队延伸到上游交叉口，必须控制受阻排队长度。交通模型根据检测的占用率计算拥挤系数，可以反映车辆受阻程度，同时因SCOOT检测器设在靠近上游交叉口的出口道上，因此当检测器测得有车停在检测器上时，表明排队即将延伸到上游交叉口。

(4) 效能预测。SCOOT用延误和停车数的加权值之和或油耗作为综合交通指标PI，但SCOOT有时也用拥挤系数作为效能指标之一。拥挤程度对信号配时优化的影响，随拥挤程度的加剧而增长。在配时优化中考虑降低拥挤程度时，也可把拥挤系数列为综合效能指标之一。综合效能指标中取用的指标，应视控制决策而定。例如，在高峰时以降低车辆延误为主要控制目标；在短距离交叉口间，考虑到要避免车辆排队堵塞上游交叉口，另外，SCOOT把饱和度作为优选周期长的依据，因为饱和度随周期长的加长(减短)而降低(增加)。饱和度达到100%时，势必发生严重的交通堵塞，所以SCOOT控制饱和度不超过90%。

4）优化方法

（1）优化策略。SCOOT 的优化策略是对优化配时参数随交通需求的改变而作频繁的适量调整。适量的调整量虽小，但由于调整次数频繁，就可由这些频繁调整的连续累计来适应一个时段内的交通变化趋势。这样的优化策略是 SCOOT 成功的主要原因之一。

（2）绿灯时长优化，即绿信比优化，有如下要点：

① SCOOT 对每个交叉口都单独处理其绿灯时长的优化；

② 每一相位开始前几秒钟都要重新计算现行绿灯时长是否需要调整；

③ 绿灯时长的调整量是±4s；

④ 优选绿灯时长，即以调整±4s 后的 PI 同维持原状的 PI 作比较，选其中 PI 小的方案；

⑤ 调整量±4s 是下一相位的所谓"周期性调整"，在下一次再要调整时，虽正负方向保留 1s 的所谓"趋势性调整"，下一次的调整量，即在保留这 1s 基础上再进行调整 4s，以利于跟踪在一个时段内的交通变化趋势；

⑥ 此外，SCOOT 定绿灯时长时，还需考虑交叉口总饱和度最小、车辆排队长度、拥挤程度及最短绿灯时长的限制等因素。

（3）相位差优化要点。

① SCOOT 优化相位差，以子区为单位；

② SCOOT 对每一交叉口（无论其相位起始时间是否改变）在每周期前都要做一次相位差优化计算；

③ 相位差的调整量也是±4s；

④ 优化相位差的方法与优化绿信比一样，但以全部相邻道路上的 PI 综合最小为优化目标；

⑤ 优化相位差必须考虑短距离交叉口间的排队，SCOOT 首先考虑这些交叉口间的通车连续性，必要时可牺牲长连线上信号间的协调（可容纳较多的排队车辆），以保证短连线上不出现排队堵塞上游交叉口的现象。

（4）周期长优化要点。

① SCOOT 优化周期长以子区为单位；

② SCOOT 每隔 2.5～5min 对子区每个交叉口的周期长做一次运算。以关键交叉口的周期长作为子区内的公用周期长；

③ 周期长优化以子区内关键交叉口的饱和度限于 90%为目标，饱和度小，则递减周期长。减小通行能力，可使饱和度上升。接近 90%时停止减低周期长，饱和度大则递增周期长，提高通行能力，可使饱和度下降；

④ 周期长的调整量为±4～±8s；

⑤ SCOOT 在调整周期长时，同时考虑选择双周期信号。如因配双周期信号而能使整体 PI 最优时，对选定的周期长可另作调整。SCOOT 还考虑最短周期长与最大周期长的限制；

⑥ 在周期长优化中不考虑交通拥挤系数，所以 SCOOT 系统仅在绿信比与相位差优化中考虑拥挤系数。

3. SCOOT 系统的特点

SCOOT 系统是一种实时自适应交通信号控制系统。SCOOT 系统通过连续检测道路网络中交叉口所有进口道交通需求来优化每个交叉口的配时方案，使交叉口的延误和停车次数最小，实现动态、实时、在线信号控制系统。概括来讲，SCOOT 系统具有以下特点：

(1) 实用性强，几乎不受城市交通出行方式、出行起讫点分布、土地使用情况、季节性和临时性交通变化以及天气和气候变化的影响。

(2) 对配时参数的优化是采用连续微量调整的方式，稳定性强。

(3) 个别交通车辆检测器错误的反馈信息几乎不影响 SCOOT 系统对配时方案参数的优化，而且该系统对这类错误的信息有自动鉴别和淘汰功能。

(4) 对路网上各交叉口信号配时方案的检验和调整，每秒钟都在进行，所以能够对路网上交通状况的任何一种变化趋势做出迅速的反应。

(5) SCOOT 系统能够提供各种反映路网交通状况的信息，为制定综合管理决策创造了有利的条件。

但是 SCOOT 系统所有的相关控制策略模型都是通过数学模型仿真获得，这就要求数学模型必须准确地反映系统的运行状态，误差范围尽量小。否则，必然会影响控制效果，另一方面，数学模型的精确度越高，结构就越复杂，因而仿真时间就越长，这将会在实时性与可靠性之间产生矛盾。当要求进一步提高效果时，这一矛盾就会越突出。

5.2 高速公路(城市快速路)交通控制

在高速道路建设完成的初期，高速道路有效地改善这些城市的交通状况。然而随着交通量的快速增长和缺乏对高速道路的控制，高速道路的阻塞现象屡见不鲜，所以如何采用合适的控制方法最大限度利用好耗费巨资修建的城市高速道路非常重要。

高速公路根据行车需要，沿线设置了轮廓标志、警告标志、禁令标志、限速标志、指示标志、地点里程标志等多种标志和标线，所有这些标志和标线全部采用定向反光材料制成，对在高速公路上夜间行车起到了醒目鲜明的提示作用。高速公路的特点和运营经验表明，这些应用于道路交通的固定不变的交通标志，远远不能满足在高速公路上行车的需求，需要设置信息转换快、分辨率高、可视性好、工作可靠并适合高速公路全天候运营的可变信息标志。可变信息标志也称可变情报板，其具体应用方法将在第 6 章讲述。

目前高速公路交通控制系统主要由信息采集子系统、监控中心和信息提供子系统三大部分组成。信息采集子系统包括车辆检测器、气象检测器、紧急电话和巡逻车。信息提供子系统包括交通标志、标线、信号灯、可变情报板、可变限速标志牌。道路运营信息可分为路况信息、气象信息、安全行车信息和其他信息四种。信息收集子系统一般采用人工收集、仪器收集、其他动态信息收集等方法。

(1) 人工收集。通过人工目测观察，收听气象预报，道路巡逻反馈信息，道路施工通报，监视器可视范围的路况信息来实现。

(2) 仪器收集。在电子监控数据定量分析的基础上进行的计算机自动控制。这种方法主要是通过车辆检测仪和气象监测仪来实现的。

(3) 其他动态信息主要通过道路紧急救援电话在高速公路上行进车辆的司乘人员提供的路况信息来实现的。

作为高速公路监控指挥系统的重要外场设施的可变情报板、可变标志牌、气象监测仪、车辆检测仪、在高速公路智能化管理和提高运营效率方面起着重要作用，它在道路交通监控指挥中心的控制下，向用路人提供道路运营状态信息、气象信息和行车安全信息。同时，高速公路管理部门通过可变情报板、可变限速标志牌发出各种道路运营信息和指挥命令来调节交通流，使车辆安全、舒适、快捷地在高速公路上运行。

高速公路的控制主要分为匝道控制和主线控制两种。

5.2.1 匝道控制技术

入口匝道控制和出口匝道控制是匝道控制的两种形式。入口匝道控制是以道路本身的容量为依据，控制匝道进入的交通流量，保持主线交通流始终处于畅通状态。出口匝道控制方法是缓解出口匝道衔接的平面交叉口的交通阻塞和防止出口排队过长而导致高速干道上交通阻塞为目的的控制方法，包括调节高速道路流出的车辆数和封闭出口匝道。这种强迫限制车辆离开高速道路的做法通常会使行车时间增长，有时由于没有相应的替代路径而会导致车辆不能正确到达目的地，遭到司机和出行者的强烈反对，所以一般极少采用。

下面主要介绍入口匝道控制方法。

当发生常发性和非常发性拥挤时，高速公路及城市快速路的通行能力降低，拥挤会导致下匝道输出的流量减少，增加了车辆的总旅行时间。为了解决这个问题，人们常采用入口匝道控制器。其具体目的：①限制进入城市快速路主线的车辆数，使其小于通行能力，防止发生拥挤；②匝道调节影响司机的路线选择行为，使车流量均匀分布在整个路网上，防止快速路主线发生拥挤。

入口匝道控制系统设备一般包括路边控制器、主线车辆检测器、匝道车辆检测器、信号灯、地面停车标线和匝道口的可变信息标准等。图 5-4 为一个典型的入口匝道控制系统设备布置图。

入口匝道控制需使用主线车辆检测器，匝道上游检测器与匝道入口距离应在间隙检测器之前，下游检测器距匝道加速车道末端距离约为 100m。匝道的车辆停车线应设在车辆检入检测器前 1.5m 范围内，且具有车型检测功能。

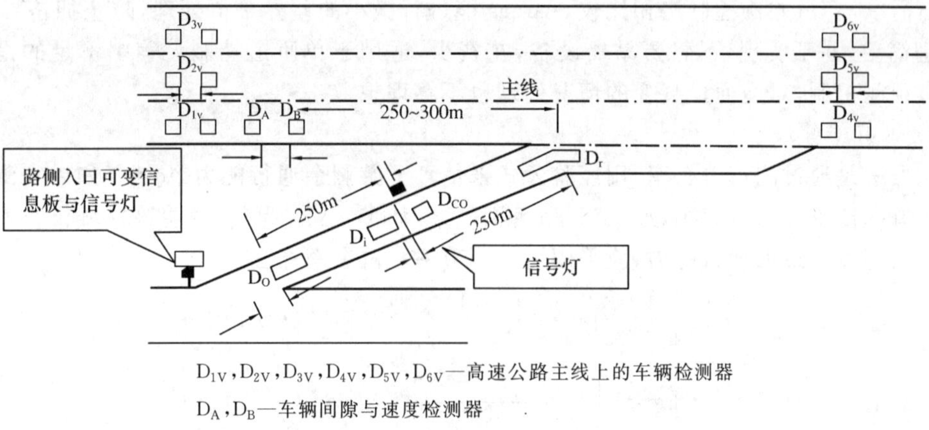

D_{1V}，D_{2V}，D_{3V}，D_{4V}，D_{5V}，D_{6V}—高速公路主线上的车辆检测器

D_A，D_B—车辆间隙与速度检测器

D_r—汇合检测器

D_i 检入检测器

D_{CO}—检出检测器与慢车检测器

D_O—排队检测器

图 5-4　入口匝道控制系统设备布置图

入口匝道控制可分为单点入口匝道控制和多点匝道协调控制两类。

1. 单点入口匝道控制

单点入口匝道控制方法有以下几种算法。

1) 需求-容量差额控制算法

采用需求——容量差额控制法对单点匝道进行调节,其具体算法为

$$r(k)=\begin{cases} q_{\text{cap}}-q_{\text{in}}(k-1) & o_{\text{out}(k-1)}<o_{\text{threa}} \\ r_{\min} & \text{其他} \end{cases} \tag{5-2}$$

式中 q_{out},q_{in}——匝道下游和上游快速路主线的流量;

o_{out},o_{in}——匝道下游和上游快速路主线的占用率;

k——每个离散的检测时间,$k=1,2,3,\cdots$;

$r(k)$——k 时刻的匝道调节率;

q_{cap}——快速路匝道下游的通行能力;

$r_{\min}$——最小调节率;

o_{threa}——临界占有率。

在匝道下游占用率小于极值的情况下,匝道放行的车辆数为匝道下游主线的通行能力减去匝道上游主线的交通量。若匝道下游的占用率大于极限值,匝道放行的车辆数应取最小值。需求-容量匝道控制算法未考虑匝道的排队长度和地面交通状况,仅考虑交通流,因此,不能判别快速路主线是处于拥挤状态还是自由流状态。由于匝道控制是开环控制,不能把控制后的微小变化反馈给系统进行再优化控制,因此往往无法达到理想的控制效果。

2) Alinea 控制算法

Alinea 控制算法具体为

$$r(k)=r(k+1)+k_R[\hat{o}+o_{out}(k)] \tag{5-3}$$

式中,k_R 为参数,Alinea 对于 k_R 的取值不敏感,一般取 $k_R=70$。Alinea 考虑匝道的排队长度约束,但不考虑地面的交通状况,也不考虑匝道能提供的上高架/快速路的交通需求。

与需求-容量差额控制法相比较,Alinea 能进行微小的差异平滑处理,防止拥挤。Alinea 原理简单,易于实现,不需要昂贵设备,花费少,适用于单匝道控制。美中不足的是该方法没有预测机制,对交通量突变的情况处理也不够理想。

3) 占有率算法

该方法是通过测量占有率,用经验公式来估算下游剩余通行能力 Δq_{cap}。如果实测匝道下游占有率比临界占有率小,Δq_{cap} 为正;否则 Δq_{cap} 为负。Δq_{cap} 为负,说明该段城市快速路的交通流量超过了最大通行能力,应采用最小调节率。占有率算法如下:

$$\Delta q_{\text{cap}}=\begin{cases} q_{\text{cap}}\left[1-\dfrac{o_{\text{out}}(k-1)}{o_{\text{in}}}\right]^2 & \text{当 } o_{\text{out}}(k-1)\leqslant o_{\text{in}} \\ -q_{\text{cap}}\left[1-\dfrac{o_{\text{out}}(k-1)}{o_{\text{in}}}\right]^2 & \text{当 } o_{\text{out}}(k-1)>o_{\text{in}} \end{cases} \tag{5-4}$$

$$r(k)=\begin{cases} r_{\max} & \text{当 } o_{\text{out}}(k-1)\leqslant \dfrac{2}{3}o_{\text{in}} \\ \Delta q_{\text{cap}}(k) & \text{当 } \dfrac{2}{3}o_{\text{in}}<o_{\text{out}}(k-1)\leqslant o_{\text{in}} \\ r_{\min} & \text{当 } o_{\text{out}}(k-1)>o_{\text{in}} \end{cases} \tag{5-5}$$

与需求-容量差额控制法一样，占有率法属于前馈控制，该方法仅仅根据占有率来判断车道交通状况，往往不能判别车道是处于交通拥堵还是交通畅通状态。

2. 多匝道协调控制

多匝道协调控制算法可归成三种类型：定时式 TOD(Time-of-Day)型；交通响应型和混合型。

1) 定时式 TOD 型控制

TOD 入口匝道控制算法产生于 20 世纪 60～70 年代，它通过对整个高速道路网络系统在过去一段时间间隔内流量的研究和分析，进而对将来高速道路系统的状态变量(流量、密度、速度、入口队长等)做出估计和预测，并在此基础上对高速道路网络的流量进行控制。比较常用的方法是线性规划法 LP，其基本思想是以高速道路主线上的交通量不超过其通行能力为约束，流入高速道路的交通量最大为目标函数，并利用 LP 算法进行求解入口速率。TOD 控制方法建模简单，计算方便，但只是一种理想的数学模型，没有考虑实际中入口匝道交通需求和路网上的交通状况随时间的变化对控制解的影响，所以实用性不是很大。在此基础上需要进行改进，比如，同时考虑各区通行能力、行驶速度、出入匝道排队长度等约束条件的流入交通动态控制方法，改进了传统的 LP 流入交通控制方法。

TOD 算法主要应用于周期为 10～30min 的时间间隔，TOD 算法的缺点是对于交通事故、突发事件，系统缺乏相应的处理能力。虽然高速道路系统的状态变化有其一定的规律，但实际的变化相当大，从而使得一些 TOD 参数的估计变得不很准确，因此，TOD 算法的效力十分有限。

2) 交通响应型控制

由于 TOD 算法的局限性，许多学者开始研究可以适应交通状况变化的局部响应型控制算法，局部交通响应控制算法通过对本地高速道路网络的状态变量(流量、密度、速度、入口队长等)进行实时监测，进而达到高速道路流量控制的目的。另一种局部响应算法则是用于将车辆从本地低速道路导入到高速道路的空隙中去。这种算法是闭环反馈式，它把实时检测数据当成反馈信息，依此实时确定最优的入口流率。所以，响应式控制可以预防和消除常发性拥挤和突发性拥挤，但这种算法的应用面比较狭窄。近来比较流行的算法则尝试在观察到的干道状态变量和未知的干道状态变量之间建立起某种函数关系，从而有效地控制高速道路的流量。模糊控制、神经网络和专家系统理论在这种系统中得到了大量的运用。

局部交通响应控制算法的缺点是各个局部控制器之间缺乏统筹协调；没有考虑局部优化对整个高速道路网络系统的影响。

3) 混合型控制

在上述交通响应型和定时 TOD 型入口控制算法的基础上，目前又发展成多种混合型、改进型的高速道路入口匝道控制算法。高速道路系统的状态虽然有其规律性，但是实际上在具体时刻系统的状态往往同根据历史记录得到的预测值有很大的差距，针对这一点，这些改进型算法允许系统既可以跟踪潜在的变化趋势，又能够及时对当前不规则的流量做出反应。对于复杂的大规模多变量入口匝道控制问题可以采用将问题分解成更小规模的可以单独分别进行优化的子问题的方法。另外，许多混合型算法通过采用分层结构结合了轮时改进算法和空间分解改进算法来解决大规模的入口匝道控制算法，其组织结构图如图 5-5 所示。这种分层的系统把局部优化的交通响应控制同考虑了区域条件，与特殊事件与事故等信息的上层指导有效地结合起来，这种基于层次控制结构的混合型算法也可以支持在诸如“正常流量”，“堵塞”等优化模式时以及来自高层的“特殊事件”时的一些特殊考虑。

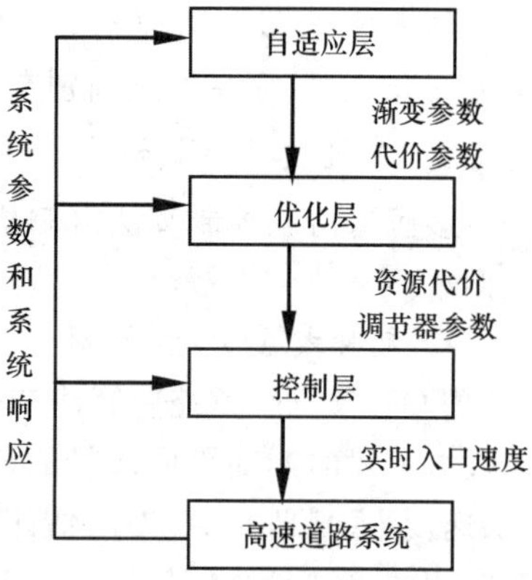

图 5-5　入口匝道分层控制系统结构

5.2.2　主线控制技术

高速公路的主线交通控制就是当道赂交通需求接近通行能力时，对主线上交通流进行调节与诱导，使之比较均匀、稳定。这种主线控制对常发性和偶发性交通拥挤都是有效的。常用的主线控制方法有主线调节、速度控制、车道使用控制及驾驶员信息系统等。

1）主线调节

主线调节主要是根据输入的交通需求和上游的通行能力，对经由主线入口进入高速公路控制路段的交通流实行控制，使该段下游高速公路能保持期望的服务水平，或对载客率较高的公共汽车、合用客车给予优先通行权。

2）速度控制

速度控制是通过设置可变限速标志限制行车速度，使交通高峰期间里的交通流更加均匀、稳定，从而提高道路通行能力。

3）车道使用控制

车道使用控制不仅是一种紧急控制手段，而且也是合理分流车辆，减少拥挤，提高道路通行能力和向公共交通、合用车辆提供优先服务的手段。车道控制常用的方法有：

（1）车道关闭控制。当某车道上发生交通事故或安排施工作业时，暂时关闭该车道，措施是在车道上方显示红“×”标志，并视需要设置路栏等。

（2）可逆车道变向控制。在交通高峰期间，交通量会呈现较大的方向不平衡性。为了有效地利用道路空间和通行权，把反方向的某一条车道临时用作逆向车道，并通过交通标志发生车道变向信息。

（3）专用车道控制。为鼓励乘用公共交通工具，降低高峰期间的交通总需求，在高峰时间里从同方向或反方向的车道中辟出一条车道作为专用车道。高峰时间过后，可恢复为通用。

5.2.3　高速公路综合交通控制系统

高速公路的智能化、信息化综合控制，需要从以下几个方面发展：

1）高速公路（城市快速路）与地面道路交通整合控制

有效的城市交通管理首先必须实现对城市高速道路交通的有效控制，然而这些高速道路都是嵌入在更大的城市道路网络中的，并时时刻刻同网络上的其他道路相互作用。因而，要对高速道路的交通实行有效控制，进而达到对整个城市交通的有效管理就必须清楚高速道路和普通道路之间的相互作用，在此基础上实现有效的综合交通控制和管理。目前，许多关于交通控制多限于单个路口，城市交叉口或匝道口的控制系统或多个同类路口所组成的网络系统。这类工作当然是十分重要和不可缺少的，但对于城市交通的整体管理和控制而言，这些控制明显具有结构性的缺陷。单独高速公路匝道控制和普通道路网络的区域信号协调控制，常常会出现以下两种情况：①尽管匝道控制改善了高速公路系统的性能，但入口匝道的超长排队给普通道路网络系统带来了更大的负面影响；②有时高速道路出现了拥挤，但普通道路系统却存在过剩的通行能力得不到利用。所以，为了取得整个城市交通系统的最大综合效益，这两个系统的综合协调控制势在必行。在高速道路和普通道路的特定路段上，提取交通灯和入口匝道排队等信息，利用这些信息，对高速道路入口的车辆进行控制，缓解拥堵，提高流通效率。

2）建立高速公路交通控制与交通管理共用信息平台

共用信息平台首先是规划概念，在系统规划阶段明确逐步扩展系统各部分之间的相互衔接关系，确定接口和功能衔接要求。共用信息平台也是管理控制概念，在系统建设阶段明确的目标，可以通过投资建设要求等方式加以保证。共用信息平台又是一种技术概念，以此提供系统整合的技术依托。高速公路交通控制与交通管理共用信息平台不仅需要完成各种事物性管理任务，而且需要逐步形成高速公路的"管理神经网络"，有效沟通各部门之间的信息联系，实现将数据组织成为信息，将信息提炼成为知识，将知识融入整个管理，从而全面支持高速公路交通、指挥、调度、信息发布、事务管理、决策分析及制定战略。

3）开发高速公路交通事故预防与紧急救援的软硬件技术

国外目前正在着力开发研究高速公路交通紧急救援的硬件技术，有关紧急救援决策与管理等软件技术的研究必将是未来的发展趋势。随着我国高速公路通车运营里程的增加，开展这方面的研究对于提高管理水平具有十分积极的现实意义。

异常交通现象类型的判断、确认是在信息采集的基础上，通过交通管理中心的人员来实现。突发事故发生后到被发现为止的时间取决于紧急电话的设置密度和巡逻频率，一般情况下缺乏及时性。通过 SOS 电话、巡逻车、各类检测器等手段来获得突发事件的信息，及时监控发现异常交通现象，并向路段交通参与者、管理者提供相应的信息，为实施紧急救援措施创造条件。瞬时地发现异常交通现象，对于迅速地进行伤员救护、事故处理、降低事故所造成的交通阻塞，以及预防后续车辆的追尾事故等都具有着重要的作用。针对交通事故的现场情况，紧急采取相关的控制措施，防止出现二次事故。同时，对进入高速公路的车辆进行合理控制、疏散，并对进出高速公路的匝道进行控制，迅速恢复交通。

4）建立区域高速公路自动监控系统

随着社会经济的发展，局限于地区或路段范围内的监控系统已不能满足社会对高速公路交通管理的需要，人们迫切需要一种能够为高速公路运输生产提供服务的智能化自动监控系统，需要一种综合性的自动监控系统，从监控站点、到分中心再到总控中心，分级、分层次形成整体的高速公路交通控制系统。监控站负责对其所覆盖路段的监控信息进行收集，并根据指令对行驶的车辆发出调度、安全、查询、路况等信息。沿途的车辆可以根据接收来自监控站的指令发出响应信息。同时，可以按照预先设置的程序定时或自动发出信息，这些信息包括 GPS 定位信息、车辆状况信息、报警信息、应答信息、路况查询、与公司或用户的联络信息等。监控站将信息存储在数据库中，并将监控信息转发到分中心，对报警及应急事件信息进行及时处理。分中心负责对来自辖区内的高速公路沿线各个监控站的信息进行收集和分析，将相关信息存储在数据库中，并在电子地图上显示车辆位置、车辆状况、车辆报警及路况等信息，将有关的监控信息转发到总控中心。分中心通过计算机网络传递用户与车辆之间的联络信息，并根据车辆位置将用户发往车辆的查询、指令和联络信息通过监控站发给相关的车辆。总控中心收集分中心有关各个高速公路路段的监控信息，将信息存贮在数据库中提供有关部门分析处理，在电子地图上显示区域内高速公路的监控情况，可以随时调出某条高速公路的车辆、路况、告警等信息并进行显示。总控中心可以通过分中心向各条高速公路发出指令、安全、调度等信息，并转发用户与车辆的联络信息。

高速公路自动监控系统由通信子系统和计算机网络子系统组成，通信子系统完成监控信息的传递，计算机网络子系统完成系统数据库的管理、监控信息的分析和处理、信息的查询和访问以及车辆的登记管理等。高速公路自动监控系统可以为交通管理部门和交通参与者提供灵活、方便、快速的信息，应用范围十分广泛。

5）实行高速公路网络化管理

高速公路网络化管理是将现代工程技术、信息技术、通信技术、控制技术、传感技术等综合技术有效地运用于高速公路养护、收费、监控、通讯安全管理系统。在发达国家，网络化管理在高速公路管理中已进入实际应用阶段，并成为高速公路管理发展方向。随着我国高速公路的迅速增加和路网规模的逐步扩大，加快推行高速公路网络化管理是发展方向，已显得尤为紧迫。

网络化系统发展的中长期目标是通过这种先进的网络设施和高质量服务，来不断满足社会和经济建设对交通的需求：对高速公路的道路及其设施进行良好的维护，使其经常保持良好的使用状态；通过信息收集和处理，将网络内各路段运营状况进行科学的调控，对事故等突发事件情况及时处理并告知驾乘人员；同时提供多功能服务，包括对交通违章的异地联网查处，进而建立起养护、收费、通讯、监控、交通安全等服务一体化的网络管理体系。

6）充分利用相关数据

在高速公路交通控制和交通管理的过程中采集到大量的交通数据，除一部分被实时用于道路交通管理，还有相当多的数据没有得到有效运用。一方面大量的数据被浪费，另一方面相关部门或研究单位得不到可利用的数据信息而不得不花费大量的时间、经费重新开展调查，但往往时效性、可靠性差。大量的交通信息除用于实时交通控制外，还支持交通控制策略、技术的进一步优化。

可靠评估交通安全状况，诊断交通安全隐患，检验交通控制的需求预测和评估模型，进行中长期道路交通的建设规划、道路维修、保养计划、安全规划等，从而使道路交通信息潜值得到发挥，并满足不同方面的要求，从而有效降低整个社会用于提高道路交通安全、效率的成本，也能使未来的智能交通技术更有针对性，更具科学性，可以发挥更大的作用。

7）智能高速公路

所谓智能高速公路是目前西方国家正在研制和试验的一种旨在缓解交通拥挤的全自动化新概念高速公路系统。从目前西方国家已取得的研究成果来看，未来的智能高速公路将以实现三大目标为目的，即管理电子化、行车智能化、收费自动化。

管理电子化即在高速公路管理中引入超大规模计算机系统，对高速公路的长期运行状况进行综合分析，建立数学模块，以向管理人员提供中长期公路运行预报，协助管理人员随时根据实际情况制订出最佳管理方案，以保证高速公路交通安全畅通。超级计算机在高速公路上的另一用途是对设置在高速公路两侧和各种传感器（如摄像机、测速雷达等）传输来的高速公路运行信息以及当天的气象情况道路设施状况等进行收集处理，得出最佳参数（如车速、车间距离、某一路段需要注意的情况、可供选择的行车路线、有关交通事故通报等）并将其通过情报板、专用广播频道等手段传输给汽车驾驶员。

行车智能化即是通过给汽车加装卫星导行系统来实现技术突破，驾驶员上车只需将此行的出发地和目的地输入其中，导行系统即向驾驶室提供最佳行车路线，并将这种路线通过装在驾驶员旁边的电视显示屏上直观地显示出来。此外，这种导行系统还能接收外界通过无线广播传输的交通信息，并根据这些信息随时调整行车线路。为保证行车绝对安全，车上还将装备自适应速度控制装置，以备电子控制系统万一失灵时利用防撞雷达和红外线技术来控制车速和车辆间距。由于实现了“路控制车”，各种车辆行车速度一致，不存在超车、违章等现象，汽车将在连续不断的无线电控制信号的控制下前进。高速公路管理中心根据运行状况随时调整车速，不但完全避免了任何人为因素造成的交通混乱，在一定程度上杜绝了交通事故；而且使车与车之间的距离大为缩短，提高了高速公路的通行能力。

收费自动化是一项已开始推广实用的技术。目前的高速公路收费站大多数是人工收费或半自动收费，车辆在经过收费站时必须停车才能交费，速度慢，高峰时还容易发生交通堵塞，而自动化装置将有效地克服这一缺陷，汽车无需停车就可驶上高速公路。

5.3 公交优先控制

公交优先控制的主要措施包括公交专用道、交叉口信号优先设计、公交停靠站优化以及发展智能公共交通系统。本节主要介绍公交信号优先控制、公交车辆的检测技术以及BRT快速公交系统。

5.3.1 公交信号优先控制

1. 控制策略

公交信号优先控制策略分为被动优先策略、主动优先策略和实时优先策略。被动优先主要针对离线方案进行优化，不考虑交叉口是否有公交车辆到达，同时不需要车辆检测/优先申请生成系统；主动优先则为检测到的特定车辆提供优先，包括相位延长、提前激活相位、公交车辆专用相位等多种方法；实时优先在基于实时检测数据提供信号优先的同时，以某一指标为目标优化方案。各策略的控制方法如表5-2所示。

表5-2　公共汽车优先控制基本策略

策略类型	被动优先策略	主动优先策略	实时优先策略
主要控制方法	调整周期长度 重复绿灯 绿灯时间分配 相位设计 针对公交运行的协调绿波	相位延长 提前激活相位 公交车辆专用相位 相位压缩	延误优化 交叉口控制 网络控制

1）被动优先控制

被动优先控制策略的实施不依靠检测器获取公交车辆到达的数据，而是根据公交线路公交车辆的发车频率、行车速度等历史数据设计、协调路网内交叉口的信号配时，同时降低交叉口信号周期长度以减少公交车辆停车、延误。由于被动优先控制策略的实施以公交车辆的历史数据为依据，比较适合于公交发出频率高，交通量小，乘客出行需求稳定的线路。

2）主动优先

相对于被动优先，主动优先控制策略能够根据特定的公交信息、当时的交通状态以及信号控制逻辑，为公交车辆提供相应的服务，具有更强的适应性。主动优先信号通过适时地、动态地调整信号设置克服了被动控制策略中信号损失时间过多的缺点，相对于被动优先，主动优先控制策略具有更强的适应性。当检测到公交车辆的同时，优先信号控制器能够根据特定的公交信息、当时的交通状态以及信号控制逻辑做出不同的响应，为公交车辆提供相应的服务用何种响应方式主要取决于公交车在周期内的哪一个时段到达。

无条件主动优先策略能使公交车辆行程时间缩短近 25%，但在公交车辆发车频率较低的情况下，相交道路车辆延误增加。

3）实时优先

随着科学技术的不断发展，主动优先可以达到实时优先（adaptive/real time priority）的程度，通过 GPS 和 AVL（自动车辆定位）等先进的信息检测装置估计路网车辆的运行现状，既考虑路网上所有的机动车，同时获取公交车的运行状况（位置、乘客数、时刻表等）。基于实时的交通信息，在一定的性能指标函数指导下优化、调整交叉或干线的信号配时，为公交车辆提供优先信号。

主动优先策略适用于非饱和条件下的交叉口，此时，该策略对其他车辆的影响很小。在交叉口达到饱和或者是过饱和的情况下，实行公交优先会大大增加交叉口社会车辆延误，减小其通行能力。即交叉口的流量达到饱和或者是过饱和的情况下不适宜信号优先。

2. 控制方法

公交信号优先控制策略归纳起来主要有以下几种控制方法。

1）绿灯延长

绿灯延长，即延长相位绿灯时间。当公交车辆到达交叉口时，若该相位的绿灯信号即将结束，这时采用延长该相位的绿灯时间，以使公交车辆有足够的时间通过交叉口。公交车辆通过交叉口后，控制系统将恢复原有的信号配时。

2）绿灯提前

绿灯提前，即缩短车辆等待绿灯信号的红灯时间，当公交车辆到达交叉口时公交车辆通行方向所在的相位处于红灯状态。这时通过缩短交叉口当前相位的绿灯执行时间，使公交车辆到达交叉口时，可以以绿灯信号顺利通过交叉口。这种控制策略在周期长度不变的情况下，可以在后续执行相位相序方案中对前一相位进行绿灯补偿。

3）相位插入

相位插入，即在正常的相位相序中为公交车辆增加一个特定的相位。当公交车辆到达交叉口时，公交车辆通行方向为红灯信号，且交叉口当前相位的下一个执行相位仍不允许公交车辆通过，这时要为公交车辆提供信号优先，必须在当前相位和下一相位之间插入一个公交专用相位。在这种控制策略下，公交专用相位的前一相位和下一相位进行调整，必要时可以对后续相位进行调整。其中后续相位包括本周期或后续几个信号周期。

4）跳跃相位

跳跃相位，即忽略某一相位的绿灯信号。当公交车辆到达交叉口时，公交车辆通行方向的为红灯信号，且交叉口当前相位的执行绿灯时间即将结束，而下一个执行相位仍不是公交车辆通行方向的相位，只有等到该相位执行完毕后，才能允许公交车辆通过。由于交叉口下一个执行相位等待通行的社会车辆较少，在权衡效益的基础上，跳过该下一个执行相位，直接执行公交车辆通行方向的相位绿灯。从而使公交车辆以绿灯信号顺利通过交叉口。

5）相位倒转

相位倒转，即改变信号周期的相位相序。当公交车辆到达交叉口时，交叉口即将执行的相位并非公交车辆通行方向的相位。为使公交车辆能够顺利通过交叉口，可以通过调整即将执行的相位相序，将公交车辆通行方向的相位提到最前执行，将原本即将执行的相位置于公交车辆通行相位之后，它与跳跃相位不同的是，跳跃相位不执行相位，而相位倒转则将相位置后执行。

6）专用相位

专用相位，即专为公交车辆提供的信号相位。只有当检测到公交车辆时，才会启动该专用信号相位。如对需要左转的公交车辆，在正常的信号配时方案中不存在左转专用信号。只有当检测到公交车辆进入车道时才启动左转专用相位，以保证公交车辆顺利安全通过交叉口。这种控制策略与相位插入相似，区别在执行这种相位只允许公交车辆通行。

5.3.2 公交车辆检测系统

公交车辆检测系统是依托公交信号优先策略而存在的一个相对独立检测系统。公交信号优先算法的实施需要获取更全面的交通信息，包括公交车辆的运行状态。公交车辆检测系统的检测信息是针对公交车辆运行状况对交叉口交通状况进行补充，从而为信号控制逻辑进行交叉口信号优化或选择信号优先策略提供决策依据。公交信号优先算法是一个相对独立的控制模块。在信号控制器存在公交优先控制模块的条件下，公交信号优先控制模块可以移植至信号控制器的公交优先控制模块，实现场地控制，但只能实现对单个交叉口的独立控制。当公交信号优先控制模块集成于先进交通信号控制系统实现对公交车辆进行优先控制，称为中心控制。公交信号优先检测系统检测的信息是否及时、可靠、全面直接影响到实施公交信号优先对整个交叉口或者整个优先区域的控制效果。

1. 基于感应线圈的公交检测系统

该系统由三部分组成：异频雷达发射装置、感应线圈（分为“检入”检测器和“检出”检测器）、接收装置。

异频雷达发射装置一般安装在公交车或应急车辆的车身底部，当它通过安装在路面的环形线圈时，环形线圈感应到由异频雷达发射装置发射出的磁场，并将检测到的公交信息通过通信网络传送到公交信息接收装置，该接收装置一般安装在路口的信号控制器里面。根据公交信号优先的实施是基于中心控制的还是场地控制的，接收装置接收的公交信息通过控制器传送到控制中心，由控制中心决定是否对该车辆实施公交优先以及何时提供公交优先信号，或者直接送到信号控制器里的逻辑控制单元，由该单元进行逻辑判断，并进行公交信号优先决策。

感应线圈根据其安装的位置可分为“检入”检测器和“检出"检测器。“检入”检测器的作用是告知控制器公交车辆到达，为信号控制逻辑进行交叉口的信号优化、调整提供时间。“检出”检测器的作用是告知控制器公交车辆已离开交叉口，信号控制器可以切断对公交车辆的优先信号，恢复到正常的信号配时方案。

由于线圈检测器的技术成熟、检测精度高，广大交通工程师对线圈检测器的操作、维护比较熟悉。因此，该系统广泛应用于公交信号优先检测系统中。但是该系统还是无法克服线圈检测器固有的缺点，即安装过程对可靠性和寿命影响很大；修理或安装需中断交通；影响路面寿命；易被重型车辆、路面修理等损坏。这些情况都可能造成检测数据失真，从而影响信号优先系统的实施。

基于感应线圈的检测系统只能提供公交车辆到达或离开交叉口的信息，在无条件信号优先下系统具有广泛的适用性。如果系统要提供更先进的信号优先控制策略及算法，需要结合先进的检测系统才能获取到更全面的公交信息。同时，由于感应线圈自身的特性，若该检测系统应用于具有公交专用进口道的交叉口，能够有效提高系统的可靠性和有效性。

2. 基于光学的公交检测系统

该系统由三部分组成：红外发射装置、红外接收装置、相位选择器。

红外发射装置安装在公交车辆上，一般安装在公交车辆顶部，该装置可由公交车辆驾驶员激发，或由其他的自动装置激发，一旦激发，该装置向检测器（即红外接收装置）发射红外信号。而红外接收装置安装在交叉口处，一般安装在信号灯悬架上，当接收到具有唯一标识的公交信息时，红外接收装置将该信息传送到相位选择器。相位选择器作为一个功能模块安装在信号控制器中，它负责确认公交优先请求信息，校验通过后将该信息进一步提交给信号控制器。当相位选择器接收不到由红外接收装置传送的信息，则确定公交车辆已驶离交叉口，并向控制器发送一个“检出”信号，提醒信号控制器切断对公交车辆的优先信号。

红外检测技术已经基本成熟，检测性能安全、可靠。该检测系统要求公交车辆和安装在交叉口的红外接受装置之间具有良好的可视性。它的检测效率会因交叉口的几何尺寸、天气因素（温度、气流、湿度等）、障碍物（如树叶）等所影响。由于光的反射以及附近障碍物的光线折射等原因都有可能影响到相邻的交叉口，且发射器的数据发送都是以二进制形式发送，信息发送能力有限。

由于受到光反射以及可视性的影响，基于光学的公交检测系统对交叉口或干线的地理位置和地理环境的要求较高。由于光波能够识别车辆的唯一标识，同时二进制数据的发送形式使系统能够绑定多种信号优先等级，因此，该系统能够应用于有条件信号优先的优先控制中。

3. 基于声波的公交检测系统

该系统由三部分组成：数字声波发生装置、数字声波识别装置、相位选择器。

数字声波发生装置安装在公交车辆上，当公交车辆接近交叉口某一指定位置（或者当公交车辆驶进数字声波识别装置接收范围）时，数字声波发生装置自动向交叉口方向发射公交信息，数字发生装置发射的声波频率必须通过相关部门的允许，并为交通通信系统所特有的，以防止其他的声波源错误地激发公交优先信号。当数字声波识别装置接收到公交信息后，对公交信息进行合法性校验，并经过判别处理后传送到安装在信号控制器里的相位选择器，由相位选择器决定是否向信号控制器或控制中心提交公交信号优先请求。

该系统跟以往的基于声学的警报检测系统相比，具有无噪声污染的优点，且系统不受交叉口视距和光线的影响，而且检测装置体积小，易于安装，使用寿命长。

但是附近的建筑物或其他车辆发出的声波有可能错误激发优先信号，而且这种检测系统只能检测到车辆的到达，不具备信息的传送能力，若需要确定公交车辆是否驶离交叉口，需要额外增加检测装置。检测器的检测精度受环境影响较大。

由于该检测系统中，系统只能感知车辆的到达和存在，无法提供数据传输功能。同时受到环境影响较大，因此该系统不能应用于优先需求较高的信号控制交叉口，而且提供的优先形式一般为无条件优先形式。

4. 基于无线射频的公交检测系统

基于无线射频的公交检测系统由无线射频发生器、无线射频识别器两部分组成。

无线射频发生器安装在公交车辆上，当公交车辆通过安装在交叉口上游路边的无线射频识别器时，射频装置向路边的识别器发送公交信息，包括公交车辆的ID编号、出行路线、优先级别、出行方向、时间等。识别器经过识别、检验、处理后将该信息传送给交叉口的信号控制器。识别器一般设置在交叉口上游一定距离，并通过通讯网络与交叉口的信号控制器连接。信号控制器将根据这些信息决定是否为公交车辆提供优先信号，何时提供优先信号。

无线射频识别装置一般通过RS-232与信号控制器连接。该系统的优点是不依赖光线和视距，且不受天气因素的影响。缺点是增加了安装识别装置的场所以及通信设施，同时需要为该装置提供能源。当公交车辆与识别装置之间有铁质的分隔带时，检测精度下降。无法直接从公交车辆发送的信息中直接获取公交车辆的出行方向。

由于系统能够提供广泛的公交信息，因此它能够应用于不同的信号优先控制形式。但是，由于识别装置的安装位置依据通行方向上交叉口最大能延长的绿灯时间长度来确定，且一经确定，识别装置的位置就很难再修改，因此该系统一般应用于交通流量比较稳定的交通干线上。

5. 基于GPS的公交检测系统

基于GPS的检测系统是目前公交信号优先系统中应用得最广泛的一类公交车辆信息检测系统。目前，市场上开发的基于GPS的检测系统比较多，在公交信号优先系统中该系统主要由两部分组成：车内单元和车外单元，并通过其他辅助措施提高公交车辆的定位精度，以提供更全面、更精确的公交车辆信息。

车内单元主要由定向天线、中央处理器和射频发射器三部分组成。它安装于公交车辆的适当位置，它定时地发射含有公交车辆信息的数据包。该数据包包含的数据有帧同步、服务类型、车辆类型、车辆编号、线路号、发车时间、校验码等。数据包提供的车辆信息可视为该车辆的唯一标识。为提高数据的抗干扰能力，在数据发送前对其进行信道编码、数字交织等处理，最后通过射频电路进行周期性发射。

车外单元由天线、射频接收器和中央处理器三部分组成。车外单元可以安装在信号控制器里，也可以安装在控制中心。车外单元接收到公交车辆发出的数据，并进行数据处理。在正确还原车辆发送的数据包后，中央处理器对原有数据包按事前定义好的数据格式发送给信号控制器或控制中心，由它根据公交信息进行公交信号优先决策。

基于GPS的公交检测系统不受视线和天气条件的影响，能够提供连续、实时的高精度位置、速度和时间信息。但是当公交车辆穿行在城市高楼区、林荫处、涵洞等处时，常出现卫星信号遮挡问题，导致获取公交信息失败，从而无法为公交车辆提供优先信号。对于间距较短信号控制交叉口，GPS的信息精度无法保证，必须采用航位推算，地图匹配等手段提高公交车辆的定位精度，以实时获取公交车辆信息。

基于 GPS 的公交信号优先检测系统由于是目前应用的最广泛的优先检测系统。由于其能够提供较为全面的公交车辆信息以及车辆运行信息，且对公交线网的地理位置的选择不严格要求。同时在区域 ITS 发展中普遍采用该技术对车辆定位和监控，只要对系统进行适当的扩展，即可应用于公交车辆的检测，因此该检测系统经常被交通工程师应用于公交信号优先系统中。

6. 基于 DSRC 的公交检测系统

专用短程通信(DSRC)最初源于 20 世纪 80 年代的"自动公路通信系统"，该技术可以实现小范围内图像、语音和数据的实时、准确和可靠的双向传输，人们希望利用无线通信技术作为 ITS 的信息传输的重要通信方式，实现车辆与路边系统、车辆与车辆之间的通信。在目前甚至以后相当长的一段时间内，DSRC 都将是道路电子化方面的主流产品，在区域分割功能即小区域内车辆识别、驾驶员识别、路网与车辆之间信息交互等方面具有得天独厚的优势。DSRC 协议具有数据传输速率高、通信等待时间少、相对通信区域隔离性好等特点。

短程通信方式除了在上述领域应用外，在无线操表、考勤等其他领域应用也比较多。短程通信车辆检测技术硬件设备安装一般也分为车载单元部分和路侧单元部分。车载单元部分一般通过安装短程通信模块和天线来实现无线连接，短程通信模块可以和 GPS 车载主机等智能设备连接。路侧单元部分主要包括天线、控制器、信号输出线等设备。

这种检测方式信息流是可以实现双向，车上也可以获取路口短程通信模块信息、路口也可以获取车上短程通信模块信息。

5.3.3 快速公交 BRT 系统

快速公交(BRT)是利用改良型的公交车辆，运营在公共交通专用道路空间上，保持轨道交通运营特性且具备普通公交灵活性的一种快捷的公共交通方式。与轨道交通相比，BRT 具有建设周期短、见效快、灵活性高、经济性好等优势，已得到国际交通界的密切关注。它是一种集约型，高效环保节能型的公交出行工具对改善城市整体的运营及服务条件有明显作用，可以有效引导土地的利用与发展，使城市交通建设从以车为本过渡到以人为本，实现城市交通的顺畅与可持续发展。目前，在我国的北京、厦门、成都、杭州等多个城市已建成 BRT 系统，明显提高了地面公共交通的服务质量。

BRT 系统主要有以下几个组成部分：专用行车道、车站与枢纽、特色车辆、线路、收费系统、智能交通系统。这几个部分组合在一起，形成了完整的方便乘客、提高实效的快速公交系统。

1) 专用行车道

BRT 系统的车辆一般运行在专用车道或道路上，享有专有路权。快速公交专用车道设置方式有多种形式，常用的有中央式专用车道、单侧双向专用车道、两侧专用车道、逆向专用车道以及高架路下的公交专用车道等几种形式。此外，还有城市设置公交专用道路，仅供公交专用，常见的设置方式有全封闭的高架专用道路、全封闭的专用地道和常规公交专用道路。快速公交系统总是让公交享有某种形式的独占性优先通行权。公交专用车道保证了 BRT 车辆在空间上享有优先权，此外，以信号优先作为辅助手段，使其在时间上同样享受优先权。

2) 快速公交车站与枢纽

快速公交系统的车站与枢纽设施是为停靠车辆和公交乘客上下车使用。快速公交系统修建与公交车辆车厢底板等高的候车站台，还可以采用低底盘的公交车辆，以起到乘客快速平稳地水平上下车的作用。快速公交站点位置一般设有超车道，以保证运行车辆避开到站车辆超车。车站和超车道设置位置可以偏移，从而减少公交道路的宽度。

快速公交车站与枢纽设施周围往往是城市用地密度比较高的地区，快速公交系统的规划一般需要采用以公共交通为发展主轴的城市用地发展原则，这种方式在为城市土地开发提供了便利的同时，也能够为快速公交系统提供客流保障。

3）特色快速公交车辆

快速公交系统的车辆采用不同于普通公交的新型大容量公交车辆，采用大型铰接车型以提高系统的运输能力及降低平均运营成本，采用对环境影响比较小的清洁公交车辆也成为发展趋势。

4）面向乘客需求的线路

采用直达线、大站快线、常规线、区间线和支线等灵活的运营组织方式，更好地满足乘客的出行需求。另外，还可采用多条组合线路，快速公交系统的不同线路可以在主要走廊上互相组合，当然线路也可在干线的起终点向外灵活延伸。线路结构的选择能够影响 BRT 系统的经济性、车辆性能和发车频率，应该与出行需求及通行能力相匹配。

5）售检票系统

快速公交通常采用类似于轨道交通的售检票系统，在站内完成购票、检票，很大程度地提高了乘客上下车的速度，节约了候车时间。

6）快速运输公交系统

快速公交智能运输系统包括车辆定位系统、先进的车辆调度系统、交通信号优先系统、实时运营信息系统等。表 5-3 列举出智能交通技术在公交 BRT 系统中的应用。

表 5-3　　ITS 技术在 BRT 系统中的应用

	ITS 技术	作用
BRT 信号优先	主动有限优先、实时优先	减少交叉口延误、提高车辆运行准点率
车辆智能控制	交通冲突警告、路段驾驶导航、车辆精确定位	提高车辆安全行驶里程
售票系统	自动售检票	提高乘客上下车速度，缩短车辆站内停留时间
先进的运营管理	车辆跟踪、车辆智能调度、驾驶危险状态报警	对车辆进行实时管理、提高准确性及运营效率
乘客信息系统	车上、站内乘客信息发布，基于个人通信设备信息发布	提高乘客满意度、增加公交吸引力

5.4　列车运行控制

列车运行控制系统（ATC）就是对列车运行全过程或一部分作业实现调度指挥、防护与控制的系统，在城市轨道交通及铁路上普遍采用。

5.4.1　列车自动运行控制技术

1. 区间闭塞控制技术

为了保障列车在运营线路上的运行安全，采用技术手段和管理措施，将线路构建成一段

(或多段)可"闭塞"(封闭、堵塞,BLOCK)的线路,形成一段闭塞线路。该闭塞线路可以是两站间的整个区间线路,称为闭塞区间,也可以是区间中的一段线路,称为闭塞分区(图 5-6)。

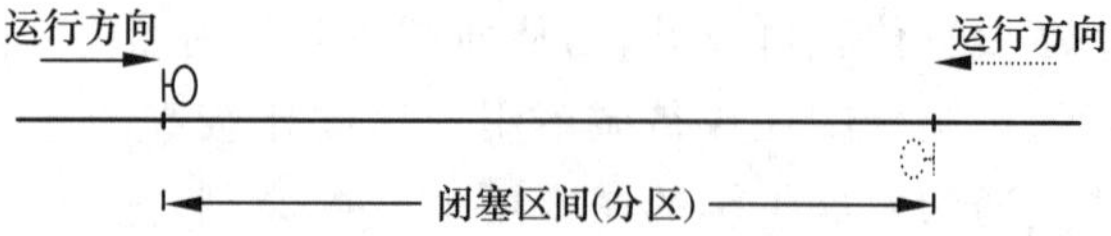

图 5-6　闭塞区间(分区)示意图

闭塞控制技术指列车由车站(通过或发车)向区间发车前,必须确认区间(分区)内没有列车,且在进入闭塞区间(分区)前须通过履行"闭塞"手续,取得占用该闭塞区间(分区)的"行车许可凭证"(或称"移动")授权,才能够占用该闭塞区间(分区)。一旦列车进入某闭塞区间(分区),该闭塞区间(分区)的防护信号机关闭,防止其他列车进入(迎面或尾追)该闭塞区间(分区),避免列车正面冲突或追尾事故以保障行车安全。

为了提高效率,目前基本采用自动闭塞模式,即在有区间占用检查的条件下,自动办理闭塞手续,列车凭信号显示发车后出站信号机自动关闭的闭塞方法。根据其闭塞方法的不同,又分为如下几种。

1) *固定闭塞*

固定闭塞条件下,每个闭塞分区自动检测轨道占用情况,根据列车运行前方闭塞分区状态,自动发送与接收具有速差意义的信息码,信号机自动地变换信号显示,给出"行车凭证",信号机的显示具有速差意义,司机凭地面信号显示行车,其示意图如图 5-7 所示。

2) *准移动闭塞*

准移动闭塞是在装备车载防护设备的前提下采用的一种闭塞方法。准移动闭塞仍采用闭塞分区,后续列车的追踪目标点是前行列车所占用闭塞分区的始端,须留有一定的安全距离,目标点也是相对固定的。采用准移动闭塞方式的信号系统,列车获得的信息为距运行前方目标点要走的距离数据或列车的"运行权限"数据,准移动闭塞采用数字轨道电路作为车地信息交互方式,其示意图如图 5-8 所示。

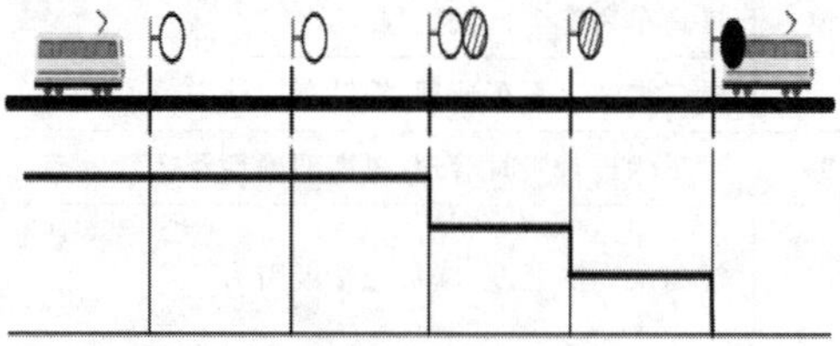

图 5-7　固定闭塞示意图

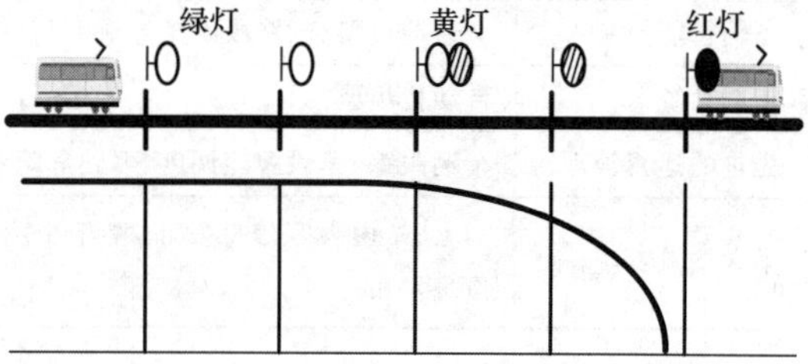

图 5-8　准移动闭塞示意图

3) *虚拟闭塞*

虚拟闭塞是准移动闭塞的一种特殊方式,如图 5-9 所示,它不设轨道占用检查设备和轨旁信号机,采取无线通信方式来实现列车定位和轨道占用检查的功能,闭塞分区和轨旁信号机是以计算机技术虚拟设定的,仅在系统逻辑上存在有闭塞分区和信号机的概念。虚拟闭塞方式非常有条件将闭塞分区划分得很短,当短到一定程度时其效率就很接近于移动闭塞。

4) *移动闭塞信号系统*

移动闭塞的追踪目标点是前行列车的尾部,当然会留有一定的安全距离(图 5-10),目标点与前行列车的走行和速度有关,是随时变化的。移动闭塞的追踪运行间隔要比准移动

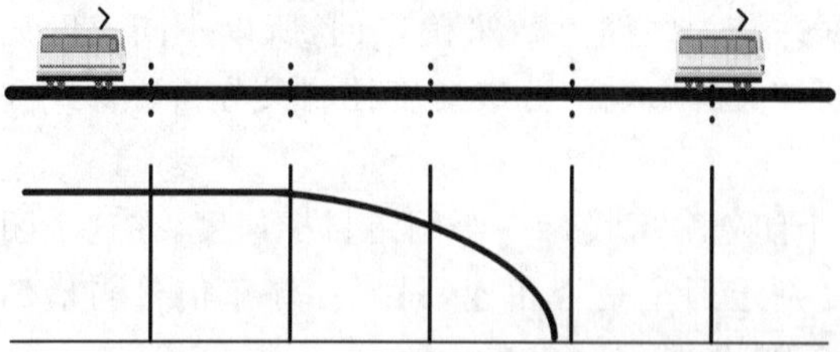

图 5-9　虚拟闭塞示意图

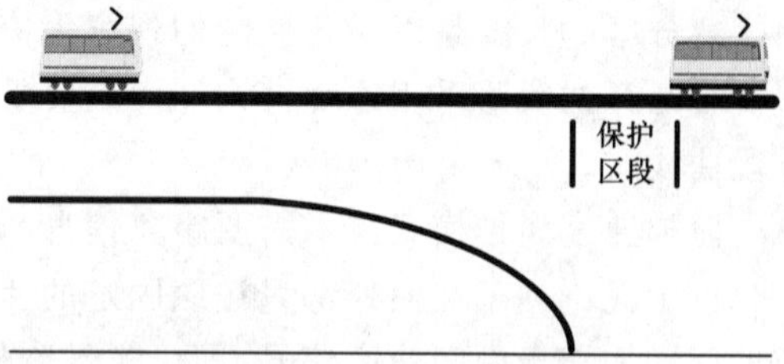

图 5-10　移动闭塞示意图

闭塞更小一些，空间间隔的长度是不固定的，所以称为移动闭塞。移动闭塞一般采用无线通信和无线定位技术来实现，高端的移动闭塞系统还要考虑前行列车的速度。

在移动闭塞系统中，前行列车与后随列车之间的安全间隔是根据列车当前运行速度制动曲线以及列车在线路上的位置而动态计算出来的。由于列车位置定位精度高，因此后续列车可以在该线路区段最大允许速度安全地接近前一列车最后一次确认的尾部位置，并与之保持安全制动距离。列车不需要在被占用的固定闭塞分区的入口处的前方停车，运行间隔显著缩短。

目前，基于通信的移动闭塞信号系统采用交叉感应电缆环线和无线通信技术实现车地双向信息交换。无线扩频通信是目前最先进的通信技术之一，扩频通信技术具有抗干扰能力强，数据传输的信息量大、可靠性高、能精确定时和测距等优点。采用微波的频率在2.5GHz左右，信息传输媒介一般有漏泄电缆、波导、无线电台等。

5）闭塞制式的选择

固定闭塞列车控制系统，采用分级速度控制的列控方式，属于 20 世纪 80 年代前的主流信号设备，由于其成熟、可靠，在世界很多城市轨道交通中得到应用。但目前从技术和设备的角度来看都相对落后，也不利于提高运输能力和乘客舒适度。

准移动闭塞系统，采用地对车信息的数字式传输，列控方式采用目标距离曲线，因此能大大缩短列车追踪运行的间隔。由于车地信息传输与轨道电路有关，尽管采用目标距离速度曲线的列控方式，它们的追踪间隔和列车控制精度与轨道电路的特性密切相关，如轨道电路的最大和最小长度、传输信息量的内容及大小、轨道电路分界点的位置等。

移动闭塞系统，利用先进的通信技术实现列车检知和车地双向通信的功能，列车定位精度高，信息传输速度快，解决了准移动闭塞系统列车检知和车地通信问题。在移动闭塞系统中前行列车经车载设备将本车的实际位置、运行速度等信息通过通信系统传送给轨旁的移动闭塞处理器，并将此信息处理生成后续列车的运行权限，传送给后续列车，后续列车的车载设备接收或计算出紧急制动曲线，以确保列车不超越现有的运行权限。

城市轨道交通信号系统现一般不考虑选择固定闭塞列控系统设备，多采用准移动闭塞系统或移动闭塞系统设备。

2. 列车运行速度防护技术

列车运行速度防护技术通常分为分级速度方式和目标距离方式。

1）分级速度防护方式

(1) 阶梯速度防护。

分级速度控制是以一个闭塞分区为单位，根据列车运行的速度分级，对列车运行进行速度控制。分级速度控制系统的列车追踪间隔主要与闭塞分区的划分、列车性能和速度有关，而闭塞分区的长度是以最坏性能的列车为依据并结合线路参数来确定的，所以不同速度列车混合运行的线路采用这种模式能力是要受到较大的影响。分级速度控制又分为阶梯式和分段曲线式。

阶梯速度防护模式可不需要距离信息，每个闭塞分区设计一个固定目标速度，在这个闭塞分区中无论列车在何处都只按照固定的速度判定列车是否超速，只要在停车信号与最高速度间增加若干中间速度信号，即可实现阶梯控制方式。

一个闭塞分区的进入速度称为入口速度，驶离速度称为出口速度。阶梯式分级速度控制，只是对每一个闭塞分区的入口速度或出口速度进行控制，对列车速度控制的不是连续的，因此，地对车载所需要的信息量是较少的。

每个闭塞分区规定了一个固定目标速度，列车在这个闭塞分区内的允许速度为本区段的入口速度，即上一区段的目标速度。闭塞分区内按照允许速度进行控制，要求列车在闭塞分区内将列车速度降低到目标速度，设备在闭塞分区出口进行检查。如果列车速度未达到目标速度以下则设备自动进行制动，这种速度防护模式称为阶梯速度防护出口速度检查方式。其示意图如图 5-11 所示。

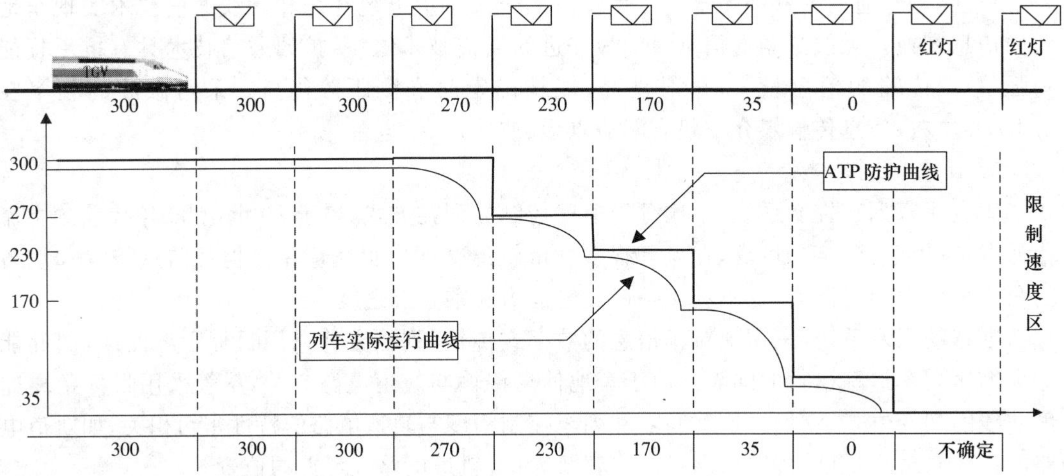

图 5-11　出口速度检查方式

新干线在每个闭塞分区规定了一个固定目标速度，当列车进入闭塞分区时，列车在闭塞分区入口处接收到目标速度信号后，车载 ATP 根据本闭塞分区的目标速度生成的速度防护曲线，并立即以此速度检查列车速度，一旦列车超速，则进行“快速”制动使列车速度降低到目标速度以下，这种速度防护模式称为阶梯速度防护入口速度检查方式，其示意图如图 5-12 所示。

(2) 曲线式分级速度防护。

曲线式分级速度控制根据列车运行的速度分级，每一个闭塞分区给出一段速度控制曲线，对列车运行进行速度控制。如图 5-13 所示，粗实线为曲线式分级速度控制线，从最高速至零速的列车控制减速线为分段曲线组成的一条不连贯曲线组合，列车实际减速运行线只要在控制线以下就可以了，万一超速碰撞了速度控制线，设备自动引发紧急制动，因为速度控制是连续的，所以不会超速太多，紧急制动的停车点不会冒出闭塞分区，可以不需增加一个闭塞分区作为安全防护区段，设计时当然要考虑留有适当的安全距离。

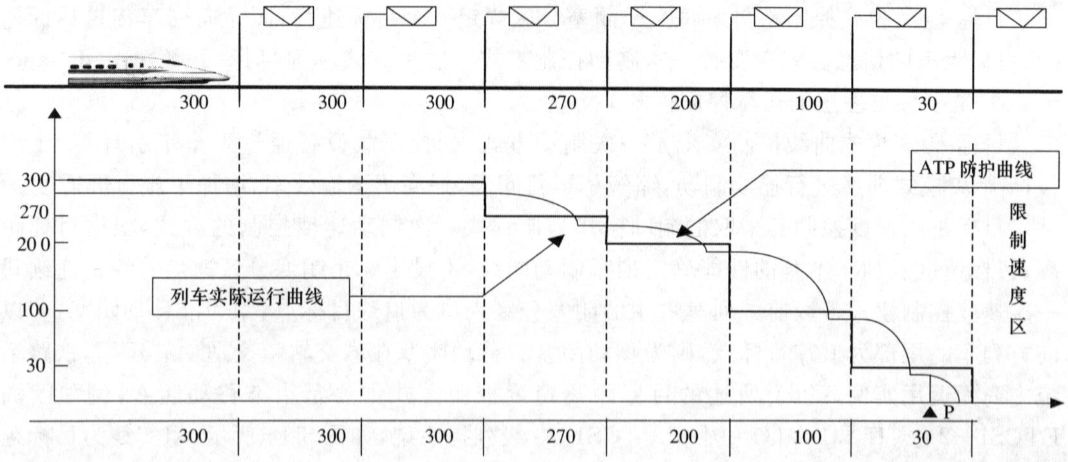

图 5-12　入口速度检查方式

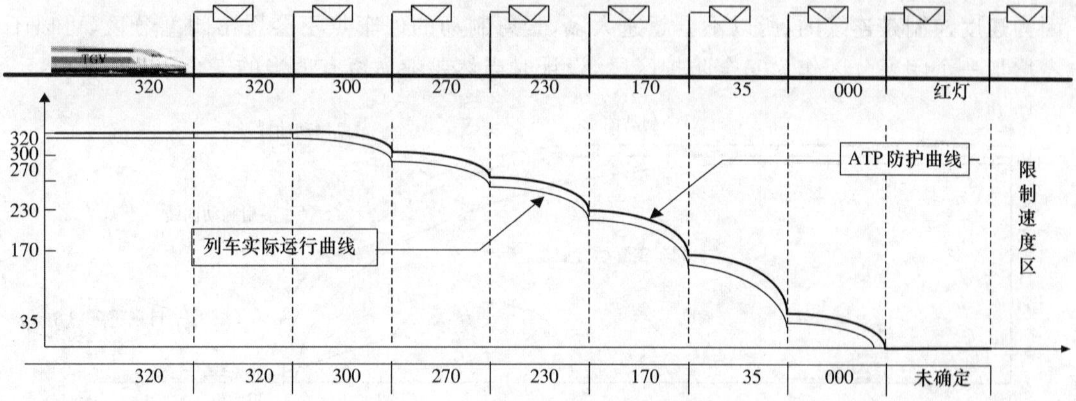

图 5-13　分段曲线式分级速度控制

分级曲线控制方式和阶梯控制方式一样，每个闭塞分区只给定一个目标速度。每个闭塞分区入口速度(上一个闭塞分区的目标速度)和出口速度(本闭塞分区目标速度)用曲线连接起来，形成一段连续的控制曲线，用曲线代替原来的阶梯控制线。这种方式没有提供至目标点的全部数据，所以系统生成的数据是分级连续曲线(即以分级小曲线的变换点连成的准一次制动模式曲线)。

闭塞分区的速度等级和数量由设计行车间隔、线路数据、车辆性能、信号设备的性能等确定。对于采用出口速度控制的系统，应增加一个闭塞分区作为保护区段。分级速度控制的信号系统一般采用多信息音频无绝缘轨道电路向列车传输速度等级信息。

2) 目标距离防护方式

采用目标距离控制方式的信号系统是列车速度控制为一次模式速度曲线，ATP 地面设备向列车传输前行列车的占用信息，相应区间的线路数据。车载设备按照要行走的距离原则制定列车运行的一次模式速度曲线，或者由地面 ATP 设备向列车发送一个“允许列车运行权限 LMA(1imited moving authority) 命令。车载设备控制列车的运行不超过列车所获得的运行权限”保证了列车追踪运行的安全，而不需要提前采用制动，大大缩小了列车之间的运营间隔。

目标-距离模式控制不再对每一个闭塞分区规定一个目标速度，而是向列车传送目标速度、目标距离的信息。列车实行一次制动控制方式。这种方式称为目标-距离方式(distance to go)，是一种更理想的运行控制模式。

目标-距离模式曲线控制实现了一次制动方式，列控车载设备通过列车牵引计算，生成目标-距离模式曲线进行连续制动，缩短了运行间隔，提高了运输效率，增加了旅行舒适度。

目标距离速度控制其采取的制动模式为连续式一次制动速度控制的方式，根据目标距离、目标速度及列车本身的性能确定列车制动曲线，不设定每个闭塞分区速度等级。连续式一次速度控制模式若以前方列车占用的闭塞分区入口为追踪目标点，则为准移动闭塞；若以前方列车的尾部为追踪目标点，则为移动闭塞。移动闭塞在城交轨道交通中有运用，铁路系统中尚无运用实例。以上所述的目标距离速度控制方式主要是指准移动闭塞，例如欧洲ETCS1—2级、日本I-ATC和中国CTCS1—3级列控系统，如图5-14所示，粗实线为目标距离速度控制线，从最高速至零速的列车控制减速线为一条连贯和光滑的曲线，列车实际减速运行线只要在控制线以下就可以了，万一超速碰撞了速度控制线，设备自动引发紧急制动。因为速度控制是连续的，所以不会超速太多，紧急制动的停车点不会冒出闭塞分区，可以不需增加一个闭塞分区作为安全防护区段，设计时当然要考虑留有适当的安全距离。

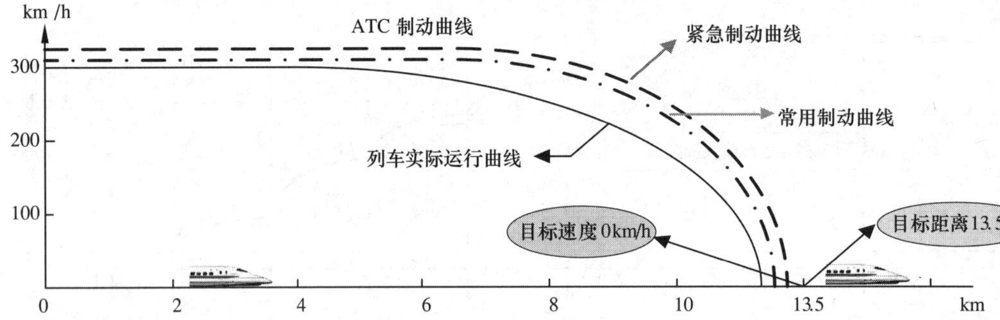

图5-14　目标距离速度控制

3. 车站联锁控制技术

为了保证行车安全，信号、道岔和进路的动作和建立必须遵循一定的条件和程序，联锁技术是车站信号自动控制系统的核心内容。

在车站范围内，当办理一条进路时，可能存在若干条彼此交叉相互妨碍的进路，若同时办理必然要危及行车安全。列车在进路上运行沿途要经过若干道岔，一旦道岔位置和状态不对或发生变化也会直接影响行车的安全。为了保证列车在其进路上运行的安全，必须采取相应的技术措施，即列车在驶入进路之前，必须确保进路处于空闲状态；必须确保进路上的道岔位置正确而且被锁在规定的位置上，防止由于震动或扳动道岔而使运行中的列车脱轨。同时，还必须确保其他的列车从正面、侧面和尾部闯入进路而造成撞车事故。只有在上述几条满足后才允许进路开通，防护该进路的信号机才有开放的可能。另外，还必须解决对已开通的进路在什么条件下可以解锁，为办理另一进路创造条件。

综上所述，在进路、道岔和信号机之间存在着相互制约的关系。下面分别介绍进路、联锁的基本概念以及进路的控制过程。

1）进路

进路指列车由某一指定地点运行到另一指定地点，在两点间运行的路径。目前在高铁、城市轨道交通中由于列车基本不解体，故涉及的进路主要为列车进路。列车进路主要包括接车进路、发车进路、通过进路。凡是列车进站所经由的路进叫接车进路；列车由车站发往区间所经由的路进叫发车进路；列车由车站通过所经过的正线接车进路和正线同方向发车进路组成的进路叫通过进路。

图 5-15 是一个具有代表性的中间车站，接发列车用的线路有 4 股道，其中，Ⅰ道和Ⅱ道表示是下行正线和上行正线，即与区间相贯通的线路。列车通过车站时要经由正线。3 道和 4 道叫做到发线，即接发列车用。

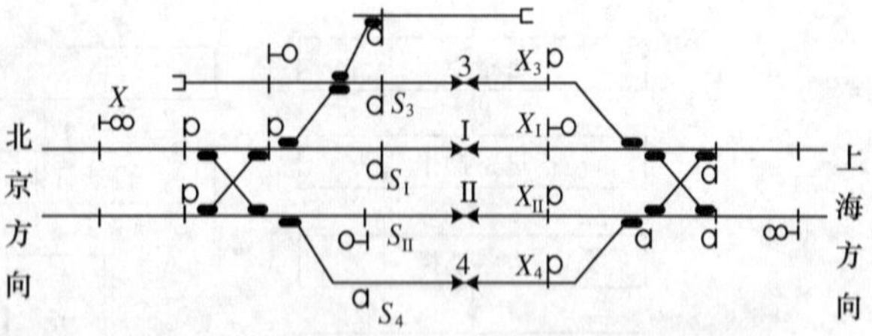

图 5-15　车站平面图

以北京至上海的下行方向为例，图 5-15 中 X 进站信号机防护 3 条接车进路：其中，Ⅰ道是下行正线接车进路；3 道和 4 道是下行侧线接车进路。这些接车进路的始端由 X 进站信号机开始，终端是至股道另一端同方向起阻挡作用的出站信号机止，当无车站信号机时，则以股道末端的警冲标。由此可见进站信号防护的接车进路范围包括咽喉道岔区段 DG 和接车股道 G。如下行 3 道接车进路的始端是 X 进站信号机，其终端是 3 道的 X_3 出站信号机，该接车进路的范围从 X 至 X_3 其中包括 3 股道。

确定各种进路的始端和终端，亦就是确定进路的范围，即确定信号机防护的范围，对进一步进行车站联锁的设计是极为重要的。综上所述，列车进路范围确定原则大致如下：

（1）进路的始端是信号机；

（2）进路的终端一般是信号机、站界标以及警冲标；

（3）进路范围内包括道岔和道岔区段；

（4）一架信号机同时可防护几条进路，可以作几条进路的始端。

2）联锁

为了保障列车在其进路上运行的安全，在道岔、进路和信号机之间必须存在着某些相互制约的关系，而且必须按照一定的程序才能动作和建立。我们把这种制约关系和程序叫做“联锁”。办理一条进路信号开放基本联锁条件是：进路空闲；道岔位置正确并锁闭；没有办理敌对进路，并且将敌对进路锁闭。这里平行、敌对、抵触进路的基本概念如下：

（1）平行进路。如果两条进路没有任何共用路段，彼此互不妨碍，同时办理同时建立不会危及行车安全的进路，称作平行进路。

（2）敌对进路。如果两条进路既有共用路段又对共用道岔位置要求相同，在这种情况下，不可能借助道岔位置防止它们同时建立，这类进路称作敌对进路。

（3）抵触进路。若两条进路具有共用路段，又都经由某一道岔，但该道岔的位置要求不相同的（一进路建立后，另一条进路由于道岔位置要求不符合则不能建立），这类进路存在相互妨碍但用道岔位置能够区分的进路，称作抵触进路。

3）进路控制过程

进路控制过程是指一条进路从办理到列车或车列通过进路的全过程。这个过程是信号、道岔和进路之间的联锁过程。我们分析进路的控制过程目的：一是整个控制过程都体现了一个安全要求,二是反映了联锁的时序逻辑关系。

进路控制过程可分成进路建立和进路解锁两个阶段。进路建立过程是指从车站操作人员办理进路到防护该进路的信号机开放。进路解锁阶段是指从列车驶入进路(驶入信号机后方到出清进路中,全部道岔区段或者指操作人员人工解除已建立的进路)。进路控制过程可归纳如下框图,如图 5-16 所示。

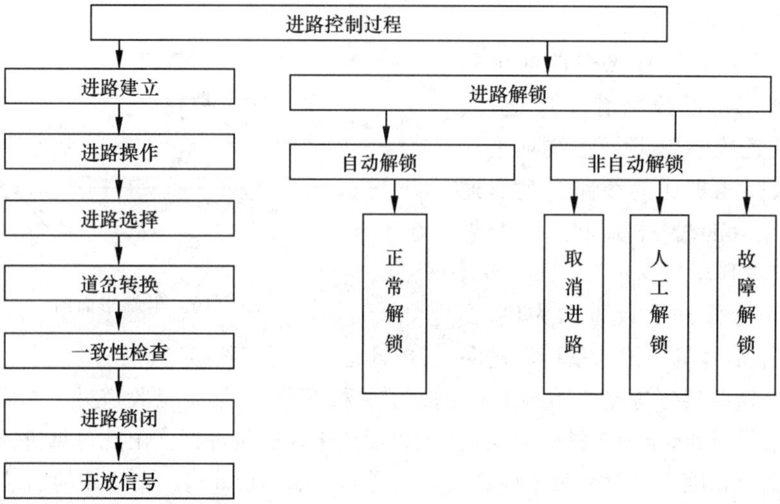

图 5-16　进路控制的基本过程

(1) 进路的建立阶段。

进路建立阶段可以进一步分解成以下 6 个小阶段。对于每一小阶段以及它们之间的动作次序是以联锁的时序逻辑为依据,反映对采集的各种信息进行加工处理及传递的层次,以及规定了每一小阶段应完成的基本功能。具体如表 5-4 所述。

表 5-4　　进路建立步骤分解

序号	阶段名称	完成功能
1	操作阶段	在办理进路时,操作人员按规定的操作,如按下进路的信号按钮后,要确定进路的范围、进路的性质(是列车进路还是调车进路、进路方向,以及进路的特征(基本进路、迂回进路、复合进路和通过进路等))
2	选路阶段	根据已确定的进路范围,自动选出一条相应的进路和进路有关的道岔,并确定其符合进路开通的位置
3	道岔转换阶段	检查已选出的道岔的实际位置是否符合进路要求,不符合时要转换到所需的位置
4	一致性检查阶段	检查进路中各个道岔位置是否已符合进路要求,为锁闭道岔做准备
5	进路锁闭阶段	进路中的道岔位置正确、进路空闲(包括接车股道)和与之敌对的进路(包括本咽喉的和迎面敌对进路)未建立的条件下,将道岔和敌对进路锁闭,使道岔不能转换,使敌对进路不能再建立。未开放信号创造条件
6	开放信号阶段	在进路锁闭后,通过检查有关开放信号联锁条件,使防护进路的信号机开放,指示列车或车列驶入进路。在信号机开放期间需不间断的检查进路空闲和道岔状态,一旦出现有非法车辆进入进路,或者道岔位置发生变化危机行车安全的因素,信号应立即关闭。当列车一旦驶入进路时,信号立即自动关闭。对于调车信号机来说,考虑调车作业一般有机车推送运行,所以规定当车列全部进入进路后信号才关闭

(2) 进路解锁阶段。

进路解锁是指对已建立的进路要进行解除锁闭，其中包括解除对道岔和敌对进路的锁闭。进路的锁闭和解锁是一个问题的两个方面，两者比较起来，进路解锁尤为重要。因为进路因故不锁闭，信号不开放，这是安全的，而进路解锁过程一般是在信号开放之后进行的。被锁闭的进路一旦错误解锁了，意味着进路上的道岔可以转换，敌对进路可建立。如果在信号开放后，在列车已接近进路的情况下，出现进路错误解锁，另外，当列车正在进路中运行时发生了错误解锁事故，都是非常危险的，将危及行车安全。因此，对于进路解锁的重点是防止错误解锁。

进路解锁过程根据列车是否驶入进路为分界，由于解锁的条件和时机的不同，进行解锁有 4 种解锁方式，即取消进路、人工解锁进路、正常解锁进路以及故障解锁。

A. 列车或车列未驶入进路的解锁方式：

① 取消进路。在进路锁闭后，信号由于某种原因没有开放，或者信号已经开放而列车或车列尚未驶入接近区段时，操作人员办理取消手续解锁进路。这种解锁方式称为取消进路。

② 人工解锁进路。当信号开放后列车或车列已驶入接近区段，根据需要允许操作人员办理人工解锁手续使进路解锁。但必须从信号关闭时算起，延迟一定时间后进路才能解锁。延迟时间是司机看到禁止信号后采取制动措施能够使车停下来所需要的时间，只有停车后再使进路解锁是安全的。这种人工延时解锁方式称为人工解锁进路。人工延时解锁的延迟时间对于接车进路和正线发车进路规定延时 3min；对于侧线发车进路和调车进路规定延时 30s。

B. 列车或车列驶入进路的解锁方式：

① 正常解锁。正常解锁是指列车或车列通过进路中的道岔区段后进路即自动解锁。正常解锁分为一次解锁和逐段解锁两种形式。一次解锁是指列车或车列出清了进路中全部道岔区段后，各个道岔区段同时解锁的形式。逐段解锁是指列车或车列每驶过一段道岔区段，以道岔区段逐段自动解锁的形式。逐段解锁形式有利于提高线路的利用率。

② 故障解锁。随着列车通过进路，各道岔区段应按正常解锁方式自动解锁，然而由于轨道电路故障，工作不正常，破坏了三点检查自动解锁的条件，而使进路因故障不能自动解锁，需采用特殊的由操作人员介入使进路解锁，故障解锁是以道岔区段为单位实施故障解锁。

5.4.2 列车自动运行控制系统

列车运行控制系统（ATC）是轨道交通运行控制与管理系统备的重要组成部分，它是保证列车安全、高密度运行和行车的重要基础设备。ATC 系统是涉及行车指挥和列车运行的综合化的列车运行控制系统，它包括三个子系统：列车自动监控子系统（ATS），列车自动防护子系统（ATP），列车自动运行系统（ATO），如图 5-17 所示。

ATP 子系统为 ATC 系统的安全核心，负责列车间的安全间隔、超速防护、进路控制及车门与站台门的安全监控，包括正线联锁、闭塞控制等。

ATO 子系统在 ATP 子系统的安全防护条件下使用，负责列车车速的调整和控制列车的运行。完成牵引、惰行和制动操作，实现列车的站间运行、车站的定点停车、折返控制等。它有利于行车效率的控制、列车节能、提高旅客乘坐的舒适度和减轻司机的劳动强度。

ATO 子系统控制的重点是进行列车运行正点控制、舒适度控制和精确度控制。

ATS 子系统为 ATC 系统的上层环节，重点管理监督、控制、协调列车运行，根据客流与实际运行情况，选定并管理执行运行图，信号系统与其他系统的接口通常通过 ATS 子系统来实现。ATS 子系统主要由中央计算机及相关显示、控制列车记录设备以及车站 ATS 设备构成。

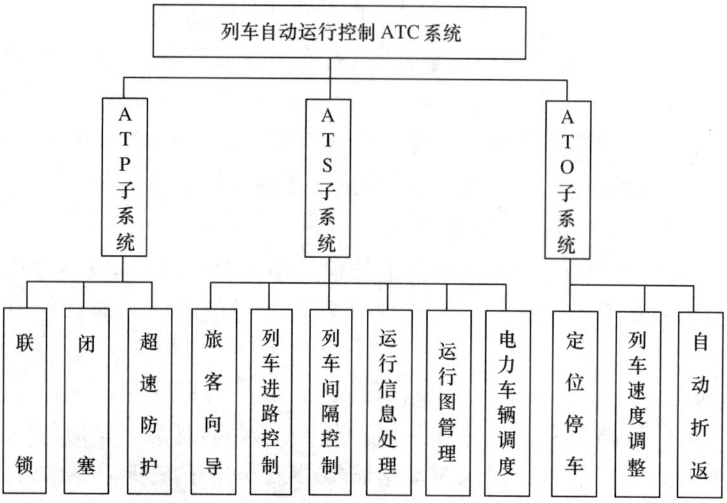

图 5-17　列车自动运行控制 ATC 系统框图

ATC 系统必须是一个安全、可靠、高效的列车自动控制系统。系统按照地理空间的不同，可以分为中央、轨旁、车地通信、车载四个层次。如图 5-18 所示，该系统将列车自动防护子系统 ATP、列车自动驾驶子系统 ATO、列车自动监督子系统 ATS、以及联系这些子系统的数据通信子系统 DCS 有机地结合在一起。

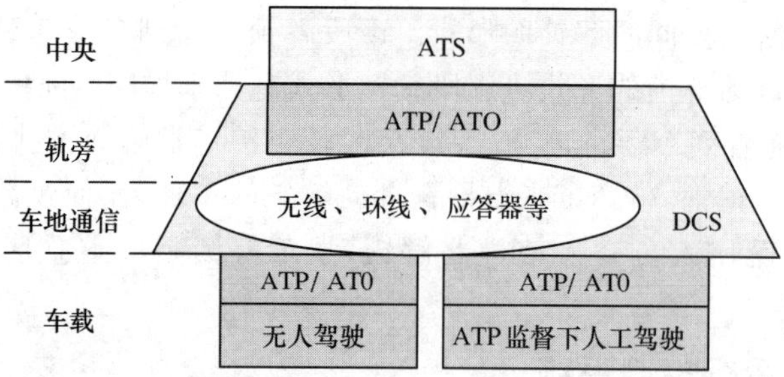

图 5-18　ATC 的系统模块图

1. 列车自动防护子系统(ATP)功能

ATP 子系统是保证列车运行安全的关键系统，它应能实现列车的间隔控制，超速防护和进路的安全监控，ATP 子系统应符合“故障-安全”原则。其实现的主要功能包括：

1）列车追踪间隔控制和超速防护

列车追踪是轨旁 ATP 设备的一个安全功能。列车追踪负责安全计算线路上固定或可变的闭塞分区的 ATP 空闲状态。列车的位置报告是主要输入信息，车载和轨旁 ATP 设备通过车地通信设备建立通信通道，由两者共同实现间隔控制与超速防护。

ATP 地面设备通过地-车通信设备向列车发送必要的限制速度、目标距离、前方列车占用线路状况、线路条件、进路状况、信号元素封锁信息，以供车载 ATP 子系统计算确定满足正向设计行车间隔和折返间隔前提下的列车运行最大安全速度，当列车实际运行速度超过了同一位置上 ATP 防护速度曲线上的速度时，ATP 子系统应立即采取监控下的常用制动或紧急制动措施。ATP 子系统的安全制动模型必须包括与制动保证功能相关的反应时间，并留有适当余量。列车紧急制动系统必须确保列车在安全制动模型确定的距离内停车。

2）列车定位测速功能

ATP 子系统应能为每一装备列车建立位置、速度和运行方向，其中，列车定位功能应提供足够的位置分辨率和精确度以满足运营对性能和安全的要求。在正常运行情况下，列车在进入 ATC 控制区域或 ATC 设备故障修复后，系统通过轨旁地-车通信设备进行列车定位和功能初始化，自动检测和确定列车位置和确定相关列车参数。

ATP 子系统的列车测速功能应提供足够的测速分辨率和精确度，系统通过车载测速系统来检测列车实际速度。该功能包含对列车运行零速度的检测和判断。

同时，ATP 子系统应具有定位和测速误差的补偿功能。当车载设备根据车轮的转动来进行定位和测速是，对由于车轮空转、打滑、轮径磨耗、镟轮、更换新轮等原因引起的误差，系统应能人工或自动补偿。

3）车载 ATP 设备

车载 ATP 设备和车辆控制设备的接口应保证安全和对列车实施连续有效的控制，设备故障实施紧急制动。

4）轨道末端防护

轨道末端防护与超速防护功能相结合，以防止列车冲出和撞击轨道末端，同时，又满足列车持续运行和减少尽头线路长度的要求。轨道末端防护设计必须以安全制动模型为依据。

5）车门/屏蔽门/安全门监控

正线运行的列车，只有当列车停在站台区，检测为零速度且列车在保持制动状态，并满足站台屏蔽门/安全门对停车精度要求的情况下，ATP 子系统才允许 ATO 向列车发送开车门命令，并通过轨旁 ATC 设备向站台屏蔽门/安全门控制系统发送屏蔽门/安全门的开门命令。车门和站台屏蔽门/安全门均已关闭后，才允许启动列车。开左门或右门应符合站台的位置和运行方向。

运行中的列车在车门因故开启时，ATP 应立即导致紧急制动；站台屏蔽门/安全门因故失去状态表示，应封锁站台。停站列车的车门和屏蔽门/安全门因故不能全部关闭时，应禁止列车启动，除非在人工确保安全的前提下采用特定的操作方式启动列车。故障或紧急情况下，设备应可旁路开门联锁控制功能，由司机直接操作打开车门。

6）非常情况下紧急停车按钮功能

在每个车站的车控室、站台上设紧急停车按钮。当紧急停车按钮按下后，向控制区域内的相关列车发送紧急停车报文，并切断相关地面信号机的信号开放电路。

7）列车非正常移动（溜车）监控

监控列车与运行方向反向的任何移动，如果此方向的移动距离及次数超过规定值，则实施紧急制动。

8）车载信号设备的显示及报警，主要信息包括：

（1）实际速度、最大允许速度、目标距离/速度；

（2）驾驶状态、驾驶模式、列车折返运行状态；

（3）列车停在停车窗内外状况；

（4）车门释放，ATO模式下自动/人工关门的选择及状态；

（5）实施紧急制动；

（6）设备状态的显示及报警等。

9）支持不同驾驶模式下的列车控制

车载ATP设备应在下列驾驶模式中对列车实施监控：

（1）有人ATO自动驾驶模式（含折返线列车有人/无人自动驾驶折返模式）；

（2）ATP监督下的人工驾驶模式（含折返线列车ATP监督下的人工驾驶折返模式）；

（3）ATP固定限速下的人工驾驶模式。

10）与ATO、ATS和联锁子系统进行信息交换和处理的内容

（1）列车实际速度；

（2）ATP保护下人工驾驶的列车最高允许速度；

（3）目标距离/速度；

（4）驾驶状态（牵引、惰性和制动）以及驾驶模式（ATO、人工ATP、列车自动折返）等表示；

（5）列车折返（含有关指示器和按钮）；

（6）列车停车精度状况；

（7）门控制（车门、屏蔽门）及门状态表示，强制开门的控制及表示；

（8）发车及驾驶命令、紧急制动的启动和表示；

（9）ATP/ATO故障表示；

（10）驾驶员对有关数据的输入及修改（乘务组号、车辆号、目的地号等）；

（11）人工轮径补偿时的数据输入；

（12）驾驶员的身份确认；

（13）日检操作输入及检查结果输出；

（14）自诊断命令的输入及诊断结果输出；

（15）车载存储数据的输出。

11）ATP子系统车上设备日检、事件记录和统计等。

2. 列车自动驾驶子系统（ATO）功能

ATO子系统是自动控制列车运行的设备。ATO的功能是非安全性的，它在ATP子系统的安全防护下实现列车自动驾驶。ATO对提高列车运行效率、完成列车运行自动调整、实现列车节能运行、车站定点停车等具有重要作用。其实现的主要功能包括：

1）自动速度调整

列车的启动、停止和速度调节必须按司机指令或ATS的输入，通过ATC系统控制执行，使列车的巡航速度、加速、减速、惰性和冲击率控制在规定的乘客舒适度范围内，同时使列车速度保持在ATP防护速度曲线下。

2）车站精确停车

用地面信标/环线及配套车载天线、或测速电机、测速雷达或其他定位措施实现列车车站定点精确停车。

3）列车区间运行时分的控制

在ATO自动驾驶模式下，可根据ATS的调整指令分级或无极改变列车在区间走行时间。

4）车门/屏蔽门/安全门控制

在ATP保护下对车门/屏蔽门/安全门进行控制，可人工或自动开启关闭车门/屏蔽门/安全门。列车停在站台上并维持开门时间可由ATS建立，并受ATO自动控制。

5）列车自动控制

与ATS、ATP子系统交换信息，共同实现列车的无人自动折返及驾驶室自动换向。

6）向车载乘客信息系统(PIS)提供信息，以显示下一站、目的地站和时间，并触发语音报警。

7）牵引及制动控制满足舒适度的要求。

8）实现节能运行。

在正向运行ATO模式下，根据不同的条件选择最佳的运行工况(节能优化的速度曲线)，确保列车按照运行图运行，达到节能及自动调整列车运行的目的。ATO节能曲线的计算要考虑线路坡度和曲线等参数对速度曲线的影响。因此，应将整个系统的线路平、纵断面信息保存在线路数据库里。

3. 列车自动监督子系统(ATS)功能

ATS子系统在ATP、ATO子系统的支持下完成控制中心行车计划的编制、管理，实现对全线列车运行的自动监控和列车运行的自动调整。其主要实现的功能包括：

1）列车识别号追踪、传递和显示功能

ATS子系统能自动完成正线控制区段内的列车识别号追踪。当列车从车辆段/场出发占用转换轨时开始跟踪，至终到站或返回车辆段/场离开转换轨跟踪结束。列车识别号可由中央ATS自动生成或由调度员人工设定、修改，也可由司机一次性输入至车载ATC设备，并经车-地通信设备通知ATS子系统。ATS子系统应具有列车自动跟踪和保存记录的能力，并将所有列车的位置、识别号、列车时刻表和其他相关数据显示在ATS用户界面上。

中央背投综合显示系统车次号的显示内容包括方向、目的地号、服务号等。

调度员工作站上的识别号显示由车组号、服务号、序列号、目的地号、乘务组号及运行方向符等组成。

2）列车运行图编制及管理

运行图的编制应根据线路的参数和行车组织要求，由运行图编制人员输入基本数据，包括各区间运行时间、停站时间、运行间隔、线路数据、折返要求的时间、客流量等信息，由计算机辅助自动编制基本列车时刻表和运行图。运行图编制过程中应能自动进行冲突检查，并给出运行冲突原因及消除运行冲突建议的明确提示。

基本运行图编制完成后，按不同种类(包括平日、节假日、特殊情况等)存入数据库内，以备调度员按需调用，基本图内数据不得擅自修改，当必须修改时，由授权的专门维护人员按有关命令进行。

在调度员工作站上，能将当时的计划运行图、实际运行图采用反彩反衬方式显示在一个画面上。每日运行完的实迹图可存入数据库内保存 96h，或存入磁盘、光盘等后备存储媒介中长期保存。

3）运行图调整

ATS 子系统应能对照时刻表和/或行车间隔，自动检测和调整 ATC 区域列车的运行。

列车计划与实迹运行图的比较功能和计算机辅助自动调度的功能，由调度员设置时间偏差标准值，在列车运行发生偏差时自动发出偏差报警，根据列车实际的偏离情况，自动生成调整计划供调度员参考。当偏离时间在一定范围(所定偏差标准值)内时系统能够对单列车或全部列车运行进行自动或人工调整。而当偏离时间超过规定范围后，以起始或终到站为基点对所有列车自动按等间隔运行的原则生成调整计划，经调度员确认后方可实施对全线列车进行调整。

4）统计与报告功能

ATS 子系统能自动进行运行统计，包括列车报告、车站报告、车次号报告以及各种运行指标等，具有自行制表功能，工作人员能对运行资料库进行访问，根据需求自行制表。所有报告均能根据需求进行显示和打印。

5）列车进路排列

ATS 子系统应允许 ATC 区域内运行的列车，在位置报告的基础上可根据列车的运行数据信息，按预先排列进路的原则和运营方案，进行自动或人工排列进路。自动进路应便于列车出入正线，列车折返，列车进出存车线以及由运营中断引起或计划内的列车变更。

进路控制方式平时由中央 ATS 计算机按指定运行图及列车位置自动生成控制命令，通过 ATC 轨旁子系统控制车站的进路和信号机。需要时由控制中心调度员发出控制命令，人工控制部分或全部的进路和信号机。

6）监视功能

列车运行及信号设备的监视和报警，通过 ATS 网络系统的运行模拟背投综合显示系统及调度台显示器，能对车辆段/场线路，正线车站及区间轨道区段、道岔、信号机、标识号、在线运行列车状态、电源状态、命令执行情况及系统其他轨旁和车载设备状态等进行监视。

当列车运行或信号设备发生异常时，控制中心计算机自动地将有关信息在 ATS 用户界面上给出报警及故障源提示。

7）培训和运行模拟

ATS 子系统应具有在线及离线工作状态的模拟培训设施。在离线工作状态时可作为培训列车调度员及维修人员之用，在在线工作状态时可作为试验及调试 ATS 子系统的设备。无论在何种状态下工作，模拟培训设施均不可对运营中的 ATS 子系统产生任何影响。

8）提供与其他系统的接口功能

在控制中心有必要向乘客导乘系统提供与旅客乘车有关的信息，如下次列车的到达时间、目的地、列车直通等。在控制中心，ATS 子系统实现与综合监控系统的信息交换。中央 ATS 系统能与综合显示系统接口，将相关的行车和调度指挥信息，实时传送至综合显示系统进行显示。

9）提供司机发车制式功能

在列车运行正方向的站台端部，设置发车指示器，倒计时显示发车时间。

10）车辆段/场列车自动监视功能

中央 ATS 系统通过通信网，与车辆段/场调度终端和信号控制室的 ATS 工作站连接，向车辆管理及行车人员提供必要信息。车辆调度员可根据当天采用的列车计划运行图编制车辆运营计划和行车计划，并传送至中央 ATS 系统。车辆段/场信号值班员根据车辆运营计划及采用的列车计划运行图设置相应进路，以满足列车出入段/场及库内停车作业需求。

11）管理与记录功能

ATS 子系统能对包括各种人员的责权范围、工作站控制范围的设定及转换、工作人员身份鉴别及进入和退出系统的等级及注销等。记录操作指令、内容、时间及操作人员，并适合各种控制命令、报警确认等。

6 交通诱导技术

交通诱导技术是正确引导道路使用者顺利到达目的地、实现交通流优化、避免交通阻塞、更有效地管理现代交通的一种技术。一个城市的交通诱导系统利用可变信息板、车载导航终端、计算机网络、数字广播、数字电视、移动通信设备、电话等多种方式，基本实现任何人、任何时间、任何相关场所，都能够安全、方便、快捷、高效地获取丰富、多语言、智能化、个性化的信息服务。

6.1 交通诱导概述

交通诱导是指通过一定的信息传播媒介，向交通参与者提供道路的实际运行情况，提醒、建议或控制交通参与者选择最佳的行走路线，避免和减少行程延误及损失的一种交通控制方式。它是一种主动式的交通控制方式，其最大特点是通过传递情报消息引导和控制交通参与者的交通行为，以达到控制交通安全、畅通、有序运行的目的。诱导系统及时准确地向交通参与者提供一定区域内交通状况的客观信息以及行车路线的进一步建议，这些信息被交通参与者接收后，产生很大的参考作用和吸引力；交通参与者根据这些诱导信息迅速做出自己行车路线和行车方式的决策并付诸实施，从而实现由于交通参与者的自动调控而达到交通运行状况的自动调控和路网交通流均衡的目的。交通诱导与交通控制具有本质的区别，如表 6-1 所示。

表 6-1　　交通控制与交通诱导的区别

交通控制系统	交通诱导系统
强制性——施加约束	非强制性——建议式
完全服从	部分服从
系统最优	系统最优/用户优化
信号灯/匝道控制/限速/车道使用等控制交通	可变信息板/车载导航仪/互联网/广播等诱导交通

6.1.1 诱导系统分类

为了实现城市交通流的诱导，诱导系统的控制中心需要保证提供的诱导信息可以使出行者的行程及整个道路交通网得到最优化。按照交通诱导信息显示的位置，可分为车内诱导系统和车外诱导系统。按照交通诱导信息作用于交通参与者的时间，又可分为出行前诱导系统和出行中诱导系统。

1. 出行前诱导系统

出行前诱导系统是交通管理者通过网络、大众公共媒体发布动态交通信息，或者提供出行前交通查询系统，辅助交通出行者进行出发时刻、出行方式、出行路径选择、停车场位置选择等决策，以避开交通高峰时段，同时也可提高道路的时空利用率。出行前诱导系统以提高出行者出行效率为根本目标，是一种“主动式”的交通需求管理。出行前诱导系统一般是出行者在家庭或办公室通过电脑、移动终端(手机或 PDA)、广播、微博等方法获得相关出行信息的。

2. 出行中诱导系统

出行中诱导系统是城市交通诱导控制中心根据实时检测到的交通信息状况，以均衡道路交通流为根本目标，把一定区域或范围内交通状况的客观信息以及行车路线的进一步建议通过可变信息标志、移动智能终端、交通广播台、车载导航系统、专用终端等发布给出行中的交通参与者，从而提醒、建议或控制交通参与者选择最佳的行车路线。

6.1.2 诱导信息内容

1. 静态信息

静态交通信息是指交通系统中一段时间内稳定不变的信息，主要包括道路交通网络基础信息(如道路等级、长度、收费等)、公共交通系统的基础运营信息(线路、发车间隔、运营时间)、静态交通信息(停车场位置、收费)等。

2. 动态信息

动态交通信息是指实时道路交通流信息、交通控制状态信息以及实时交通环境信息等在时间和空间上相对变化着的信息，包括道路交通状态信息、交通事件信息、施工养护信息、交通气象环境等。作为交通诱导系统用户的驾驶员在出行途中所关心的交通信息主要包括：动态最优路径、前方交通状态、周边路网和替代路径交通信息、停车换乘信息、停车场的动态可用泊位数、收费、停车场的方向、路线路径信息等，其中既包含静态信息，又包含动态信息。

6.1.3 诱导方式

目前主要的交通诱导手段包括可变信息标志、声讯语音平台、短信平台、指路服务站、网站、个人移动终端(手机/PDA)、车载终端、交通广播台、微博等。由于各方式的受众群体不同，通常，一个城市综合交通信息系统会支持以上大多数的交通信息发布及诱导手段。几种主要方式如下：

1. 可变信息标志(VMS)

可变信息标志是国内外大都市快速道路交通管理中广泛应用的一种 ITS 技术，是应用最广泛的一种诱导信息发布媒体。可变信息标志或称可变情报板，主要实时显示道路交通状况及相关信息，如某交叉口或路段的交通拥堵、某地点发生交通事故、某路段的大约行驶时间、某停车场有无空余泊位、环境噪声、污染和天气情况等，向驾驶员提示最佳的行驶速度、提醒交通参与者选择合适的交通路线等。由于可变信息标志可及时向交通参与者发布有关的交通信息，使交通参与者及早采取对策，从而可以达到有效缓解、疏导和控制交通的目的。

2. 交通广播诱导

交通广播诱导是根据收集到的道路交通运行信息，通过交通广播电台播报(发送)道路交通状况及相关信息，交通参与者(驾驶员)使用车载收音机等接收装置能随时接收这些信息，从而使交通参与者(驾驶员)能够及时选择行车路线，达到交通畅通、安全、有序目的的一种诱导方式。

3. 车载导航式诱导

车载导航式诱导系统是利用安装在车内的导航装置提供的信息，为道路交通参与者选择自己的行驶路线，或由导航装置提供最佳的行驶路线的一种诱导方式。其目的是能够在恰当的时间和地点给出引导指令，对驾驶员下一步的路线选择作出建议，以确保车辆行驶在最佳路线上。这种诱导系统是最先进和最复杂的，并已发展成为智能交通控制系统中先进的出行者信息系统的主要内容。

4. Internet 网络诱导系统

Internet 网络诱导系统是指城市交通控制中心根据收集到的道路交通运行信息，通过 Internet 网络发送道路交通状况及相关信息，交通参与者使用计算机网络终端进行查询并获取这些信息，从而做出出行决策。Internet 网络诱导系统主要是一种出行前交通诱导类型，可以辅助交通参与者做出出发时刻、出行方式和出行路径等决策。这种诱导方式不仅可以提高出行者的出行效率，同时也可实现整体路网交通的畅通。

5. 智能移动终端诱导系统

作为新兴的交通诱导信息发布手段，智能移动终端（手机/PDA）具有其他发布方式不可替代的优势。首先，智能移动终端的发展迅速，处理器、内存容量不断增强，不少产品内部配置已经接近早期的个人电脑，其数据处理能力大幅提升，为交通信息诱导发布服务提供了基础。其次，由于定位/搜索/查询/导航等功能的实现，使其受众覆盖面更广、用户数量发展迅猛。

不同信息发布诱导方式的比较，如表 6-2 所示。

表 6-2　　信息发布诱导方式的比较

发布技术	优点	缺点	适用范围
可变信息板	①文字式 VMS 容易看明白，驾驶员能很快地从中获得所需信息。②图形式 VMS 使得复杂的信息更容易理解，能够提供整个路网的服务水平和旅行时间等信息	能提供的信息量不大，信息受用的驾驶员有限，初期投资较大	出行中
交通广播	信息面广，影响范围大，技术简单，成熟，易于推广	对交通状况在时间和地点上的针对性信息发布难	出行前、出行中
互联网（网站、微博）	信息量大，更新及时，能满足驾驶员的不同需求	需要网络和计算机终端属于出行前的信息发布，对路上驾驶员帮助有限	出行前
车载终端	提供的信息量大，针对性强，能够根据驾驶员的需要提供信息	终端配置投资大，商业模式探索中	出行中
智能移动终端	个性化服务，终端侧无需额外投资、用户发展迅猛，	信息服务商业模式探索中	出行前、出行中
短信平台	信息量大，能够根据驾驶员的需要提供信息	出行中对行车安全有一定的影响，适于出行前	出行前
数字广播	FM 调频副载波、DAB 数字音频广播、CMMB 移动多媒体广播方式，技术成熟	初期终端及系统投资大，维护成本高	出行中

6.2 信息发布技术

6.2.1 路边固定信息发布技术

路边交通信息的发布主要有可变信息标志 VMS、路边数字广播、路侧短距离车路信息交互。这里以应用最广的 VMS 为例介绍其设施布设及信息组织发布策略。

1. VMS 布设技术

可变情报板的位置设置应充分考虑到外界环境、道路条件交通状况和人文习惯等，如是否有建筑物、天桥、树、电车天线和现有标志牌等妨碍视线；设置位置是否有充分的直线阅读距离；是否在瓶颈地段、事故多发地段；道路类型是否属快速路，发布信息是否充分信等。根据不同的原则，设置合理的可变情报板类型，以便更加简单，方便司机阅读。目前使用的类型大致分为以下几种：龙门架型、侧柱型（也称为 F 型）和支柱型（也称为 T 型）等。

1）布设原理

可变情报板对驾驶员的影响过程分为“感知”、“决策”和“行动”三个阶段。感知阶段从驾驶员能够看清楚可变信息板上的信息开始、辨认感知信息到最终基本理解信息。决策阶段从驾驶员基本理解信息开始，到最终做出决策（如改变原行驶路线、驶离某个出口匝道等），并开始采取行动。行动阶段是指决策后采取相应行动（如减速、变道等）的过程。可变信息标志布设的基本原理就是充分考虑动态行车条件下驾驶员的行动特性（如感知和决策的时间、行动过程），确定合理的前置距离和标志尺寸，保证驾驶员有充分的时间感知信息、进行决策和采取行动。驾驶员对可变信息标志的认知模型图如图 6-1 所示。

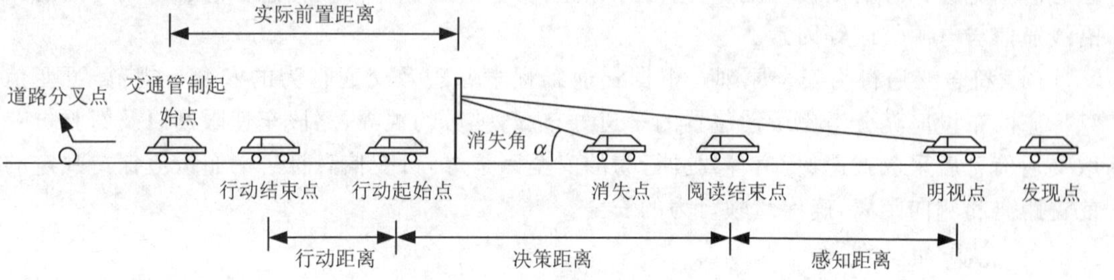

图 6-1　驾驶员对可变信息板的认知模型图

注：图中的交通管制起始点指快速道路出口匝道上游交通划线带（或地面道路交叉口停车线上游白实线）的起点。

根据三阶段模型，并综合分析各种影响标志设立位置的因素，可得可变信息标志布设的前置距离为：

$$
\begin{gathered}
D_{\text{sight}} = V \cdot T_{\text{reading}} + \Delta^{H,S}/\tan\alpha \\
D_{\text{readable}} \geqslant D_{\text{sight}} \\
D_{\text{vms,safe}} = V \cdot T_{\text{reading}} - V \cdot T_{\text{deciding}} + D_{\text{action}} - D_{\text{readable}} \\
D_{\text{vms,real}} \geqslant D_{\text{vms,safe}}
\end{gathered} \tag{6-1}
$$

式中　D_{sight}——可变信息标志明视距离的最低要求（简称最小明视距离）；

V——行车速度；

$T_{reading}$——感知时间；

$T_{deciding}$——决策时间；

$\Delta^{H,S}$——可变信息标志净高或侧距(路侧式可变信息标志为 S,悬挂式为 H)；

α——驾驶员能见角(消失角)。根据已有研究,对于路侧式可变信息标志取 15°,对于悬挂式取 7°；

$D_{readable}$——可变信息标志的实际明视距离；

D_{action}——驾驶员安全完成行动所需的距离(简称安全行动距离)；

$D_{vms,safe}$——可变信息标志的安全前置距离；

$D_{vms,real}$——可变信息标志的实际前置距离。

2) 布设原则

地面道路可变信息标志的布设应遵循以下基本要求：

(1) 结合匝道控制。在对匝道入口周边地面道路交通流诱导时,要充分结合匝道控制,在实时匝道控制的入口匝道周边地面道路,结合具体的道路形态特征以及地面道路的交通状况进行合理布设。

(2) 结合道路形态特点。对于快速路入口匝道周边地面道路可变信息标志的布设,应结合不同的快速路形式、匝道布设特征、交通流汇入特点确定可变信息标志的布设位置和数量。可变信息标志在入口匝道周边地面道路网内的分布,应尽量满足不同来向的交通在获取匝道关闭信息后有迂回路径。

(3) 适应实际道路环境。可变信息标志的布设应根据道路的平面线形、纵向坡度等实际环境,尽量布设在视野开阔的直线段上,确保可变信息标志良好的可视性；应充分考虑与已有静态交通标志的衔接与配合,避免互相遮挡；应考虑保障可变信息标志正常运行的道路沿线通信与电源供应等因素。

(4) 符合交通行为安全原理。根据交通工程学原理及交通行为的安全与规范,可变信息标志的布设应充分考虑所设位置的车道分布、驾驶员的视界、路段车速限制以及驾驶员获取交通信息后采取减速、变道等驾驶行为的安全因素等,可变信息标志的布设应保持一定的前置距离和侧向距离,确保驾驶行为的安全。

2. 信息组织策略

1) 发布内容

交通信息根据信息发布内容,可以分为动态信息和静态信息；根据信息发布方式,可以分为自动发布和人工发布。静态信息一般是指宣传标语、法规通知等,实现起来相对简单。这里主要讨论对交通动态信息进行发布。

(1) 发布行程速度和旅行时间。

行程速度和旅行时间可以自动发布,但是需在发布区间连续设置流量监测器。对于断续流,交通信号控制系统会影响信息发布的准确性,故这一类的信息多发布在连续流或快速路区间。

一般用红、黄、绿三色表示道路交通运行状况,红色代表堵塞,黄色代表拥挤,而绿色代表畅通。关于交通拥堵程度的定义一直是一个复杂的问题,可用不同的交通参数来定义,如车速、占有率、饱和度等。高速路、快速路和城市道路由于道路等级、服务功能不同,应分别采用不同的判别方法。如高速路可采用车速来判别,车速大于 40km/h 为畅通,40～

20km/h为拥挤，小于 20km/h 为堵塞，状态临界值可以在实际应用中逐步调整。图 6-2 为架设在某高架入口处的交通诱导情报板。图 6-3 则为某三环线快速路上的图形＋文字诱导板。

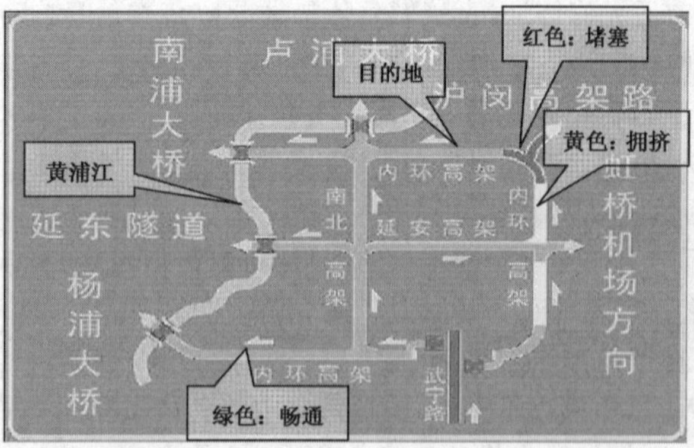

图 6-2　图形化交通状态发布图例

图 6-3　图形＋文字 VMS 发布图例

(2) 发布交通事件及其相应的交通管控信息等。

事件信息一般发布为文字信息，主要指与交通相关的突发事件信息，如道路交通事故信息，影响交通通行的灾害天气、火灾等应急交通管制信息，以及大交通流量下的匝道、车道管控信息。交通事故信息一般需要进行人工确认，通过在道路上设置的交通道路监控点观察判断是否需要发布信息，所以这一类的信息通常为人工干预发布。

(3) 发布计划性交通管制信息。

计划交通管制信息指大型活动、大型施工、路桥养护等影响交通正常运行的交通管制信息。

2) *展示方式*

可变信息情报板在路侧为司机提供诱导信息，因此其信息发布应遵循科学的基本工作准则，如信息发布及时、准确、全面、有效；信息内容表达清晰、确保准确、无误；语言文字精炼，图形简洁；易读性强，用语用词无错别字；信息排版要美观大方，便于司乘人员辨认；注意信息的时效性，发布内容要随情况变化及时更改。

(1) 文字信息展示方式。

对于文字类交通状况信息、交通事件信息、公告信息、宣传信息，国家相关标准从信息结构、描述词句、信息内容、字体及颜色几个方面做出了详细的规定。

① 文字类交通状况信息。交通状况信息结构由“路段描述”和“状况描述”两部分组成。交通流状况描述内容包括畅通、行驶缓慢、拥堵、排队长度、旅行时间、预计通行(过)时间等信息。

② 文字类交通事件信息。交通事件信息结构应由“时间描述”、“位置描述”和“事件描述”三部分构成。交通事件信息描述内容可包括交通事故、绕行方案、临时管制、影响交通的突发事件等信息。

③ 文字类公告信息。公告信息结构由“时间描述”、“位置描述”和“信息描述”组成。交通公告信息描述内容包括路面状况、险情、提示、警告、天气及环境等信息，信息描述内容要求语言简练易懂。

④ 文字类宣传信息。宣传信息结构前后无修饰词，直接做宣传描述。宣传类信息内容不能出现企业名称、品牌名称等内容，不可涉嫌广告类词汇及个体宣传类内容。

对于信息发布的字体及颜色也有规定可以参考，如所有信息内容均使用黑体字；字体大小应满足视认距离 150m 的条件下，字高不小于 35cm；视认距离 250m 条件下，字高不小于 50cm；每帧信息停留时间需要大于基本的认读时间。

(2) 图形信息展示方式。国家相关标准对图形可变情报板的图形结构、图形内容、字体及颜色特效三个方面进行了规范，以期用直观、清晰的方式传达交通信息。

① 图形结构。图形所表述信息点应在图像的中心区域，图形上方应为行驶的前方；情报板所处区域应在图形上有所标注；图形信息中应标示方向；图形信息中的名称注释类文字放在不影响图形表述的位置，若空间充足，则优先放在描述对象的右下方；图像信息与文字信息同时出现时，文字信息应在情报板下方横向显示。

② 图形内容。描述路段应标注起始点与终止点的名称；用于描述路段的线条线宽不低于 70mm。

③ 字体及特效。字体与文字信息的要求一致，可变情报板图形不宜使用闪烁、滚动等特效进行展示

可变信息标志 VMS 的信息展示方式比较，如表 6-3 所示。

表 6-3　　VMS 信息展示方式

信息类型	信息结构	信息内容	颜色
交通状况信息	“路段描述”+ “状况描述”	畅通、行驶缓慢、拥堵、排队长度、旅行时间、预计通行(过)时间等	畅通——绿色；缓慢——黄色 拥堵——红色；其他——绿色 数字信息——黄/红
交通事件信息	“时间描述”+ “位置描述”+ “事件描述”	交通事故、绕行方案、临时管制、影响交通的突发事件等	交通事故——红 临时管制实施——红， 解除——绿 绕行信息，特殊车辆通行——黄
公告信息	“时间描述”+ “位置描述”+ “信息描述”	路面状况、险情、提示、警告、天气及环境等	路面状况、提示——黄 险情、警告——红 天气及环境类——绿/黄
宣传信息	宣传描述， 前后无修饰	不可涉嫌广告类词汇及个体宣传类内容	单一颜色

(3) 优先等级

对于高速公路、城市快速路或城市主干道上的 VMS 板，当有多个信息需要发布时应遵循一定的优先级：

① 优先等级最高的为引起道路阻断的相关交通信息，如路段堵塞(红色)的道路交通状况信息、严重交通事件、交通封路管制、封路施工；

② 优先等级次高的为对交通出行会产生严重影响的相关信息，如随机性较大的道路状况、较大交通事故、封车道施工维护等；

③ 优先等级较低的为公告宣传信息，包括天气预警信息、其他公告信息、宣传信息。

3. VMS 信息传输方法

可变情报板一般采用以下两种信息传输方法。

1）普通电话线通信控制

显示屏普通电话线通信控制系统的典型结构如图 6-4 所示。

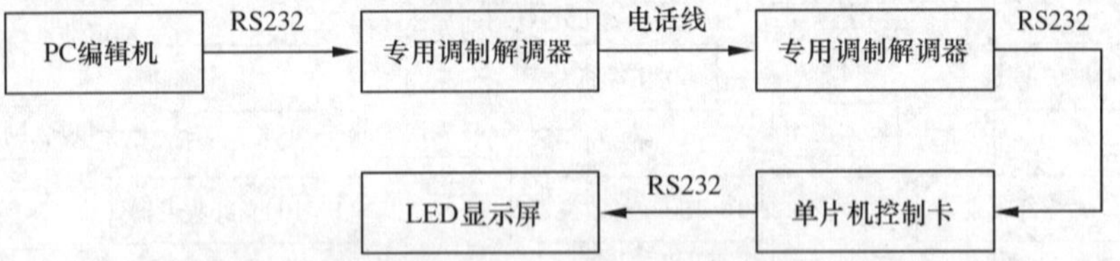

图 6-4　显示屏普通电话线通信控制系统典型结构图

显示屏控制系统由 PC 编辑机、专用调制解调器、单片机控制卡、LED 显示屏和各种通讯线缆构成。PC 编辑机的功能是通过上位机专用软件，组织、编辑和发送图文数据。专用调制解调器采用发、收方式，用普通电话线连接，可双工或半双工通讯，免申请电话号码。单片机控制卡用于接收图文数据，控制 LED 显示屏特技显示等。LED 显示屏由 LED 点阵模组、驱动检测电路及开关电源等组成。RS232 的通讯方式均采用 4 芯网线连接。

单片机控制卡与 LED 显示屏的连接通常有串行、并行两种模式：串行模式，单片机控制卡只有一条信号线传输数据，适合像素数较少的屏体控制；并行模式，单片机控制卡有 8 位(8bit)同时并行传输数据，适合像素数较多的屏体控制。

2）光纤网络通信控制

显示屏光纤网络通信控制系统的典型结构如图 6-5 所示。图中显示屏控制系统由主控 PC 编辑机、10/100M 光纤收发器、光纤以太网（局域网）、以太网卡、工控机、光纤调制解调器、单片机控制卡、LED 显示屏、单模（或多模）光纤及配套控制软件等组成。

(1) 以太网卡。传输速率 10/100M，接口类型 RJ-45，接口总线 PCI 或 USB，全双工。

(2) 10/100M 光纤收发器。采用国际标准 IEEE802.3U 100Base-TX/FX。接头界面有 1 个屏蔽双绞线端（RJ-45），1 个 ST 或 SC 光纤端口。双绞线端口的最长传输距离为 100m（5 类线）；光纤端口多模光纤的最长传输距离为 2km，单模光纤的最长传输距离为 40～60km。通过 LED 指示灯可查知电源状态、联机状态、传输状态、全双工状态及链路警报状态。

(3) 光纤调制解调器。接头界面是 1 个 DB25 或 DB9 端口（RS-232），1 个 ST 或 SC 光纤端口。异步通讯格式为 EIA RS-232C，ITU，V.24，V.28。传输速率为 115.2Kbps。

(4) 光纤以太网（局域网）。以具有网管功能的 8—24 个全光纤端口的快速以太网光纤交换机为核心组建。

在主控室，PC 编辑机将 1＃、2＃、…、n＃显示屏待播放的内容进行编辑、存储，并由控制软件通过以太网卡经光纤以太网（局域网）向工控机发送显示屏数据。1＃、2＃、…、n＃工控机通过加装的显示屏数据自动识别发送软件，并将接收到的显示数据通过光纤调制解

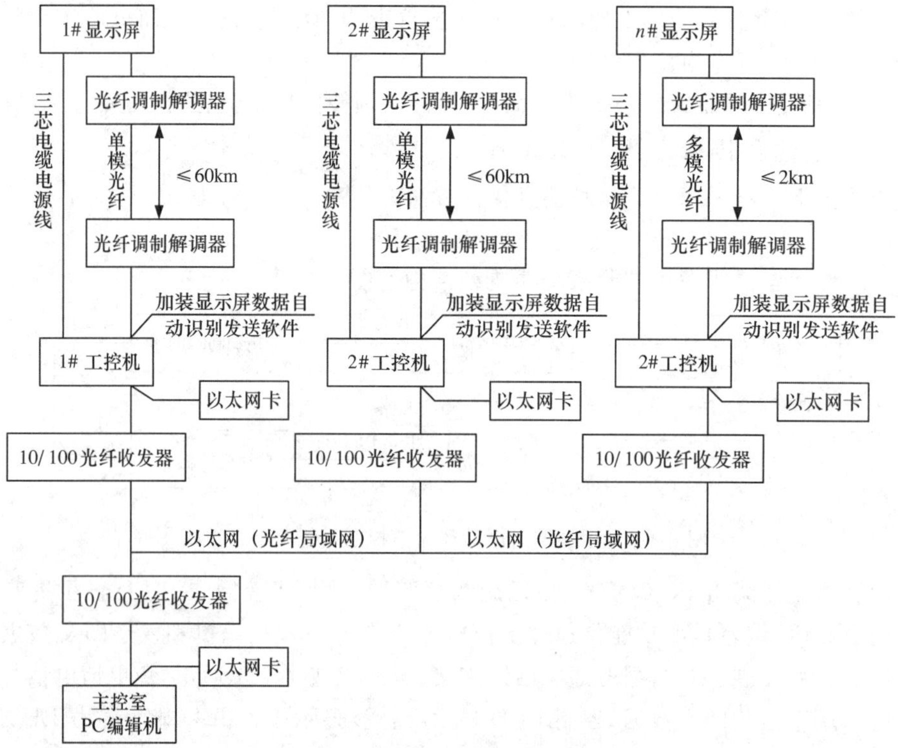

图 6-5　显示屏光纤网络通信控制系统典型结构图

调器及单片机控制卡向显示屏发送。

6.2.2　个性化信息发布技术

除了路边固定情报板之外，交通广播也是一种应用十分广泛的发布方式。这种发布方式的受众为覆盖面非常广的一个区域，发布的信息可能与用户没有直接关系，因为用户的出行途中及目的地都不在其范围内，没有针对性。个性化的交通信息发布显然与交通广播不同，目的是针对用户的特征、所在位置、交通出行等特点，采用用户喜欢的方式发布出行过程所经过中感兴趣的交通信息。

1. 广播数据业务发布技术

调频副载波 FM、数字音频广播 DAB、移动多媒体广播 CMMB 均具有数据发布的功能，针对交通信息的特征，对信息进行分类编码和对道路分段进行编码，只要车上装有上述终端，就能在收听广播、观看电视的同时接收动态交通信息的发布。

DAB 源于德国，英国及瑞典等国家已投入商业运行，我国在一些发达地区主要干线高速公路实现了 DAB 的覆盖。CMMB 在中国已经建设了 150 多个城市的试用网络，并开通了移动多媒体广播电视信号。FM 动态交通信息服务主要有交通信息频道 TMC 和中国实时交通信息 RTIC 两种格式。这些方式都能提供实时、整合、个性化的信息，可以“无声地”将准确、实时和相关的信息传递给用户，而不需要打断用户正在收听的电台节目，这与传统的口头播报交通出行的方式形成鲜明对比。

2. 车载导航技术

车载终端目前应用最为成熟的为车载导航，它主要依据车辆实际的行驶位置，然后通过预先描绘好的电子地图数据库实行地图匹配，得出车辆在路网结构中的位置，动态显示车辆在路网中的行驶状况，并给出车辆达到目的地的行驶路径以及达到相应路段后的路径诱导，将这些信息反馈给驾驶员。

目前技术比较成熟的车辆导航系统的主要核心技术是GPS＋GIS技术，系统主要由GPS接收机、微处理机、显示器、车辆导航软件和GIS地理信息系统组成。其中GPS接收机主要用于接收卫星信号并用来确定车辆的位置，车辆导航软件用于整个系统的管理和数据处理，地理信息系统中存放有地图数据库和相关导航信息，显示器则用于车辆运行状况的实时显示和人机交互。

车辆导航系统(VNS)的基本组成模块如图6-6所示，这些模块可以分为三个层次来描述。基础处理层完成最基本的定位、地图匹配等功能，这是车辆导航系统其他功能的基础，其中的数字地图数据库可以为系统其他模块提供基本的地图数据信息；媒介层包括了人机接口，用户可以通过这个接口来和计算机进行交互，许多导航系统使用无线通信模块，这样就可以接收到来自控制中心的实时交通信息，进一步加强导航系统的精度与可靠性；应用层可以用路径诱导和路径规划两个模块来概括描述，完成路径搜索、最短路径选择，行驶指令生成、路径跟踪等。车辆导航系统主要功能有：

(1) 车辆跟踪。通过车载GPS接收机接收卫星信号，并进行地图匹配后在电子地图上显示出车辆的实际位置。

(2) 航线设计。根据驾驶员要奔赴的目标和设定的起、终点，导航软件按“最短路”原则设计航线，自动建立航线库。

(3) 按设计航线进行导航。车载显示器将在电子地图上显示设计的航线，同时显示汽车运行的路径和方向，同时告诉驾驶员到达下一个目的地的剩余距离和驾驶路线。

(4) 查询功能。系统提供包括社会公用信息等在内的信息供用户查询，查询结果以图像及语音的形式显示，并通过显示器在电子地图给出。

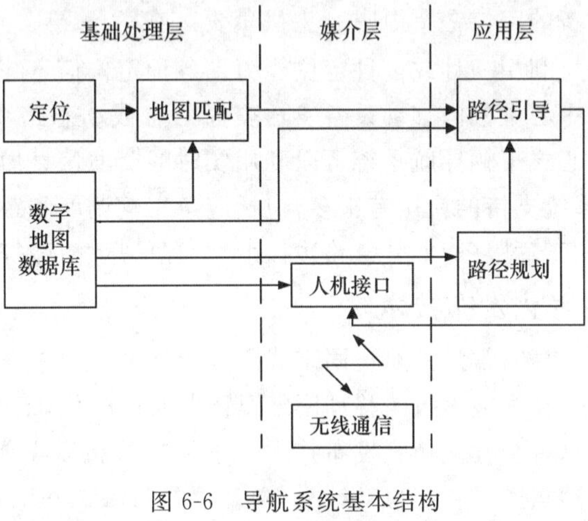

图6-6　导航系统基本结构

车辆导航系统可以分为自主式车辆导航系统和中心式车辆导航系统，自主式车辆导航系统(IVNS，亦称车载式导航系统)，即所有的车辆导航功能都是由车载系统完成的。中心式车辆导航系统增加了通信模块使得控制中心和移动用户之间可以进行信息交互。

1）自主式车辆导航系统

ITS系统中很重要的一大功能是集成信息服务功能，它所涉及的领域有信息处理及数据库技术，包括路线引导服务、旅行者信息服务、出行信息服务、驾驶员信息服务等主要功能，自主式车辆导航完全地提供这些服务。从层次化的观点出发，车辆导航仪可认为由三个层次组成：物理层、处理层和智能层。物理层提供当前车辆的相关信息，包括定位、定向、定时信息，以及与当前位置相关的地理信息数据。处理层则在提取信息的基础之上，进行一系列的数据处理，实现地图匹配。智能层则集中体现车辆自主导航的功能，它包括专家系统，辅助决策系统，用以实现不同条件下的路径搜索，还能够将每一次经过的路径记录下来，供将来或他人参考。较为复杂的自主式车辆导航系统框图如图6-7所示。

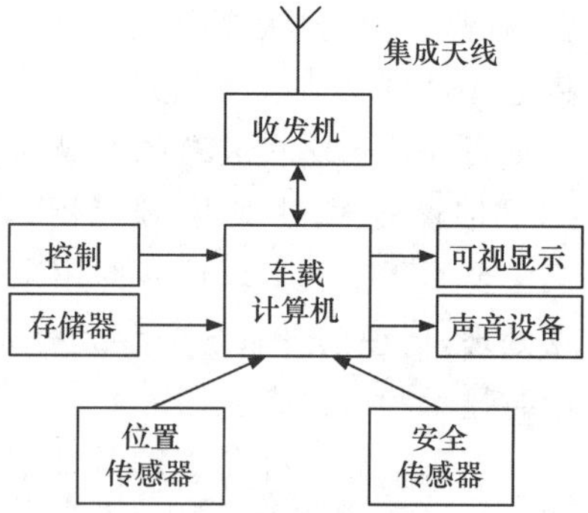

图6-7　复杂的自主式车载导航系统

自主式车辆导航系统是基于静态的路径规划，系统利用每条路的静态旅行代价计算最小代价路径并引导车辆沿着该路径行驶。该静态代价是从预先存储的地图数据库中导出的值，该值不以一天的时间所变化；或者是统计值，对于特定路段在某时间段内，该统计值已预先确定。而事实上，实际的代价取决于特定时间的交通条件的动态值。

2）中心式车辆导航系统

中心式车辆导航系统结构如图6-8所示。从系统结构的观点来看，实现中心式车辆导航需要三个高层次功能模块。中心主机由一个或多个设备组成，这些设备具有确定车辆位置或向一个、多个车辆提供引导、咨询信息的能力。移动设备也可具有各种层次的定位和复杂导航功能。在简单结构中，移动设备的定位主要由中心主机负责。在复杂结构中，移动设备可利用一种或多种定位能力。各种定位信息综合起来，通过通信网络发送给中心主机，然后中心主机向移动设备发送交通信息或动态路线引导信息。相对于自主式车辆导航系统，中心式车辆导航系统可以利用实时的交通信息做到动态的路径规划。

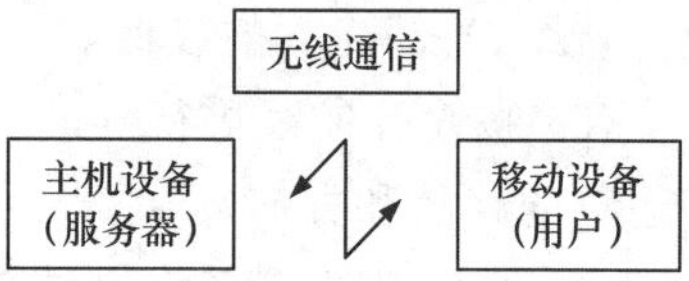

图6-8　中心式车辆导航系统结构

中心式车辆导航系统支持的应用有很多，包括应急车辆调度和跟踪，如警用车、消防车、救护车；公共交通；专用车辆服务，如紧急路边援助、行程信息、防盗等。

6.2.3　动态交通图形化发布技术

交通诱导技术逐渐成熟，常规的路边固定式可变情报板已不能满足出行者对于交通信息服务日益增加的要求，在智能手机与移动网络全面普及的时代，衍生了动态交通图形化发布技术，即虚拟情报板这种个性化信息发布技术。虚拟情报板以类似路边可变情报板的变形图形式，在图形相应地点通过智能移动终端（包括手机、PAD、车载终端）软件在智能终端（本节后面简称智能手机）屏幕上显示，向用户提供动态交通信息，让驾驶员动态调整出行线路，节约出行时间。动态图形化发布不仅能够涵盖图形化路况信息，还能及时反馈交通事故、道路施工、匝道关闭等实时信息，加入语音播报功能，并可依个性化需求灵活设置屏显时长、推送范围等，如图6-9所示。

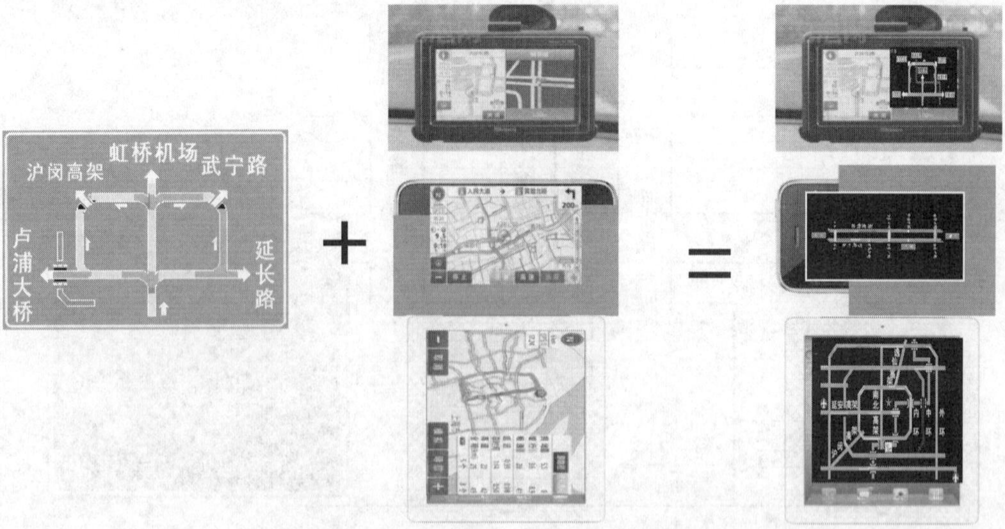

图 6-9　虚拟情报板技术实现 VMS 移动化

1. 虚拟情报板简介

1）虚拟情报板特点

目前较为常见的交通信息发布技术有发展较为成熟的路边固定式可变情报板，以及新兴的电子地图、交通导航等智能手机软件，虚拟情报板则可以看作是这两类信息发布技术优点的集合体。

与路边可变情报板相比，虚拟情报板没有庞大的建设成本，图形形式与发布位置皆可灵活调整，覆盖范围可以遍及高速公路、快速路、地面道路，不受地形与区域限制，因此信息发布灵活、及时、全面。

与一般电子地图提供的道路实时路况相比，虚拟情报板优化的变形图更为简洁，突出了重要的交通节点，如快速路上下匝道、越江桥隧等，且可表达出通往某一远端目的地的多条路径选择。

2）位置触发推送原理

虚拟情报板与路边可变情报板一样，通过变形图提供道路预设位置点前方一定区域范围内的实时路况信息，因此每一块变形图情报板都应在相应的预设位置点及时推送至手机屏。图形位置触发推送原理如下图 6-10 所示。车辆行驶过程中，使用虚拟情报板技术软件的智能手机自动使用 GPS 定位，当定位点进入情报板预设位置点一定范围内就会触发软件，软件判断行车方向、发送数据请求，将与该车位置点及行车方向匹配的情报板图形进行渲染，推送至手机屏幕，驾驶员即可根据路网图形所示实时路况决定行车路线。除了常规预设的情报板图形，一些临时突发的交通事故、道路施工等信息推送也是同样的原理。

3）手机信息接入技术

虚拟情报板的手机推送需要网络的支持，通过手机端与后台服务器间的信息通信才可实现实时信息的交互，包括将定位点的上报，相应情报板数据信息的发送等。实时路况数据信息接入手机是虚拟情报板实现功能的重要技术，一般的信息接入形式有两种：数据接入和图形接入。

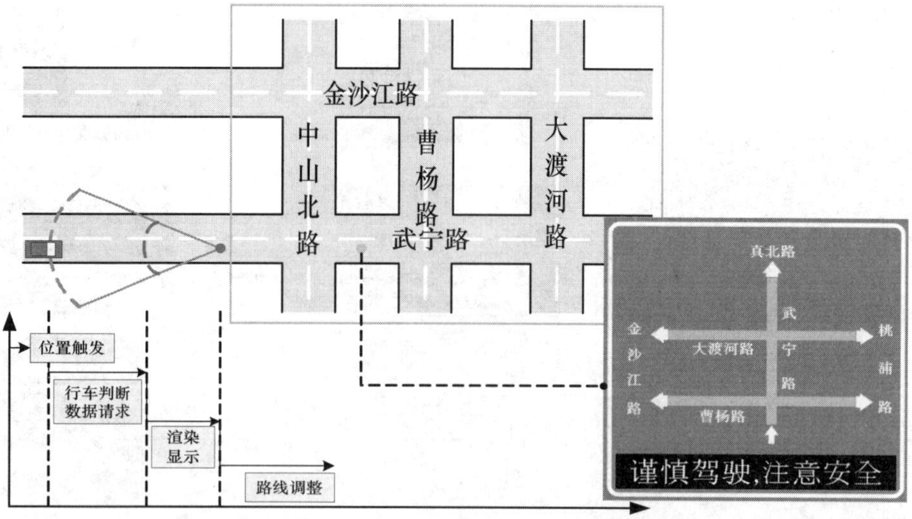

图 6-10　虚拟情报板位置触发推送原理

道路交通信息采集、处理后,以发布段为单位表现道路的交通状态,虚拟情报板变形路网图中划分了许多区段,与这些道路发布段一一对应,每一个发布段具有唯一编号。当后台服务器接到数据请求、确定匹配情报板图形后,会调取其中与发布段对应的实时交通状态数据。数据接入形式即为后台服务器将调取的数据发送回手机端,与手机端软件内已集成的相应图形进行渲染合成,随后推送至手机屏幕。图形接入形式则为后台服务器将调取的数据与相应图形渲染合成后,将整幅图片发送至手机端,进而推送至手机屏幕。两种形式各有利弊,前者数据传输量小,但手机端软件集成大量图片占据较大空间;后者软件内容精简,但实时传输图片耗费数据流量较大,适宜在网络条件较好的情况下使用。

这里参照上海市交通信息中心的动态交通信息图形化发布规范对该技术中的图形分类、图形版面要素、图形分段及数据组织、图形显示分别做简单介绍。

2. 图形分类

图形根据覆盖的范围分为:全域路况概览图、广域诱导图、局域诱导图。

全域路况概览图的功能是为出行者提供全域路网的道路及交通设施运行信息,为出行者宏观掌握整体路网道路交通状况,规划出行路径提供信息支撑。它包括高速公路路况概览图、快速路路况概览图。

广域诱导图的功能是为出行者提供通向前方大范围/较大范围内主要目标节点的多条路径的道路及交通设施运行信息,为其掌握前方多条路径道路交通状况,选择合适通行路径提供信息支撑,如图 6-11 所示。

局域诱导图的功能是为出行者提供通向前方局部区域内主要目标节点的一个或多个路径的道路及交通设施运行信息,为其掌握前方道路交通状况,选择合适通行路径提供信息支撑,如图 6-12 所示。

3. 图形版面要素

图形版面要素由表 6-4 中的要素组成。

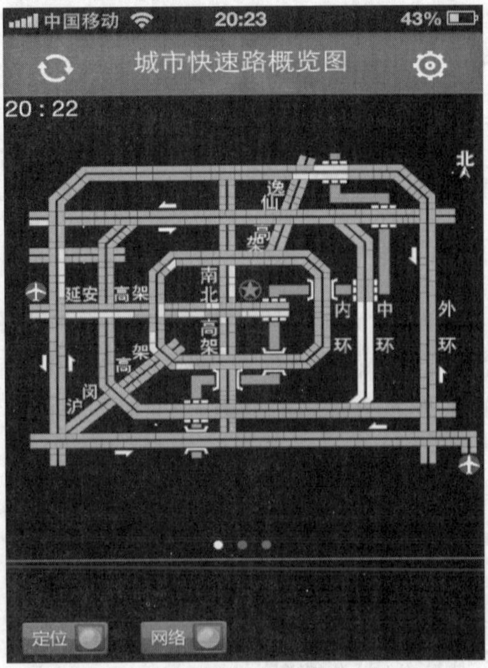

图 6-11　全域路况概览图示例

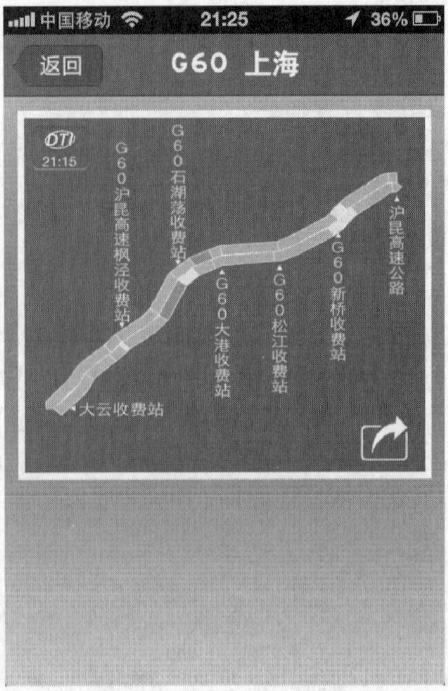

图 6-12　局域诱导图示例

表 6-4　**虚拟情报板图形版面要素**

序号	名称	组成内容
1	背景要素	水系、陆地、行政界等背景要素
2	道路、设施、地标轮廓要素	道路主线、出入口匝道、立交、桥梁、隧道等道路或道路设施及著名地标等的轮廓要素
3	标志要素	道路禁止左转、禁止直行、禁止右转等交通组织标志要素，交通事故、通行控制信息等事件标志要素，收费站、火车站、飞机场、汽车站、港口、停车场(库)等地点识别标志要素等
4	注记要素	道路名称、桥梁名称、隧道名称、水系名称、道路指向名称等名称注记，车辆所在图形位置、道路走向等位置走向注记，更新时间等时间注记，方位指向等方位注记要素
5	其他要素	版面中需要的其他元素

4. 图形分段及数据组织

1) 图形分段

图形的分段一般情况下应与道路实际发布段分段相一致，当图形受版面信息表达限制，无法划分成与发布段数量相等分段时，则需进行发布段的合并，使得多段发布段与图形中的一个分段相对应。制作图形分段时，应考虑将重要发布段(如桥梁、隧道、立交、常发性拥堵路段)单独分为图形中的一段，其余发布段则视其长短和版面情况进行合并。

2) 图形数据组织

图形状态数据组织时，应基于图形分段与发布段对照表进行数据的组织，当图形分段中有发布段进行合并时，应进行图形分段状态判断。

图形滚动文字主要包含通行控制信息、交通事故信息、道路拥堵信息等，按照通行控制信息→交通事故信息→道路拥堵信息的优先级优先播出信息。事件发生所在位置描述参考发布段分段位置描述。

语音播报文字主要包含通行控制信息、交通事故信息、道路拥堵信息等，按照通行控制信息→交通事故信息→道路拥堵信息的优先级优先播出信息。事件发生所在位置描述参考发布段分段位置描述。

5. 图形显示

1) 图形显示时效性要求

为保障图形显示内容的准确性，避免因信息陈旧对出行者产生信息误导，对客户端图形显示的时效性进行规范。客户端应对请求数据的时间有效性进行判断，当收到数据的时间戳与终端系统时间相差时间较长，则不应进行显示。

图形在终端上显示时长应根据图形信息内容多少进行控制，图形信息量大的图形，显示时间应适当延长，一般不少于 2min。图形信息量小的图形，显示时间一般不少于 30s。

2) 动态交通信息的显示

(1) 路段实时状态信息：

① 路段畅通时状态，采用绿色表示，RGB 色值宜采用(0,255,0)；

② 路段拥挤时状态，采用黄色表示，RGB 色值宜采用(255,255,0)；

③ 路段阻塞时状态，采用红色来表示，RGB 色值宜采用(255,0,0)；

④ 路段状态未知时采用灰色来表示，RGB 色值宜采用(128,128,128)。

(2) 道路交通事件信息：

① 交通事故。当交通事故发生时在图形中该路段正中间位置设置交通事故图标，路段状态渲染色值采用路段当前状态对应色值。

② 通行控制。当管理部门对路段实行通行控制时在通行控制路段的起点，使用通行控制图标表示，实行通行控制的路段渲染色值采用枚红色表示(RGB 色值宜采用 255,0,255)。

(3) 道路交通动态信息显示优先级

道路交通动态信息显示优先级顺序为通行控制信息→交通事故信息→路段实时状态信息。当道路上发生通行控制时优先发布通行控制信息；当道路上未发生通行控制，而发生交通事故时，优先发布交通事故信息。

6.3 动态交通诱导关键技术

交通诱导系统是利用车辆定位技术、地图匹配技术、路径优化技术、先进的计算机和通讯技术，在车载计算机上自动显示当前车辆所处的位置、道路网络图和道路交通状况，实时为驾驶员的出行指明最优路线，并引导驾驶员行驶。

6.3.1 定位技术

1. 卫星定位技术

GPS(即全球定位系统)是由一系列卫星组成的，它们 24h 提供高精度的世界范围的定位和导航信息。准确地说，它是由 24 颗沿距地球 12000km 高度的轨道运行的 NAVSTAR

GPS 卫星组成，不停地发送回精确的时间和它们的位置。GPS 接收器同时收听 3—12 颗卫星的信号，从而判断地面上或接近地面的物体的位置，还有它们的移动速度和方向等。

1) GPS 系统组成

GPS 系统包括三大部分：空间部分（GPS 卫星星座）；地面控制部分（地面监控系统）；用户设备部分（GPS 信号接收机）。

(1) GPS 卫星星座。

由 21 颗工作卫星和 3 颗在轨备用卫星组成的 GPS 卫星星座，记作(21+3)GPS 星座。24 颗卫星均匀分布在 6 个轨道平面内，轨道倾角为 55°，各个轨道平面之间相距 60°，即轨道的升交点赤经各相差 60°。每个轨道平面内各颗卫星之间的升交角距相差 90°，轨道平面上的卫星比西边相邻轨道平面上的相应卫星超前 30°，轨道平均高度约为 20 200km。卫星空间星座如图 6-13 所示。

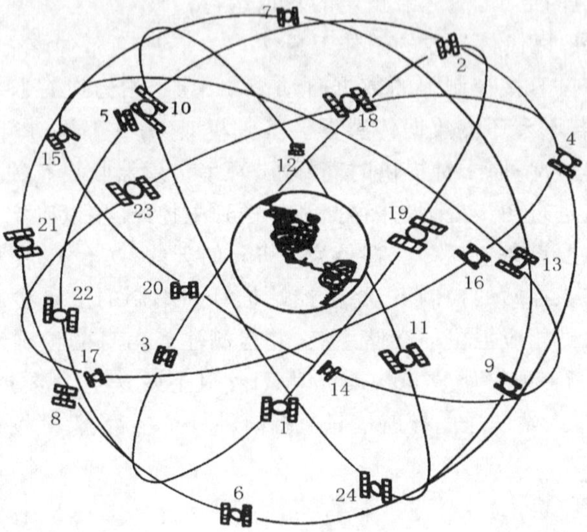

图 6-13　GPS 卫星星座示意图

在两万公里高空的 GPS 卫星，当地球对恒星来说自转一周时它们绕地球运行 2 周，即绕地球一周的时间为 12 恒星时，卫星运行周期为 11 小时 58 分钟。对于地面观测者来说，每天将提前 4min 见到同一颗 GPS 卫星。位于地平线以上的卫星颗数随着时间和地点的不同而不同，最少可见到 4 颗，最多可见到 11 颗。在用 GPS 信号导航定位时，为了结算测站的三维坐标，必须观测 4 颗 GPS 卫星，称为定位星座。这 4 颗卫星在观测过程中的几何位置分布对定位精度有一定的影响。对于某地某时甚至不能测得精确的点位坐标，这种时间段叫做“间隙段”，但这种时间间隙段是很短暂的，并不影响全球绝大多数地方的全天候、高精度、连续实时的导航定位测量。

每颗卫星装有 4 台高精度原子钟，这是卫星的核心设备，发射标准频率为 GPS 定位提供高精度的时间标准。

GPS 卫星的基本功能是：

① 接收和储存来自地面监控站的导航信息，接受并执行监控站的控制指令；

② 通过星载的高精度时钟提供精密的时间标准；

③ 卫星上设有微处理机，进行部分必要的数据处理工作；

④ 向用户发送导航与定位信息；

⑤ 在地面监控站的指令下，通过推进器调整卫星的姿态和启用备用卫星。

(2) 地面监控系统。

GPS 工作卫星的地面监控系统包括 1 个主控站、3 个注入站和 5 个监测站。

主控站设在加利福尼亚州科罗拉多的 Falcon 空军基地联合航天工作中心，主控站处理协调和管理所有地面监控系统的工作，同时执行下列任务：

① 根据本站和其他监测站的所有观测资料推算编制各卫星的星历、卫星钟差和大气层的修正参数等，并把这些数据传送到注入站；

② 提供 GPS 系统的精密时钟基准，各监测站和 GPS 卫星的原子钟都应和主控站的原子钟同步或测出之间的钟差，并把这些钟差信息编入导航电文送到注入站；

③ 调整偏离轨道的卫星，使之沿预定的轨道运行；

④ 启用备用卫星，以代替失效的工作卫星。

监测站是在主控站直接控制下的数据自动采集中心，站内设有双频 GPS 接收机、高精度原子钟、计算机和若干台环境数据传感器。接收机对 GPS 卫星进行连续观测，以采集数据和监测卫星的工作状况；原子钟提供时间标准；环境传感器收集有关当地的气象数据。所有观测资料由计算机进行初步处理，并存储和传送到主控站，用以确定卫星的精密轨道。

地面注入站的主要设备包括一台直径为 3.6m 的天线、一台 C 波段发射机和一台计算机。其主要任务是在主控站的控制下，将主控站推算和编制的卫星星历、钟差、导航电文和其他控制指令等注入到相应卫星的存储系统，并检测注入信息的正确性。地面注入站向卫星发送导航信息的上行频率为 1 750～1 850MHz；卫星发送遥测数据信息的下行频率是 2 200～2 300MHz。注入站发送的导航信息包括时钟校正参量、大气校正参量、卫星的星历、距离及距离变化率等。

(3) GPS 信号接收机。

GPS 信号接收机的任务是：能够捕获到按一定卫星高度截止角所选择的待测卫星的信号，并跟踪这些卫星的运行，对所接收到的 GPS 信号进行变换、放大和处理，以便测量出 GPS 信号从卫星到接收机天线的传播时间，解译出 GPS 卫星所发送的导航电文，实时地计算出测站的三维位置，甚至三维速度和时间。

GPS 卫星发送的导航定位信号是一种可供无数用户共享的信息资源。对于陆地、海洋和空间的广大用户，只要用户拥有能够接收、跟踪、变换和测量 GPS 信号的接收设备，即 GPS 信号接收机，就可以在任何时候用 GPS 信号进行导航定位测量。根据使用目的的不同，用户要求的 GPS 信号接收机也各有差异，目前世界上已有几十家工厂生产 GPS 接收机，产品也有几百种。

2) GPS 定位原理

GPS 的基本定位原理是：卫星不间断地发送自身的星历参数和时间信息，用户接收到这些信息后，经过计算求出接收机的三维位置、三维方向以及运动速度和时间信息。具体说明如下：

如图 6-14 所示，每一颗卫星连续不断地向 GPS 接收机发送可跟踪的唯一编码序列，GPS 接收机可根据编码辨认相关的卫星，进而计算出接收机的确切位置和准确时间。其

中，伪距法是 GPS 系统实时导航定位的基本方法，应用数学公式表示为

$$P=p+c(\mathrm{d}t-\mathrm{d}T)+d_{\mathrm{ion}}+d_{\mathrm{trop}} \quad (6\text{-}2)$$

式中 P——接收机到卫星间的测量距离；

p——接收机到卫星间的几何距离；

c——光速；

$\mathrm{d}t$——卫星时钟与 GPS 标准时间偏差；

$\mathrm{d}T$——接收机时钟与 GPS 标准时间偏差；

d_{ion}——电离层时延而产生的距离偏差；

d_{trop}——对流层时延而产生的距离偏差。

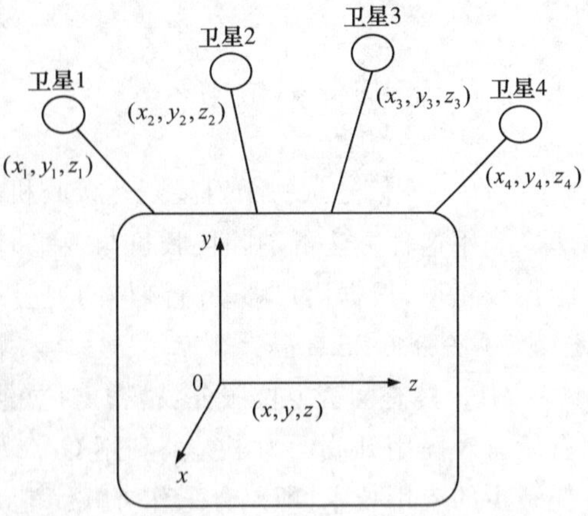

图 6-14　GPS 定位原理

由此可测出每颗可视 GPS 卫星的导航信号从卫星到用户接收设备天线的传播时间，再乘上电波传播速度，即可计算出卫星到用户天线之间的距离。测量传播时间要用到两个不同时钟，第一个时钟在卫星上，记录信号发送时间；第二个时钟在接收机上，记录信号接收时间。这两个时钟彼此不同步，因而在时间的测量上存在着偏差。假定卫星都与 GPS 标准时间同步，则时间偏差值决定于接收时钟。GPS 接收机就是根据这些信息去计算它与上空卫星的距离。

一般情况下，GPS 接收机接收到一颗卫星的信号，便能确定出时间。若接收到了 3 颗卫星的信号，便能确定出准确的二维信息（经度和纬度）。而接收到 4 颗 GPS 卫星的信号，便可实现三维定位（经度、纬度和高度）。假设 t 时刻在地面待测点上安置 GPS 接收机，可以测定 GPS 信号到达接收机的时间 Δt，再加上接收机所接收到的卫星星历等其他数据可以确定以下 4 个方程式：

$$\begin{aligned}
(x_1-x)^2+(y_1-y)^2+(z_1-z)^2&=(R_1-C_B)^2\\
(x_2-x)^2+(y_2-y)^2+(z_2-z)^2&=(R_2-C_B)^2\\
(x_3-x)^2+(y_3-y)^2+(z_3-z)^2&=(R_3-C_B)^2\\
(x_4-x)^2+(y_4-y)^2+(z_4-z)^2&=(R_4-C_B)^2
\end{aligned} \quad (6\text{-}3)$$

式中 R_i——伪距离（$i=1,2,3,4$）；

(x_i, y_i, z_i)——卫星位置（$i=1,2,3,4$）；

(x,y,z)——用户位置；

C_B——用户时钟偏差引起的距离偏离量。

由式(6-3)可知，要求输入的参量是伪距离、伪时间和卫星位置坐标。伪距离是接收机测得的到卫星的距离，伪时间是接收机时钟相对于卫星时钟的偏差量，卫星位置坐标则是根据控制部分测出并加在信号中的卫星天文历数据推算出来的。

接收机确定卫星到用户的距离的方法是调整机内产生的一个伪随机编码序列，使之与卫星发射的一个同样的序列相匹配。根据调整量的大小，即可确定卫星的码序列到达接收机所需的时间。再根据此时间量和已知的信号速度，即可求出卫星到用户的距离。伪距离计算公式：

$$R_i = c \times t_i \tag{6-4}$$

式中 R_i——伪距离($i=1,2,3,4$);

c——光速;

t_i——信号从一个卫星到达接收机所需的时间($i=1,2,3,4$)。

利用这种方法可消除接收机与卫星时钟不同步而产生的测量误差。式(6-3)中的 C_B 是距离校正量,根据用户移动时测得的卫星载波频率的多普勒频移可以测出用户的移动速度。

3) 差分 GPS 高精度定位

GPS 具有两套定位服务:精密定位(或称 P 码定位)和普通定位(或称 C/A 码定位),只有后者对民用开放。为了提高利用 C/A 码接收机的定位精度,可以采用一种简单、有效且耗费少的应用技术,即差分工作方式。它是利用放置在已知点(基准站)的接收机信号修正其他用户接收机的相关误差,当用户与基准站相距在 200km 以内时,它可视卫星时钟差、星历误差、电离层迟滞引起的用户定位误差减小 80%以上,并可以完全消除选择可用性(selective availability)的影响。选择可用性是美国政府对非授权用户人为降低精度的一种措施,它可能导致定位误差由原来的 30m 增大到 100m。GPS 的定位精度主要取决于 GPS 的工作方式,即单独 GPS 定位,差分 GPS 定位,差分 GPS 加伪卫星等。他们所能达到的精度如表 6-5 所示。

表 6-5　　GPS 定位精度

	横侧精度/m	垂向精度/m
单独 GPS	70	120
差分 GPS	5.8	10.1
差分 GPS 加伪卫星	约 1.2	约 1.2

差分 GPS 系统(DGPS)依赖地面基准站对差分校正值进行计算和数据链传输。虽然现在也有其他不同的差分 GPS 技术,但当今重点仍是在数据链设想。DGPS 使用区域基准站,在一个已知的测量点设有高质量的 GPS 接收机和天线,基准站估算卫星测距误差的缓慢变化部分,并作为修正值发送给其通信范围内的用户,其实质是利用差分原理,直接用两个测量误差相关的子样求其相对距离和方位,从而可消除绝大多数偏差和慢变化误差,大大提高定位精度。

差分 GPS 基准站有三个基本功能:①计算 GPS 测量值;②计算差分校正值;③差分校正的格式和校正值传输。

(1) 计算 GPS 测量值。

GPS 测量值的计算比较简单,但因为用户沿着不同的卫星组导航,所以,地面站必须跟踪所有的卫星,这就要求产生不同卫星组的校正值,以传送给不同的用户。由于用户采用不同的卫星选择算法,个别用户巡航会遮挡别人所需的卫星观察,用户的配置也会阻挡规定的卫星信号,用户和基准站之间卫星跟踪的失配等,对于这些问题,用户只能依靠高度和距离进行"超视距观察"。

地面基准站除了要跟踪全部卫星外,基准站的接收机还具有其他独特的特点。由于地面站是固定的,因此,可以非常精确地算出每颗卫星信号的多普勒频移,由于信噪比较高,跟踪回路的带宽可能窄些，利用已知的每颗卫星的导航信息，就可解调数据，设计较简单的跟踪回路。

(2) 差分校正值计算。

差分校正值的计算较复杂，有几种不同的方法。最简单的方法是距离数据的差分计算。在基准站上，观测所有卫星，根据基准站已知坐标和各卫星的坐标，求出每颗卫星每一时刻到基准站的真实距离。再与测得的伪距比较，得出伪距校正数，将其传输至用户接收机，提高定位精度。这种差分，能得到米级定位精度，如沿海广泛使用的“信标差分”。另一种定位精度较高的方法是载波相位差分方法。载波相位差分技术又称 RTK(Real Time Kinematic)技术，它是实时处理两个测站载波相位观测量的差分方法，即将基准站采集的载波相位发给用户接收机，进行求差解算坐标。载波相位差分可使定位精度达到厘米级，大量应用于动态需要高精度位置的领域。

(3) 差分校正的格式和校正值传输。

美国运输部和海事无线电技术委员会设计了一个建议性的差分校正信息格式，可提供容纳最大用户数量的灵活性，此方法产生的差分校正值能形成合适的格式并传送出去。

在信息传送前，具有一个较理想的功能是差分校正完善性管理的检查。传输的校正值不允许破坏用户的解算方法，机内测试和内部数据分析的检查应在传送信息前确认此校正值。为了保险起见，还有一种方法是使用第二个基准站来交叉比较校正值。

具有上述大部分特点的一个系统如图 6-15 所示，它包括连续的全面跟踪(使用 8 颗卫星，每 4 颗为一组，4 条通道)，用滤波器来结算差分校正值、完善性管理和形成数据格式并传送。

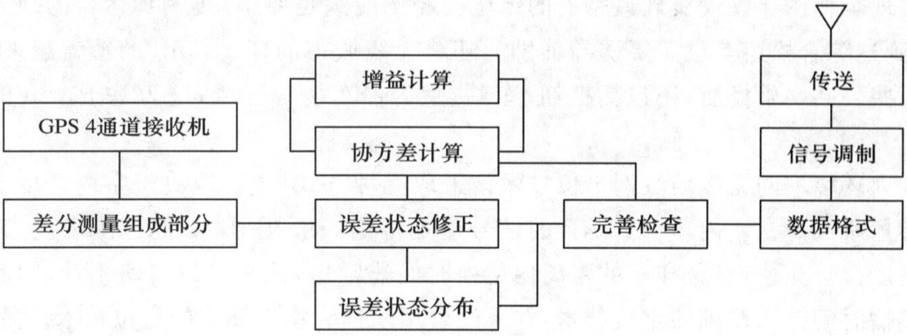

图 6-15　GPS 地面基准站系统

2. 组合定位技术

对于城市环境，高层建筑物、高架道路及林木遮挡，导致 GPS 存在信号盲区，在一些需要高精度可靠定位的交通诱导系统中，如公交车辆、特种车辆等，需要对 GPS 定位技术进行改进，这里介绍一种组合定位技术。所谓组合定位技术就是结合 GPS 定位和其他定位方法，提高定位系统可靠性的一个技术。常见的组合定位技术有“GPS＋陀螺(角/加速度传感器)”，“GPS＋无线信标”等。

“无线信标”是一种单向短距无线通信技术，它与 GPS 一起构成了“组合定位系统”，在连续定位层面由 GPS 完成，由无线信标完成高可靠性的点定位。这两种定位技术可以互相补充，极大地提高了定位的可靠性。

图 6-16 是组合定位的基本原理，在需要辅助定位的地方安装信标读卡器，车辆上安装无线信标。无线信标以 2～6s 的间隔不停发送 ID 信息，当车辆靠近信标读卡器时信标读卡器能读到该 ID 信息，从而判定该车在其附近，完成对车辆的定位。信标读卡器接下来会把这个信息通过有线或无线公网上传到中心，供中心使用。定位精度可以通过信标读卡器的读卡距离来设定。

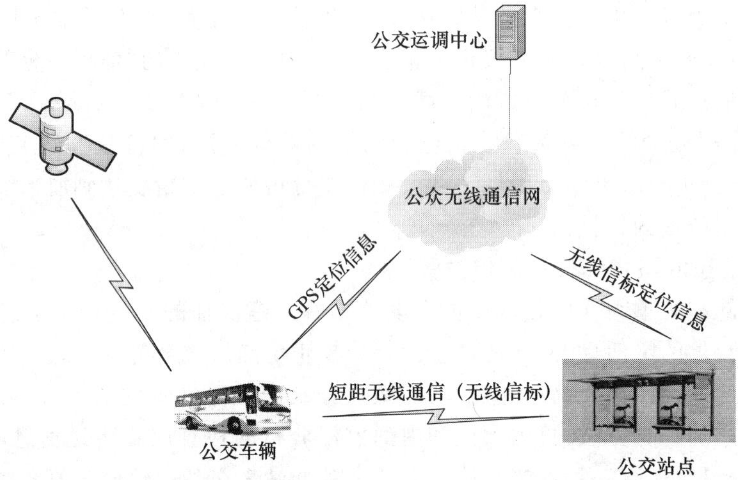

图 6-16　组合定位原理

3. 室内高精度定位技术

要实现全程诱导仅仅实现道路上的定位已经不能满足要求，车辆到达目的地寻找停车位，行人到达综合枢纽等也需要诱导辅助。随着无线城市的建设，wifi 的覆盖越来越广，不仅包括一些公共娱乐场所，还包括枢纽、车站、室内停车场等区域，这为基于 wifi 的室内导航提供了基础。

对室内环境下的无线局域网定位技术该采取哪种方式，主要取决于室内环境下的无线信号的传播特点。在室内环境下 AP 的信号覆盖范围一般在 100m 的范围以内，无线电波传播的速度接近光速，在这样短的距离内传播时间非常短，几乎可以忽略不计，因此以传播时间和传播时间差为基础的定位技术，并不适合用来作为室内环境的定位技术。另一方面，从室内建筑的结构和用途分析可以发现，室内环境中的墙体，室内大型装饰物，室内人员的走动，都会成为影响信号传播的障碍物。无线信号在遇到障碍物时会形成反射和散射的现象，在信号到达信号接收端时，相位、入射角和幅度都产生了失真，因此以电波入射角为基础的定位技术同样无法应用在室内环境下进行定位。室内环境下无线信号的信号强度在短距离范围内与传播距离存在衰减模型关系，通过信号强度可以计算传播距离，因此可以采用以信号强度(RSS)为基础的定位技术。

以信号强度为基础的定位其方法主要分成两类：三角形算法和位置指纹识别算法。三角形算法利用待测目标到至少 3 个已知参考点之间的距离信息估计目标位置，而位置指纹识别则通过比较定位所需的信号特征指纹信息获取目标位置。

1) 三角形算法

基于三角形算法的 wifi 定位可分成两个阶段：测距与定位。

(1) 测距阶段。

待测点首先接收来自 3 个不同已知位置 AP 的 RSS，然后依照无线信号的传输损耗模型将其转换成待测目标到相应 AP 的距离。无线信号在传输过程中通常会受路径损耗、阴影衰落等的影响，接收信号功率随距离的变化关系可由信号传输损耗模型给出。在城市、郊区等环境，传输损耗模型通常采用如下算法：

$$P_r(d)=K-10\varepsilon\lg(d)(dBm) \tag{6-5}$$

式中 d——接收机和发射机之间的距离；

ε——非自由空间的损耗系数；

K 是常数，由如下公式计算：

$$K=10\lg\left[\frac{P_r(d_0)}{0.001}\right]+20\lg(d_0) \tag{6-6}$$

式中，$P_r(d_0)$是距离 d_0 处的信号功率。

(2) 定位阶段。

通过三角形算法计算待测点位置，即分别以已知位置的 3 个 AP 为圆心，以其各自到待测点的距离为半径做圆，所得 3 个圆的交点，如图 6-17 所示。

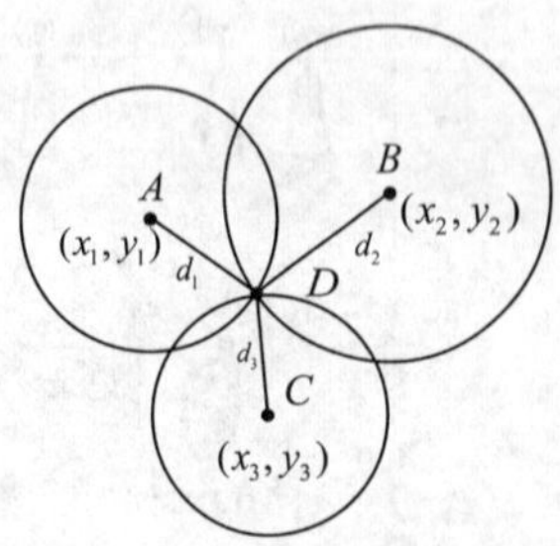

图 6-17 三角形算法示意图

设未知节点 D 的坐标为(x,y)，已知 A、B、C 3 个点的坐标分别为(x_1,y_1)、(x_2,y_2)、(x_3,y_3)。它们到 D 的距离分别为 d_1,d_2,d_3，则 D 的位置可由下列方程中的任意两个求得：

$$\begin{cases}(x-x_1)^2+(y-y_1)^2=d_1^2\\(x-x_2)^2+(y-y_2)^2=d_2^2\\(x-x_3)^2+(y-y_3)^2=d_3^2\end{cases} \tag{6-7}$$

然而，在实际应用中由于测量误差的存在，三圆交于一点的情况未必出现，以致以上方程组无解。在三圆两两相交的情况下，有图 6-18 和图 6-19 两种典型的无解情况。

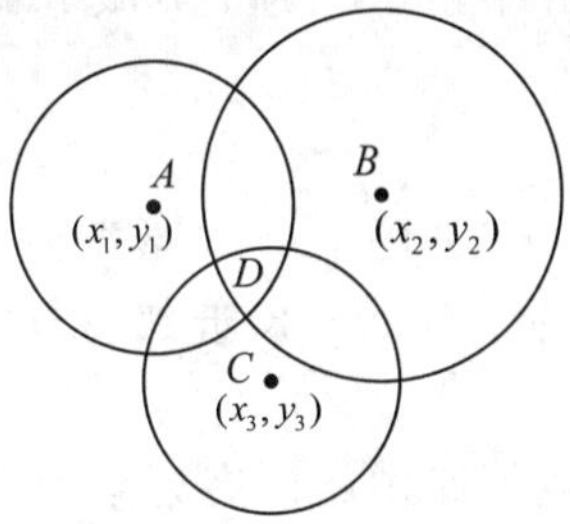

图 6-18 方程组无解情况 1

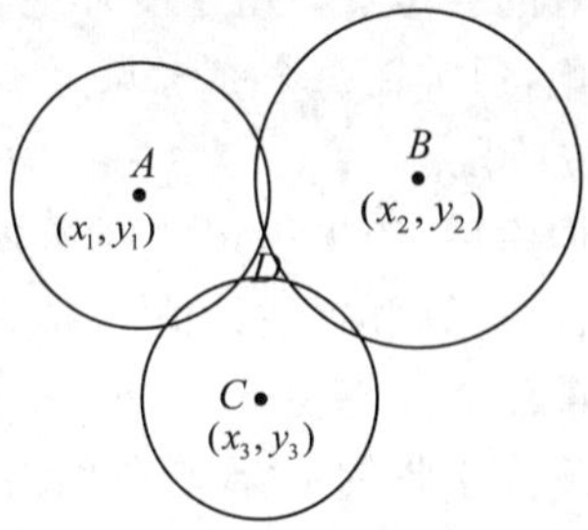

图 6-19 方程组无解情况 2

在这两种情况下，D 点的求解方法如下：

① 根据方程分别求解圆 A 与圆 B 的交点(X_{ab1},Y_{ab1})、(X_{ab2},Y_{ab2})。圆 A 与圆 C 的交点(X_{ac1},Y_{ac1})、(X_{ac2},Y_{ac2})，及圆 B 与圆 C 的交点(X_{bc1},Y_{bc1})、(X_{bc2},Y_{bc2})。

② 将圆 A 与圆 C 的交点代入$[(x-x_2)^2+(y-y_2)^2]$，找出距圆 B 圆心较近的点。设为(X_{ac},Y_{ac})。同理，求解(X_{ab},Y_{ab})、(X_{bc},Y_{bc})。

③ 近似计算待测点位置：

$$(x,y)=\left(\frac{X_{ab}+X_{ac}+X_{bc}}{3},\ \frac{Y_{ab}+Y_{ac}+Y_{bc}}{3}\right) \tag{6-8}$$

由上述介绍可知，基于三角形算法的 wifi 定位很大程度上依赖于确知的 AP 位置信息及准确的信号传输损耗模型。随着无线城市的发展，对于停车场等公共区域，AP 位置获取成为可能。但是，由于影响信号传输的因素很多，不同环境下的信号传输损耗模型大不相同，建立一个准确的、适合实际应用的损耗模型存在着很大的困难，因此基于三角形算法的无线定位在具体实施中存在一定困难。

2）指纹识别算法

与通常意义上的指纹识别类似，位置指纹识别依靠表征目标特征的数据库进行识别。其定位过程主要分为训练与定位两个阶段，如图 6-20 所示。

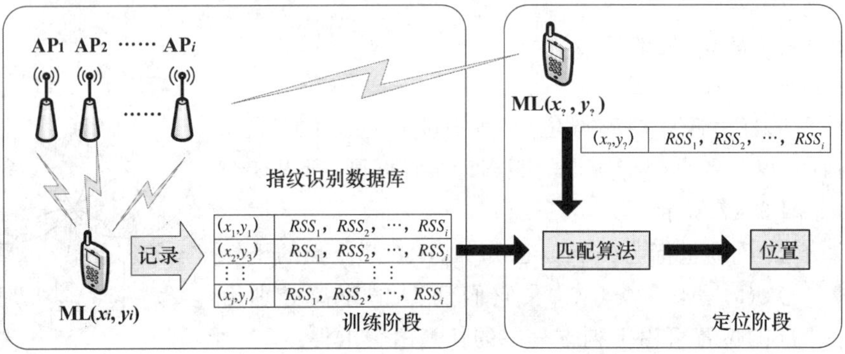

图 6-20　基于位置指纹识别的 wifi 定位

（1）训练阶段。

其目标在于建立一个位置指纹识别数据库。首先，选择合理的参考点分布，确保能为定位阶段的准确位置估计提供足够的信息。接着，依次在各个参考点上测量来自不同 AP 的 RSS 值，将相应的 MAC 地址与参考点的位置信息 ML(x_i,y_i)记录在数据库中，直至遍历关注区域内所有的参考点。由于受环境影响，无线信号强度并不稳定。为了克服 RSS 不稳定对定位的影响，通常在每个参考点上多次测量取平均。

（2）定位阶段。

给定数据库后，依据一定的匹配算法将待测点上接收的 AP 的 RSS 与数据库中的已有数据进行比较，计算位置估计值。常用的匹配算法有最近邻法（NN）、K 近邻、神经网络等，这里介绍简单的 NN 算法。

假定待测点接收的 RSS 观测值为 $s=[s_1,s_2,\cdots,s_n]$，数据库中的已有记录为 $S_i=[S_1,S_2,\cdots,S_{Ni}]$，其中 n 代表待测点上检测到的不同 AP 数；$i\in[1,N_T]$，N_T 为数据库中的记录数；Ni 代表第 i 条记录中存储的不同 AP 数，则 NN 算法可以用下式计算接收点距离。

$$L=\arg\min_{i\in[1,N_P]}\|s-S_i\| \tag{6-9}$$

其中 $\|s-S_i\|$ 代表 s 和 S_i 之间的欧氏距离。

6.3.2　路径寻优技术

向用户车辆提供准确、可靠的最优行驶路径是城市道路网中心式动态交通诱导系统的终极目标。面对各种交通问题日益突出、严重影响到居民健康生活的状况,“最优”的含义也发生了深刻的变化。对于交通出行者而言,最优路径往往是行程时间最短或是行驶距离最短路径,这也是每个交通出行者追求自己利益最大化的必然结果。对于社会管理者、交通管理者而言,如何使道路交通系统与社会其他系统和谐相处,减少道路交通系统对其他社会系统的危害才是他们深度关切的问题。因此,传统的行程时间单目标最优路径已不能适应于社会经济快速发展、机动车保有量迅猛增加的现代城市系统,向用户车辆提供双目标最优,甚至是多目标最优路径,实现交通个体出行者利益与交通系统整体效益的双赢,才是中心式动态交通诱导系统路径优化未来发展的必然方向。

路径诱导系统有以下几种主要的分类方式:

按诱导系统的目标可分为系统路径诱导和单车路径诱导。系统路径诱导的目标函数是交通网络给定区间内的所有被引导车辆的总出行时间。系统路径最优的研究主要是从交通网络系统动态交通分配的角度进行,由于系统路径最优诱导的要求十分苛刻,一般只具有评价理论效率的作用。考虑到可操作性,目前路径诱导系统的优化目标一般都是指单个车辆的路径优化,代价函数可为行驶距离、行驶时间、路段拥塞程度或几种指标的加权和等,而行驶时间最短已成为路径诱导研究的典型问题。

按路径诱导所依据的信息性质可分为静态路径诱导系统和动态路径诱导系统。静态路径诱导系统所依据的信息为静态的路网信息,如预先存储的路网结构和路段旅行时间。动态路径诱导系统所依据的是通过实时通信获取的路网交通信息,如路段交通状态、突发事故、天气影响等,进一步判断最优路径。

按诱导路径生成方式可分为分散型诱导系统和中心型诱导系统。分散型诱导系统由车载系统计算生成诱导路径,而中心型诱导系统由交通管理中心的计算系统产生诱导路径,并将结果通过通信装置传送给车辆。

路径诱导实质上是根据用户需求为其提供一条或多条起讫点之间的最优路径,属于图论中最短路径的研究范畴。在图论中,普通的最短路径问题已有各种成熟的解法,如:Dijkstra 算法、A* 算法等。

1. 静态诱导路径搜索 Dijkstra 算法

Dijkstra 算法是交通诱导系统中路径优化的最经典算法。该算法充分利用了搜索算法中的贪心技巧,即每次搜索都在局部范围内选择最优解,依次逐步扩大搜索范围,试图求得全局范围的最优路径。这种方法能够同时求得路网中任意两点之间的最优路径,适用于交通诱导中的多车同时诱导状况。

Dijkstra 算法又称为单源最短路径,所谓单源是在一个有向图中,从一个顶点出发,求该顶点至所有可到达顶点的最短路径问题。设 $G=(V, E)$ 是一个有向图,V 表示顶点,E 表示边。它的每一条边 (i, j) 属于 E,都有一个非负权 $W(i,j)$,在 G 中指定一个结点 v_0,要求把从 v_0 到 G 的每一个接 v_j(v_j 属于 V)的最短有向路径找出来(或者指出不存在)。

为了表示路网中从起点 V 到其他任意终点 V_i 的最短路径长度,模型中引入向量 $d(i)$。在起点 V 到终点 V_i 有路径直接相联情况下,$d(i)$ 的初始值就是该路径的权值,否则,$d(i)=\infty$。显然,从起点 V 出发到终点 V_i 的次短路径的长度一定是 $d(i)=\min\{d(i)\mid V_i\in V-S\}$,其中 S 为路网中已经求出的以 V 为起点的所有最短路的终点的结合。

与无权无向网络不同,对于有权有向的网络,网络中的边不仅有方向,而且每条边有其对应的权值。Dijkstra 算法首先会创建一个点集 s，初始时刻，集合中仅有一个元素，即原节点；网络中的其他节点都是剩余节点。每一步搜索都会向集合中加入一个剩余节点，一个顶点加入集合 s，当且仅当从源点到该点的最短路径已求出，算法每前进一步，会生成一个数组，用以记录每个节点的最短路长度，直到终点在 s 中或集合中包含了网络中的所有节点，此时，数组中便记录了从原节点到目的点或网络中其他任何节点的最短路径的长度。

Dijkstra 算法模型结构简单易懂，实用性强，只要搜索时间充足，就肯定能搜索到网络中任意两个节点间的最短路径。在此基础上演化出的二重扫出法能依次搜索出网络中固定两节点间的第 K 条最短路，也称为 K-最短路算法，但该算法并不适用于节点数目较大的网络，因为对于这样的网络，求解过程的时间长度会急剧增加。

2. 静态诱导路径搜索 A^* 算法

A^* 算法基本思想：A^* 算法引入的启发式估价函数使算法首先搜索最有希望的节点，节点处的估价函数 $f(n)$ 定义为 $f(n)=g(n)+h(n)$，式中 $g(n)$ 表述了从起点搜索到当前点的总代价；$h(n)$ 代表从当前节点到终止节点最优代价的估计，称为启发函数；$f(n)$ 代表总的搜索代价。

A^* 算法的搜索步骤简单描述如下：

(1) 初始化。用链表数组存储交通网络图 G；

(2) 生成一个 Open 表和一个 Close 表，把起点 V_0 放在 Open 表上，Closed 表的初始值为空；

(3) 若 Open 表为空，则失败退出；

(4) 选择 Open 表中估价值最小的节点，称为 BestNode，把它从 Open 表移入 Close 表；

(5) 若 BestNode 是目标节点，顺着图 G 中从 BestNode 到 V_0 指针找到一条路径，获得解决方案，成功退出；

(6) 扩展节点 BestNode，生成其后续子孙节点集 sonNodes。在图 G 中，BestNode 的祖先不能在 SonNodes 中；

(7) SonNodes 中每一个不在 G 中的成员建立一个指向 BestNode 的指针。把 SonNodes 的这些成员加入到 Open 表中。对 SonNodes 中的每一个已在 Open 表或 Close 表中的成员 Old，若到目前为止找到的到达 Old 的最好路径通过 BestNode，就把它的指针指向 BestNode；对已在 Close 表中的 SonNodes 的每一个成员，重新指向它在 G 中的每一个子孙节点，以使它们顺着到目标发现的最好路径指向它们的祖先；

(8) 从小到大的顺序重排 Open 表；

(9) 返回第(3)步。

3. 动态路径搜索算法

实时交通信息的动态变化对于道路的距离和行驶费用没有直接影响，但对于路段的行程时间却有着直接的影响。路段上交通状态是动态变化的，路段行程时间也是动态变化的，因此要对时间作离散化处理，将系统工作时间划分为若干时段，认为单个时段内交通状态稳定、行程时间固定。根据动态行程时间计算的最优路径称为动态最优路径。由于路段行程时间与车辆经过路段的时刻有关，而搜索开始时车辆到达某路段的时刻是未知的，需要在搜索过程中才能确定车辆到达路段的时刻与经过路段所需的行程时间。

对静态最优路径，开始搜索时已知各路段的权值，而动态最优路径则不然。对于一个动态最优路径算法，算法的动态性是通过权值的动态性来显示的，如何确定各路段的时间权值是整个算法的重点。其次，动态路径诱导算法要对时间作离散化处理，将系统工作时间划分为若干时段，认为单个时段内交通状态稳定、行程时间固定，对每个时段内的交通行驶方案按照静态诱导算法——Dijkstra 算法、A^* 算法来处理，直至到达目标。

6.4 城市交通诱导系统

在了解了交通诱导的基本概念、信息发布技术、诱导的关键技术后，本节要介绍道路交通诱导系统以及维护静态交通与动态交通平衡的停车诱导系统。

6.4.1 道路交通诱导系统

城市道路交通流诱导系统是以动态交通分配理论为基础，实时分析复杂多变的路网交通状态，综合运用 GPS 和 GIS 等技术，通过车载信息装置、可变信息板等动态地向出行者提供实时交通信息和最优路径引导指令，达到均衡路网交通流的目的。

1. 道路交通诱导原理

交通诱导的基本原理或组成结构可如图 6-21 来表示。

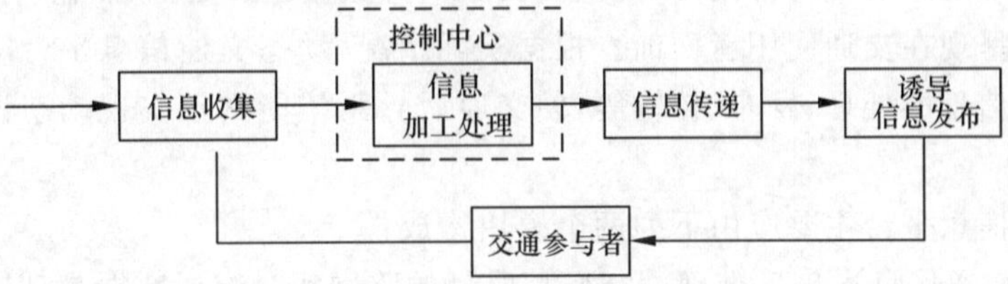

图 6-21 交通诱导系统原理框图

(1) 信息收集。除了通过交通检测器、图像监视系统、交通管理人员现场观测等获取实时道路交通信息外，还包括获取道路网络信息、交通管制信息、车辆信息等静态交通信息以及天气、民航、铁路等其他交通信息。

(2) 信息加工和处理。它是诱导系统的最主要和最复杂的一个环节，是诱导系统的控制中心。它不仅要对目前交通状况进行分析，而且还要对未来可能的交通变化做出判断，从而做出有利于交通参与者及交通状况改善的诱导方案决策。信息加工和处理的核心是信息加工处理模型和决策模型。

(3) 信息传递。它是利用通信线路将控制中心决策的诱导方案传递到诱导信息发布媒体。

(4) 诱导信息发布。信息发布是诱导系统的最后一个环节，它是将控制中心传送过来的交通诱导决策信息通过发布媒体显示或表现出来，供交通参与者参考和决策。它是体现诱导系统的最直观环节或部分，也是与交通参与者联系最密切的环节或部分。诱导的作用及目标的实现都是直接通过这一环节达到或完成的。主要发布媒体有可变信息板、无线广播、网络媒体、车载导航信息显示器等。

2. 道路交通诱导系统的组成

城市道路交通诱导系统根据其信息采集到最终的信息发布，中间所经历的过程可归纳

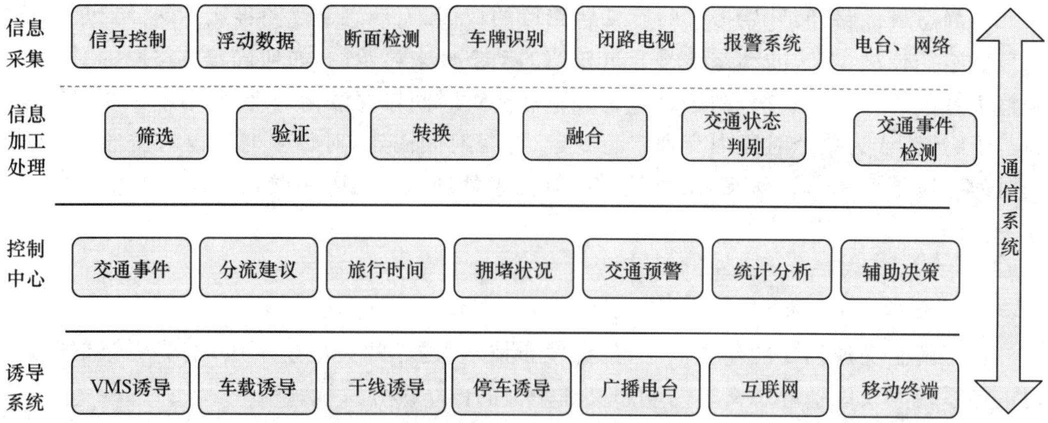

图 6-22　城市道路交通诱导系统组织结构图

如图 6-22 所示。

1) 动态交通信息平台

动态交通信息平台是实现交通诱导系统的基础子系统，也是城市交通各系统信息交换的枢纽。它集成了通信，计算机、网络、管理等一系列技术，既是一种技术平台，也是一种信息服务平台。该子系统是将不同的、大量的交通信息数据通过处理、传输、存储、融合等逼真地将交通信息呈现在交通使用者面前。根据实际情况，动态交通信息平台应能分级分区控制与管理交通信息的处理、发布、传输等，使交通诱导系统能真正实现动态诱导和控制网络交通流。

动态交通信息平台主要应由下列两个模块构成：

(1) 动态交通信息采集。准确、及时、高质量的路网实时交通数据是动态交通诱导系统的前提条件和关键。动态交通信息采集模块通过道路交通流检测设备(如环形检测器、红外检测器、超声波检测器、视频检测设备)、浮动车数据，交通警察及相关人员提供的关于当前交通事件、事故、阻塞等交通信息等获得实时交通信息。

(2) 交通信息加工处理。采集到的交通信息，需要经过验证、转换、融合等初级处理，成为实现城市交通诱导的基本数据。为了产生诱导方案，需要将经过初级处理的实时动态交通信息与历史数据库中的路段交通参数数据进行融合，形成对当前时刻路网中各路段参数的最佳估计。此项工作可以采用多元线性回归、并行计算、神经网络、模糊逻辑、模糊神经网络等方法完成，加工处理后的信息通过交通诱导控制中心产生诱导方案发布出去，实现对出行者的出行诱导。

2) 交通通信系统

交通通信系统的任务是将加工处理后的交通信息安全、准确地发布出去。由于要传送的信息量很大，而通信信道的带宽和速率又有限，所以需要针对不同用户以及子系统采取不同的通信方式(有线通信和无线通信)以及通信策略(主要是通信的网络结构类型)进行数据传输。信息通信技术在城市交通诱导系统中的应用，可分为以下三个方面：

(1) 道路基础设施和车辆之间的路车间通信；

(2) 并列行驶车辆间直接相互传递信息的车车间通信；

(3) 信息检测、信息发布的通信网络。

3）交通诱导控制中心

交通诱导控制中心是根据诱导战略和策略，做出的诱导方案通过各种传播媒介传送给公众，使出行者在家中、在路上都可以得到交通诱导信息。交通诱导控制中心通过调用动态信息平台中的信息，不仅要对目前交通状况进行分析，而且还要对未来可能的交通变化做出判断，从而做出有利于交通参与者及交通状况改善的诱导方案决策。控制中心通过数据请求调用接口与动态交通信息平台进行数据交换，通过运算产生的诱导方案发布给交通诱导外场设备或者车载导航系统上。

在车载导航式诱导系统中，交通诱导控制中心也将接受车载导航子系统的请求，发送动态交通信息或者诱导出行路径信息。

4）交通诱导信息系统

交通诱导信息系统也即交通诱导外场设备，是进行交通诱导方案的信息发布媒介，主要包括有线电视、与网络相联的计算机、交通电台、公共场所的电话亭、路边的可变交通标示牌和车载行车的诱导装置等。而车载导航式诱导方式的外场设备主要是车辆定位和车载导航系统。

6.4.2 停车诱导系统

动态交通和静态交通是组成城市交通的两个重要部分，前者是指人、车、物的流动，后者是指车辆的停放。要处理好城市交通问题，关键就是协调好静态交通和动态交通的平衡，实现车辆“进得来、停得下、走得了”。

停车诱导系统是协调静态交通与动态交通的协调平衡的有效手段，它是综合智能交通系统中的一个组成部分，以促进停车场及相邻道路的有效利用为目的，通过可变信息板、车载信息发布装置、互联网、手机平台等多种方式向驾驶员提供停车场的位置、使用状况、路线以及相关道路交通状况等信息，诱导驾驶员最有效地找到停车场的系统。该系统结合了现代的计算机、通讯、和交通工程技术，能够有效地改善交通运输网的安全和效率，减少交通污染。

下面先从单停车场综合信息系统入手，分别介绍场内车位引导、场外停车诱导信息发布以及区域协调停车引导。

1. 单停车场综合信息系统

1）系统功能

车位引导系统是单个停车场综合管理系统的一个重要功能。单停车场综合管理系统集感应式 IC 卡技术、计算机网络、视频监控、图像识别与处理及自动控制技术于一体，对停车场内的车辆进行全自动化管理，包括车辆出入控制、车牌自动识别、图像显示、车型校对、停车时间计算、费用收取及核查、语音对讲、自动取（收）卡等系列科学、有效的操作。图 6-23 是单停车场综合信息管理系统的组成。

主要子系统的功能如下：

（1）出入口管理系统。对于单个停车场，在停车场的出入口处，通过非接触式卡片来对出入特定区域的车辆实施识别、准入/拒绝、引导、记录、收费、放行等智能管理。

（2）收费管理系统。通常与出入口管理系统集成在一起，完成付费停车场的按照停车时间、用户类型等不同方式收费。

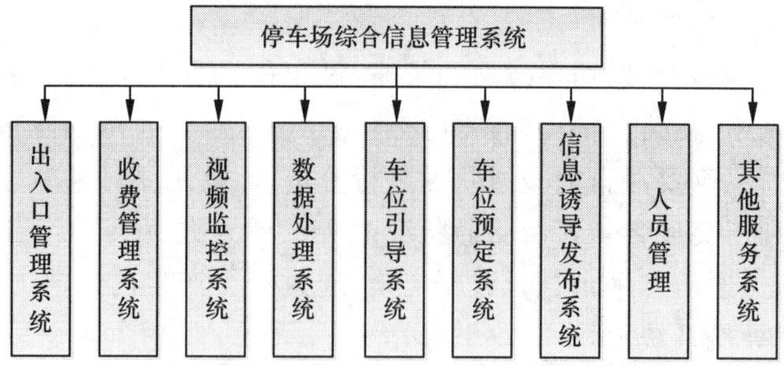

图 6-23 单停车场综合信息管理系统组成

(3) 视频监控系统。通过监控摄像头、报警装置设备、传输网络以及监控中心内的显示器、视频存储设备等实现数字化监控,能满足视频录像、存储、监控、回放功能,能够高效地进行网络传输、远程传输和循环存储,并实现与防盗报警装置联网联动,及时反馈监控信息。

(4) 数据处理系统。系统完成车辆进出场摄像照片的图像对比、线圈采集数据、停车场空车位信息、数据存储与历史数据分析。对交通数据要进行预处理,包括缺失数据的识别、采集数据的异常识别、故障交通信息的修复。

(5) 车位引导系统。其主要功能是远距离监测停车场各个车位占用情况,并将有关信息反馈到控制中心,对车位的空闲状况做出相应的指示,通过相关配置,实现车位检索和车位使用引导。通过对每个车位都配置车位检测器,可检测车位是否空置,并实时将车位状态进行反馈。

(6) 车位预订系统。停车位预定是指在出行前或途中提前为停车需求者预定停车位,其中包括预停车时间和预驶离时间,确保停车需求者不用在停车场入口处等待,可以直接进入预订的停车场顺利停车。停车需求者可以通过热线电话呼叫区域控制中心的订位语音平台,实现出行前和出行途中的停车位预定。

(7) 信息诱导发布系统。诱导发布信息的内容包括停车场位置、泊位数、车位使用情况、收费情况、停车场周边服务设施分布情况等。

(8) 人员管理。停车场在运营时间内对管理人员进行排班制管理,管理人员包括各个停车场出口收费管理人员、监控中心管理人员、信息诱导发布管理人员等。对管理人员每日的信息进行记录,包括工号、姓名、排班时间、岗位、当班情况等。

(9) 其他设备。在环境方面,地下停车库需按要求配备通风设备、照明设备、灭火设备等,按照国家《汽车库、修车库、停车场设计防火规范》(GB 50067—97)实行。

2) 系统逻辑架构

单停车场综合信息系统逻辑构架如下图 6-24 所示,各子系统间进行信息交互、共同协调完成智能化的停车场管理。

子系统间的信息交互包括:

(1) 入口检测向停车场数据处理系统(停车场的控制和信息处理中枢)提供的数据有:车牌号码和车型(视频检测)、刷卡时间和卡号。提供入口检测信息的设备是:电感线圈、读卡器、摄像机。

(2) 车位检测向停车场数据处理系统提供的数据有:车辆停放的位置及空余车位的位

置。提供此信息的是:检测车位的超声波检测器。

(3)停车场数据处理系统提供给车位引导系统的信息是空车位的位置所在区号及行车方向,并且中心系统记录停车车位位置(车位检测系统提供给中心系统)。车位引导的主要方式是:显示牌信息。

(4)停车场数据处理系统提供给信息诱导发布系统的信息是现有的空车位数。停车场诱导方式主要是:路边显示牌和交通广播信息。

(5)自动收费系统与停车场数据处理系统之间交流的信息有:送卡号到数据处理系统,数据处理系统从数据库中提取有关信息并处理而后发给收费系统停车时间、应付款数(或自动扣除),自动生成收据。

(6)停车场控制中心提供给总控制中心的信息是空车位数(车牌号可以查询访问)及收费标准,得到主要信息是停车需求控制信息和区域停车协调信息。

(7)停车场控制中心主要任务就是处理以上的所有信息,响应请求与发布控制信息。

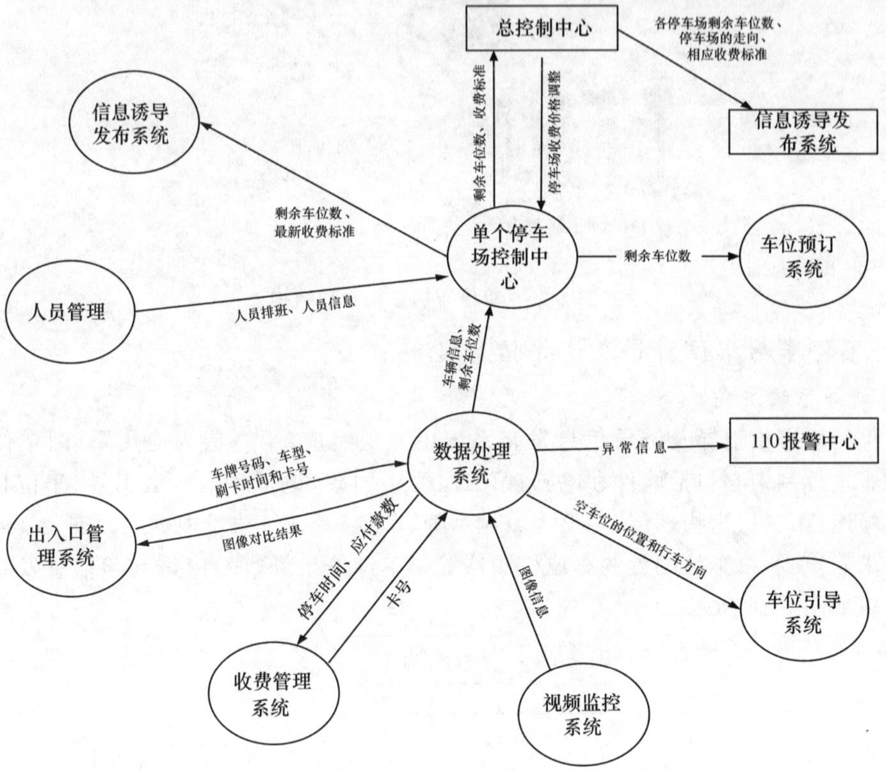

图 6-24　单停车场综合信息系统逻辑框架图

3)系统物理框架

为了清楚地显示控制中心处理器(服务器)与停车场内设备、外场设备及相关服务平台的连接,设计该系统的物理框架如图 6-25 所示。控制中心中各设备间使用有线传输,其中考虑到超声波车位检测器和摄像机的数量较多,不可能直接与中心计算机相连,因此通过一个信号转换装置把一定数量的检测器连在一起,可以使多个信号转换器形成并联,再将信号转换器与数据管理中心计算机连接。

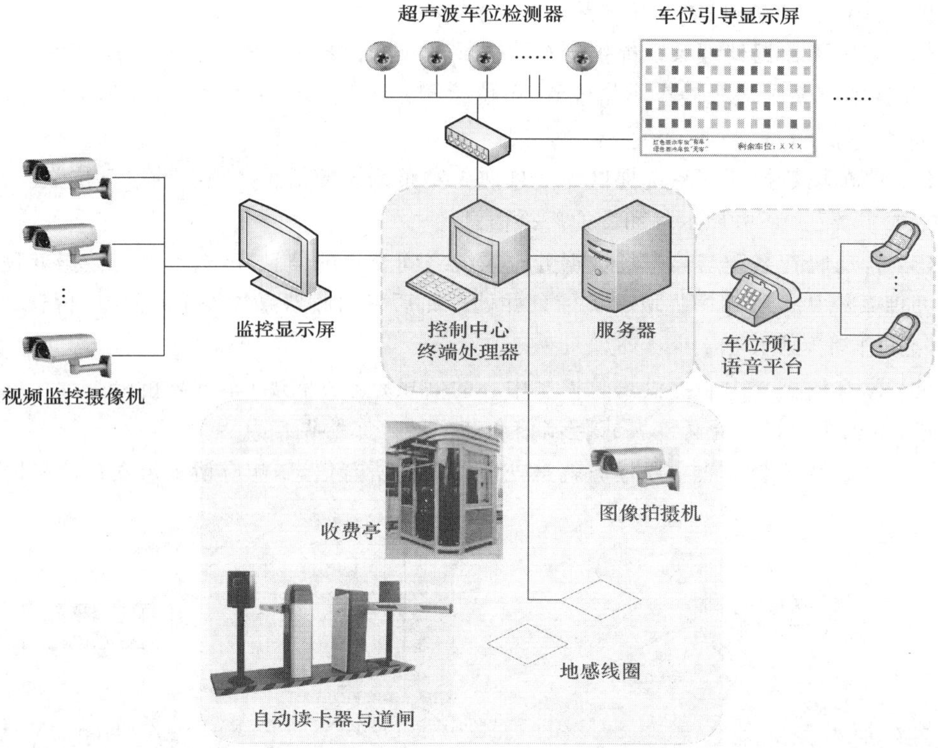

图 6-25　单停车场系统物理结构

2. 单停车场车位引导及诱导信息发布

1）诱导系统组成

单停车场车位引导及诱导信息发布系统由三层组成：第一层为应用层，即单体停车场(库)的管理控制中心包括软件和电脑；第二层为中间层，包括场内分区引导、车位状态控制和车位检测；第三层为物理层，主要为域显示牌、车位显示屏(数量根据工程安装实际情况及客户要求确定)和每车位配置的车位检测器等。单体停车场(库)内诱导与信息发布子系统构成逻辑如图 6-26 所示。

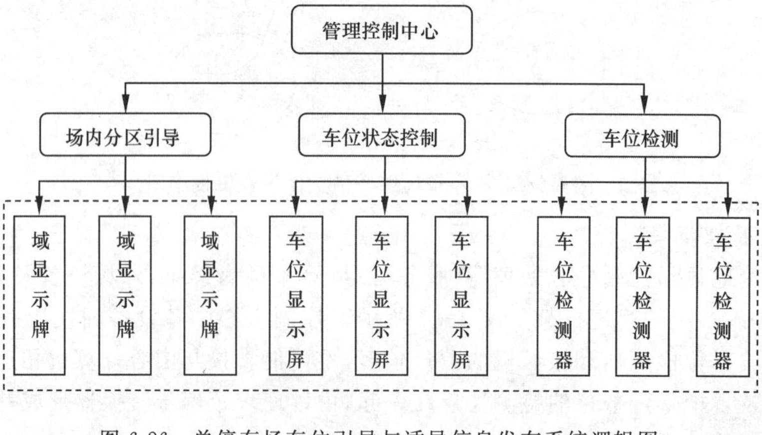

图 6-26　单停车场车位引导与诱导信息发布系统逻辑图

(1) 车位检测。

在交通检测中,有电感线圈检测、超声波检测、雷达微波检测和视频检测几种主要方式,均可用来进行车位状态检测。不同的检测方式有不同的特点,如表 6-6 所示。

表 6-6　　车位检测方式对比

检测方式	主要工作方式	特点
地感	短时间检测和防砸车功能	成本最低
红外线	采用单光主动式红外微波探测技术,将探测器设置于车位上方,系统构成折射光束,每一探测器对所发光束的检测背景设定检测“常量”,判断探测区为无车状态。当有物体出现在探测区,并保持相对较长时间时,背景探测值变化为一非“常量”的固定值,此时系统判断该车位有车,信号控制器将处理信号传输给中央处理机,确认该车位被占用	价位较低,可靠性受环境影响较大
超声波	探测器自己发射超声波束,由车辆停泊后反射回来(无车时反射回的信号相对较弱),经过微控制器计算处理后获取停泊信息,达到检测的目的;检测车辆停放和离开的情况	价位较高,可靠性好,受环境影响较小
视频	视频车位检测终端安装在每个车位的正前上方,正对着停车位,拍取每个停车位上实时图像,用于获取每个车位当前的车位信息及车辆信息并传输到多路视频处理器	可提供大量信息,直观、实时,管理方便;安装方便,可靠性好;缺点是成本高,容易受环境影响

(2) 车位状态显示。

LED 车位占用灯安装于每个车位前,用于显示该车位是否被占用,车位空闲则绿灯亮,车位占用则红灯亮,驾驶员可以通过查看车位前的 LED 灯,在较远的距离了解某一区是否有空车位。

(3) 场内分区引导。

停车场停车子区划分可应用于大型停车场,特别是在超大型、多区域、多层次的大面积、多车位、路线复杂的停车场。将之与停车诱导信息系统结合起来,对进入车辆的停放进行引导,不仅能解决驾驶员寻找车位时的盲目性,还能节省时间和燃油,且有利于停车场的内部管理,无论从节约能源、环境保护和提高停车位的利用率等方面,都具有重要的意义。

对于停车场每层有且只有一条车辆流线即可经过所有停车位的情况,此时无需划分停车子区。

对于现代大型停车场,并且一条车辆流线不可经过所有停车位的情况。此类停车场特点为:面积大、车位多、路线复杂。此时若每层停车位大于等于 300 个时,需要划分停车子区,以方便驾驶员寻找车位停车或离开,提高效率。

2) 信息发布内容

停车诱导信息的发布主要分为动态实时对内显示/发布和动态实时信息对外发布两大部分,具体如表 6-7 所示。

表 6-7　　　　　　　　　　　　　　　**信息发布对象与内容**

	对内发布	对外发布
对象	面向与交通管理部门	面向停车用户
内容	①停车场泊位信息 ②停车场开启关闭信息 ③停车设施信息显示 ④停车场管理信息 ⑤停车场信息统计和分析 ⑥针对社会用户发布停车内容的显示	①停车场位置 ②泊位数 ③车位使用情况 ④收费情况 ⑤道路交通状况 ⑥交通管制措施 ⑦停车场周边服务设施分布情况 ⑧行车路线 ⑨预约服务信息

3）停车诱导模式

停车场一般采用三级诱导模式，如图 6-27 所示。

一级诱导显示屏通常设置在市区主要交通干线上，用来发布多个停车场的名称、位置、实际车位状态的显示装置。解决用户出行前，对目的地交通停车状况动态信息以及其他综合服务等信息的获取，同时结合出行目的，选择最佳出行路线以及交通方式。

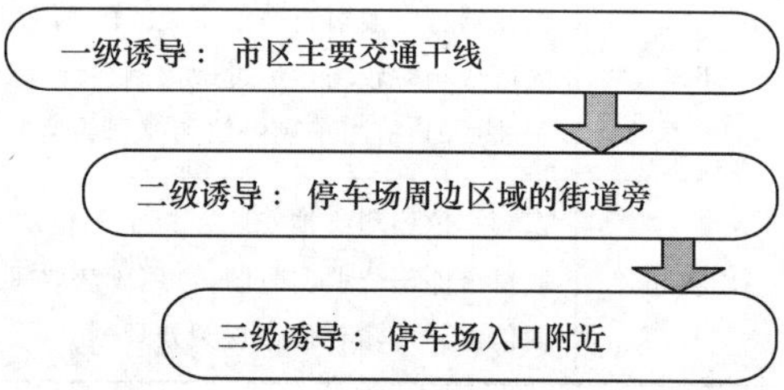

图 6-27　三级停车诱导的模式

二级诱导显示屏通常设置在停车场周边区域的街道两旁，用来发布停车场的名称、行驶路线（从智能交通综合管理平台获取信息，提供行驶路线的道路实时状态）、实际车位状态信息的显示装置。解决用户行至路途中，对目的地交通、停车状况动态信息以及其他综合服务信息等的获取，通过系统发布的各项动态服务信息，选择有利的行车路线停车方案，可以有效地缩短出行时间。

三级诱导显示屏通常设置在停车场入口附近，用来发布单个停车场的名称、实际车位状态以及其他规定信息的显示装置。解决用户到达目的地后，对周边区域停车场即时信息的获取。可以通过区域内路侧简易诱导指示牌或电子显示屏发布的动态信息提示，选择停车场顺利停车，或根据空或满的情况选择等候或驶离。

3. 区域停车场协调诱导系统

区域停车场协调诱导系统分为 2 层结构，分别是区域停车场协调诱导中心以及停车场管理端。区域停车场协调诱导中心主要实现所辖区域的停车信息动态管理功能，完成对系统配置、实现发布信息传输、发布信息统计查询等应用功能。强大的数据处理功能实时处理管辖区域内所有停车场不断变化的空车位信息和停车场出入口的排队等候信息，通过设立在室外的区域诱导显示屏向驾驶员发布。停车场管理端则为各单体停车场（库）的管理系统，主要通过先进的采集技术完成本停车场车位信息、进出车辆信息、视频监控信息、设备状态信息的采集，并分类管理所有信息，将车位信息发送到该停车场附近的显示屏上，同时将有关信息上传到区域管理中心。

区域停车场协调诱导系统的基本结构如图 6-28 所示。

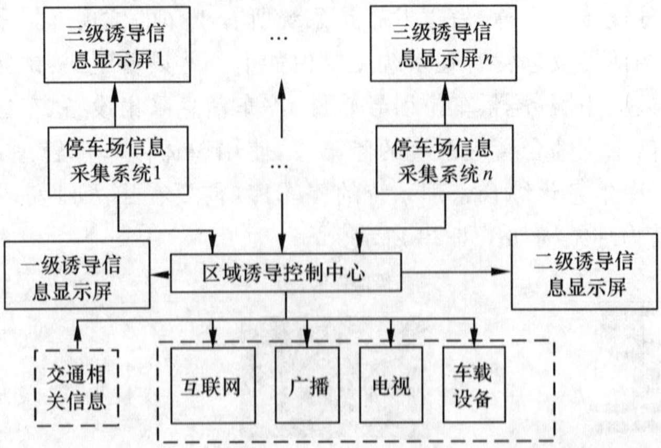

图 6-28　区域停车场协调诱导系统基本结构图

区域停车场协调诱导系统根据其功能结构，一般可分为 4 个子系统，分别是信息采集子系统、信息发布子系统、信息处理子系统以及信息传输子系统。区域的停车场协调诱导系统的总体功能是发布停车信息，同时给城市智能交通系统提供基础数据。区域停车场协调诱导系统的直接功能就是给交通管理人员及有停车需求的公民提供停车信息，要发布信息就必须要先进行数据收集和信息处理。系统的 4 个子系统为 4 个大的模块，它们相互依赖、共同作用，从而实现停车诱导系统的功能。

1）信息采集系统

通过车位检测装置、远程监控装置、传感装置等采集对象区域内各停车场、路边车位以及道路的相关信息，包括停车场使用的状况、泊位利用率、交通状况等信息采集。车位信息采集主要有停车场(库)内信息采集和路侧停车信息采集两种方式。

2）信息处理系统

信息处理系统是处理信息采集模块所传输来的数据，例如对于停车场的分布、停车场泊位使用情况、交通流状况，处理模块根据一定的模型算法对这些数据做换算处理并得出结果，处理模块除了计算数据，还要储存各种相关数据信息、报表，为未来规划建设停车系统提供基础资料。信息处理系统主要由硬件部分和管理软件来实现。

3）信息传输系统

信息传输的基本任务是保证从信息采集系统到信息处理系统再到信息发布系统的信号传输的畅通，实现数据交换。数据传输可以是有线的通信传输例如传统的方法有利用电话线传输，现在广泛使用的光端机信息传输、互联网专线信息传输，也可以利用无线通信方式如 GSM 网络、3G 宽带移动通信网络、无线局域网络等。

4）信息发布系统

信息发布主要是将各种有用的信息例如泊位空余量、交通拥挤状况信息、气象信息等用适当的方法向外界用户发布出去，发布可以分为多层次发布、逐级发布的形式，内容上从概括到具体。发布采用的硬件有可变信息屏、广播电台、Internet 网络发布、手机查询等方式，随着技术的发展，结合卫星定位系统和车载导航系统的成熟和完善，将信息实时显示在车载显示系统这已经成为构成智能停车诱导系统的重要部分。

完备的信息采集是系统工作的基础，正确、实时的信息处理是系统正常工作的保证，信息传输是系统各部分连接的保障，信息发布是系统所有工作的体现。

区域停车场协调诱导及运营管理系统主要由如下一些设备组成：诱导服务器、运营管理服务器、数据服务器、应用服务器、车位引导软件、停车信息采集设备、车位指示牌、信息显示屏。对于有停车库信息化综合管理系统的停车库，使用单体停车库管理系统统计剩余车位信息；对于没有停车库信息化综合管理系统的停车库，需要在出入口安装信息采集设备，统计剩余车位信息，其物理结构如图 6-29 所示。

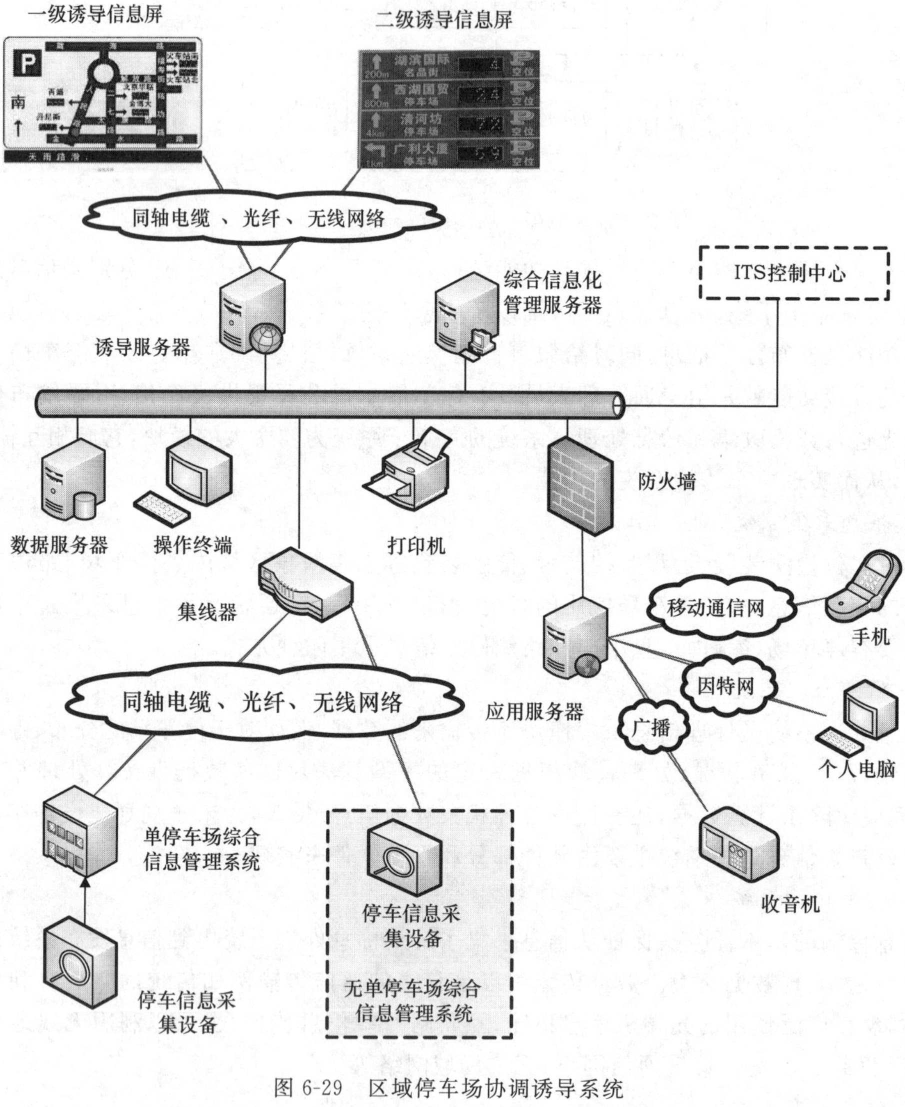

图 6-29　区域停车场协调诱导系统

4. 停车诱导系统的信息传输策略

信息传输的基本任务是保证“信息流”在特定的传媒中畅通，做到快速、及时准确。系统的信息传输包涵三个部分：采集的基本信息到停车场管理中心的传输；停车场管理中心向区域管理中心的传输；区域管理中心向信息发布系统的传输。信息传送方式的不同可分为有线和无线两种，有线传送可以通过专用双绞线/同轴电缆、光纤等，也可以通过电话线、有线电视传输线等。无线传送是通过微波、红外线(专用信号传送)或中长波(普通广播信号)传送信息。在选择时要考虑到传输能力和成本、空间限制、环境等因素。

用于各子系统间的信息传输系统,主要是从数据交互的可靠性、建设投资、建设周期、系统的运行费用以及可维护性几个主要方面进行考虑,实现系统内的数据通信。

下面以图 6-29 所示的区域停车场协调诱导系统为例来说明信息的传输方式,该信息传输系统主要用于如下三个方面:

(1) 车位检测终端、内部诱导屏与单停车场综合信息管理系统之间的数据通信。单停车场内部的通信采用现场通信技术,如串行通信、CAN 总线技术等,也包括短距离的无线通信技术,如 Zigbee 技术等。

(2) 单停车场综合信息管理系统与区域协调诱导中心之间的数据通信。单停车场与区域协调诱导管理中心通过专网或 Internet 接收和发布数据,建议采用 Internet 方式,目前的 ADSL、宽带接入、DDN 业务都能满足,可针对实际应用情况进行选择。

(3) 区域协调诱导中心与路边诱导屏之间的数据通信。对于路边诱导屏,数据传输有多种方式,包括 3G、GSM/GRPS、有线等方式。由于诱导信息发布系统大部分是安装在道路路侧,不便于敷设通信电缆,因此大多数情况下均采用无线通讯手段,实现系统内的数据通讯。信息中心将待发布的诱导信息通过无线方式传送给城市道路两侧的 VMS 诱导屏。选择无线数据通信方式的理由包括:

① GPRS/3G 采用分组交换技术,按流量计费,高效传输高速或低速数据和信令,优化了对网络资源和无线资源的利用;

② 有强大的运营商进行支持,不存在企业风险;

③ 建设成本低,不需要开挖路面敷设数据通信线路;

④ 发布系统引导屏安放在道路两旁且地点分散;

⑤ 便于安装和调试;

⑥ 便于日常维护和检修;

⑦ 停车场分布范围较广,使用有线的方式施工难度较大;

⑧ 投资小,施工难度低。

7 交通信息平台技术

为了实现智能交通系统，在前面章节所介绍的交通信息采集、处理、传输、控制、诱导等基础上，最终实现包括交通监控、业务管理、信号控制、信息服务等在内的综合管理平台，为交通管理决策者、企业管理、社会公众提供决策、运营管理、信息服务的支持。本章结合不同交通管理部门共用的智能交通共用信息平台介绍平台基础及支撑技术：数据库技术及 GIS-T 技术。

7.1 交通信息平台组成

以智能交通共用信息平台为例，介绍交通信息平台的组成。智能交通共用信息平台在很大程度上是各子系统的整合，因而如何实现各子系统之间信息的采集、存储、管理和传输也成为实现先进的交通管理系统各项功能的核心和关键，而共用信息平台作为实现系统信息集成的重要手段，它的建立不但能为各类信息的整合提供技术依托，同时，也将为各相关子系统提供引导接入策略和信息共享服务。

由所属市公安局、市交警支队、市公路局管辖下的综合交通管理系统，其负责对城市道路交通的监控，对自行车及行人不同交通模式交叉口的控制，以及实施交通事故管理、交通设施维护管理、交通紧急事件管理和对城市道路、公路交通的车辆收费管理等功能，同时通过辅助管理系统将收集处理后的信息实时传输到交通信息交互中心，最终实现信息的发布利用与增值服务。

智能交通共用信息平台将对共用交通信息数据组织结构和传输形式进行统一规范，并形成一个对共用数据进行组织、存储、查询、通信等管理服务的数据仓库系统，最终为综合交通各子系统进行整合提供技术保障。

7.1.1 共用信息平台总体框架

智能交通共用信息平台是整个 ATMS 信息组织过程中的信息枢纽，承担着信息中转的功能。不同的子系统将其信息按照一定的编码规则和既定格式传输给共用信息平台，各系统再根据自己的需求从共用信息平台中获取所需的信息。共用信息平台在对信息处理的过程中，可以采用分层次的方法对无权获取部分信息的一些用户进行部分信息屏蔽，使不同的用户既能获得各自所需要的数据，又确保数据传输过程的安全性及共享数据的互操作性和互用性。

智能交通共用信息平台是通过对共用数据的采集（如道路使用状况、交通状况和交通管理数据等），为 ATMS 信息的使用者提供不同的服务，满足管理者和使用者对共用信息的需求（如交通拥堵状况、紧急救援方案的生成等）。同时，通过共享信息支撑政府部门间和行业管理与市场规范化管理方面协同工作机制的建立，其总体框架图如图 7-1 所示。

智能交通共用信息平台是通过使用统一规划的数据，为交通信息的使用者提供不同的服务，满足管理者和使用者对共用信息的需求。该共用信息平台应具有如下功能。

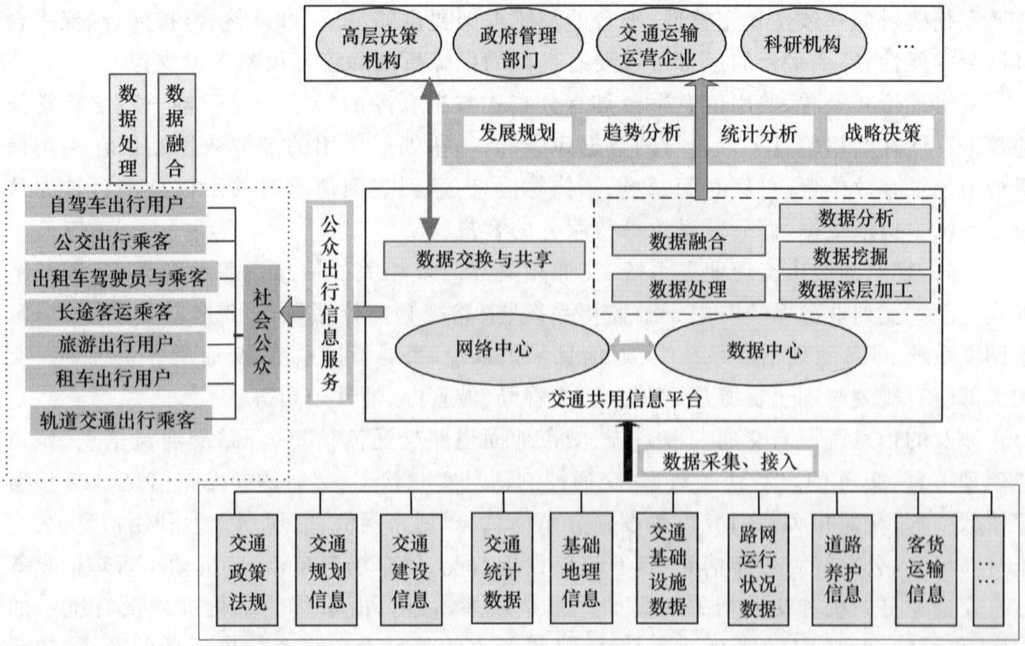

图 7-1 智能交通综合管理平台体系逻辑结构图

1）信息采集与存储功能

从各种外部信息源（系统、部门、单点设备、手动导入）中按统一的软硬件规范接口提取共享数据，接入同时实现一定的数据析取转换工作，进而完成对整个新区庞杂的多源、多维、多层次、多粒度、多应用的海量交通综合共用信息的融合组织，保证数据存储与管理的正确性、一致性、可读性和可操作性并避免大量的数据冗余。

2）信息处理与应用功能

通过对巨量交通共用信息的空间化处理，平台可以建立良好的涉及范围广泛的 GIS 应用界面，使得共用信息的数据表达获得最为直观的图形视觉效果，并拥有整个 ITS 体系的信息枢纽功能定位。共用信息平台适合建立通览交通体系全局的 ITS 体系结构布局监测图，使得管理人员可直接观测分析城市交通功能业务的布局合理性和交互合理性，为进一步的城市 ITS 建设改造提供依据。在巨量交通综合信息良好组织存储的基础上，平台可进一步完成高层次的数据抽取、数据融合和数据挖掘处理，为城市交通管理人员的宏观交通调控提供辅助性决策支持。

3）信息提供与发布功能

根据查询权限和服务请求，按照各信息应用对象所需的格式，以不同的共用方式对外部客户系统提供信息服务。通过深入分析外部应用接入的需求，提取应用共性，划分应用组合，建立平台若干通向外部应用的具备双向交互功能的共用信息通道。

4）用户功能

基于 GIS 技术的数据空间化处理需求贯穿整个平台的功能结构和数据流程，需给予充分的重视和统筹考虑；平台内操作的共用信息跨部门、跨时空、多源、多维、多层次、多粒度、多应用，极其庞杂，在平台运行的各个环节都必须保证数据的完整性、一致性、安全性及平台运作的高效性；共用信息平台的建设要充分融合已有的相关系统，保护用户投资，保持新旧交通系统建设的一致性和完整性；平台的系统框架要足够灵活、可调整、可扩展，确保平台的可持续发展性；整个平台的运行过程要有良好的保障机制和管理策略予以支撑。

从实现形式上看，共用信息平台具有分布式数据仓库的特征。对于各子系统经常使用的数据存储在共用信息平台自身的数据库中，而一些偶然使用的细节数据则仅在共用信息平台中记录存放位置、更新时间、数据结构等信息，遇到查询请求时共用信息平台首先从相应子系统中提取数据，而后转送给等待服务的客户。

另外，现有的城市交通业务系统、交通相关部门及相关的信息资源种类繁多，涉及范围极其广泛。交通业务系统有电子眼监摄系统、道路视频监控系统、122 接警处系统、GPS 警车调度系统、GIS 地理信息系统、交通信息采集系统、大屏指挥系统、交通诱导系统等。交通相关部门有规划与国土资源局、交通局、交管局、城管办、地铁公司等。

涉及的信息资源有交通业务系统、城市地面道路交通流信息、环路交通流信息、城市交通地理信息、交通 CCTV 视频数据、交通控制信号实时状态、交通诱导发布信息、122 接警处警情数据等，交通相关部门有市政设施分布信息、规划路网信息、规划土地利用信息、公交设施分布信息、公交线路分布信息、现有道路设施状况、停车场分布信息、机动车管理信息等。

交通业务系统和交通相关部门如此繁杂众多，目前，由于其信息化进程没有统一的规划，不仅可能会增加不必要的重复性建设，更严重的是会导致多个信息孤岛的形成，使系统利用价值受到极大局限。相关的交通业务管理者已经意识到："只有统一规划，建设一套体系化的、服务于各类业务系统的、高性能高可靠的城市交通信息采集及共用信息平台，为各类业务系统提供服务与支持，才能实现充分的信息共享和数据资源综合利用，最终达到交通信息共享共用、辅助决策宏观调控、保障良好的交通秩序、提高道路通行能力、减少交通事故、保障人民生命财产安全的目标"。也就是说，为了避免重复性建设，在各子系统的基础上进行整合，其子系统整合的框架如图 7-2 所示，根据共用信息平台的不同功能可以将它分解为以下 4 部分：

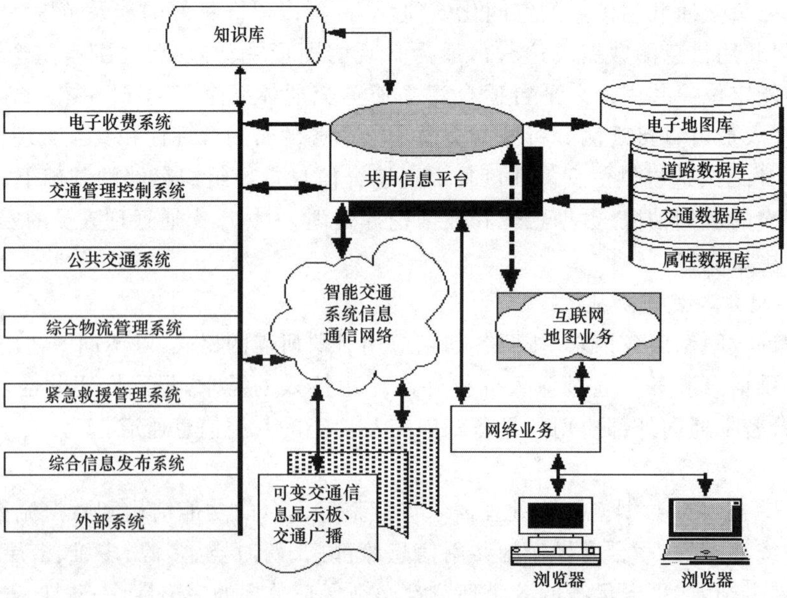

图 7-2　交通综合管理平台子系统整合框架图

(1) 基于GIS的后台数据仓库,该部分是共用信息平台的基础,它包括静态交通数据、动态交通数据、图形数据及图表、统计资料等属性数据;

(2) 综合信息处理中心,该部分主要负责实时、动态地处理各类信息,如数据的抽取、融合,信息的统计、分析、分类等;

(3) 知识库,该部分也可称为专家系统,其在分析总结专家经验的基础上,以智能化的语言(如:模糊推理规则等)存储各类经验和知识,为信息处理、决策支持提供方法和模型;

(4) 各子系统及其之间的接口部分,从图7-2可以看到,子系统主要包括电子收费系统、交通管理控制系统等,各子系统之间要进行信息交互,需依据事先制定的规范、标准,实现各子系统之间数据的共享和传输操作,该部分主要由信息通信网络实现。

7.1.2 共用信息平台系统组成

1. 共用信息平台的硬件系统

1) 硬件网络拓扑结构,如图7-3所示。

2) 硬件特点

(1) 在满足使用共用信息平台进行业务处理和其他管理功能需要的前提下,为各种处理功能、计算功能和管理功能提供统一的硬件平台。

(2) 具有系统扩展能力。随着城市的建设、路网的扩大、交通流量的增加和其他新需求的出现,硬件平台应具有扩展能力。

(3) 由于共用信息平台是整个ATMS的核心,衔接各职能部门的枢纽,系统应安全可靠,确保主要设备不中断工作和数据不丢失。在设计阶段,综合性价比,提出合理的硬件备份方案。

(4) 系统应具备视频图像处理能力。在共用信息平台中心的系统硬件设备主要包括:数据文件服务器、业务处理服务器、通信服务器、WEB服务器、地图数据库服务器,控制管理计算机,各种功能单元终端工作站、网络交换机,网络路由器、打印服务器、激光打印机,网络线材等。

2. 共用信息平台的软件系统

共用信息平台的软件系统其系统方案采用多层C/S和B/S混合体系结构,C/S结构模式的C/S客户端可以直接访问服务器端;B/S结构模式的Web客户端必须通过Web服务器才能访问数据库,而且Web客户端不提供空间分析,数据维护,地理统计分析的功能,具体如图7-4所示。

1) 软件结构

软件系统逻辑组成部分如下:

(1) 现有交通数据:现有空间数据库、交通监测数据、交通辅助数据和交通业务数据。

(2) 展现层(客户端):展现层(客户端)负责管理使用者和应用系统之间进行交互的所有方面内容。所采用的技术模式有:PC桌面、手机、PDA、Call-Center(话务语音服务)、交通广播台、车载系统。

(3) 业务层:交通管理、交通信息服务、运营管理、交通运输安全、交通基础设施。

(4) 数据层:Geodatabase、数据存储、融合与处理、交换与共享、数据应用支持、数据安全。

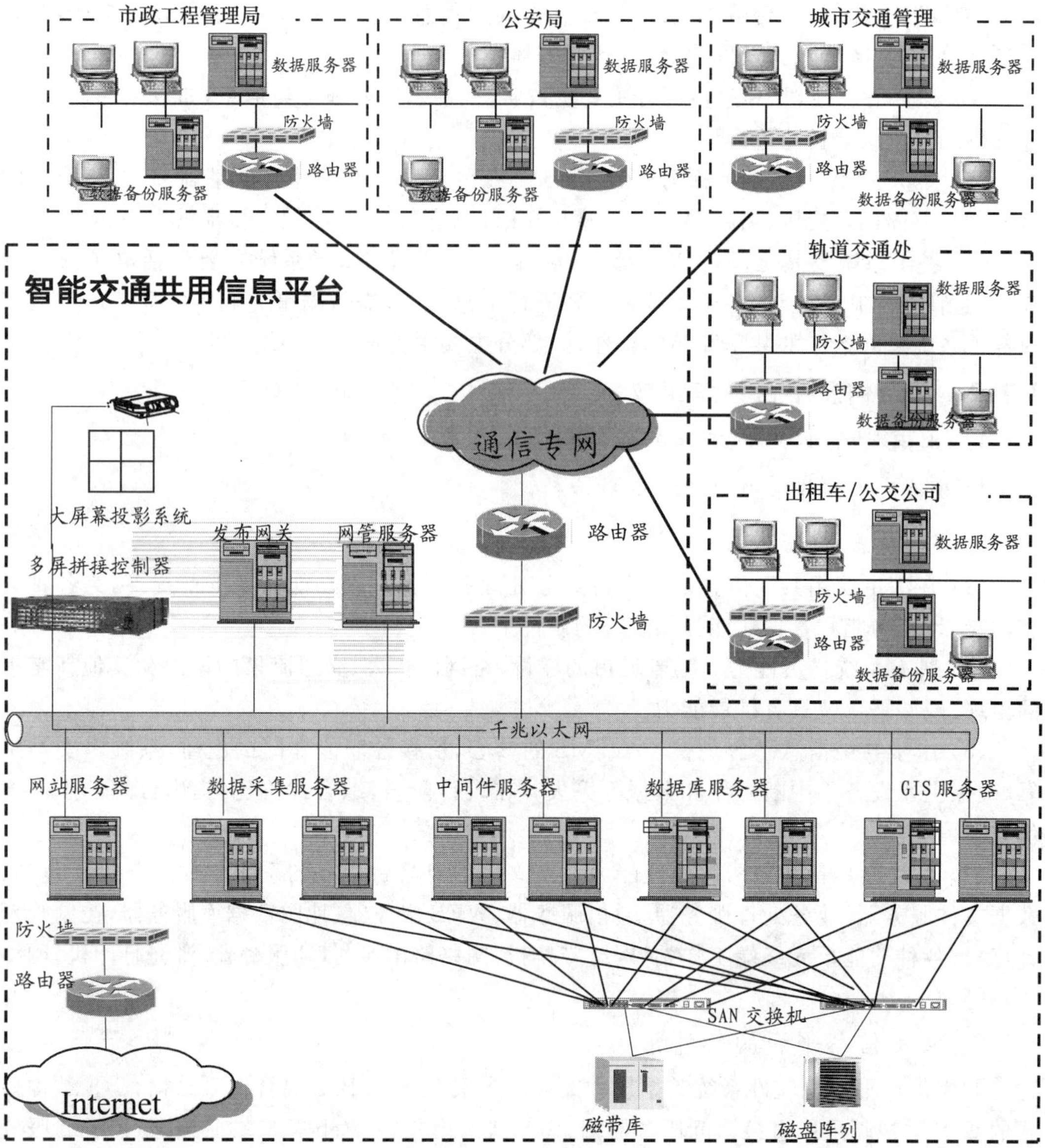

图 7-3　共用信息平台硬件结构图

2）软件特点

(1) 提供统一的软件系统功能。共用信息平台作为 ATMS 各部门的信息交互中心，它为交通管理与控制、交通控制基础设施管理、紧急事件处理中心等部门提供统一的信息交互硬件平台，故应当提供相应统一的软件平台，其中包括操作系统、数据库管理软件、网络通信和网络管理支持软件。

(2) 软件的开放性和标准性。软件以主流成熟技术为基础，采用符合国际标准、国家标准、工业标准的规范要求的软件和相关的接口协议。

(3) 软件采用模块化结构，便于功能扩展和处理能力的扩充。

(4) 软件应具有较高的容错能力，具备在异常情况下自我保护、识别的功能。

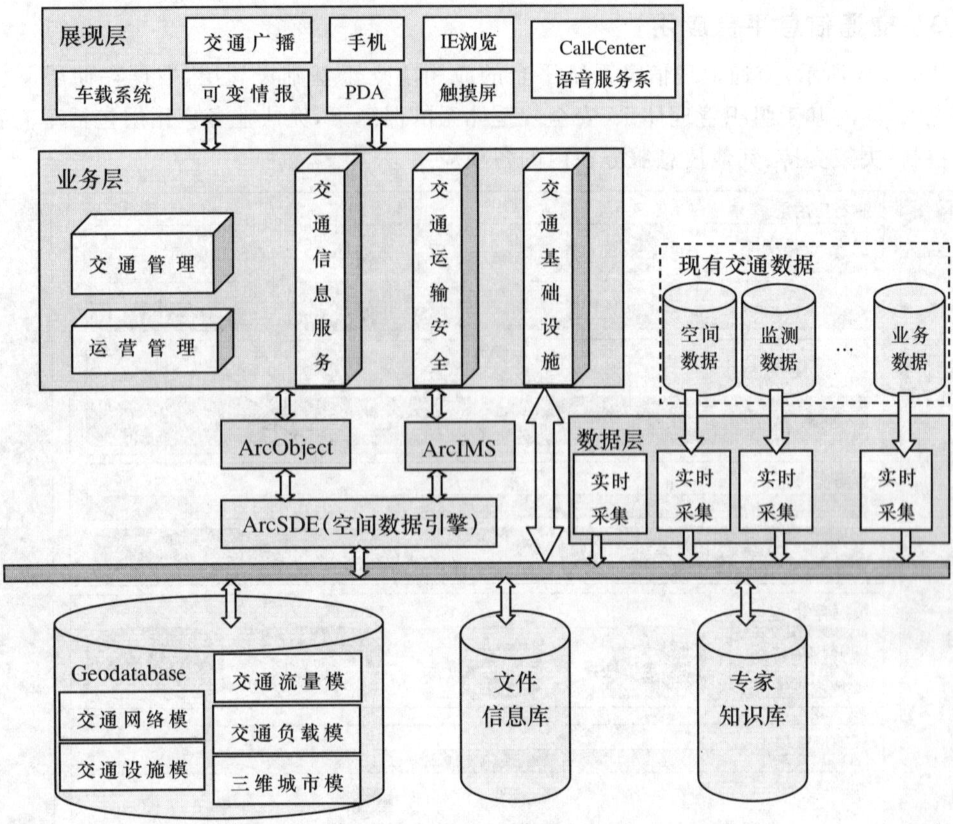

图 7-4　软件系统总体结构图

(5) 软件应具备友好的人机交互界面,方便管理者、使用者和系统之间的交流。

共用信息平台的软件包括:系统软件、支撑软件和应用软件三部分。系统软件和支撑软件组成应用软件平台,应用软件满足共用信息平台的数据处理、组织和各种管理需求。

3. 网络安全要求

计算机网络安全是指通过采取各种技术的、管理的安全措施,确保网络数据的可用性、完整性和保密性,其目的是确保经过网络传输和交换的数据不会发生增加、修改、丢失和泄漏等。对于共用信息平台来讲,在其上传输的数据的安全性直接影响着整个 ATMS 的正常运转,因此必须采取严密的措施对其进行保护。

网络安全技术措施主要应从以下几个方面考虑:

(1) 物理措施。保护网络关键设备(如交换机、大型计算机等),制定严格的网络安全规章制度,采取防辐射、防火等措施。

(2) 数据加密。数据加密是指通过对网络中传输的数据进行加密来保障网络资源的安全性。常用的数据加密技术有对称密匙加密技术、非对称密匙加密技术及综合加密技术。

(3) 防火墙技术。防止计算机网络病毒和黑客的侵袭。

(4) 其他措施。包括密匙管理、数字签名认证、智能卡技术、访问控制、容错、数据镜像,数据备份和审计等。

7.1.3 交通信息平台应用

如图 7-5 所示，交通地理信息系统平台的应用建立于基础设施层、数据存储层、业务支撑层之上，同时基于组织管理体系、安全规范体系的保障下，完成业务应用层包括车辆服务、智能控制、决策支持、其他信息服务在内的各项应用。

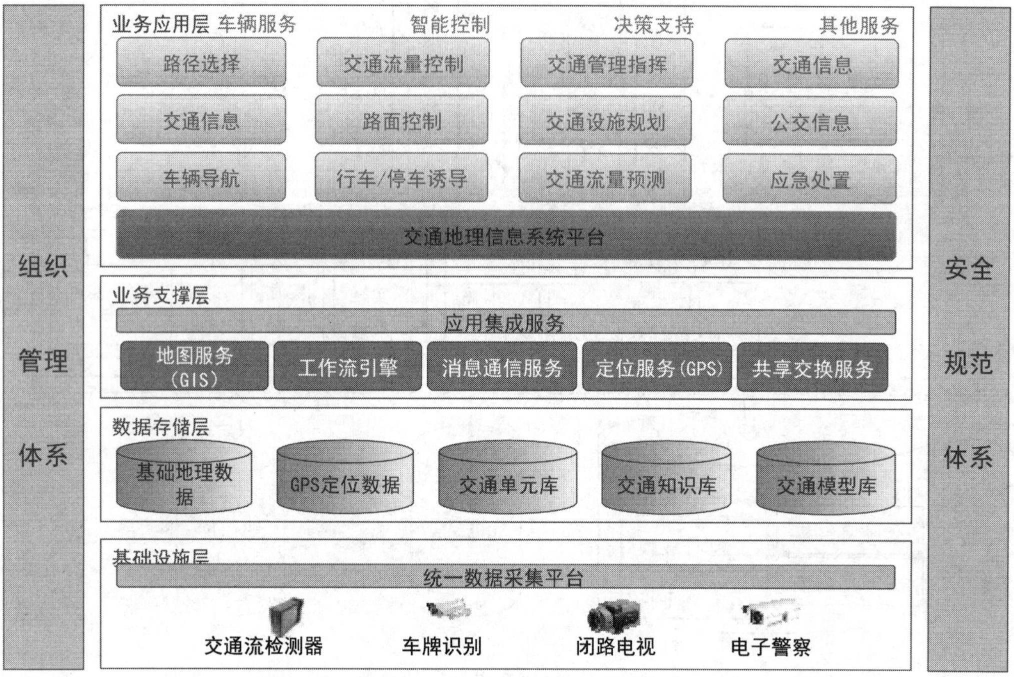

图 7-5 交通信息平台应用架构

如上的各项应用，从展示终端或与用户交互的媒介来看，其技术模式如图 7-4 所列举的有：IE 浏览器、触摸屏、公告牌、PC 桌面应用、PDA、Call-Center（话务语音服务）、交通广播台和手机。根据具体需要以各项技术模式，展现业务层的业务逻辑和规则信息，这里以 IE 浏览器应用为例。

IE 浏览器客户端主要提供交通业务系统及交通相关部门内部进行与各自职务职能相关的查询、分析功能（图 7-6），具体包括：

（1）标准地图操作工具（放大，缩小，拖拽漫游、面积测量，距离测量，周长测量）；

（2）标准空间查询工具（点击查询，矩形空间查询，圆形空间查询，多边形空间查询，线形空间查询）；

（3）绑定到图层的查询、空间分析工具；

（4）交通监测数据、交通设施设备状态数据静态查询/浏览工具；

（5）交通规划信息查询/浏览工具（道路网规划、交通规划、土地利用规划、电气工程规划和通信工程规划）；

（6）交通管理信息查询/浏览工具（公共交通（地铁、大巴、中巴和的士）的车辆保有量、发车间隔、线路分布和票价数据）；

（7）交通运营信息查询/浏览工具（交通事件检测统计数据、交通警力分布信息、122 交通综合接警处数据）。

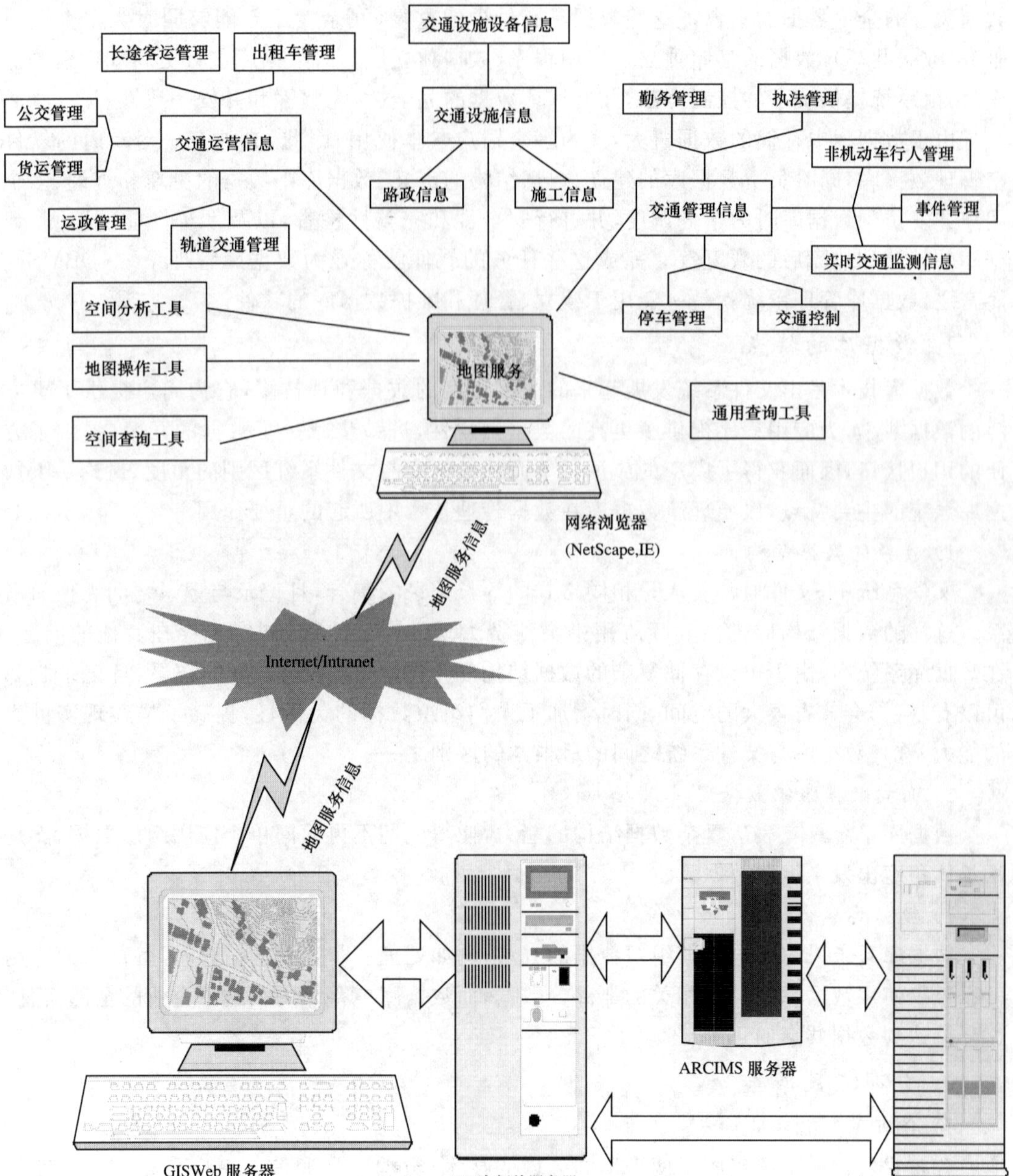

图 7-6 网络浏览器(NetScape,IE)原理示意图

7.2 平台基础——数据库技术

7.2.1 数据库

我们通常讨论的数据库(Data Base)指的是计算机中用于数据处理的一种数据管理技术。简单地说,数据库是在计算机中按照一定组织方式存储在一起的、相互有关的、为用户

共同关心的全部数据的集合。这些数据具有最少的重复(冗余度小),能够同时为多个用户服务(数据共享),数据的存储独立于应用程序(数据独立性),对数据库进行更新和检索等操作时,由系统提供统一的控制方法,并能保证数据的完全性、完整性和并发一致性。

由于数据库中存储的数据量大,又为多个用户共享使用,因此,必须有一套专门的软件来管理数据库,同时负责数据库的建立、数据结构的定义、数据库中数据的更新和查询、多个用户并发访问数据库时的事务调度,并进行安全性和完整性检查,以及系统性能的监测,数据库的转储和故障后的恢复等。完成这些任务的软件就称之为数据库管理系统(DBMS)。简言之,数据库管理系统就是一套用于建立、管理和维护数据库的软件。

1. 数据库的特点

数据库技术是由文件系统发展起来的一种新型的数据管理技术,它为用户提供了更广泛的数据共享,为应用程序提供了更高的数据独立性,进一步减少了数据的冗余,提供了方便的用户接口,因而获得了广泛的应用。下面从数据库与文件系统区别的角度,讨论一下数据库系统的主要特点,以便理解数据库在数据管理技术中所起的重要作用。

1) 复杂的数据结构

文件系统中,文件通常看成是相同格式的等长记录的集合,且记录与记录之间无任何联系。这样的数据结构形式在实际应用中会浪费大量的存储空间,同时也存在其他的问题。在数据库系统中,由于可以存储复杂的数据结构和不同格式,不同长度的记录,且记录之间可以有联系,会节省很大的空间,同时增加了人们组织数据的灵活性,提高了描述现实世界的能力,这是数据库与文件系统之间的最根本的区别之一。

2) 面向数据组织数据

数据库系统具有表达复杂数据结构的能力,使得人们不再面向单个应用组织数据,而是从整体角度出发来组织数据。

3) 数据共享

数据库系统采用面向数据组织数据的方法,例如处理一个企业的信息时,各部门的应用可以仅仅使用数据库中与它相关的那部分数据,而数据库中存储的是这个企业的全部信息,这样就达到数据共享的目的。

2. 分布式数据库

1) 分布式数据库的特点

分布式数据库系统集成了两个不同领域的技术:数据库和通信。一个分布式数据库是基于一个同构数据库系统模型,并由它构造而来的,数据和管理软件都分布在各个计算点,位于分布式计算系统的最顶层。系统的各个分布点通过某种形式的通信设施连接在一起。通信媒介一般是低速的局域网络,数据库分布对于任何节点的数据库用户来说都是透明的。他们所看到的数据库都是同一个局部可以访问的数据库管理系统。分布式数据库中的数据可以通过多种方法来分布,数据可以分布在所有的节点上,也可以每个节点上保存一份拷贝。

2) 分布式数据库的体系结构

分布式数据库管理系统目前已经主要有三种体系结构模式:本地数据库系统扩充为全局的一个组成部分;统一的分布式数据库;客户/服务器体系结构。

在使用本地数据库系统扩充的体系结构中，分布式数据库是在每个节点上建立本地自治的数据库来实现分布特征的。本地数据库管理器是一个独立的数据库系统，但是能进行本地或者远程的查询或更新。系统结构如图 7-7 所示。图中 LDB 为本地数据库，LDBMS 为本地数据库管理系统，GlobalDB 为全局数据库。

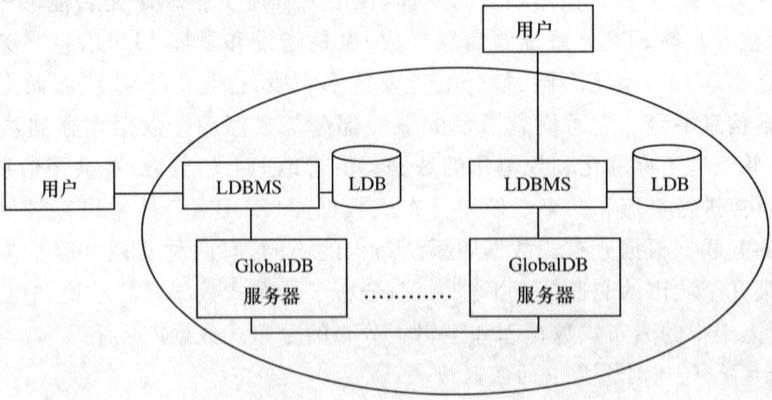

图 7-7　本地数据库管理器系统结构图

完全分布式数据库系统，在所有数据系统节点之间具有更高的凝聚性。这种凝聚性是设计基本方法的结果，它使整修系统的运作成为统一的整体。在这种体系结构中，数据库功能被分摊到各个独立节点上，通过对系统软件功能的划分，处理负载也被分摊到各个节点上。系统的体系结构如图 7-8 所示。

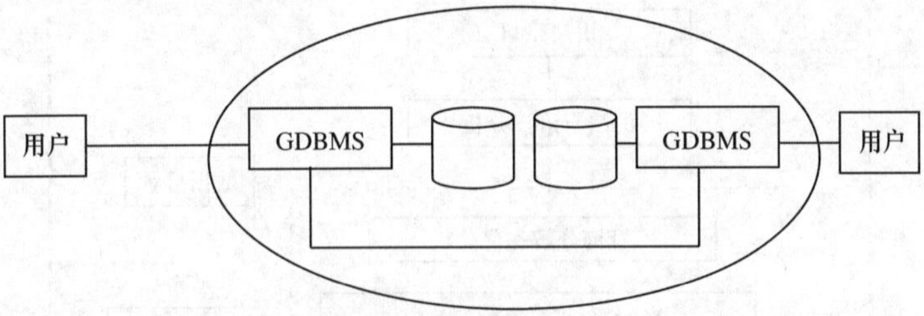

图 7-8　完全分布式数据库系统的体系结构

客户/服务器体系结构不是一个真正的分布式数据库系统，它是一个混合的体系结构，每个节点都有部分数据库管理系统的功能，但是只有一些节点具备所有的元素，包括数据库本身。系统的体系结构如图 7-9 所示。

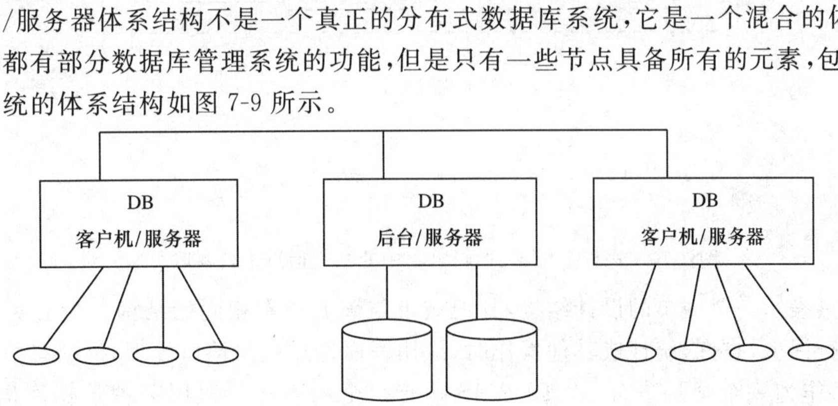

图 7-9　客户服务器体系

7.2.2 ITS中的数据库技术

1. 分布式数据库(DDB)技术在交通信息平台中的应用

从整体上看,智能交通系统(ITS)是由一系列相对独立运行的分系统所构成。这些相对独立运行的分系统及ITS整体效益的发挥,在很大程度上依赖于是否能够充分做好ITS的系统协调、整合。各ITS分系统的信息集成,也是建设和发展ITS信息服务的基础。交通信息平台是实现ITS系统协调、整合的重要技术手段,也是ITS系统面向全社会提供信息服务的基本信息平台。交通信息平台的核心部分是数据库。数据库存储从ITS各子系统中提取的,并经过了标准化和规范化的数据。由于地理上的分散,各共用信息平台中的数据资源难以直接进行交流和共享。使用分布式数据库(DDBMS)技术可以较好地实现各共用信息平台的互联。根据分布式数据库系统结构的不同,有两种实现互联数据组织管理方案。这里以某几个城市的交通信息平台为例,分析了分布式数据库的结构,它们分别是物理上分布、逻辑上集中的分布式数据库和逻辑上分布的分布式数据库。

1) 物理上分布、逻辑上集中的互联方式

在这种方式中,在该共用信息平台的基础上,分别建立DDBMS的复本,包括用户接口、词法语法分析和数据目录等部分;并在各交通信息平台的上层数据请求调用模块中加入分布式数据管理的功能,即形成局部的数据库管理系统(LDBMS)。系统结构图如图7-10所示。

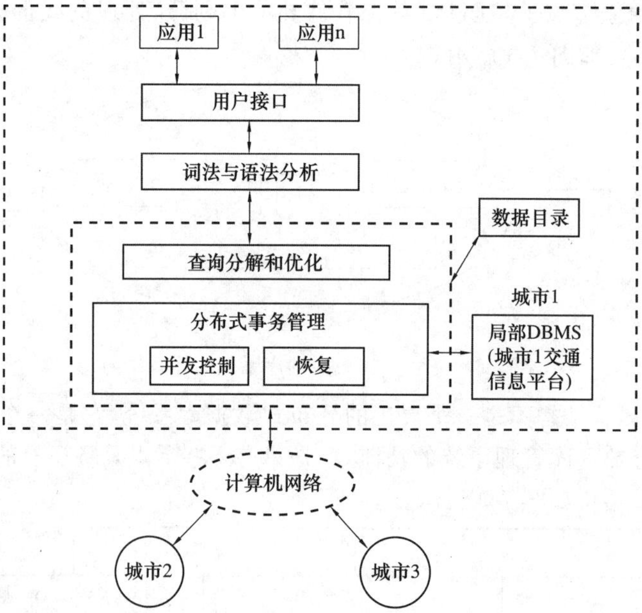

图7-10 物理上分布、逻辑上集中的共用信息平台互联方案

图中只表示一个城市的设计结构,其他城市与该城市有相同的结构。当要对三个城市的数据进行提取、查询、统计或其他操作时,应用程序通过用户接口处理,提取有关数据库的访问部分,作为一个全局事务,由DDBMS执行。全局事务一般用某种数据库语言(例如SQL)表示,DDBMS首先进行语法、词法分析,把数据库语言转换成内部表示形式,例如语法树。这种语法树未涉及数据分布问题,称全局查询。DDBMS从全局查询语法树可以分

析出所涉及的数据和操作。从数据目录中查得这些数据的分布和访问权限。再进行查询分解，将全局查询分解为各城市结点上执行的子查询，并进行分布式查询优化。子查询通过计算机网络送到有关的城市结点，由各城市结点的局部数据库管理系统（LDBMS）优化和执行，执行结果通过计算机网传回 DDBMS，从而实现所要求的数据操作。

2）逻辑上分布的互联方式

采用逻辑上分布的 DDBS 的数据集成方法，每个结点的局部数据库模式都称为局部模式（简称 LS）。使用这种互联方式时，各城市都应该在各自的共用信息平台的基础上建立局部数据库模式。在 LS 中，有一部分是私有数据，例如涉及本市内部保密的数据，不与其他结点共享；可以与其他结点共享的部分，例如共用信息等，构成输出模式（简称 ES）。每个城市结点除拥有自己的 LS 外，还共享其他城市结点的有关数据。由其他城市结点“引进”的数据构成输入模式（简称 IS）。每个城市结点的 LS 和 IS 构成该结点的逻辑数据模式，称为该城市结点的联邦模式（简称 FS）。由于每个城市结点看到的是不同的逻辑数据模式，而不是唯一的全局数据模式，因而在这种互联方案中，逻辑上也是分布的。系统结构图如图7-11所示。

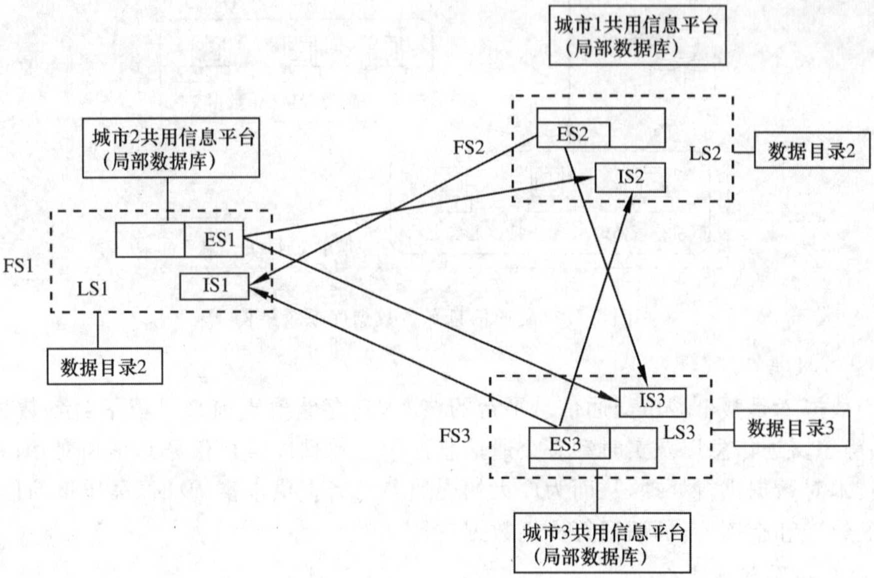

图 7-11　逻辑上分布的共用信息平台互联方案

各城市的共用信息平台很可能采用不同的数据库结构，换而言之，其局部数据库是异构的，这样从一个城市结点的输出模式到另一个结点的输入模式要进行适当地变换。即图7-5中每个箭头除了代表着信息数据的流向以外，还代表着一定的变换。城市结点间须共享哪些数据，完全通过双边协商，或者通过两个结点的数据库管理者 DBA 协商，或通过具有一定智能的协商机制。

2. 数据仓库技术在交通信息平台中的应用

数据仓库技术是从数据库技术发展而来，为决策服务的数据组织和数据存储技术。数据仓库的信息源具有分布和异构的特点，主要信息可视为定义在各信息源上的实体化视图集合。数据仓库管理系统把实体化视图所对应的数据从信息源中提取出来，并存储到数据仓库中,使之成为物理存储的数据实体。因此,数据仓库应具有两方面功能,一是从不同的信息源中提取数据,并由各种聚集操作(如分类、求和、记数等)加工转化后存入数据仓库中;二是在数据仓库上处理用户的查询与决策分析请求,要尽量避免直接访问数据源。数据仓库是面向主题的,因而适合于决策支持。图 7-12 给出了某城市交通信息平台的数据库系统结构,包括三个主要部分:中心数据库,历史信息数据仓库和面向交通部门的数据集市。

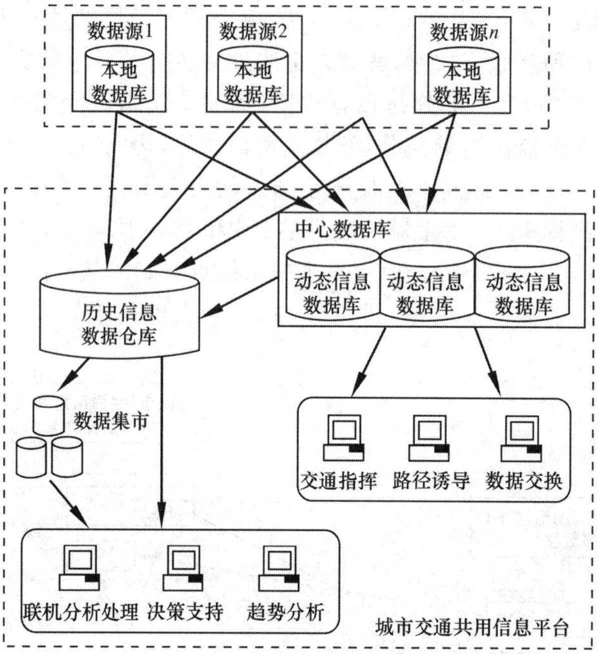

图 7-12　交通信息平台数据库系统结构

1) 中心数据库

中心数据库是整个城市交通信息平台的核心,它存储着当前来自于平台各数据源的地理信息、静态交通信息以及实时动态交通信息。中心数据库实行信息共享和交互;并采用数据融合技术对数据进行处理,从而为广大的交通参与者提供丰富、及时、高质量的信息服务,并为交通管理和指挥、车辆调度等提供数据支持。

2) 历史信息数据仓库

数据仓库是一种数据存储解决方案,采用面向主题的数据组织方式,集成各个数据源的数据,从历史和发展的角度来组织和存储数据。它的优点是解放了不同组织的数据信息,重新进行组合、优化,提供有效的辅助支持功能。

在城市交通信息平台中,历史数据是科学决策和应用分析的基础。采用数据仓库技术组织海量的历史数据,有利于海量数据的整体分析和处理,有利于利用数据挖掘技术从海量的历史数据中发现潜在的有价值的信息和知识,便于辅助决策支持系统的建立。同时,数据仓库也能提供强大的各类分析功能和数据挖掘功能。

为了避免频繁地传输、存储数据而造成网络堵塞和平台整体性能的下降,历史信息数据仓库中的源数据是根据各 ITS 子系统的运行特点以及其数据产生规律,定时异步地从各数据源抽取出数据,经转换、集成后载入数据仓库。对于已经由 ITS 子系统发送到平台中心数据库的数据,则从平台的中心数据库中提取。

3）面向交通部门的数据集市

数据集市是小型的数据仓库。城市交通共用信息平台数据仓库中存放的是整个城市的交通信息，并且数据是按照不同的主题组织的。在实际应用中，某一交通部门往往只需要使用某一主题的数据，庞大的数据仓库中的数据将影响分析的效率，因此，需要建立面向各交通部门的数据集市把各部门的数据从逻辑上或物理上分离出来。当各部门使用数据时，只需在这些数据上进行分析，从而提高数据分析的效率和处理速度。

4）数据仓库分析功能

历史信息数据仓库为城市各交通部门的决策提供数据支持。数据仓库的主要特点就是数据仓库是面向主题的，即根据各个主题，采用多维数据模型对平台的历史数据进行组织。要确定数据仓库的主题，通常需要分析应用对象所关心的问题。分析城市交通部门的需求，城市交通信息平台数据仓库中通常可建立以下分析主题：

(1) 交通拥堵分析。探索道路交通拥堵中的交通规律性，同时根据独特的交通规律，对道路的拥堵状况做出较为准确的预测，这将有效地避免交通阻塞，减少延误，提高道路使用效率。

(2) 交通事件分析。分析交通事件产生的原因及其规律性，提取它们的共性，深层次发掘事件与道路及其设施之间的内在关系，这将有利于交通部门总结经验，为警力部署提供科学依据。

(3) 交通事故分析。通过定量地分析交通事故与道路、交通流等的关系，确定哪一个道路属性与事故最相关，研究多个道路属性对事故影响的评价方法，将有助于交通部门提出解决方案，对事故进行分析，改善道路及其交通设施设计。

(4) 交通需求分析。利用交通信息平台保留各种大量历史数据的优势，结合城市规划，预测城市经济、人口等方面的发展趋势，预测城市居民、车辆、货物等对各类交通设施(道路、停车场等)的需求，将有助于交通管理部门采取有针对性的措施避免可能发生的交通拥堵，同时也为城市交通规划和政策制定提供数据支持。

(5) 公交车辆运营决策。对城市居民的出行发生和吸引、出行方式、出行分布等进行分析，为管理部门制定公交车辆行车路线等提供辅助决策。

城市交通共用信息平台数据仓库还应该包括其他一些主题，如交通故障分析等。针对某一交通运输问题，在平台数据仓库中建立分析主题并设计开发，最终辅助决策是一个非常繁琐、复杂的过程，需要借助城市交通职能部门决策人员的专业知识和经验。

3. 实时数据库技术在城市交通监控系统中的应用

实时数据库作为数据库技术的一个重要分支，随着网络通信技术的发展，实时数据库的分布式技术得到很大的发展，它非常适合应用到城市交通管理的动态监控系统中。

1）交通监控系统组成

监控系统主要由事件自动检测系统、通信设备、报警系统、指示装置和实时数据库等部分组成，其基本结构如图 7-13 所示。图 7-13 中的检测系统根据设定的参数和算法，采集现场交通信息，然后传到通信设备；通信设备主要将传来的数据送到监控中心的实时数据库；报警系统根据实时数据库中的数据，与事件检测器的数据比较后进行相应的报警；指示装置则根据实时数据库的数据，经接口电路显示各道路的交通信息，还可以通过交通电台播放信息以提示司机。实时数据库主要处理和存储现场传回的数据，供指示器和报警器用，同时还定时写回历史数据库。

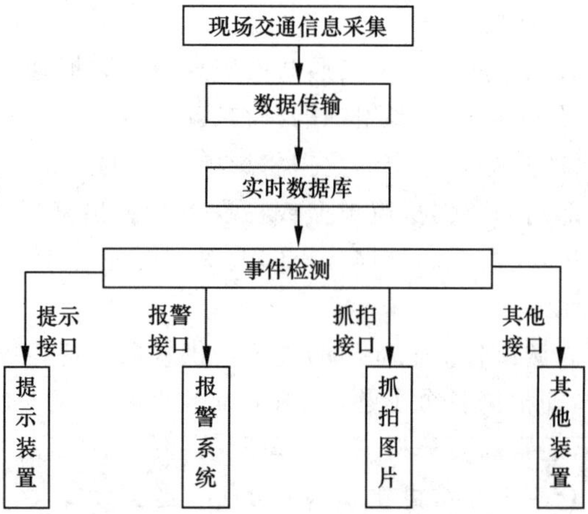

图 7-13　监控系统基本结构

2）实时数据库的更新管理

为了保证各站点数据的实时性，系统采用同步更新的技术加以实现。设计时使更新程序具有较高的优先级，当一个站点收到一条新的数据时，首先存到本地数据库，然后启动更新程序，将更新的消息广播到各个网络站点，使各站点闭锁所有活动副本的相应数据，并发送更新命令将新数据发至活动副本进行更新，更新完毕后立即将相应的数据解锁。

3）监控系统中分布式实时数据库的设计

由于城市道路交通管理系统通常由一个总的交通监控中心和若干个分中心组成，因而其具有分布式的特点。该分布式实时事件管理系统如果考虑到的事件不只是某一路段的影响，还有可能是几个路段的影响，因而必须考虑到网络开销的问题，各个监控中心的数据可以重复设置和合理分配，每个监控中心都保存有所有路段的实时交通状况数据，查询操作可以在各个监控中心进行，以减少网络开销，增加系统的实时性，提高事件自动探测系统的工作效率。

为提高数据的读写速度，数据库分别存储到两种介质上。系统实时数据采用内存存储，而历史数据采用外存存储。实时数据库系统（RTDBS）的数据设置采用重复设置，即网络中的每一节点均有数据库的完整副本。重复设置可保证在检索数据操作时不必通过网络访问总控中心，可以在本机上快速完成，减少网络开销，增加系统的实时性。

该监控系统主要以车速、车流量、车道占有率、实时图像为采集对象，在道路安全畅通的情况下，实时系统在固定的周期内向实时数据库传输数据，然而当交通状况恶化时，要求实时数据库系统高频率地上传数据。RTDBS 是由网络中许多互连的节点组成，每个节点有一个实时子系统，子系统中存储着车速、车流量等实时数据，供各监控中心的客户系统实时地调用（图 7-14），各个子系统中的数据库重复设置。当某一节点收集到一条新的信息后，首先存入到本地数据库中，接着把更新信息广播到其他的 RTDBS 节点，该节点收到广播信息后便把更新的数据存入到各自的数据库，保证了所有节点的副本更新，提高了系统的可靠性。

4. 移动数据库技术在交通信息服务系统中的应用

为了实现基于移动数据库技术的交通信息服务与诱导系统，必须解决移动计算环境中断性、

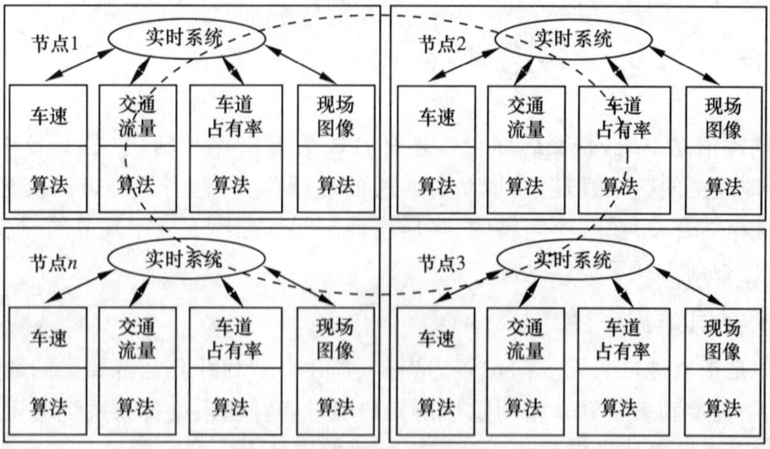

图 7-14 分布式实时数据库的系统结构

移动性、通信的不对称性等因素对数据库系统的影响。下面简要介绍需要解决的关键技术:

1) 移动事务处理

即移动客户机上发出的事务。它属于分布事务,该事物一部分在客户机上完成,一部分在服务器上完成。

2) 数据广播

通俗地讲,是指在移动计算环境中,利用客户机与服务器通讯的不对称性,以广播的形式向客户机发送数据。其最大优点是,广播开销不依赖移动用户的数量的变化而变化。借助数据广播,一定程度下可以解决移动数据库系统的断接性。Maryland 大学和 MITL 实验室的研究人员应用"广播磁盘"进行数据广播,将磁盘划分为多个速率、容量不等的小磁盘并按照一定的策略调度进行广播,还对广播协议和更新策略进行了研究。K. Stathatos 等人采用了"空中 Cache"的方法,将数据按"温度"划分为三个等级。"温度"随着访问次数的增加而升高,"温度"越高的数据在 Cache 中存放的时间越长,广播的频率越高。

3) 数据复制/缓存技术

该技术是解决移动数据库链接性的关键技术。传统的复制/缓存技术都是假定客户机和服务器之间是经常保持链接的,并基于这个前提来维护一致性,这在移动计算环境是不适用的。目前针对移动计算的特点开展数据复制/缓存技术的研究最具有代表性的是两级复制机制采用主拷贝更新复制的协议为基础,将移动数据库的结点分为两类:基结点和移动结点。在基结点之间建立第一级复制,移动结点之间建立第二级复制。该方法可以完成在断接情况下数据库的暂时更新,一旦重新建立连接,可以完成永久更新,保持系统的状态一致性。在解决缓存失效技术方面,可以通过服务器定期或异步地广播缓存失效报告使移动客户机的缓存保持同步。

4) 移动查询处理

在移动数据库中,存在着与位置相关信息的查询与更新。这方面的问题与时态、空间数据库是相关的。有学者提出在现有的分布式数据库管理系统的外部再封装一层用于解决与移动对象位置相关的查询,设计模型来描述移动对象,对传统的 SQL 语言进行扩展来查询与位置相关的信息。

7.3 平台支撑——GIS-T 技术

GIS,即地理信息系统,是交通综合管理平台的关键支撑基础,它是 ITS 中的一项重要技术,它基于地理空间数据管理,以道路交通网的地理位置为坐标,将道路交通特性资料与地理空间资料相结合,形成一个完整的、多层次的空间数据库。为车辆导航定位和车辆监控调度,交通信息查询与展示提供基础。

7.3.1 GIS 空间数据

空间数据是指以地球表面空间位置为参照,描述自然和社会经济要素的数据,可以是图形、图像、文字、数字和表格等。空间数据由用户通过各种输入设备或系统通讯输入 GIS,是 GIS 所表达的现实世界经过模型抽象的实质性内容。

1. 空间数据类型

GIS 所包含的数据均与地理空间位置相联系,以坐标的形式进行定位。GIS 数据包括相互联系的三个方面。

(1) 几何数据。描述地理实体本身位置和形状大小等的量度信息,由坐标串表达。

(2) 关系数据。描述各个不同地理实体之间空间关系的信息,如接近度、邻接、关联、包含和连通等。其表达手段是建立实体之间的连接信息,用拓扑关系来表示。关系数据的存在有助于各种应用和空间分析。

(3) 属性数据。即非空间数据,是各个地理单元中的自然、社会、经济等专题数据。其表达手段是字符串或统计观测数值串。属性数据是 GIS 的主要处理对象,是对地理实体专题内容更广泛、更深刻的描述,是对空间数据强有力的补充。

地理数据以数据库进行组织和存贮,并通过数据库管理系统进行管理。地理数据属于空间数据,GIS 特殊的空间数据模型决定了 GIS 独有的空间数据结构和数据编码,也决定了 GIS 独具的空间数据管理方法和系统空间数据分析功能,成为资源与环境管理和地理学研究的重要工具。空间数据记录的是空间实体的位置、拓扑关系和形态、大小等几何特征。表示地理要素的空间数据可分为如下 7 种不同类型:

① 类型数据,如居民点、交通线、土地类型分布等;

② 面域数据,多边形中心点、行政区域界限和行政单元等;

③ 网络数据,如道路交叉点、街道和街区等;

④ 样本数据,如气象站、航线和野外样方的分布区等;

⑤ 曲面数据,如高程点、等高线和等值区域;

⑥ 文本数据,如地名、河流名和区域名称;

⑦ 符号数据,如点状符号、线状符号和面状符号等。

上述各种类型的空间数据都可以用点、线、面三种不同的图形来表示,并可分别采用平面坐标、地理坐标或网格法表示。

2. 数据存储与管理

数据存储是将数据以某种记录格式存储在计算机内部或外部存储介质上。其存储方式与数据文件的组织密切相关。数据管理是处理数据存取和数据运行的各种管理控制。空间数据管理是 GIS 数据管理的核心，各种图形数据或图像数据都以严密的逻辑结构存放在空间数据库中。属性数据管理一般直接利用商用关系数据库软件，如 FoxPro，ORACLE，SQL Server 等进行管理。

在地理信息系统软件中，需要管理的数据主要包括：空间几何体数据、时间数据，结构化的非空间属性数据以及非结构化的描述数据。为了实现对这些数据的管理，通常的方案包括以几下方面内容。

1）文件管理

文件管理是将所有的数据都存放于一个或者多个文件中，包括结构化的属性数据。采用文件管理数据的优点是灵活，即每个软件厂商可以任意定义自己的文件格式，管理各种数据，这一点在存储需要加密的数据以及非结构化的、不定长的几何体坐标记录时是有帮助的。文件管理的缺点也是显而易见的，就是需要由开发者实现属性数据的更新、查询、检索等操作。换言之，利用文件管理增加了属性数据管理的开发量，并且也不利于数据共享。目前，许多 GIS 软件采用文本格式文件进行数据存储，其目的是为了实现数据的转入和转出，与其他应用系统交换数据。

2）关系数据库管理

在这种管理方式中，不定长的空间几何体坐标数据以二进制数据块的形式被关系数据库管理，换言之，坐标数据被集成到 RDBMS（关系数据库管理系统）中，形成空间数据库，其结构如图 7-15 所示，可以认为一个地物对应于数据表中的一条记录，这样它带来的最直接的好处是避免了对“连接关系”的查找。目前，关系数据库不论是理论还是工具，都已经成熟，它们提供了一致的访问接口（SQL）以操作分布的海量数据，并且支持多用户并发访问，安全性控制和一致性检查。这些正是构造企业级的地理信息系统所需要的，此外，通用的访问接口也便于实现数据共享。

采用全关系空间数据管理，由于几何体坐标数据不定长，会造成存储效率低下，此外，现有的 SQL 并不支持空间数据检索，需要软件厂商自行开发空间数据访问接口，如果要支持空间数据共享，则要对 SQL 进行扩展。

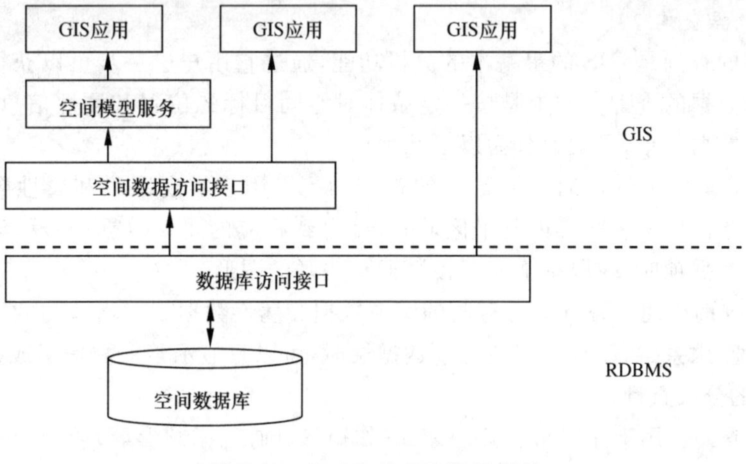

图 7-15　集成化的 GIS 数据管理

3）文件结合关系数据库管理

这是目前大多数 GIS 软件所采用的数据管理方案。考虑到空间数据是非结构化的、不定长的，而且施加于空间数据的操作需要 GIS 软件实现，这样就可以利用文件存储空间数据，而借助于已有的关系数据库管理系统管理属性数据。具体采用这种管理方式：

(1) 空间数据：通过文件进行管理；

(2) 时间数据：是结构化的，可以利用数据库进行管理；

(3) 非空间属性数据：利用数据库进行管理；

(4) 非结构化的描述数据：由于描述数据，不论是文本、图像，还是声音、录像，一般都对应于一个文件，这样可以简单地在关系数据库中记录其文件路径，其优点是关系数据库数据量小，缺点是文件路径常常会因为文件的删除、移动操作而变得不可靠。

由于空间几何体坐标数据和属性数据是分开存储管理的，需要定义它们之间的对应关系。通常的解决方案是在文件中，每个地物都有一个唯一标识码(地物 ID)。而在关系数据表结构中，也有一个标识码属性，这样每条记录可以通过该标识码确定与对应地物的连接关系如图 7-16 所示。采用该管理方式的缺点在于经常进行根据地物 ID 的查找(既包括从给定的地物查找其对应记录，又包括根据给定的记录检索相应的地物)，使查询、模型运算等一些操作的速度变慢。

地物 ID	坐标
ID_1	$X_1, Y_2; X_2, Y_2\cdots$
ID_2	$X_1, Y_1; X_2, Y_2\cdots$
ID_3	$X_1, Y_1; X_2, Y_2\cdots$
…	…

(a) 通过文件管理空间数据

地物 ID	属性 1	属性 2	…
ID_1	属性值	属性值	…
ID_2	属性值	属性值	…
ID_3	属性值	属性值	…
…	…	…	

(b) 通过关系数据库管理属性数据

图 7-16　同时使用文件和关系数据库管理 GIS 数据

3. 空间查询与分析

空间查询与分析是 GIS 的核心，是 GIS 区别于其他信息系统的本质特征。主要包括数据操作运算、数据查询检索、数据综合分析。

1) 空间数据查询

空间数据的查询是 GIS 的最基本的分析功能，通过它用户进一步可以获得很多派生空间数据。空间数据的查询实质上是按一定条件对空间目标的位置和属性信息进行查询，以形成一个新的数据子集，可大致分为以下几种：

(1) 定位查询。定位查询是最基本的查询功能。用于实现图形和属性数据的双向查询。如将光标指向屏幕上图形的某个区域时，可得到相应的属性数据；相反，当光标指向属性数据中某一数据项时，在屏幕上显示该数据相关联的图形。

(2) 分层查询。用于查询分层存放的图形数据和属性数据。如当地图的地理要素分成行政界线、交通、水系、居民点及其他专题数据层时，可以只显示某一数据层或显示多个数据层，实现要素的分层查询。

(3) 区域查询。用于在屏幕上开一窗口(如矩形、圆形、椭圆形等)或指定一任意多边形区域，查询该区域内的所有图形数据和属性数据。此外，也可检索点、线、面在一定范围内的图形数据及相关的属性数据。

(4) 条件查询。根据数据项、运算符和函数组成的条件表达式来查询图形数据和属性数据。这里所说的运算符包括算术运算符（+、-、×、÷）；关系运算符（=、≤、≥、<、>）和逻辑运算符（∪、∩）等。

（5）空间关系查询。空间关系查询又称拓扑查询。空间目标之间拓扑关系分两类：一类是几何元素之间的结构关系，如点、弧段、多边形之间的关联关系，用来描述和表达集合元素之间的拓扑结构。另一类是空间目标之间的位置关系，用来描述所表达几何元素之间的分布特征，如邻接关系、包含关系、方向关系等。空间关系查询的目的是检索出相关的空间目标。

① 面—面查询：查询并判断两个面状地物之间是否相邻、包含、相交以及方向距离关系。如查询某一湖泊周围的土地类型，就是查询同湖泊相邻区域的图性属性。

② 线—线查询：查询并判断线与线之间是否有邻接、相交、平行、重叠以及方向距离关系。如查询某一条公路所跨过的河流，就是查询与该公路相交的河流。

③ 点—点查询：查询并判断点与点之间的距离、方向和重叠关系。如查询居民点周围小于 2km 的商店。

④ 线—面查询：查询并判断线与面之间的距离、方向、相交及重叠等关系。如求通过某县的公路，或某一条铁路所经过的县、市。

⑤ 点—线查询：查询并判断点与线之间的距离、方向及重叠关系。如查找某一河流上的桥梁，或通过某一居民点的公路。

⑥ 点—面查询：查询并判断点与面之间的距离、方向及包含关系。如查找某市的采矿点，或某一矿井的所在辖区等。

4. 空间量算

1）几何量算

一般 GIS 软件都具有对点、线、面状地物的量算功能。几何量算对不同的点、线、面地物有不同的含义。

（1）点状地物（0 维）：坐标；

（2）线状地物（1 维）：长度、方向、曲率；

（3）面状地物（2 维）：面积、周长、形状等；

（4）体状地物（3 维）：体积、表面积等。

2）形状量算

面状目标物的外观是多变的，很难找到一个准确的量对其进行描述。最常用的指标包括多边形的长短轴之比、周长面积比等。其中绝大多数指标是基于面积和周长的。通常认为圆形地物既非紧凑型也非膨胀性，则可定义其形状系数 r 为

$$r=\frac{P}{\sqrt{\pi A}} \tag{7-1}$$

式中 P——地物周长；

A——地物面积。

如果 $r<1$ 为紧凑型；$r=1$ 为标准圆；$r>1$ 为膨胀型。

3）质心量测

质心是描述地理现象空间分布的一个重要指标。质心可简单地描述为地理目标保持均匀分布的平衡点。质心通常定义为一个多边形或面的几何中心，当多边形比较简单时，计算很容易。当多边形形状复杂时，计算也更加复杂。

在某些情况下，质心描述的是分布中心，而不是绝对几何中心，这种质心称为平均中心或重心。如某一地区的人口分布中心点，某一土地类型在某一地区的分布中心点，某一工业部门在全国的分布重心等。如果考虑其他一些因素的话，可以赋予权重系数，称为加权平均中心。质心量测可用于对地理分布变化的跟踪；计算目标物对周围地区的经济辐射范围。如应用质心量测分析人口变迁、土地类型变化等。

7.3.2 GIS-T 系统

由于交通信息与地理空间资料密切相关，而地理信息系统集成了计算机数据库技术和计算机图形处理技术，具有强大的数据管理和空间分析功能，因此交通运输也是地理信息系统的重点应用领域，两者结合便产生了交通地理信息系统 GIS-T(Geographical Information System for Transportation)。简而言之，GIS-T 就是收集、存储、管理、综合分析和处理空间信息和交通信息的信息系统，是 GIS 技术在交通领域的延伸，是 GIS 与多种交通信息分析和处理技术的集成，它将为交通各部门提供一个功能强大的空间信息服务和管理工具。如图 7-17 是 GIS-T 系统的总体结构与系统功能框图，从图中可以看出，GIS-T 系统主要包括三个子系统，它们是数据库子系统、数据采集和质量控制子系统以及系统功能表征子系统。

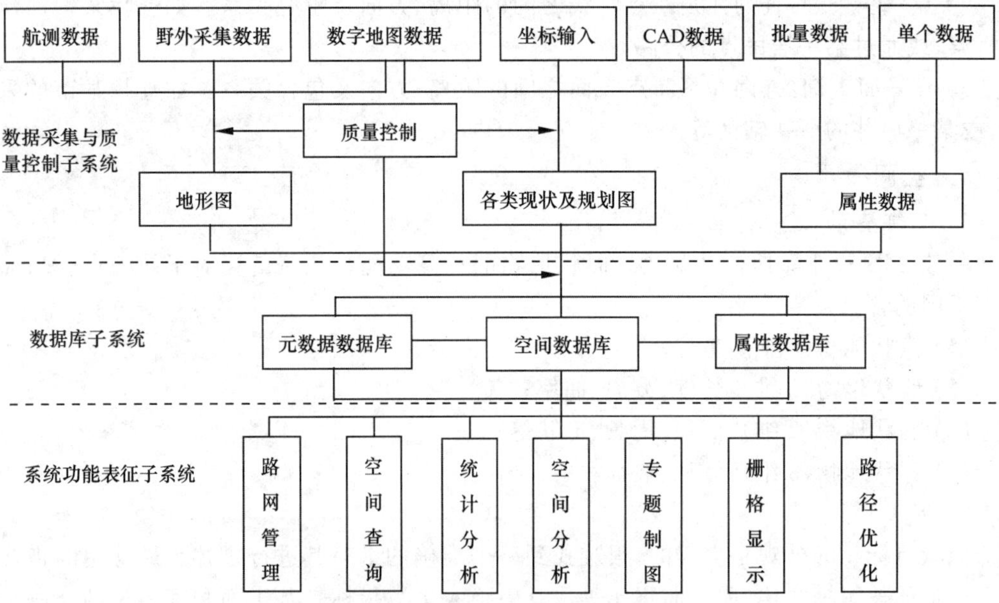

图 7-17 GIS-T 系统结构与功能

1. 数据库子系统

在 GIS-T 系统中，数据库结构是核心内容之一。GIS-T 原型系统数据库，是通过数据分层、图块管理、属性编码、数据字典和空间索引等建立空间数据库；在 GIS-T 原型系统中主要交通数据的类型：①空间信息(如交通分区图，道路网络图，设施分布图等)；②属性信息(交通区属性数据库、路网属性数据库、设施属性数据库、交通流量、道路等级、路面状况、图象数据如航空影象、设施照片等)；③其他有关信息如多媒体数据库中航空影象、设施照片、声音等多媒体信息。在 GIS-T 系统中对于空间要素采用矢量形式，定义点(point)、线(polyline)、面(polygon)和注记(annotation)等空间类型，对每一类空间要素，建立对应的空间特征表，并以空间要素的 ID 值作为主关键值，以此与属性数据库建立关联。而表示各空间要素属性的信息采用关系数据库结构,数据的组织符合关系型数据结构要求,设计时数据编码、格式统一,便于有效管理属性信息。

区域数据在GIS-T系统中定义为polygon空间对象,是以交通分析基础小区为基本单位构成记录,其关键字为小区编号(ID),用与属性数据库联接。属性数据库中字段包括小区的面积、GDP、居住人口、车辆保有量、人均收入、各类用地、交通产生吸引量等。对交通规划来说,一个特定年份的区域数据是一个两维表,但对于历史数据来说,区域数据增加了时间维,构成一个三维表。系统中采用在同一数据库中的多张特定年份的两维表格形式存放区域数据来实现。路网数据在GIS-T系统中定义为polyline空间对象,是交通网络中代表一条交通线路(例如,一条道路路段、轨道交通中两站之间的路段等)的边对应的数据,其关键字为线路编号(ID)。其属性数据库包括两个方面,即技术参数数据库和交通流量数据库。对于线路技术参数数据库,一般只需保存现状数据,因而构成以线路编号为关键字的两维表,其记录由线路编号、等级代码、线路长度、横断面形式等字段构成。对于线路交通流量数据库来说,由于需要记录不同年份的历史数据,因而也是一张三维表。在GIS-T系统中对时间维分解成多张两维表来处理,记录由线路编号、不同车型(或不同形式)的交通量构成。点数据表则主要是用于表述交通枢纽和设施的空间位置和相应的属性信息,在系统中定义为point空间对象。

2. 数据采集与质量控制子系统

面向对象的空间数据采集与质量控制子系统可以采集行政区域边界、道路、铁路、基础设施等要素的空间图形数据,这些空间要素按照不同空间数据类型分层,并且能够满足规划与管理应用的数据质量要求。系统提供的属性数据库管理子系统,能够完成相应的属性数据,例如,如上所述的行政区域,交通分析区域,路线,基础设施等信息的输入、修改、查询和管理等功能,并且建立空间数据与相应属性数据库的关联。采集的数据经过相应的处理,进入到GIS系统中去。在GIS系统中,能够对所采集的空间数据的质量用可视化方法进行显示,以帮助用户对基础数据的质量有一个直观的掌握,利于进一步的应用。在建立空间数据库和属性数据库的同时,还建立了元数据数据库,其内容包括了各类支持规划与管理的数据、图形和表格的来源、时间,以及质量情况等。

3. 系统功能表征子系统

GIS-T的系统功能主要包括:路网管理、空间查询、统计分析、空间分析、专题制图、栅格显示以及路径优化等。

1) 路网管理

系统提供交通路网的编辑,如路段的修改,增加/删除路段,增加/删除节点,路段合并/分割等功能,在对空间图形的编辑中,对应的属性数据库记录也随之改变。

路网管理中采用动态分段技术,动态分段功能是将地图网络中的连线按特征分段。分段是动态进行的,与当前连线属性相对应,如果属性改变,则创建一组新的分段。把动态分段功能引入GIS-T软件,是为了分析以线为基础的运输系统属性。如路面管理中,路网图将以路面类型来“自动分段”,使每个类型的路面含在同一个组中如果需要路面类型和车道数这两种属性进行分段,那么每类路面中车道数相同的又自动形成一组。线事件属性的动态显示,例如,道路的路面质量属性,是以起点里程和终点里程来定位的,如图7-18为某系统路线交通事件和路面质量的动态分段显示。

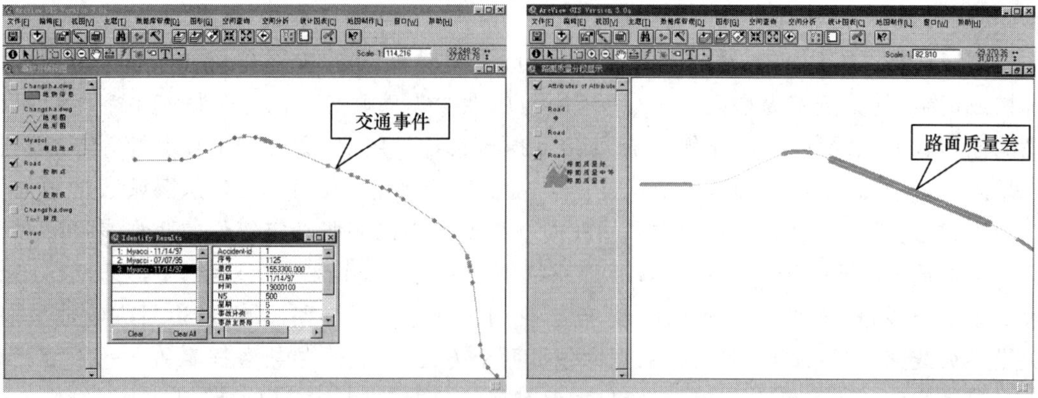

图 7-18　某系统路线事件和路面质量的动态分段显示

2）空间查询

针对交通管理中的查询需求，子系统提供了从图形查询属性和从属性查询图形的图文交互查询方式，包括空间位置、属性、范围和关系等多种功能。反映路网拥挤情况的交通流量图、路网中各路段的交通饱和状态表、拥挤交叉口的空间、时间分布图，以及交叉口饱和状态表等，如图 7-19 和图 7-20 所示。

图 7-19　GIS 图中的单车轨迹查询

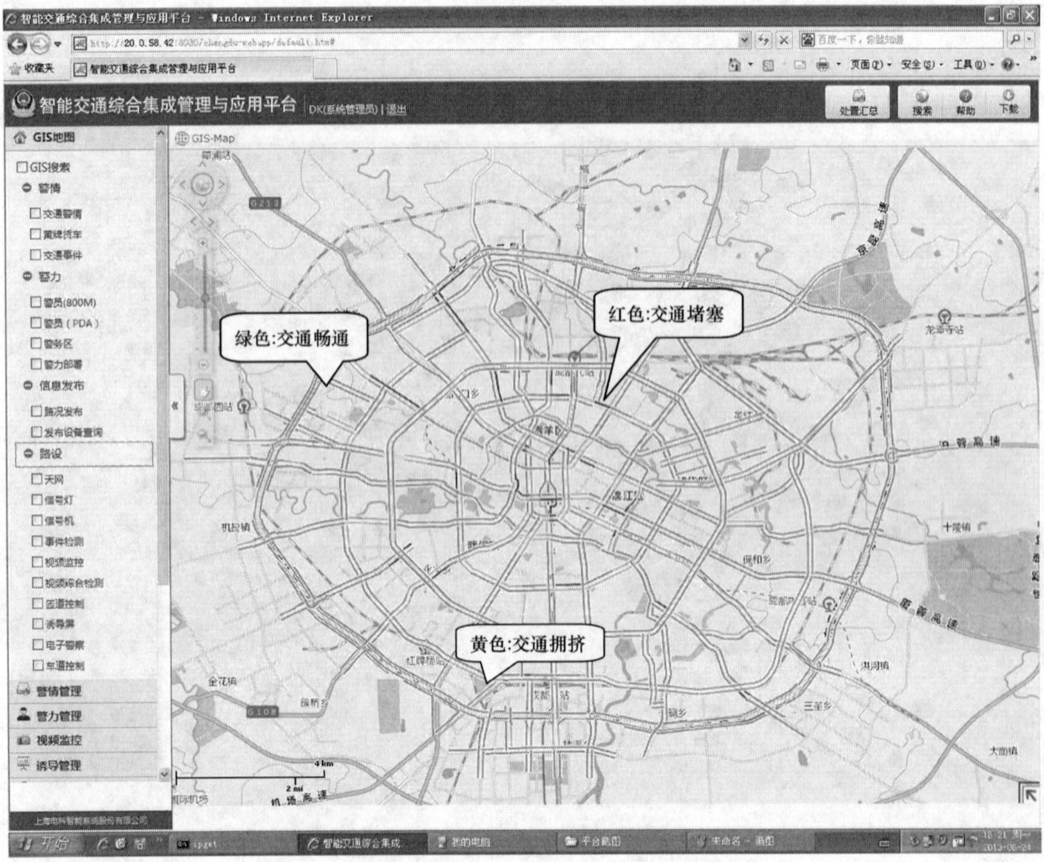

图 7-20　基于 GIS-T 的交通状况(以成都市为例)

3) 统计分析

系统将查询的数据以各种数据视图进行表达,这些数据的表现形式包括各种数据表格、统计图表如柱状图、曲线图、散点图、饼图等。系统提供了各种数据视图,包括规划对象地区社会经济、人口、交通总量等指标历史变化的统计图。图 7-21 显示的某夜间停车数的统计结果结合地图,使得统计结果更加形象易懂。

4) 空间分析

系统提供了空间数据的编辑和修改功能,主要包括交通区域的编辑,交通分区的合并、分割。空间分析功能主要是通过数字地形模型(DTM),以离散分布的点来模拟连续分布的地形,为道路设计创建二维地表模型。

5) 专题制图

基本功能用于编辑、显示和测量图层,主要包括编辑、综合制图和测量等功能。编辑功能允许用户添加和删除点、线、面或改变它们的属性。综合制图功能可以灵活地制作和显示地图,分层输出专题地图,如交通规划图、国道图等,显示地理要素、技术数据,并可放大或缩小以显示不同细节;测量功能用于测定地图上线段的长度或指定区域的面积。

6) 栅格显示

栅格显示功能使得 GIS 可以包含图片和其他影像,并可将对应的属性数据进行叠加分析,对图层进行更新。例如,通过添加桥梁、交叉口以及修正线形等新特征,对原有道路图层

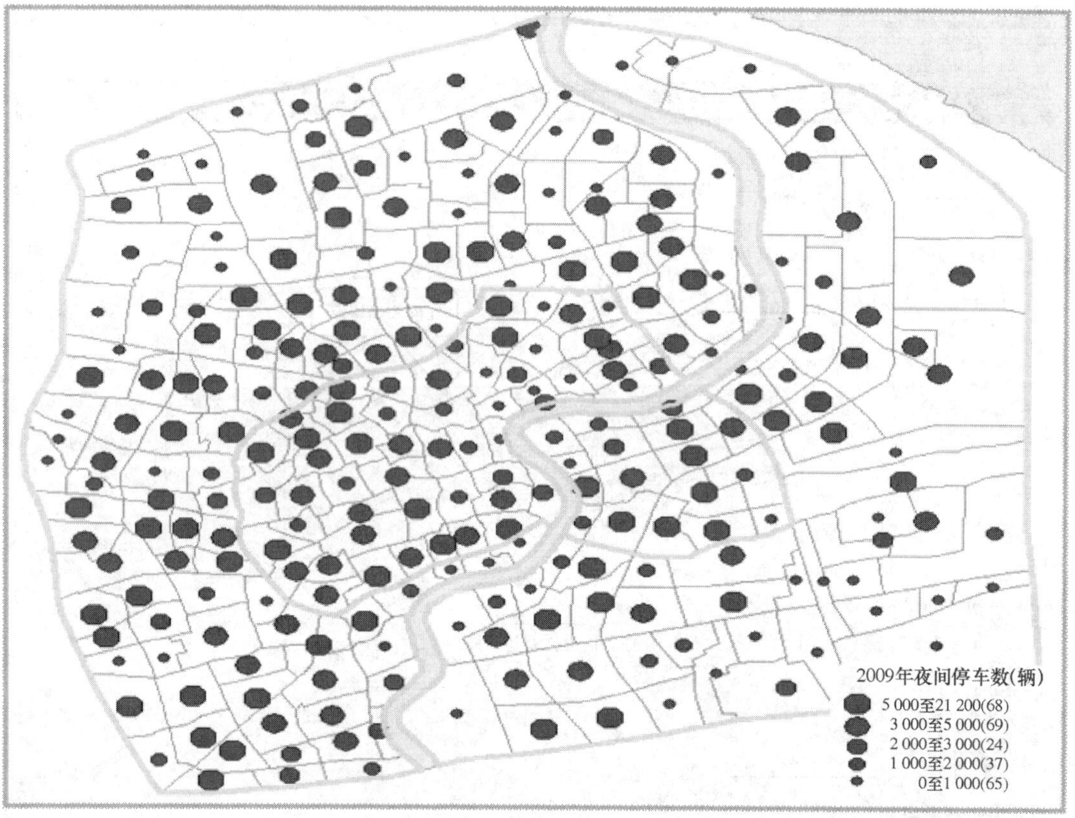

图 7-21　某省公路里程统计柱状图

进行更新；对带状（或多边）图层进行叠加可以标出土地用途和其他属性。

叠加功能允许多个图层在空间上比较地图的要素和属性，分为合成叠加和统计叠加。合成叠加得到的新图层，显示原图层的全部特征，彼此交叉的特征区域仅显示共同特征；统计叠加的目的是统计一种要素在另一种要素中的分布特征。图 7-22 将不同的查询结果叠加到地图上。

7）路径优化

设定起止点，可以选择最短路径，同时可以设置某个路口不能通行，某个路段不能通行；指定通行条件，寻找最佳路径，例如，最佳路径必须在国省道上，技术等级在二级以上。

7.3.3　GIS-T 数据模型

1. 基于特征的非平面数据模型

平面拓扑弧段——节点数据模型已得到广泛应用，如美国人口调查局的 TIGER、DIME 文件以及 ARC/INFO 软件等。然而，由于平面强化限制和全连通特征，要求在所有弧段特征交叉点（物理意义上的交叉点、统计意义上的交叉点、属性发生变化处）都必须产生节点，导致数据库中的节点和弧段数量急剧增加，影响网络分析效率；人为地将一条完整道路分成若干弧段，造成数据完整性和一致性的维护困难，且平面数据模型只支持拓扑节点，不支持纯语义节点，造成目标之间的语义关系和拓扑等空间关系无法直接描述，影响了数据模型的效率。因此，欲有效表达几何目标与拓扑目标，就必须发展非平面数据模型。

基于特征的非平面数据模型同样由弧段和节点组成，与传统的平面弧段-节点数据模型

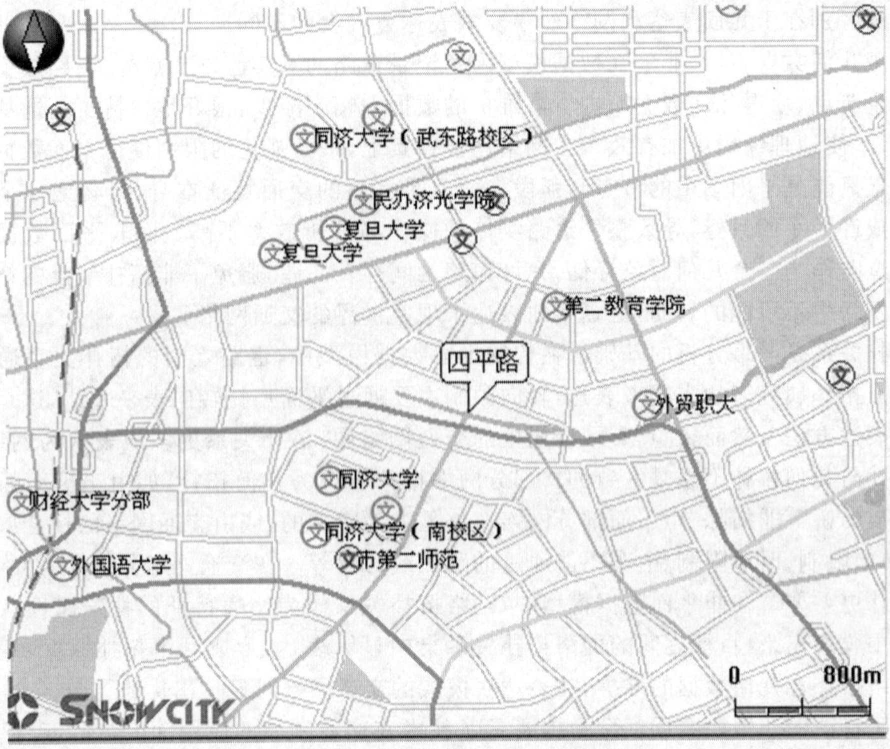

(a) 叠加了教育机构查询结果的地图

(b) 叠加了居民小区查询结果的地图

图 7-22　地图的叠加功能示意

最本质的区别在于几何表达和网络建模要素表达方式上的不同。

对于几何数据表达，非平面数据模型除了记录道路的真实起终节点外，在路线交叉处一般不产生节点，使得几何数据库中所需维护的数据大幅度减少，很好地保持了交通特征的几何完整性，使地理编码更加有效。在网络建模要素上，平面强化的限制使得平面数据模型的建模要素只能是平面图中的节点与弧段。而不是完整的交通特征本身，势必把一个完整目标分割成许多小的目标，导致整个道路实体的操作与分析效率不高。而非平面数据模型是将整条道路作为一个几何对象存储，允许道路之间存在高差，避免了非拓扑节点的产生及立体交通网络中不可能的转向，更真实地表达了现实世界的交通网络。

拓扑关系是网络分析的基础。在传统平面数据模型中，道路之间的拓扑关系通过弧段——节点拓扑属性表的方式来表达，转向限制主要通过平面拓扑转向表来表达，这是一种几何拓扑表达方法。然而，在具有社会属性的交通网络中，拓扑关系更多地表现为网络拓扑，网络拓扑与几何拓扑不总是一致的。部分网络拓扑表现为几何拓扑，如由于平面强化的限制所形成的桥等非拓扑节点，而部分网络拓扑是人为定义的，或由交通网络的社会属性所决定，如转向限制、时速限制、卡车不能通过的路段或时段等。在交通网络分析中，网络拓扑比几何拓扑更重要。在非平面数据模型中，网络拓扑关系作为交通特征的特殊属性从几何数据层次中脱离出来，目标之间的网络拓扑关系集中显示表达，形成网络拓扑数据层次，更有利于网络拓扑和几何数据的维护，在表达多模式的交通网络时显示出优势。

基于特征的非平面数据模型为扩展 GIS 技术在交通领域的应用深度与广度，促进多模式交通网络建模，从而促进 GIS-T 从地图视图发展到导航视图、最终发展到行为视图奠定了良好的基础。

2. 线性参照系统

所谓线性参照系统是指在一维空间中对象的位置度量形式和方法，这是与其他维参照系统类似的。例如，在二维和三维空间中也有许多种基准和参照系统来确定某个对象的位置，WGS84(世界大地坐标系)是 GPS 采用的三维空间参照系统，在这个参照系统中，一个物体是用三维空间直角坐标(X, Y, Z)来决定，也可以用大地坐标经度(B)、纬度(L)和大地高(H)来表示，并且这两种形式可以相互转换；而交通运输领域中空间数据大多采用 1 维线性模型来进行表达，如公路上常用的里程系统，是在线性基准特征的基础上，以里程(长度)来进行事件的定位和度量。

线性参照系统对于交通运输部门进行有关的管理和操作的重要性已经逐步被认识。在 GIS-T 中通常是通过对呈线性分布的网络系统的建模来进行路径寻优、运输路线、交通流量分析、交通规划以及交通设施管理等方面的应用。这种网络系统的空间基本元素是节点(node)和链(link)所组成的，链是由一个起节点和终节点构成，由链再构成网络系统。在这个网络系统中，线性参照的数据模型和方法起着十分重要的作用。事实上，线性参照模型几乎可应用基于网络基础上的所有应用，如设施管理、公交、货运、ITS、水运导航、水文分析等。为了管理和分析 GIS-T 中这些以线性参照为特征的数据，人们开始研究和建立动态分段模型和功能作为其中的关键技术。

线性参照系统中的核心问题之一是线性参照系统基准与控制的建立。线性参照基准与控制是联系线性参照系统与现实世界的桥梁，提供了各种线性参照方法、网络和现实世界之间转化的基本参照空间。线性参照基准与控制的建立，包括控制点、控制点之间的控制段和参考点的确定。线性参照系统是使用与控制点或参考点的距离偏移作为定位度量，就如WGS84中是使用分别与 X、Y、Z 3个轴的距离偏移来确定一个空间对象的位置。

线性参照系统中的核心技术之二是动态分段技术，动态分段模型是实现GIS-T中管理和分析以线性参照为特征的数据的主要技术，通过动态分段算法能够实现分段属性信息与其所描述的线状特征空间位置的联系，从而很好地解决线状特征的多重属性的表征，以及对多重属性的动态查询和分析。

一个线性参照系统的组成，包括线性参照基准、线性参照控制、线性网络系统，以及线性参照方法等几个部分。可以看到，通过线性参照基准与控制，将现实对象映射到线性网络系统中，在网络系统中通过线性参照方法来确定线性参照系统中的各种事件的管理。

1) 线性参照基准与控制的概念

线性参照基准与控制是将现实对象转换到线性参照系统中去的基础。其中，线性参照基准是线性参照控制的必要起算数据。对线性参照系统来说，它是一维空间的控制系统，因此，它也需要一个度量基准，通常称为里程基准(某些时候还有尺度基准)。线性参照控制的基本要素是线性参照的控制点、控制段以及线性参照参考点的确立，线性参照基准与控制的度量参数是距离偏移值。

线性参照系统由线性参考方法、线性网络和参照基准组成。线性参考方法是怎样确定线性分布事件在网络中的位置，常用的参考方法有里程桩参考、分段参考等，如车祸发生在105国道233号和234号公里桩间，距离233号公里桩5.5km处；道路损坏处位于233号和234号公里桩中间，距离233号公里桩5～10km，如图7-23所示。线性网络以传统的弧段-节点模型来表示，包括弧段集和控制点集：参照基准是沿网络分布的已知空间位置的永久性点位，如桥梁、里程桩等。

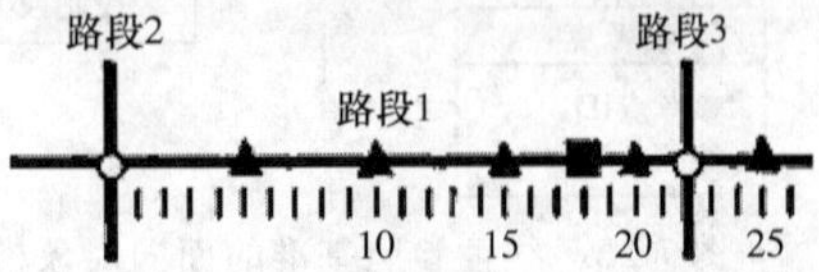

(a) 里程桩参考

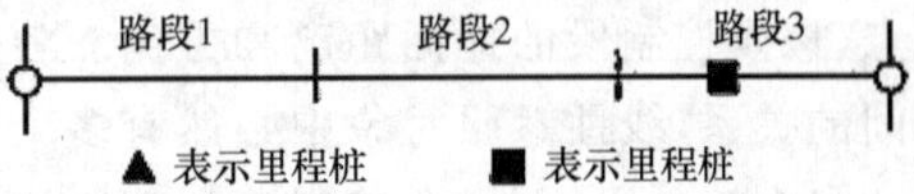

(b) 分段参考

图7-23 线性参照系统的概念模型

在线性参照系统中。只有线性网络具有空间坐标，线性分布事件表达为属性，通过线性分段技术映射出在地理信息系统中的空间位置。

2) 线性参照系统的面向对象模型

为了便于线性参照系统的实际应用，有必要首先建立线性参照系统下的数据模型。线性参照系统是一种复杂的空间对象，其表达具有多层次结构和对象嵌套，对象之间不仅存在一对一，而且还有一对多、多对一的关系，显然是不适合用关系数据模型来表达。而面向对象的数据模型和方法可以直接表达多层次结构和一对多的对象嵌套关系，可以用来对线性参照模型进行描述。

下面探讨线性参照系统的面向对象模型。为了便于说明问题，首先定义如下的对象——关系(E-R)符号(图7-24)。

按照线性参照系统的组成，可以建立各部分的面向对象数据模型。

(1) 线性参照基准与控制的面向对象模型(图7-25)。

从线性参照基准与控制的模型中可以看出，线性参照基准与控制对象是由基准控制点、控制段和参考点对象所聚集而成的。线性参照基准与控制对象的属性包括其ID值(用于唯一确定其对象存在)、名称等；控制点对象的属性包括ID、点名以及用于定位的偏移值；控制

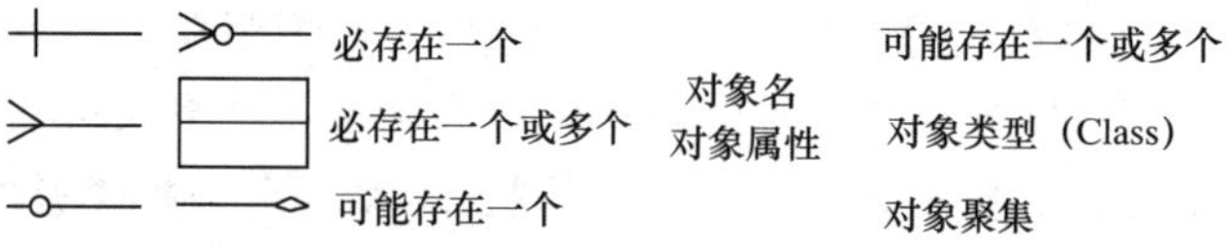

图 7-24　对象——关系图例

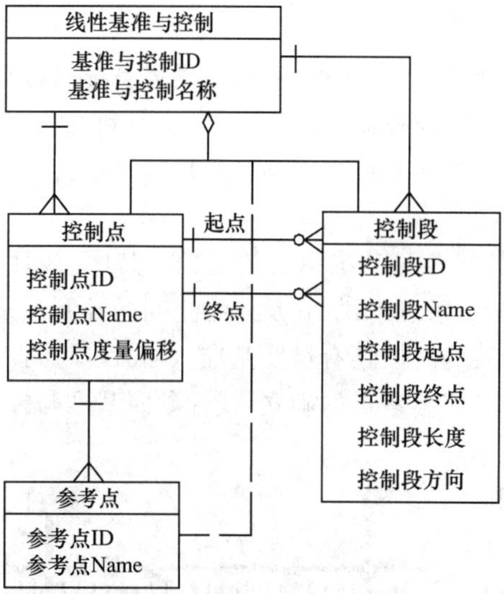

图 7-25　线性参照基准的面向对象模型

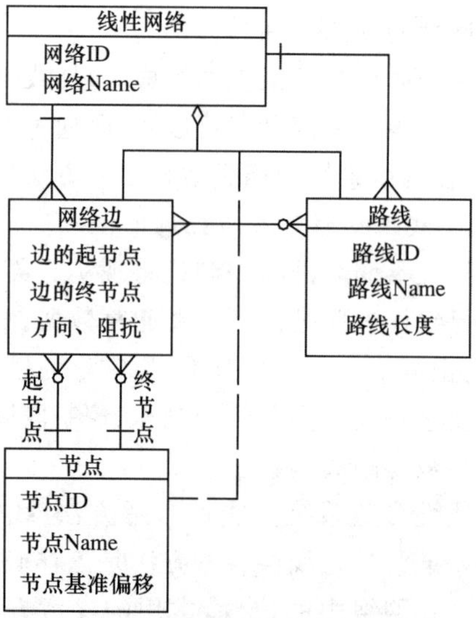

图 7-26　线性网络的面向对象模型

段对象的属性包括 ID、段名、构成的起点和终点，以及控制段的地面距离和方向。各对象之间的关系，线性参照对象中必然有多个控制点和多个控制段，而每个控制点和控制段必然属于一个线性参照基准与控制对象。一个控制点可以参与构成对应多个控制段，而每个控制段必然对应一个起点和终点。

（2）线性网络的面向对象模型（图 7-26）。

从线性网络的面向对象模型可以看到，线性网络对象是由网络节点、节点边、以及网络边构成的路线聚集而成。每个对象都有各自的标识（ID）等属性值。其中，一个线性网络必然由多个网络边和路线组成，而网络边和路线也必然对应一个网络对象；每个网络边必然有一个起节点和终节点，其阻抗属性可用边的长度、费用等来表示；每个节点可以对应多个边；路线是由多个有序的网络边组成，且每个边可参与构成多个路线。

（3）交通特征的面向对象模型（图 7-27）

交通特征是在线性参照系统中反映交通系统中的事件。可以分为点事件（如交叉口）、

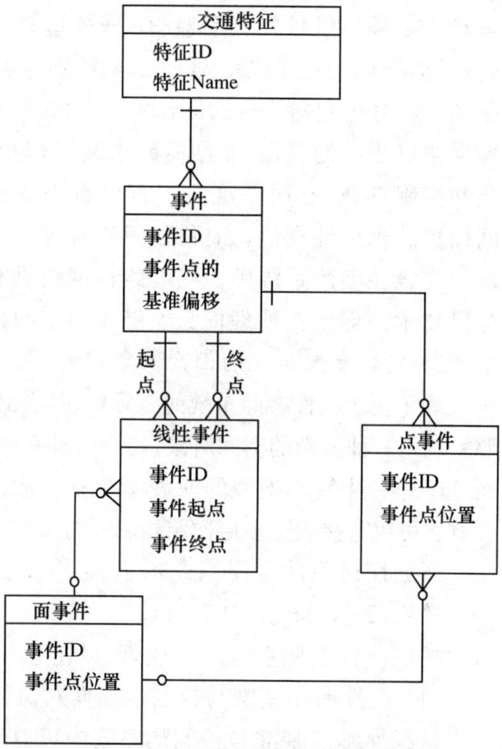

图 7-27　线性网络的面向对象模型

线事件(路段质量)和面事件(机场),而事件点是各类事件在线性参照系统中定位的基础。一个交通特征可以有多个事件点,而事件点必然对应一个交通特征;事件点可以是点事件、线事件和面事件的定位参照,而事件必然是由事件点来确定位置。面事件中可能有多个点事件和线事件,如一个城市作为一个面事件,那么在这个城市中的道路、交通设施等都是属于这个面事件中。

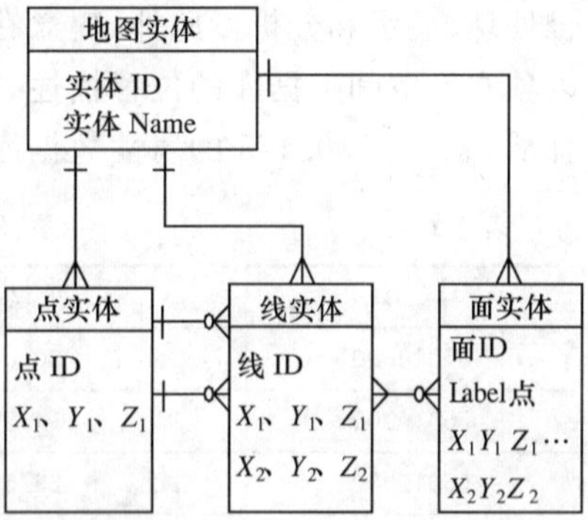

图 7-28　现实实体的面向对象模型

(4) 现实地图实体的面向对象模型(图 7-28)

现实对象是由点、线和面所构成。点、线和面在现实中通常是由二维或三维坐标值来确定。一条线必然由一个起点和终点组成,而面是由多个线所封闭而成的。由此,上述诸模型的聚集构成了线性参照系统的数据模型。

3. 动态分段技术

动态分段是基于网络重叠概念发展来的一种新的线性特征的动态分析、显示和绘图技术,提供了将属性数据(在线性参照系统中称为事件)与空间数据相关联的方法。是处理城市交通网络特征较完善的方法:是在传统弧段——节点数据模型的基础上利用线性参照系统和相应算法,对现实世界中的线性特征及其相关属性进行抽象描述的数据模型和计算手段,在不改变道路空间数据的情况下,使道路的各类属性集(以一维线性参照系统为基础)与道路空间位置(以二维参照系统为基础)建立关联。因此,并没有对道路进行空间上的真正分段,而是在查询、分析道路的某类属性时,动态地计算出属性数据的空间位置。按照建立的线性参照系统进行属性的存储、动态显示、查询和分析,即在动态分段中,线形要素的定位不是使用 X,Y 坐标,而是使用相对位置的信息来实现的。

建立以距离(偏移)为属性的数据与空间数据的关联是动态分段技术在道路规划与管理应用中的主要目的。动态分段技术的实质是将以一维线性参照为基础的属性数据(在线性参照系统中称为事件)与以二维参照系统中的空间数据统一起来,从而将道路数据库对应的多个属性数据集与一维路线中任何部分相关联,而不必随每个属性集的分段不同来修改对应的二维空间中的坐标数据,达到对道路线性特征及其相关属性进行存贮、动态显示、查询和分析。由此,可以看出动态分段技术是实现线性参照系统和二维坐标系统之间相互转换的技术。

线性参照系统模型中使用路线来表示线性特征(如道路、河流等),路线上具有各种控制点和控制段,并使用事件来模拟路线上的相关数据,采用线性度量系统(如公里、时间)来进行数据的管理和分析,这种距离度量可实现有关属性数据描述的定位。动态分段技术是在线性参照系统的基础上用 GIS 分析显示某一线性特征的属性时,其图形分布空间地理位置通过计算其属性表的数据而来。

动态分段技术适合于处理下述情况:①含有一对多关系的特征,即两个或两个以上的信息与线性特征的同一位置相关联;②使用线性度量系统的特征;③含有分段数据的特征,这种特征的属性常常发生变化。利用动态分段功能,不仅能实现道路图形和对应的各种属性数据间的双向查询,而且可以动态地描述道路各种属性数据之间的关系,从而进行数据的综合处理、显示和分析。此外，建立在线性参照系统基础上的属性数据库，其对数据的组织可以独立于空间数据库的位置描述，便于管理和更新。表 7-1、表 7-2 和表 7-3 是一条路线里程从 0.000～30.475 的属性数据库的典型形式。

表 7-1　　里程参照的道路等级属性表

路线 ID	起点里程(From)	终点里程(To)	等级
55010000	00.000	14.577	01
55010000	14.577	23.575	02
55010000	23.575	27.950	03
55010000	27.950	30.475	02

表 7-2　　里程参照的道路车速属性表

路线 ID	起点里程(From)	终点里程(To)	限制车速/($km \cdot h^{-1}$)
55010000	00.000	13.550	55
55010000	13.550	25.325	45
55010000	25.325	30.475	50

表 7-3　　里程参照的路段交通量属性表

路线 ID	起点里程(From)	终点里程(To)	交通量/($pcn \cdot h^{-1}$)
55010000	00.000	13.525	2000
55010000	13.525	25.750	1500
55010000	25.750	30.475	1800

8 交通信息技术应用案例

本章针对信息技术在交通领域中的应用介绍电子收费系统和智能公交系统两个案例。

8.1 电子收费系统

8.1.1 收费系统

1. 收费方式分类

收费系统的收费方式很多，通常可分为均一式、开放式、封闭式与混合式等几种。

1) 均一式收费系统

如图 8-1(a)所示，均一式收费系统的收费站建在高速公路所有入口匝道上，运行车辆只需要经过一个收费站停车交费，各个入口收费站均用同一收费标准，与里程无关。

2) 开放式收费系统

如图 8-1(b)所示，开放式收费系统的收费站建在主干线上，视距离长短决定建收费站的数目，车辆可自由出入，其出入口不受控制。入口一次交费。长途车辆可能经过多个收费站需多次交费。这种收费方式应用于道路距离较短或互通立交较少的场合。

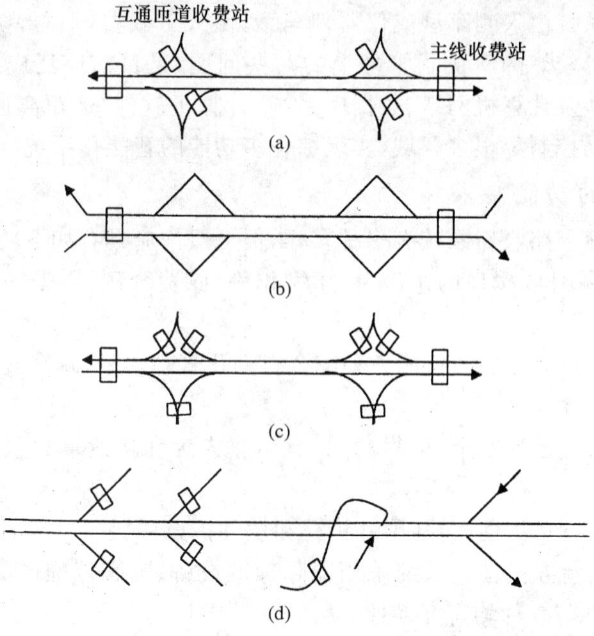

图 8-1 收费系统示意图

3）封闭式收费系统

如图 8-1(c)所示，封闭式收费系统的收费站建在各互通立交出入匝道上，也可以建在主干线上，车辆进入高速公路均要受到控制。封闭式收费系统通常是入口发票(卡)，出口交费。但目前亦有采用入口收费，出口验票的方式。

4）混合式收费系统

如图 8-1(d)所示，混合式收费系统是上述三种收费系统的组合，诸如开放式系统与封闭式系统的混合，或者均一式与封闭式系统的混合等。高速公路的建设往往是分段进行的，因此通常在主干线上先建一个收费站，形成开放式收费系统。随着公路的继续修建延长，再增建主线收费站，形成了开放式与封闭式相混合的收费系统形式。

如果按照在收费系统中人工参与收费程度，系统又可分为人工收费、半自动收费和全自动收费。人工收费方式是目前仍然广泛使用的一种收费方式。这种方式基本上不用计算机，在每个收费亭设置收费员，对通过收费站车辆的车型识别，通行费收取，收据发放以及车辆放行等收费操作全部由收费员手工完成。半自动收费是目前最适合我国国情的一种收费方式，它由人工和计算机共同完成收费工作。人工(或仪器)识别车型，人工收费，计算机收费，数据打印与汇总等。全自动收费就是全部收费过程不需要人工参与，完全自动地，不停车地完成。

高速公路收费系统的产生与发展的历史虽然不长，但随着电子技术，计算机技术，通信技术，自动控制技术等的快速发展，收费系统已经经历了人工收费、半自动收费和全自动收费的历程。我国早期高速公路收费系统采用由人工判别车型、人工收费、人工发放收据、人工放行车辆等全部操作过程均由人工完成。这种收费方式虽然投资少，应用较广，但是弊端不少，有待于更新。

随着电子技术的发展，在手工收费的基础上，高速公路的收费方式——开放式半自动收费系统产生了。该系统由人判车型或仪器判车型，由人工收费，汇总，统计及管理均由计算机完成。半自动收费较好的解决了管理上的一些问题，是目前广泛应用的一种收费系统。高速公路收费系统涉及计算机网络、数据库系统、计算机软件、远距离通信、电视监控、计算机对很多外设的自动控制等很多领域，实现综合多功能的智能化系统。

2. 收费系统的功能要求

上面介绍的高速公路收费系统有多种多样，但一般均应具有如下功能：

(1) 及时、准确统计收费口的车流量、车型识别、收费金额、票据等收据，并对此定时做出分析对比和预测。

(2) 提高高速公路道口的通行能力和综合自动化管理水平，减轻收费员的劳动强度，提高工作效率和社会效率。

(3) 保证收费系统运行安全、可靠，并具有防止人为和自然事故危害系统的能力，具有系统故障后备功能。

(4) 收费系统具有可扩性，包括硬件扩充和软件扩充特性。

(5) 收费系统具有互换性。系统采用国际标准设备、国家标准产品，所有收费站之间、收费通道之间的硬件与软件均有互换性。

(6) 收费系统具备较高的实时处理速度，在最大交通量情况下能满足实时相应的要求。

(7) 收费系统支持多种收费方式：现金、非接触式 IC 卡与不停车收费方式。

(8) 收费系统及时提供各种正确的统计报表，满足规范化、现代化管理的要求。

3. 半自动收费系统的组成

半自动收费系统具有抑制收费作弊、提高管理水平、降低运营成本等特点，是很适合我国当前国情的一种收费系统。根据不同的收费方式，半自动收费系统需配置的设备亦不完全相同。高速公路半自动收费系统由收费车道系统、收费站计算机系统、收费中心(分中心)计算机系统组成。

对于不同方式的半自动收费系统，中心计算机系统、分中心计算机系统和收费站计算机系统几乎不变，只有收费车道系统有所变化。

(1) 中心计算机系统。主要用于对所有分中心计算机的数据收集、数据通信、处理、统计、打印所有统计数据与报表，对系统进行综合管理控制及调度等。

(2) 分中心计算机系统。主要用于收费系统所管辖的所有收费站的数据收集、数据通信、处理、统计、打印有关数据与统计报表。

(3) 收费站计算机系统。主要对本站各收费道口的设备进行管理和监督，用于采集、处理、统计、分析本站所有收费数据与交通量数据，存储、打印有关的统计报表，实现同管理处计算机的通信。

(4) 收费车道系统。是收费系统的最基本单元。收费亭外设备——车型识别仪、栏杆、雨棚信号灯、雾灯等、出口车道系统(包括摄像机，其余与入口车道相同)、报警网络系统、内部对讲系统等部分组成。用来采集每条收费道口的收费数据与交通量数据，并加工处理，对进出口车辆进行控制，收取车辆通行费，并与收费站计算机系统进行数据通信。若收费站计算机系统发生故障时，收费车道系统应有一定时间的数据存储功能。

这种半自动收费系统的主要结构是一个计算机网络系统，收费中心与分中心以及收费站与收费道口之间可采用光缆或微波及有线电缆进行通信。

随着高新技术的快速发展，全自动收费系统应运而生了。自动收费系统也叫不停车收费系统，或称电子收费系统。通常该系统包含一套读出或读出/写入微波通信线路，在车道旁装有发射器，同时运行车辆上也装有一个无线电波发射器(应答器)，当车辆通过时，不需在收费站前停车交费，一切均由电子的方式自动完成。这种自动收费系统虽然设备复杂，投资大，但颇具发展前景。

8.1.2 基于 DSRC 的电子收费系统

1. 电子收费系统(ETC)

电子收费系统(Electronic Toll Collection System，ETC)于 20 个世纪七八十年代开始研究，到 80 年代末 90 年代初步入成熟商用阶段，如美国的 Autopass 不停车收费等，已在欧美及亚洲等多个领域中应用。ETC 是无需停车能收到收费道路的通行券、自动支付收费道路的通行费用的系统。通过安装在车辆上的车载器与安装在道路两旁的天线之间的无线通信设备进行信息交换、缴纳相应行驶区间的通行费，如图 8-2 所示 ETC 专用车道。在电子收费系统中，广泛的采用了现代的高新技术，尤其是电子信息方面的技术，包括无线通信、计算机、自动控制等多个领域。在收费过程中流通的也不是传统的纸币现金，而是电子货币。由此可见，采用高新技术实现收费电子化，是电子收费系统的一个重要特征，也是它得名的主要根据。

图 8-2　ETC 收费系统

ETC 由路侧无线装置(天线)、车辆检测装置、车道服务器、控制装置、龙门显示装置、车道服务器、车道监视摄像机等设置在收费所车道旁的设备,和车道监视控制盘、收费所服务器等设置在收费事务室的设备构成。如图 8-3 给出了 ETC 收费系统的设备组成。

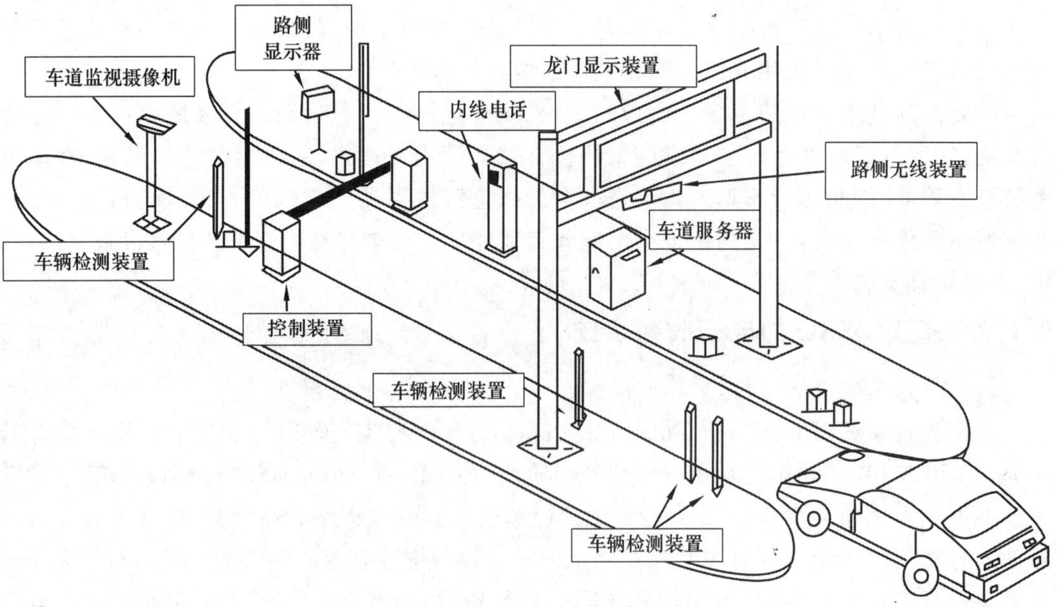

图 8-3　收费系统车道旁设备组成图

电子收费系统的另一个重要特征,是实现了公路的不停车收费。这一点是实现系统电子化的结果。电子技术的使用实现了收费操作的完全自动化,再加上电子货币式的交费方式，使得使用系统的车辆只需要按照限速要求直接驶过收费道口，收费过程就可以通过无线通信和机器操作自动完成。不必像以往一样在收费亭前停靠、付款。

电子收费系统的基本原理是使安装在车辆上的专门装置(车上单元)通过无线信号与安装在收费口上的天线进行信息交换，根据该专门装置中保存的与收费相关的数据，可以即时算出并征收通行费用。费用征收不用现金，而使用电子货币式的系统(IC卡)。一套完整的电子收费系统是由识别、通信等多个子系统和设备构成的(图8-4)。

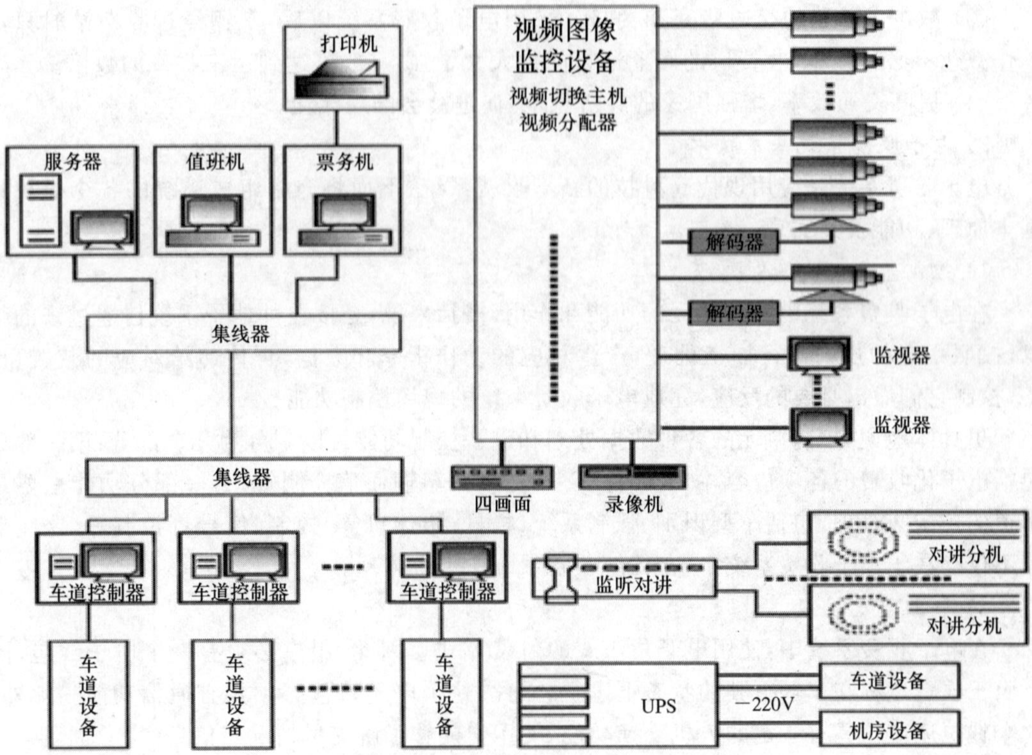

图8-4　收费系统结构示意图

在电子收费系统中，有两大类付费方式可供用户选择。一类是预付方式，用户预先交纳一定金额的通行费，每当收费操作时，从中扣除相应的款项。这就像现在的一些储值卡。另一类是事后支付方式，用户申请一个帐号，每当收费操作时，凭这个帐号进行记帐，然后定期或不定期地结帐付款，这就像日常交纳电话费一样。

整个电子收费运行的大致过程是：首先用户前往发行安装部门，申请安装车上单元，预交通行费或设立事后付费帐户，然后该车便可上路。在进入收费站时，车辆按规定限速通过电子收费车道。识别子系统识别出该车辆所属的类型，报告控制单元。通信子系统通过天线与车上单元进行双向通信，收费操作在通信的过程中同时完成。

每次收费操作，控制单元都将把收费的相关信息递交给收费站的计算机，同时，事后付款方式的收费数据将定时传送给中央处理系统，以便生成转帐清单向金融机构请求支付。

1) 电子收费系统的优点

电子收费系统与传统的收费系统相比，具有很多优点，主要包括以下几点：

(1) 极大地提高了收费工作的效率，同时杜绝了工作的贪污、作弊、乱收费等现象。由机器来进行收费，还减少了收费过程中人为因素的影响，收费标准能够得到更严格的执行，乱收费等现象可以得到有效地遏制。

(2) 电子收费系统还大大方便了驾乘人员，减少了无谓的消耗和污染。采用电子收费系统以后，实现了路桥通行费征收的不停车操作，这极大地方便了车辆驾乘人员。对于车辆而言，这意味着不必频繁的启动、刹车，此外，车辆排放的废气也会因为不必怠速等待而得以减少，这对环境的保护是有益的。

(3) 减少了公路的交通堵塞和拥挤。采用电子收费系统以后，车辆经过收费站时只需稍作减速不必再停车，收费口的车辆通行能力大大增强，一般可达到手工收费的数倍。

(4) 提高交通效率，增强国家的经济竞争，促进社会的现代化。

2) 电子收费系统基本技术

电子收费系统是应用现代高科技的新型收费系统，下面将介绍组成系统的各个模块的基本原理、功能及其实现。

1) 控制单元

在电子收费系统中控制单元的功能和作用，概括来说，是接受其他子系统传递过来的信息，按照一定的规则进行加工处理，产生相应的动作指令和数据，再传递给对应的装置、设备，控制它们做出必要的反应，完成电子收费系统的现场控制功能。

更具体地说，控制单元的各种数据处理和设备控制功能可以划分为几个部分：第一部分包括电子化收费的各项内容，如费额计算、车道——车辆通信控制等；另一部分功能主要是车道的控制与管理，包括车型识别、强制系统（栏杆、摄像机等）控制、信号灯控制等，这些功能不仅存在于电子收费系统中，在传统收费系统中也有体现。

2) 车上单元

在电子收费系统中，使用电子货币式的付费方式。因此，用户必须有一个电子钱包，同时由于收费过程在车辆行驶的状态下进行，因此，这个电子钱包必须具有通信功能。此外，这个钱包还应该具有一定的人机交换功能，使用户能够了解支付情况等信息。

在车上单元的结构组成中（图 8-5），微处理器是其中的核心，它对其他部分的工作起着指挥、控制的作用。微处理器在运行时需要一定的存储器以存放程序指令、操作数据等内容，这由内部存储器来提供。专用集成电路是具有相对独立功能的模块，它在微处理器控制下，使用其内部集成的专门算法，对输入的数据进行特定的加工，通常是加密、编码等。微波

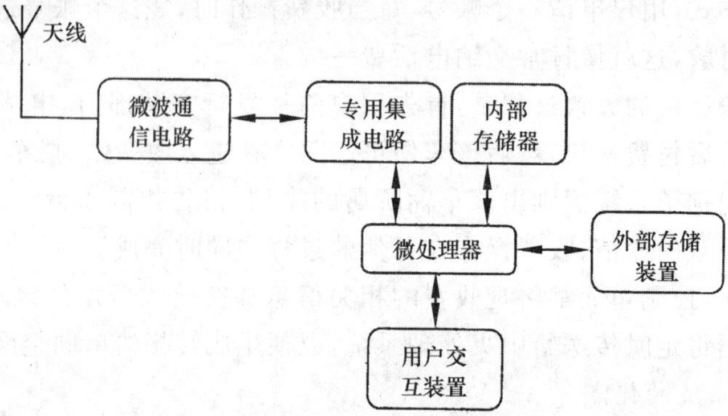

图 8-5 车上单元结构组成示意图

通信电路直接与天线相连，它们共同实现车上单元的通信功能。对用户交互装置来说，其主要功能是以声、光等媒介向用户提供必要的信息，如当前处理结果等。外部存储装置指的主要是集成电路卡(IC 卡)及其读写器。车上单元的流程图如图 8-6 所示。

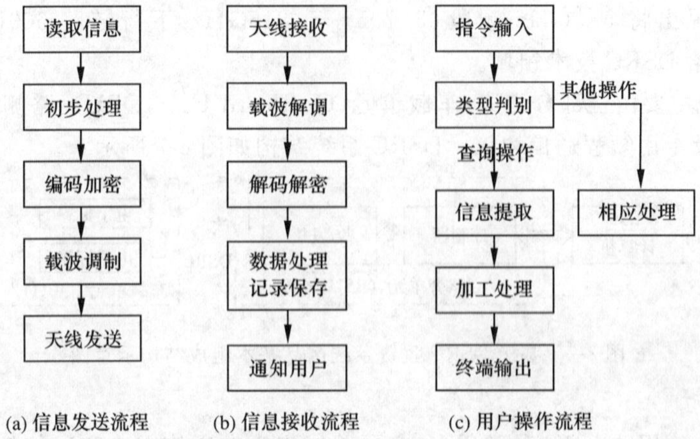

图 8-6　车上单元信息处理流程图

3) 通信子系统

在电子收费系统中，通信的双方是站上设备和车上单元，它们各有一套通信装置。由于电子收费过程中的通信是双向的，既有站上设备发送给车上单元的信息，也有车上单元发送给站上设备的信息。因此，无论是站上设备一方，还是车上单元一方，都同时具有发送信息和接收信息的功能。

4) 车型识别系统

在电子收费系统中，由于收费过程实现自动化，车辆直接驶过收费站而不停车，因此对车型判定提出了更高要求，要求真正统一标准，准确迅速识别、归类。常见的车辆识别方法已在本节第 3 章介绍过，包括以下几种：轮廓扫描、车轴计数、号牌自动识别等。

5) 强制子系统

在电子收费的应用过程中，会出现车辆不正常交费的情况，这可能是因为预付余额不足等客观原因，也可能是因为驾驶员非法使用电子收费系统等主观原因。由于电子收费系统是不停车收费系统，所以在处理违规车辆方面要比传统收费系统更难，所采用的具体方法、手段也不尽相同。

最基本的处理方法是在车道上设置栏杆，拦下不正常付费的车辆。更常用的手段是对违规车辆拍照或摄像，将照片或图像递交有关处理机关，辨认出违规车辆及其所有者后进行处理。

2. 电子收费系统中的 DSRC 技术

专用短程通信(DSRC)是一种高效的无线通信技术。相对全球定位系统 GPS 而言，它可以实现小范围内图像、语音和数据的实时、准确和可靠的双向传输，将车辆和道路有机连接，因而成为 ITS 的重要通信平台。

DSRC 是基于长距离 RFID 射频识别的微波无线传输技术，国际标准化组织智能运输系统委员会(简称 ISO/TC204)负责 DSRC 国际标准的制定工作。但是，迄今为止 DSRC 还没有形成统一的国际标准。国际上 DSRC 标准主要有欧洲的 ENV 系列，美国的基于900MHz，和日本的 ARIBSTD-T75 的 DSRC 标准。

鉴于 DSRC 的国际标准发展趋势和应用，1998 年，我国交通部 ITS 中心向交通部无线电管理委员会提出将 5.8GHz 频段（5.795～5.815GHz：下行链路 500Kbps，上行链路250Kbps）分配给 DSRC 技术领域。

DSRC 系统主要由三部分组成：车载单元（On-Board Unit，OBU）、路侧单元（Road-Side Unit，RSU）以及专用短程通信协议。DSRC 系统结构如图 8-7 所示：

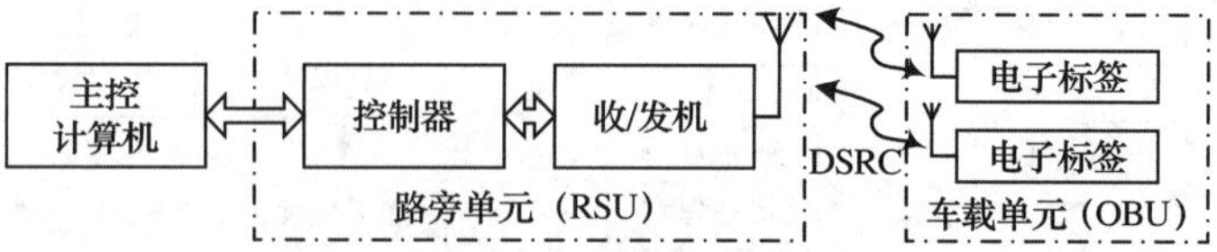

图 8-7　基于 DSRC 收费系统产品基本组成结构示意图

1）车载单元

目前国际上使用的 OBU 种类很多，主要差异集中在通信方式和通信频段的不同，主要应用于电子自动收费系统。OBU 从最初的单片式电子标签，发展到了目前的“双片式 IC 卡加 CPU 单元”。IC 卡存储帐号、余额、交易记录和出入口编号等信息，CPU 单元存储车主、车型等有关的车辆物理参数并为 OBU 与 RSU 之间的高速数据交换提供保障。

2）路侧单元

RSU 指安装在车道旁边或车道上方的通信及计算机设备，其功能是与 OBU 完成实时高速通信，实施车辆自动识别，特定目标检测及图像抓拍等。它通常由设备控制器、天线、抓拍系统、计算机系统及其他辅助设备等组成。

3）专用通信链路

下行链路：从 RSU 到 OBU，采用 ASK 调制，NRZI 编码方式，数据通信速率 500kbit/s。上行链路：从 OBU 到 RSU，RSU 的天线不断向 OBU 发射 5.8GHz 连续波，其中一部分作为 OBU 的载波，将数据进行 BPSK 调制后又反射回 RSU。上行数据本身也是 BPSK 调制，载频为 2～10MHz 。

整个系统由车载单元（OBU）、前端数据采集控制系统（路旁单元（RSU）＋检测控制器）、中心区停车控制中心（ETC 监控管理中心＋数据库服务器）和银行 ETC 收费系统构成。车载单元（OBU）记录车辆的相关信息，路旁单元实时读取通过车辆的车载单元的数据，进行合法性判断后，发送控制信号给停车场收费管理系统对路闸、交通指示信号等设备进行控制，并将车辆通行信息传送至监控管理中心。ETC 监控管理中心对所有车道系统和整个系统进行监控和管理，与银行 ETC 收费系统进行通讯和业务处理数据交换。银行 ETC 收费系统对接收到的扣费请求进行处理，返回处理结果，日终进行结算和对帐处理。整个系统体系结构如图 8-8 所示。

DSRC 有两种信息传输形式：主动式和被动式。主动式：这种系统中 RSU 和 OBU 均有振荡器，都可以发射电磁波。当 RSU 向 OBU 发射询问信号后，OBU 利用自身电池能量发射数据给 RSU。主动式 DSRC 技术中 OBU 必须配置电池。被动式：RSU 发射电磁信号，OBU 被激活后进入通信状态，并以一种切换频率反向发送给 RSU。被动式 DSRC 技术中 OBU 电源配置可有可无。

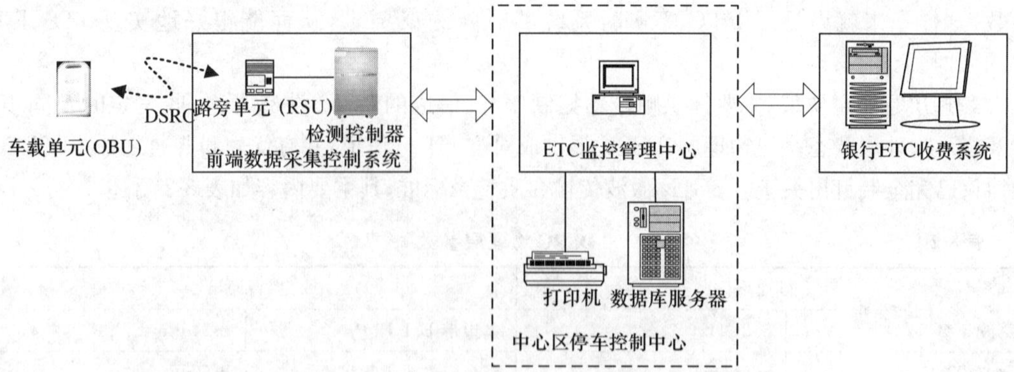

图 8-8　基于 DSRC 收费系统结构框图

表 8-1　　DSRC 主动式和被动式技术性能比较

项目＼工作方式		全双工主动式 DSRC	半双工被动式 DSRC
通信频率		5.8GHz	5.8GHz
载波间隔		10MHz	50MHz
通信速率	上行	1Mbps	0.25Mbps
	下行	1Mbps	0.5Mbps
通信效率		高	低
可靠性(抗干扰)		高	低
电波发射能力		自行发射电波	依赖接收的能量发电波射
对路边设备天线发射功率要求		小,10mw	大,2W
通信距离		约 30m	约 7m
可同时通信车辆数		最大 8 台	仅为 1 台
通信信息量(以 40km/h 行驶)		539kbit	46kbit
适用领域		ETC,交通信息、车辆管理	仅为 ETC
与 ITS 兼容		可以	不可以
标准		日本	欧洲
车载器价格		高	低

DSRC 的通信机制包括通信协议和通信流程,说明如下:

(1) DSRC 协议体系。

欧洲标准化中心把 DSRC 标准协议体系结构定义为一轻量级开放系统互连(OSI)通信体系结构。DSRC 协议体系结构分 3 层:物理层(L_1)、数据链路层(L_2)、应用层(L_7),如图8-9所示。采用简化版 OSI 体系结构的原因在于它减少了协议

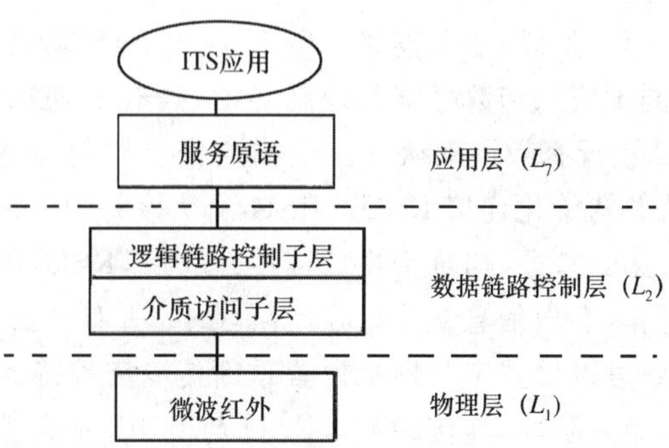

图 8-9　DSRC 分层模型

层数，这样一来就满足了 ETC 等实时系统的时间约束要求，从而能很好地实现 ITS、ETC 中的实时通讯。

物理层是底层协议，主要提供帧传输控制服务，信道的激活/ 失效服务，收发定时及同步功能及指示物理层状态。在物理层，DSRC 提供成对上/ 下行信道，并有优先和普通之分。DSRC 标准协议已完全制订出关于 5.8GHz 微波传输介质整个标准，其主要内容如表 8-2 所述。

表 8-2　DSRC 物理层参数

下行通讯		上行通讯	
载波频率	5.8GHz	单边带 E.I.R.P	－24dBm E.I.R.
微波源稳定度	＋5ppm	车载应答机灵敏度	－50dBm
路边单元灵敏度	－110dBm	边带应用	双边带数据一致
最大等效全向辐射功率	＋33dBm E.I.R.P	载波极化方式	左旋圆极化
载波极化方式	左旋圆极化	副载波调制方式	PSK
下行数据率(默认)	50Okbi t/s	上行数据调制方式	MPSK，M＝2
下行调制方式	ASK	最小转换增益	每一边带 －5dB
下行数据编码格式	FM0 或 NRZ1	上行数据率(默认)	250kbi t/s

数据链路层，DSRC 标准协议数据链路层由介质访问控制和逻辑链路两个子层构成。数据链路层使用高级数据链路控制协议(简称 HDLC)。数据链路层负责信息的可靠传输，提供差错控制和流量控制，使之对上层为一条无差错链路，定义通信帧的具体结构，提供实现相应功能的程序和程序单元。

应用层包括 3 个核心单元：初始化核心单元(简称 I-KE)、广播信息传输核心单元(简称 B-KE)、协议数据传输核心单元(T-KE)，分别实现初始化功能、广播信息传输功能、协议数据单元传输功能。

应用层核心结构至少具有传输核心(T-Kernel)和初始化核心(I-Kernel)或广播核心(B-Kernel)的二者之一。应用层可以使用由 DSRC 数据链路层提供的服务，实现通信初始化和释放程序、广播服务支持、远程应用相关操作，如应用数据 GET，SET，ACTION，EVENT-REPORT，INITIALISATION 服务、编译码以及 APDU 段的标识等。

(2) DSRC 的通信流程。

以定点通信、被动式传输为例，DSRC 系统通信流程大体可以分为建立连接、信息交换、释放连接三个阶段。

第一阶段，建立连接。RSU 利用下行链路向 OBU 循环广播发送帧控制信息，确定帧结构、同步信息和数据链路控制等信息，有效通信区域内的 OBU 被激活后即请求建立连接。RSU 进行有效性确认并发送响应信息给对应的 OBU，否则不响应。OBU 收到响应，立即确认并初始化连接 RSU。RSU 确认该 OBU 相关参数后即可成功连接。

第二阶段，信息交换。连接建立后，RSU 分析应用列表，调用可用服务的原语进行读/ 写操作，实现信息交换。在此阶段中，所有帧必须带有 OBU 的私有链路标识，并实施差错控制，可以设置定时器来设置重新传输需等待的时间和重传计数器，确定重传次数上限。

第三阶段，连接释放。RSU 与 OBU 完成所有应用后，删除和链路标识，发出专用通信链路释放指令，由连接释放计时器根据应用服务确认释放本次连接。

8.2 智能公交系统

8.2.1 智能公交系统简介

智能公交系统(简称 APTS)具有多种服务以满足乘客用户的需求。

1. 公交安保服务

车内视频监控是通过安装在车内的摄像头,实现对运行中的公交车辆进行视频监控,使司机和运营调度中心能够实时发现安全隐患。场站、站台视频监控是在这些固定场所安装视频监控系统,实现对车辆和候车人群的监控,确保车辆和人员的安全。

公共交通因其封闭性、人员密集性、防范难度大,一旦恐怖袭击、爆炸、火灾等事故极易造成群死群伤重大恶性事故。目前,公交系统的安全保卫工作主要涉及场站和运营车辆两个方面。

1) 公交场站(含枢纽站)视频监控系统

公交场站视频监控系统是一个采用多级管理架构,能够实现分布监控、集中管理的系统,可以实现远程实时监控、远程遥控、远程设置参数等功能。系统可以根据需要实时对各个场站(车队)的图像进行调用、检索、回放等操作,可以对分布在各个区域的前端设备进行集中管理和控制,还可对分布在各区域的存储终端设备进行远程的集中管理,对各个区域不同的用户可以根据指定的权限对系统进行操作。

2) 公交车视频监控系统

公交车视频监控系统是视频采集端设备将公交车运行途中的视频图像通过传输系统传至视频信息管理控制平台、视频信息通过无线通讯方式,借助电视墙、多媒体大屏幕、PC 终端等信息显示设备,实现视频监控信息的远程调用或回放。

2. 智能调度指挥和车队管理

随着交通运力、运量越来越大,线路越来越复杂,公交公司期望通过公交智能化系统协助完成线路规划、运营调度及公交网络优化等,提高工作效率和管理水平。具体说明如下:

(1) 车辆自动定位系统(AVL),也称车辆自动监控系统,它可监测每辆车的实时位置,并把信息传送到控制中心,并在地理信息系统 GIS 上显示。在这一过程中,根据系统需要可选择不同的技术,如无线技术(GPRS/CDMA/SMS 等)、路标技术、里程表技术和 GPS 等。

(2) 通过公交运营软件系统可以实现多种公交方式和多种公交运输功能的自动化、一体化运营。运营管理中的计算机应用,能够使运营调度、线路规划、乘客服务等部门具有更高的效率,发挥更大的作用。

(3) 交通信号优先控制系统在公交车辆通过交叉口时,让交通信号提前变成绿灯,从而让车辆更快通过交叉口,以确保调度运行的准确性。

3. 公交出行信息服务

在乘客出行前为其提供准确和及时的信息,使乘客可以根据这些信息进行决策,选择出行路线和出行时间。在车上为乘客提供道路运行情况、是否按时到站、当前位置、换乘信息等,以及其他信息。在站台、候车区等地,通过电子站牌、电视等媒介为乘客提供信息,包括实时车辆到离站信息及静态服务信息。也可以提供利用互联网查询各种信息的手段。

公交出行信息系统旨在为出行者在出行前或者出行中，选择交通方式和路径提供准确而及时的信息，无论在家里、办公室、交通控制中心和公交车站，还是在公交车上都可以获得这些信息。与自动车辆定位系统结合还能提供公交系统的实时信息，如车辆到达时间、离开时间和延误时间等。保证路边候车乘客获得正确的信息，特别是对多条线路通过道路或有多个分支的路线。具体说明如下：

(1) 车上公交信息系统是为乘客提供有用的全线路信息。与车站/路边系统结合，通过车辆定位系统实现车上信号的自动行驶。

(2) 综合乘客信息系统是综合乘客信息系统能够集合一个或者多个服务系统的实时或者静态数据，并通过多种方式收集、合并、校正和传送这些信息，使乘客可以在出行前和出行中完全根据信息作出出行决策。

(3) 出行前公交信息系统是在乘客出行前为其提供准确和及时的信息，使乘客可以根据这些信息进行决策，选择出行路线和出行时间。出行前信息涵盖广泛，包括了公交线路、地图、发车时间表、票夹、停车换乘站(方案)、途径重要地点和天气等信息。目前通过互联网、便携式通信设备和电视等方式来获得信息越来越普遍。

(4) 车站/路边公交信息系统是通过车站/路边的电子显示、电视等媒介为公交方式出行的乘客提供信息，包括实时车辆到离站信息，也包括传统的静态服务信息。随着技术的发展，站边也可以提供利用互联网查询各种信息的手段。

8.2.2 智能公交系统组成及功能

1. 智能公交系统组成

智能公交系统(APTS)是由多个功能子系统组成，其中包括若干硬件模块和软件平台。

1) APTS的软件平台构架

图8-10给出了APTS的软件平台构架，图中包括：

(1) 用户操作界面。该平台向用户提供统一的用户操作界面，包括GIS车辆导航、跟踪界面和系统管理等操作界面。所有界面的设计均与主界面保持统一的风格，无论是控件使用，提示信息措辞，还是颜色、窗口布局风格，都遵循统一的标准，做到真正的一致，增强用户友好的系统体验。

(2) 系统应用层。系统应用层实现了系统所有的业务功能，其中包括地图功能模块，实现地图浏览，地图查询，地图定位等功能；车辆管理功能模块实现车辆定位，车辆跟踪，车辆调度，车辆报警和车辆信息管理等功能；系统管理功能模块实现用户管理，日志管理，统计分析等功能。

(3) 系统中间层。系统中间层提供应用平台框架，以及GPS车辆调度系统所必须的中间件，包括GIS组件，在基础组件的基础上定制客户化的GIS平台。后台车载监控服务负责监控车台设备在线状况，并通过GPS车载终端产品的协议，接收、解析、发送相应指令，支撑前台的GPS车辆定位、调度功能。而空间数据引擎为系统提供了连接数据库中空间数据资源的强大工具。接口适配组件负责与外部系统进行数据共享和互操作。

(4) 数据层。系统对数据实行统一管理，实现数据共享，根据目前的业务需求，数据存储方式采用分布式存储的模式。由于基础底图数据更新速度较慢，改为存储在客户端，可以

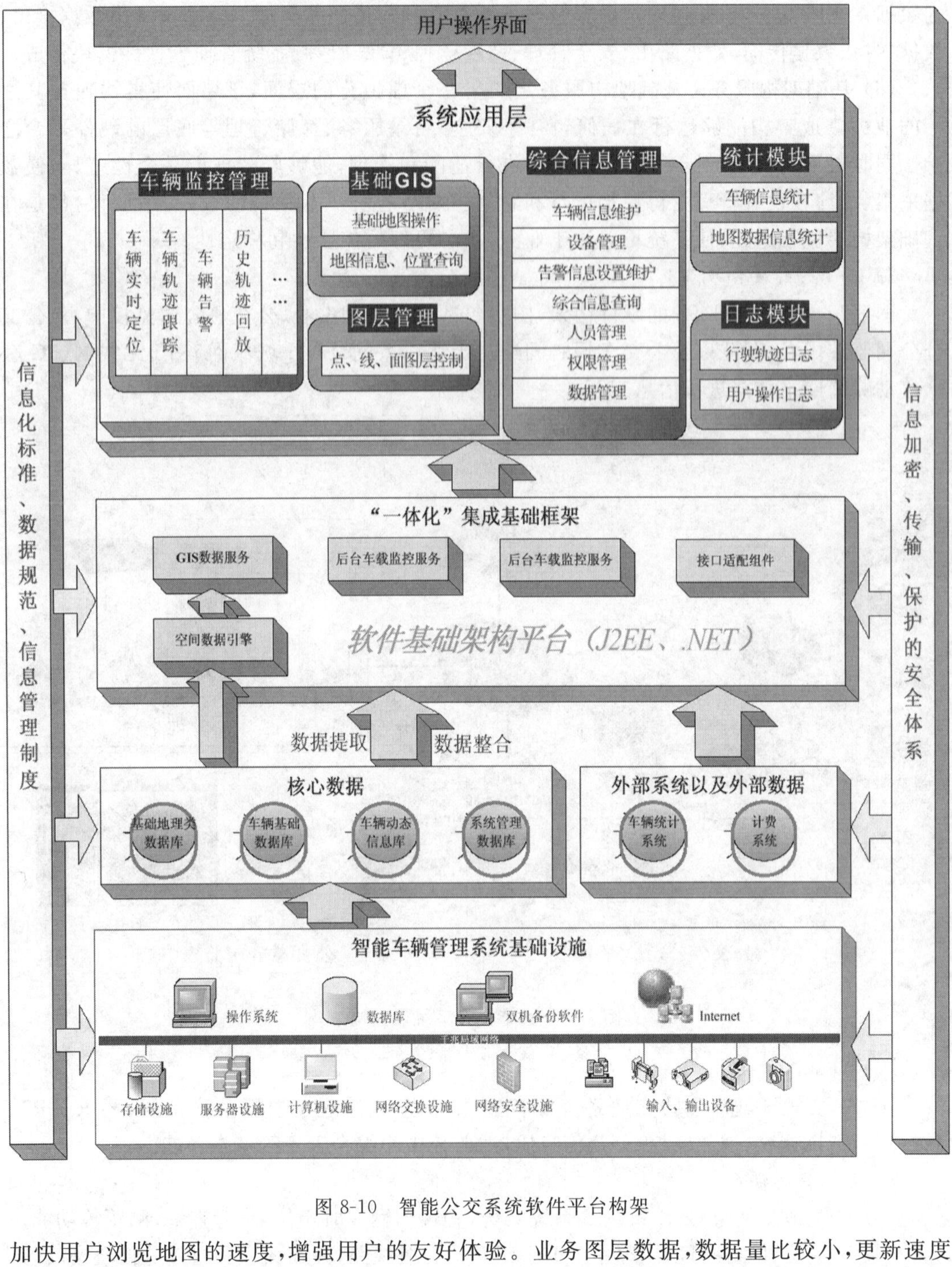

图 8-10　智能公交系统软件平台构架

加快用户浏览地图的速度，增强用户的友好体验。业务图层数据，数据量比较小，更新速度快，集中存储在核心数据库，方便数据的共享和更新。另一种常用的模式是使用第三方的地图数据服务。本地就不需存储地图数据，也节省了地图数据的采购成本。其他业务数据包括 GPS 车载轨迹数据、系统管理数据等，需要实时更新，因此均存储到核心数据库。这样的数据部署模式，既保证了数据的共享、集中管理，又充分保证了系统的运行性能。

（5）数据交换系统。数据交换系统的主要功能是实现分系统数据库、共享数据库之间的数据在有限范围内、并在确定内容情况下互惠互利的传递和交换。整个系统由数据接口、数据转换、数据传输、数据路由、安全管理、调度监控、日志管理、系统管理等软件模块构成。

(6) 基础架构服务。基础架构服务定义了一个虚拟化的层面,该层面使得构建在其之上的业务集成架构能够运行在任何包含了安全、目录服务、存储管理等底层的硬件平台之上。同时更重要的是,对于各类移动设备进行适配和管理,能够屏蔽掉产品个性差异,使数据采集、统计和设备管理变得更加可行和容易。对于各种工业接口协议、网络协议,都是在基础架构层进行适配,使系统更关注于业务,具有更好的扩展性和稳定性。

2) APTS 的硬件构架

图 8-11 给出了 APTS 的硬件构架,图中包括平台管理中心、公交总公司监控中心、公交分公司监控中心、车队以及公交车辆之间通过千兆以太网、SDH 城域网、wifi 无线网、3G 公众移动蜂窝网络数据进行信息交互。

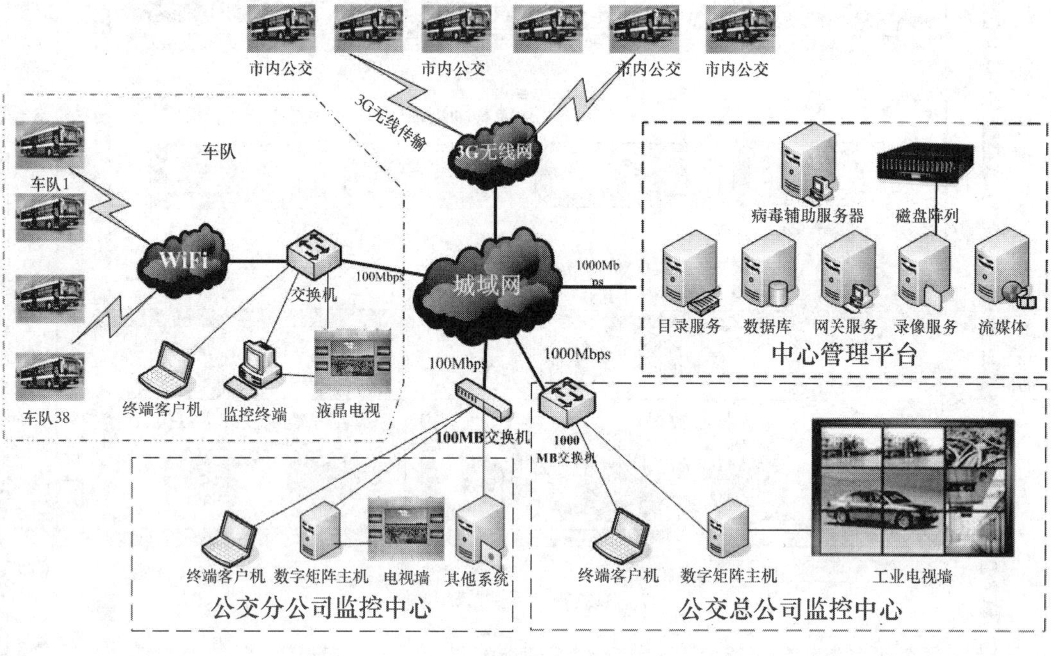

图 8-11 智能公交系统硬件构架

2. APTS 功能

APTS 实现了城市公共交通系统的智能化、信息化管理。根据系统特征,要求 APTS 具有车辆指挥调度、视频监控、公众信息服务、监控中心综合管理等基本功能。

1) 车辆指挥调度

(1) 电子地图是与 GPS 和 GIS 系统结合,实现车辆实时定位、位置查询、测距等功能。

(2) 车辆位置监控可以跟踪单个或一组车辆行驶线路,并能保存和回放监控轨迹。

(3) 车辆呼叫功能支持定时呼叫、定长呼叫、压缩等方式呼叫车辆,将车辆的 GPS 数据传回调度中心,并在电子地图上显示出来。

(4) 求助报警是当车辆遇到紧急情况时,司机可以通过报警按键,向指挥调度中心回报报警信息,同时可以对车载终端监听,并且自动录音。

(5) 定位监察是通过设置一定条件(如每天中午 12 点、每隔 1h、车速超过 80km 等),车辆在满足设定条件时向所属中心报告位置信息，供指挥调度中心定期了解车辆情况。

(6) 行车调度管理是调度中心可以根据同线路公交车的实时行车信息，识别到该路线交通是否运行正常。如果发生交通阻塞时可根据需要自动调整下班车的出发时间与间隔，可以减少空载率提高载客效率减少油耗，防止形成塞车恶性循环。

(7) 智能综合管理是指挥调度中心可以根据各条公交线路返回信息，识别相关线路的堵塞率，合理分配车辆布局，提高整个城市的交通运营力。

2) 视频监控

公交视频监控系统由车载终端、数据传输网络及监控中心三部分组成。公交视频监控系统通过车载音视频摄录装置将车内、外监控信息摄录并存储于车载存储设备中。司机可通过车载终端的报警装置实现数据主动上传，或通过公交智能调度系统中的GPS车载终端中相关营运参数的设计自动激活数据上传，同时监控中心也可根据需要，利用无线网络对特定车辆进行音视频、图片上传或点播。所有这些监控音视频除了能被公交公司使用外，还能方便地满足应急指挥中心、交通委等管理调度视频信号联网要求。

各类监控中心可实施监控公交车辆运行位置、运动轨迹，车厢内的情况。当发生紧急事件时，监控中心可以实时监控前端车辆内的状态，做到及时处警。

车载系统中的视频监控设备可接受由视频监控指挥平台发送过来的参数配置管理信令。控制者可能是平台内部的管理系统或者是有相应权限的客户端点。

3) 公众信息服务(电子站牌)

(1) 公交车进站预告是利用电子地图的测距功能以及车辆的实时定位功能，进行当前车辆到站点的距离和时间测算。

(2) 车上载客情况预报是可以根据即将进站车辆发送到后台的载客情况，向等车乘客预报车内拥挤情况，预测座位情况等。

(3) 路面情况实况是可以依靠从交管部门获取的路面拥堵情况，向等车乘客介绍本路线车辆的行驶情况，以便乘客选择乘坐。

(4) 广告、广播功能是可以实现对移动电视的播放和支持。如无线数字发射网的数字电视信号，或使用3G带宽进行远程视频文件的传输来实现广告或新闻播放。

(5) 信息查询是带有触摸屏的电子站牌，可以满足乘客对线路信息查询的要求。

(6) 视频监控可以通过安装与电子站牌上的3G摄像头，将车站的实时视频抓取到指挥调度中心显示。

4) 综合管理

(1) 监控中心大屏幕显示(图8-12和图8-13)。

(2) 基础资源监管。

公交基础资源包括人、车、线、站等。监管内容包括：

① 人力、车辆资源分布是统计各公交分公司的人力和车辆分布情况，并给出报表；

② 线路资源分布是绘画详细的公交路线及周边单位设施分布情况；

③ 场站资源分布包括停车场和公交车站分布情况。

(3) 日常营运监管是统计每辆公交车的运营数据资料，如客流乘次、油耗、出车次数、运行里程等。

(4) 营运安全监管包括超速安全报警、交通事故、道路拥堵报警、轨迹回放、班次执行情

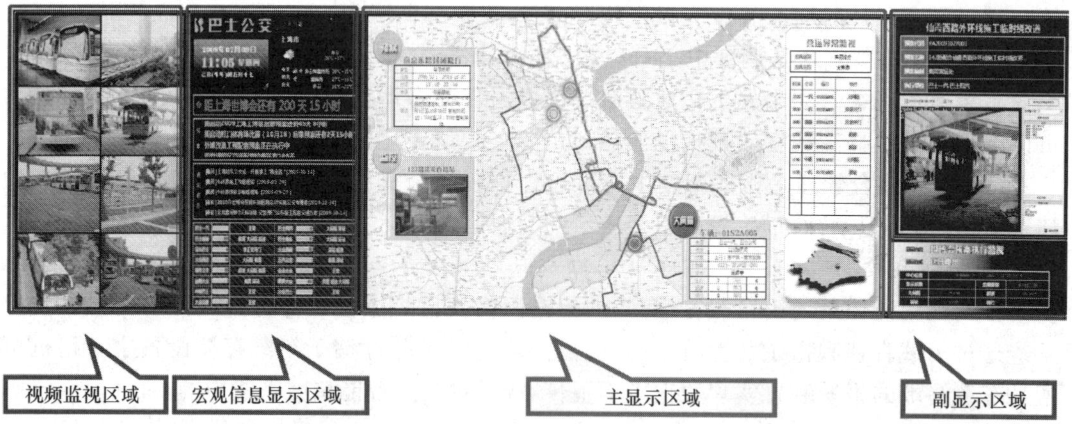

图 8-12 监控中心大屏显示图例 1

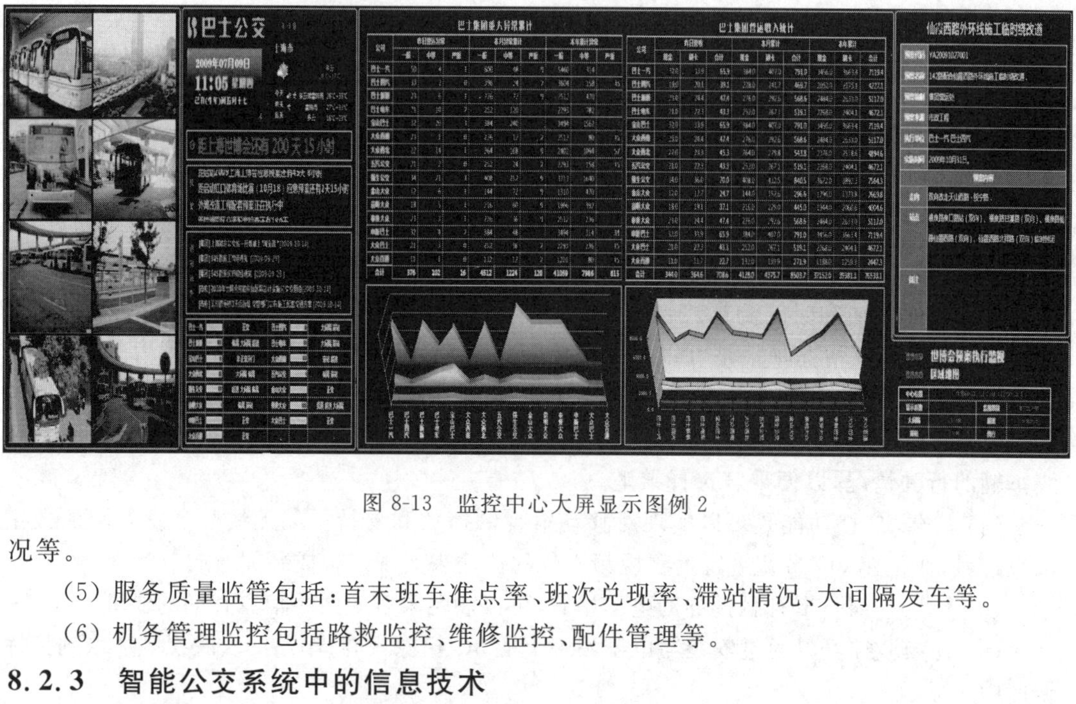

图 8-13 监控中心大屏显示图例 2

况等。

(5) 服务质量监管包括：首末班车准点率、班次兑现率、滞站情况、大间隔发车等。

(6) 机务管理监控包括路救监控、维修监控、配件管理等。

8.2.3 智能公交系统中的信息技术

智能公交系统中应用到的信息技术主要包括视频分析与处理技术、地理信息系统 GIS ＋全球定位系统 GPS 以及信息传输网络。下面分别介绍。

1. 视频分析与处理技术

多媒体技术是 20 世纪 90 年代初掀起的热门课题，所谓多媒体技术就是能对多种媒体上的信息和多种存储信息进行处理的技术，多媒体技术的特点主要表现在它的综合性和交互性。多媒体技术与有线和无线通信(电话、电报、传真、数据)网络、广播和闭路电视网络、计算机网等通信系统相结合，形成多媒体信息传输系统。交通信息(包括简单的数字信息、监控图像信息及控制信息等)是属于多媒体信息范畴，由此可见，多媒体技术与多媒体通信技术将在智能交通系统 ITS 中广泛地应用，并起着重要的作用。多媒体信息处理除了音频视频压缩技术(见本书第 2 章)外，还包括以下内容。

1）视频对象分割

视频分割(图 8-14)是指对图像或视频序列按一定的标准分割成区域,以便定义图像或是视频序列中有一定意义的相对独立的空间或时间集合,并有效组织属于这些集合的元素。常用的方法有几种,如基于像素域的分割方案,可以得到比较精确的结果,但是由于大量的视频序列存在于压缩域中,处理视频序列需要繁杂的计算用于解码,因此会耗费很多时间。随着视频编码标准的不断发展,出现了一些基于压缩域的视频处理方法,如从 MPEG 压缩码流中提取运动矢量场来分割视频对象,首先对运动矢量场进行滤波和校正,然后进行全局运动补偿得到对象的绝对运动矢量场,最后采用 K-means 聚类算法对运动矢量场进行聚类分析从而分割出感兴趣的视频运动对象。

图 8-14　视频分割系统框图

由于现实世界中场景的复杂性和多样性,难以找到统一的方法来完成所有的视频对象分割,并且目前很难通过低层次的视觉分割来提取高层次的语义视频对象,因此,视频对象分割是视频处理的一个难点。

2）流媒体传输

传统的网络传输音视频等多媒体信息的方式是完全下载后再播放,下载常常要花数分钟甚至数小时。而采用流媒体技术,就可实现流式传输,将声音、影像或动画由服务器向用户计算机进行连续、不间断传送,用户不必等到整个文件全部下载完毕,而只需经过几秒或十几秒的启动延时即可进行观看。当声音视频等在用户的机器上播放时,文件的剩余部分还会从服务器上继续下载。

流媒体传输需要合适的传输协议,目前,在网络上的文件传输大部分都是建立在 TCP 协议的基础上,也有一些是以 FTP 传输协议的方式进行传输,但采用这些传输协议都不能实现实时方式的传输。随着流媒体技术的深入研究,目前比较成熟的流媒体传输一般都是采用建立在 UDP 协议上的实时传输协议 RTP/实时流协议 RTSP 来实现。

3）视频分析与识别

视频分析与识别技术指的是使用计算机从视频中通过计算算法软件进行运算和分析,提取视频中的有用信息,完成这一信息提取和理解的一项技术。完成对视频“内容”的提取和理解过程最为关键的技术是采用计算机对视频信号进行分析,以提取视频场景中发生的一些特定的事件或监控目标的特定行为。总的来说,视频分析与识别技术是属于计算机视觉技术范畴。

智能视频分析技术是用计算机实时监控和“查看”视频,当有可疑事件出现时再提醒监控人员进行第二次人工确认。通过这种方式能够过滤掉 90%以上的正常视频,无须监控人员随时盯着观看,使监控人员的工作效率大大提高,不但使监控人员能一个人同时兼顾几路、几十路甚至于上百路的视频,而且能有效克服监控人员固有的精神疲劳、注意力不集中等生理特点,更为重要的是,通过智能视频分析技术使对于异常事件的监测能够做到实时监测、实时报警,大大缩短发现异常事件时的反应时间,使原有的监控系统不至于沦为一种“录像查询系统”。

智能视频分析技术在公交 APTS 系统中能实现公交车辆异常报警、场站异常报警、公交车辆客流检测等。

2. GIS 与 GPS 相结合

地理信息系统 GIS 与全球定位系统 GPS 相结合，可以建立综合交通规划空间信息管理分析系统，不仅极大地增强了交通网络处理的直观性、可操作性，而且能提高交通规划的工作效率。

基于 GPS+GIS 的 APTS 系统能让运营管理部门、安全保卫部门及时掌握部门所有的运输车辆的运行状况，以便对车辆进行集中的指挥和调度，从而提高运输效率，保证运输的安全。目前这类系统在公安、保安以及公交调度等部门广泛使用。

运行在 GPS 车辆定位置系统中心服务器上的数据交换软件系统，不停地对来自移动终端的数据进行搜索。当接收到移动终端的请求登入信息时，该信息立即进入车辆管理软件系统，进行身份验证，并发送指令，接收位置信息。监控中心收到位置报告后，经数据交换软件运算处理后，便自动进入 GIS 监控软件系统，在电子地图上进行地图匹配，得到车辆所在的道路信息，然后更新数据库中的车辆当前位置记录，供操作人员及用户监控和查询，

基于 GPS+GIS 的车辆监控系统主要由车载终端、中心服务器、监控终端组成。

1）车载终端

(1) 定位功能。控制中心或个人终端向车载单元发送命令，车载单元按指定时间间隔及次数进行报位。

(2) GPS 定位信息输出。车载设备配有标准串口，可输出 NEMA. 0183 标准 GPS 定位数据，可配合车载导航系统进行自主导航。

(3) 移动报警(防盗、防拖)。当车辆进入设防状态后，车辆移动时向监控终端进行报警。

(4) 断电自动报警。当车载单元电源掉电(或被人为切断)时，自动转换到车载设备电源，并定时进行位置及告警信息发送，直到接到停止发送命令或电池耗尽。

(5) 超速报警。当车速超过设定的速度后，终端将直接向监控中心或监控终端发出超速报警，并间隔一定时间连续发送，直到速度恢复到正常范围。

(6) 紧急报警。当车辆遇到抢劫、交通事故、急需修理等紧急情况时，司机可以通过触发报警按钮 1s 后，自动向监控中心报警及发送位置信息。

2）中心服务器

中心服务器是一个数据接收与管理系统，在一个系统中起到信息中枢的作用，车载终端与监控终端都通过中心服务器相互联系。

3）监控终端

监控终端主要由 GIS 工作站、管理工作站等组成，其功能包括：

(1) 电子地图服务模块实现地图缩放、漫游、图层控制、查询、路径分析、鹰眼、测距、图幅自动匹配、多视窗监控等功能。

(2) 车辆实时监控跟踪模块实现定点定车行程跟踪、点名、请求报位、车辆显示状态控制、跟踪频率设置、道路模糊匹配等功能。

(3) 报警中心模块实现报警目标提示、报警确认、报警取消、报警分发、遥控熄火、遥控恢复、发送信息、警情日志、车辆档案查询、报警记录查询、行驶记录查询、界线设置、限速设

置、单向监听、双向通话等功能。

(4) 历史行程跟踪模块实现行程轨迹回放、定点行程查询等功能。

(5) 车管中心模块实现车辆档案管理、司机档案管理、车辆事故管理、车辆维修管理、车辆业务统计和日志等功能。

3. APTS 信息传输网络

APTS 系统集成了常用的信息传输网络方式，根据具体的需求特征，在不同的地方采用不同的传输网络方式。如由于车辆的移动性，车辆与车队的通信采用 3G 公众移动蜂窝网络；同一车队，由于通信距离不是很长，车队内的各管理终端互联在于 wiFfi 无线网络；公交分公司之间、公交分公司与公交总公司之间的通信，采用 SDH 城域网络。

1) 3G 公众移动蜂窝网络

由于 3G 网络能提供无缝覆盖、宽带实时传输，故 APTS 系统只需要支付给移动蜂窝网的运营商一定的带宽租用费，即能获得有保障的信息传输服务。

2) SDH 城域网

公交总公司、监控中心、各公交分公司安装 SDH 城域网设备(根据需求速率可选择 2.5Gbps 或 10Gbps)，将各 SDH 设备通过光纤连接，组成冗余的 SDH 环网，公交总/分公司及监控中心网点的路由器、交换机等通过接口接入 SDH 设备。

3) wifi 无线

wifi 全称 wireless fidelity，又称 802.11b 标准。它的最大优点就是传输速度较高，可以达到 11Mbps，另外它的有效距离也很长，同时与已有的各种 802.11 DSSS 设备兼容。wifi 与蓝牙技术一样，同属于在办公室和家庭中使用的短距离无线技术，作为无线信号接入之用。该技术使用的是 2.4GHz 附近的频段，该频段目前尚属没用许可的无线频段。

wifi 是由 AP(Access Point)和无线网卡组成的无线网络。AP 一般称为网络桥接器或接入点，它是当作传统的有线局域网络与无线局域网络之间的桥梁，因此任何一台装有无线网卡的 PC 均可透过 AP 去分享有线局域网络甚至广域网络的资源，其工作原理相当于一个内置无线发射器的 HUB 或者是路由等，而无线网卡则是负责接收由 AP 所发射信号的客户端设备。

IEEE 802.11b 无线网络规范是 IEEE 802.11 网络规范的变种，最高带宽为 11 Mbps，在信号较弱或有干扰的情况下，带宽可调整为 5.5Mbps、2Mbps 和 1Mbps，带宽的自动调整，有效地保障了网络的稳定性和可靠性。其主要特性为速度快，可靠性高，在开放性区域的通讯距离可达 305m，在封闭性区域的通讯距离为 76m 到 122m。如果与现有的有线以太网络整合，则组网的成本更低。

wifi 技术突出的优势在于：

(1) 无线电波的覆盖范围广。基于蓝牙技术的无线电波覆盖范围非常小，半径大约只有 50ft. 左右约合 15m；而 wifi 的半径则可达 300ft. 左右约合 100m，整栋大楼都可使用。

(2) 虽然由 wifi 技术传输的无线通信质量不是很好，数据安全性也能比蓝牙差一些，但传输速度非常快，可以达到 11Mbps，符合个人和社会信息化的需求。

参考文献

[1] 陆化普,李瑞敏,朱茵.智能交通系统概论[M].北京:中国铁道出版社,2004.

[2] 张树京,欧冬秀,毛倩.信息传输技术原理及应用[M].北京:电子工业出版社,2011.

[3] 杨兆升.基础交通信息融合技术及其应用[M].北京:中国铁道出版社,2005.

[4] 张树京,欧冬秀.信息传输原理[M].上海:同济大学出版社,2010.

[5] 姜桂艳.道路交通状态判别技术及应用[M].北京:人民交通出版社,2004.

[6] 李强,周扬华.城市快速道路交通信息采集处理与控制技术研究[J].中国交通信息产业,2006,(7):138-141.

[7] 李诚.环形线圈车辆传感器的研究[J].西安公路交通大学学报,1995,15(2):57-59.

[8] 肖又发.基于环形线圈车检器的车辆分类研究[J].交通部上海船舶运输科学研究所学报,2004,27(2):88-92.

[9] 苏东海,王亮,马寿峰.基于地磁感应的车辆检测方法的研究[J].交通与计算机,2007,3:9-13.

[10] 郑志洵.运动目标检测与跟踪的研究与实现[D].杭州:浙江大学,2006.

[11] 陈兆学.城市道路交通信息的视频采集与监控[D].上海:交通大学,2005.

[12] 保丽霞.深圳市综合交通信息平台系统设计与关键技术研究[D].长春:吉林大学,2004.

[13] 杨兆升,王爽,马道松.基础交通信息融合方法综述[J].公路交通科技,2006,23(2):111-116.

[14] 王淑芳,任兰珍.基于多传感器信息融合技术的智能驾驶系统模型[J].北京石油化工学院学报,2006,14(3):51-55.

[15] 王进,史其信.短时交通流预测模型综述[J].智能交通,2005,7(1):10-13.

[16] 熊超.模式识别理论及其应用综述[J].中国科技信息,2006(6):171-172.

[17] 余棉水,黎绍发,陈智斌.车牌自动识别技术的研究[J].机电工程技术,2003(1):55-56.

[18] 张颖新.车型自动识别系统研究[J].信息技术,2006,(7):45-48.

[19] 张志秀,张志方.计算机网络技术在高速公路收费系统中的应用[J].山东交通科技,2003,(1):89-90.

[20] 涂华,蒋文怡,钟章队.采用 GSM-R 建立铁路调度指令传输系统[J].当代通信,2003(19):22-26.

[21] 常促宇,向勇,史美林.车载自组网的现状与发展[J].通信学报,2007,11:116-126.

[22] 周形梅,冶文斌.道路交通控制的发展趋势研究[J].中国人民公安大学学报(自然科学版),2002(6):49-53.

[23] 马万经,杨晓光.公交信号优先控制策略研究综述[J].城市交通,2010,11:70-78.
[24] 陈军,陈志刚.公交信号优先控制及其在 BRT 中的应用[D].长沙:中南大学,2009.
[25] 宋传平.我国高速公路交通控制系统的发展趋势[J].公路交通技术,2004(2):82-85.
[26] 陈德望,李灵犀.城市高速道路交通控制方法研究的回顾与展望[J].信息与控制,2002,31(4):341-345.
[27] 何泳斌.城市轨道交通信号控制方式研究[J].交通世界,2004(9):55-57.
[28] 王艳敏,王慧玲.基于 GSM-R 的列车运行控制系统[J].电工技术杂志,2004(12):83-86.
[29] 张海军,杨晓光,张珏.高速道路入口匝道控制方法综述[J].同济大学学报,2005,33(8):1051-1055.
[30] 季常煦,杨楠,胡娟娟.城市交通流诱导系统与交通控制系统集成中的信息处理[J].吉林大学学报(工学版),2006(3):140-143.
[31] 高峰.高速公路情报板两种常用通信控制方法[J].现代显示,2004(2):38-39.
[32] 杨晓芳,付强,杨晓光.城市快速路与地面道路交通整合控制分析[J].交通与计算机,2005,23(5):4-7.
[33] 谢彩香,刘召芹,邵飞.GIS-T 中的数据模型进展研究[J].测绘工程,2005,14(3):54-58.
[34] 季常煦,杨楠,周剑峰.城市交通共用信息平台数据管理技术[J].吉林大学学报(工学版),200536(6):637-640.
[35] 吴兴春.突发事件下城市交通应急管理研究[D].成都:西南交通大学,2010.
[36] 王培宏.城市交通事件应急管理系统及其理论问题的研究[D].天津:天津大学,2005.